Als die *Kon-Tiki* am 7. August 1947 vor Raroia im Tuamotu-Archipel auf Grund lief, hatte Thor Heyerdahl die Reise seines Lebens beendet: Er hatte gezeigt, dass die Wissenschaft die Seegängigkeit antiker Wasserfahrzeuge unterschätzt hatte – und dass es sehr wohl möglich war, mit einem Floß aus Balsaholz den Pazifik zu überqueren. 8000 Kilometer hatte der – ursprünglich extrem wasserscheue – Abenteurer mit einer kleinen Crew auf dem Floß zurückgelegt, von Peru nach Polynesien – damit schien für Heyerdahl der Beweis erbracht, dass die Besiedlung Polynesiens von Südamerika aus möglich war.

Thor Heyerdahl befand sich auf dem Höhepunkt seines Ruhms; sein Bericht über die *Kon-Tiki*-Expedition verkaufte sich weltweit 50 Millionen Mal in über 67 Sprachen. Von vielen bewundert und als Held gefeiert, musste er jedoch auch heftigen Gegenwind aushalten. Zahlreiche Wissenschaftler zweifelten an seinen Theorien und Methoden. Für Heyerdahl kein Grund, die Segel zu streichen – im Gegenteil: Bald brach er auf zu neuen Expeditionen.

RAGNAR KVAM JR., 1942 in Oslo geboren, ist Historiker, Publizist und Autor. 1987 gab er seine Karriere als Journalist auf, verkaufte seinen gesamten Besitz und brach mit seinem Boot, der *Northern Quest*, zu einer mehrjährigen Weltumsegelung auf.

Ragnar Kvam jr.

Heyerdahl

Auf dem Floß zum Forscherruhm

Biografie

Aus dem Norwegischen
von Karl-Ludwig Wetzig

btb

Die vorliegende deutsche Ausgabe wurde in gekürzter
Fassung auf Grundlage der zwei bisher vorliegenden Bände
der norwegischen Originalausgabe erstellt: »Mannen og
havet« (2005) und »Mannen og verden« (2008), beide erschienen bei Gyldendal Norsk Forlag AS, Oslo.

Für Sidsel und Magnus

Verlagsgruppe Random House FSC® N001967
Das für dieses Buch verwendete FSC®-zertifizierte
Papier *Lux Cream* liefert Stora Enso, Finnland.

1. Auflage
Genehmigte Taschenbuchausgabe November 2013,
btb Verlag in der Verlagsgruppe Random House GmbH, München
Copyright © Gyldendal Norsk Forlag AS, 2005 (vol. I), 2008
(vol. II). Published by agreement with Hagen Agency, Oslo, and
Gyldendal Norsk Forlag AS, Oslo.
Copyright © der deutschsprachigen Ausgabe 2012 by mareverlag,
Hamburg.
Umschlaggestaltung: semper smile, München, nach einem Entwurf
von Simone Hoschack / Petra Koßmann, mareverlag, Hamburg
Umschlagmotiv: © The Kon-Tiki Museum
Karte: Peter Palm, Berlin
Druck und Einband: CPI – Clausen & Bosse, Leck
LW · Herstellung: sc
Printed in Germany
ISBN 978-3-442-74643-9

www.btb-verlag.de
www.facebook.com/btbverlag
Besuchen Sie auch unseren LiteraturBlog www.transatlantik.de

Ich würde nicht bloß zu dem Zweck eine Expedition unternehmen, um mich auf ein Floß zu setzen.
Es muss schon einen Sinn haben.

Thor Heyerdahl

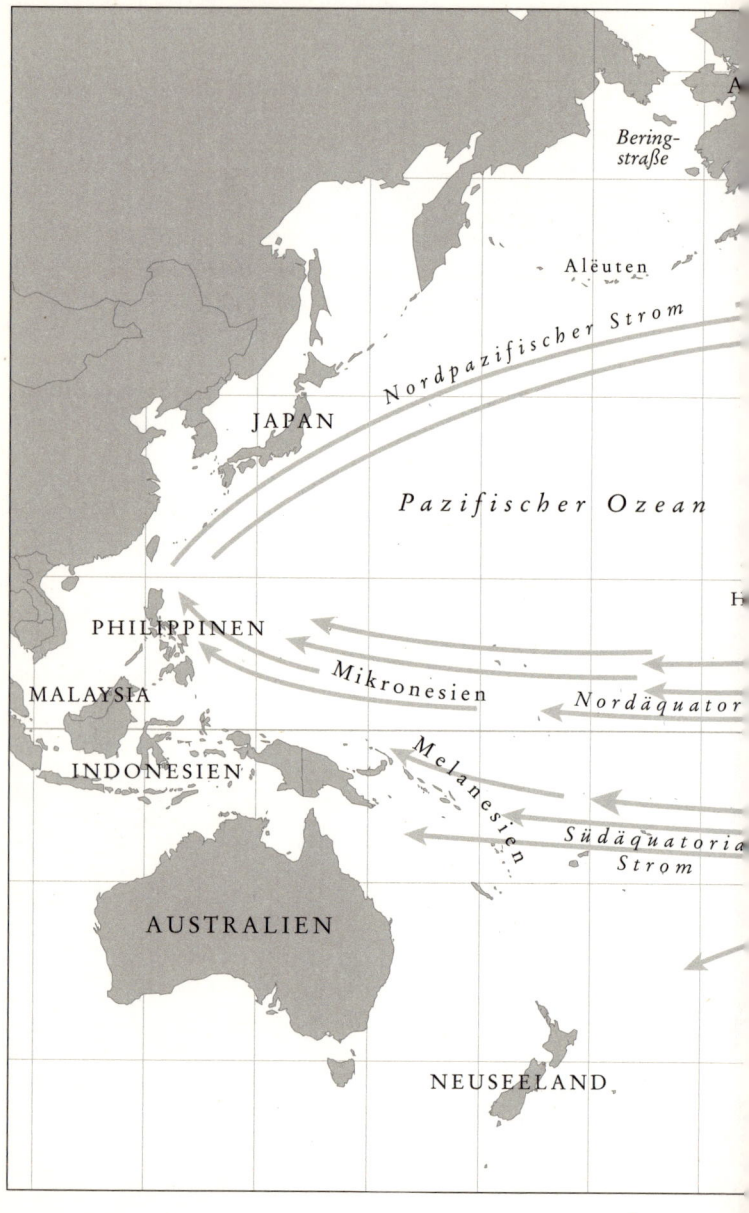

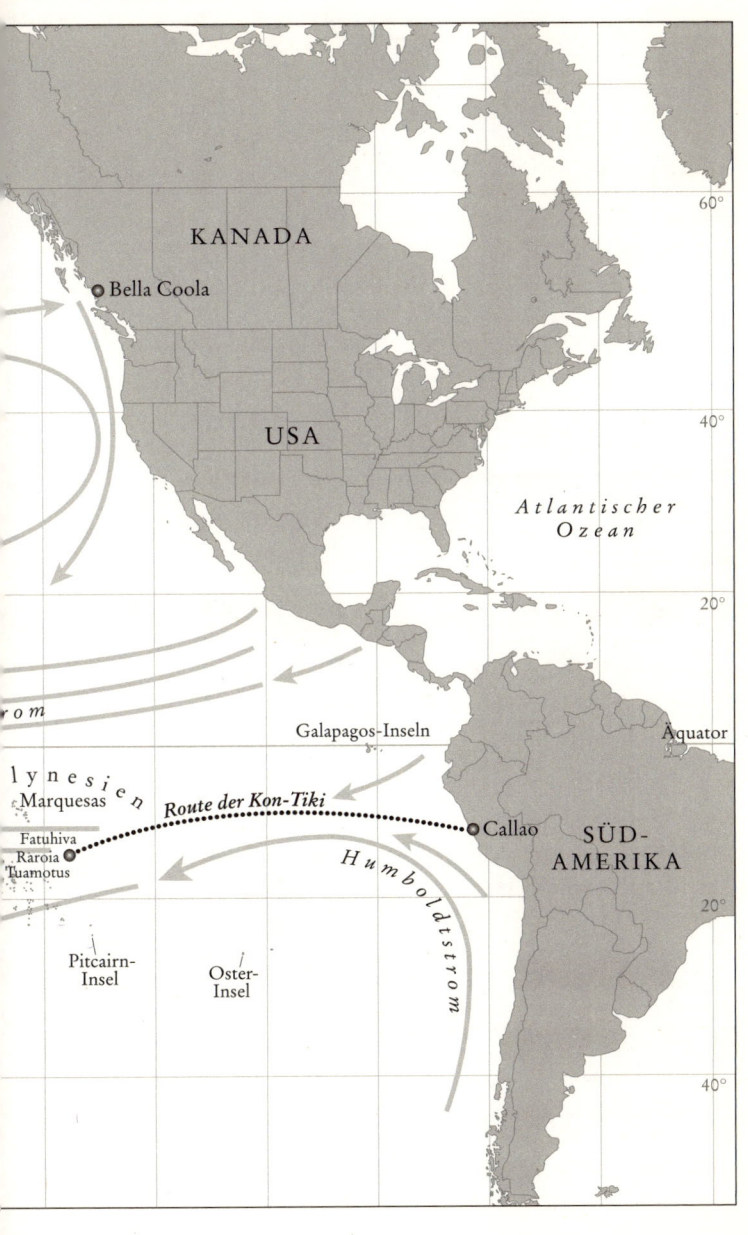

INHALT

DAS RIFF

Sie sehen die Welle kommen. Sie ist grün wie Glas und größer als alle anderen. Schaum fliegt weiß von ihrem Kamm, sie tobt vor Wut. Hundert Tage lang hat ihnen das Meer geholfen, wie kleine Wiegenkinder konnten sie in seinem Schoß segeln. Aber jetzt, am hundertundersten Tag, sind sie auf dem Boden der Sanduhr angekommen, vor der Brandung. Das Meer ist nicht länger ihr Freund, sondern ein Feind.

Thor hat seine letzte Weisung ausgegeben: »Haltet euch fest!«

Die Männer können nichts mehr tun, das Floß und das Riff müssen die Sache nun unter sich ausmachen.

In der vergangenen Nacht hatte Thor zum ersten Mal seit der Abreise von Peru keine Ruhe finden können. Gern hätte er schlafen wollen, doch dann hatte ihn Unruhe aufs Deck hinausgetrieben. Ein Kompass lügt nicht und im Licht einer Taschenlampe sagte er, dass das Floß den Kurs nicht geändert hatte.

Wie sehr hatte er sich gewünscht, sie hätten ein paar Strich weiter nach Süden gehalten, solange die Chance dazu noch bestand. Aber verpassten Gelegenheiten soll man nicht nachweinen. Das Einzige, was sie danach noch hätte retten können, wäre ein Wechsel der Windrichtung gewesen. Doch die Nacht verstrich und der Wind drehte nicht. Thor hoffte nur noch, dass er es vor dem entscheidenden Schlag tun würde.

Beim ersten hellen Streifen am Horizont sahen sie die kleinen Palmeninseln und vor ihnen lag das Riff, teuflisch wie die Zahnreihen eines Hais. Bald hörten sie auch dumpfes Dröhnen; jedes Mal, wenn ein Brecher auf das Riff schlug.

Sie waren zu sechst an Bord, fünf Norweger und ein Schwede. Die *Kon-Tiki* trieb ihrem Scheitern entgegen, aber sie ließen den Mut nicht sinken; noch als sie nicht mehr als fünfzig Meter vor sich hatten, versuchten sie sich mit Witzen aufzumuntern.

Thor war der Einzige, der wirklich eine Vorstellung davon hatte, was sie erwartete. Er war schon früher einmal hier gewesen, damals vor zehn Jahren, als er seine junge Braut von Südseeinsel zu Südseeinsel geführt hatte, auf der Jagd nach dem Paradies, wie er es nannte. Nach Fatuhiva hatten sie gewollt, wo sie nackt wie Adam und Eva von den Früchten im Garten Eden leben wollten. Sie waren auf einem Schoner mitgesegelt, der hier und da ein Atoll anlief, um Kopra zu laden. Während der Liegezeit war das frisch verheiratete Paar aufs Riff hinausgewandert. Da standen sie lange wie gebannt und betrachteten die Gewalt der Brandung, die letzte Explosion der Brecher. In Abständen von Sekunden erhoben sie sich zu ihrer ganzen Macht, um sich dann aufspießen zu lassen, zu verbluten und zu vergehen. Ein ewiges tobendes Schlachtfeld, auf dem sich das Riff mit seinem scharfen Schwert behauptete.

Was, wenn ein fehlgeleitetes Schiff in dieses Tosen hineingesaugt würde? Thor wusste noch, wie er sich bei diesem Gedanken damals innerlich versteift hatte. Und jetzt befand er sich mitten in dem Toben, aber nicht auf einem Schiff, sondern auf einem Floß, auf ein paar schwer mitgenommenen Balsaholzstämmen, die nur von Hanfseilen zusammengehalten wurden.

Ja, keine Frage, er fühlte Angst, das konnte er nicht leugnen, doch als er jetzt dem Unabwendbaren so von Angesicht zu Angesicht gegenüberstand, fühlte er sich auch von einer merkwürdigen Ruhe beseelt. Noch bevor er die Segel gesetzt hatte, hatte man ihm sein Scheitern prophezeit, die größten Eiferer hatten sogar von einem Selbstmordunternehmen gesprochen. Doch die *Kon-Tiki* war mehr als viertausend Seemeilen über offenes Meer gesegelt und getrieben, ein Fünftel des Erdumfangs, und sie hielt noch immer. Warum sollte sie nicht auch das Riff überstehen?

Ja, gut, sie hatte etwas Wasser gezogen und die Seile hielten sie nicht mehr so straff zusammen wie am Anfang, aber bis jetzt hatte es keinen Grund zur Beunruhigung gegeben.

Der Lärm vom Riff ist inzwischen stärker geworden. Der Wind ist nicht sehr kräftig, eine leichte bis mäßige Brise, aber in den Wirbeln rund ums Riff türmen sich die Wellen immer höher auf. Zerrissene Wolkenfetzen hängen am Himmel. Es ist jetzt zwischen zehn und elf Uhr vormittags.

Da sieht Thor auf den inneren Zähnen des Riffs etwas, das wie das Wrack eines Segelboots aussieht, und hinter dem Wrack die lockende, türkisfarbene Lagune.

»Wir sind aber kein Boot«, murmelt Thor. »Wir haben keinen Unterwasserrumpf, mit dem wir am Riff hängen bleiben können, bis die Wellen Hackfleisch aus uns gemacht haben. Im Gegenteil, wir sind ein Floß, das die Wellen hierhin und dahin werfen werden, bis die eine große Welle kommt, die uns durch die Hölle in die Sicherheit dahinter tragen wird«, heißt es im Logbuch der *Kon-Tiki*.

Die Männer legen Schwimmwesten an und nehmen die Positionen ein, die sie abgesprochen haben. Sie sehen einander an. Bis zu diesem Zeitpunkt waren sie Gleichgestellte, die ohne Befehl und Gehorsam ausgekommen sind, aber jetzt, bevor die erste Welle das Floß in die Brandung wirft, übernimmt Thor das Kommando. Während er ein lautes Hurra ausstößt, stürzen sie in die Gischt.

Die Männer klammern sich an allem fest, was sie gerade in die Hände bekommen, an Stag und Tauen, an Kisten oder an der kleinen Bambuskajüte mitten auf dem Floß, die so lange ihr Unterschlupf gewesen ist. Sie wissen, gehen sie über Bord, bedeutet das den sicheren Tod. Das Riff wird sie in Stücke schneiden.

Plötzlich ruft einer: »Wer glaubt, sollte jetzt beten. Es ist die letzte Gelegenheit.« Torstein ist es. Macht er Scherze? Er ist doch Atheist.

Welle über Welle schäumt über sie hinweg, das Floß schlägt gegen das Riff, am Ende so heftig, dass der Mast bricht und sich verabschiedet. Das Floß selbst aber schwimmt wie ein Korken und lässt sich jedes Mal von der Unterströmung wieder hinausziehen.

Dann sehen sie sie, die gläserne Wand, Welle Nummer dreizehn. Einige fluchen, andere beten. Witze macht keiner mehr.

»Das geht nicht gut aus!«

Thor bekommt nicht mit, wer das ruft. Er hat nur noch Angst. Ob sie es am Ende doch nicht schaffen werden?

Mit einem Schlag ist der Zweifel noch größer als die Welle. Hat er seinen Hypothesen so sehr vertraut, dass er jetzt im Begriff steht, seine Freunde in den Tod zu schicken? Wenn auch nur einer von ihnen sein Leben verlieren sollte, würde er seines eigenen Lebens nie wieder froh werden.

In den Sekunden, die ihm noch bleiben, bis die Welle zuschlägt, betet er leise. Er betet auf die gleiche Weise, wie er früher als kleiner Junge sein Nachtgebet gesprochen hat. Heimlich, vor der Mutter versteckt, die nicht gläubig war, hat ihm sein Vater die Hände gefaltet. Die Eltern hatten miteinander gekämpft, um seine Seele.

Er gehörte keiner Kirche an, und er ging auch niemals in die Kirche. Aber er hatte aus Erfahrung gelernt, dass es außerhalb von ihm selbst etwas gab, das ihm Stärke verleihen konnte, wenn er nur darum bat. Manche nannten dieses Etwas Gott, andere Tiki. Mochte es heißen, wie es wollte. Thor Heyerdahl nannte es Gott.

Teil 1 **LIV**

DIE HOCHZEIT

Es gab mehrere Gründe, aus denen der Heilige Abend des Jahres 1936 für Thor Heyerdahl etwas ganz Besonderes war. An diesem Tag heiratete er und musste darum ausnahmsweise vor einen Geistlichen treten. Noch wichtiger aber war, dass sich mit Livs Jawort zugleich noch eine ganz andere Möglichkeit auftat: Endlich würde er sich auf die Reise ins Paradies machen können, von der er so lange geträumt hatte.

Durch die Hochzeit erlangte er im Übrigen auch den unumgänglich notwendigen Segen der frischgebackenen, aber besorgten Schwiegereltern. Es hatte sie wie ein Schock getroffen, als sie den Brief ihrer Tochter erhalten hatten, in dem sie ihnen mitteilte, dass sie einen Mann namens Thor Heyerdahl heiraten und sich nach der Hochzeit mit ihm auf einer Insel in der Südsee niederlassen wollte, um, jawohl, um dort wie Adam und Eva zu leben. Der Entschluss bedeute natürlich auch, dass sie ihr Universitätsstudium abbrechen müsse, aber dafür hoffe sie auf Verständnis.

Zitternd vor Sorge, hatte der Vater den Brief weggelegt. Südsee? Die lag doch auf der anderen Seite der Erde! Abgesehen von Seeleuten kannte er niemanden, der je in die Südsee gefahren war. Er griff nach seinem alten Konversationslexikon und sein Verdacht wurde bestätigt: Da blühten Unmoral und Menschenfresserei. Und wer war überhaupt dieser Heyerdahl, der daherkam und ihm seine einzige Tochter wegnehmen wollte? Sie war erst zwanzig und damit nicht einmal volljährig!

Der Heilige Abend war nicht unbedingt ein günstiger Hochzeitstermin, aber was Thor vor allem beschäftigte, war weniger die Heirat als vielmehr die Tatsache, dass er eine Frau gefunden hatte, die mit ihm, wie er es nannte, zurück zur Natur wollte.

Die Hochzeit fand in Brevik statt, Liv Coucheron Torps Heimatort. Thor fühlte sich in einer Kirche stets unbehaglich, und da die Gemeinde an diesem Tag wahrlich mit anderem beschäftigt war als mit einer Trauung, hatte sich der Pfarrer bereit erklärt, die Zeremonie im bescheidenen Wohnzimmer von Livs Eltern vorzunehmen. Nach ihrem Ja nahm die Braut den Namen Heyerdahl an.

Frisch wie Tau, so bezeichneten sie die, die sie kannten. Üppiges blondes Haar, blaue Augen, keine Schminke.

Erst am allerletzten Tag vor Weihnachten hatte Thor ganz auf die Schnelle einen Freund damit beauftragt, noch rasch ein Treffen mit alten Schulkameraden zu organisieren. Der Freund hieß Arnold Jacoby und gehörte zu den ganz wenigen, zu denen Thor nach dem Abitur noch Kontakt hielt. Arnold war nicht wie die anderen, die auf Teufel komm raus Fußball spielen und den Mädchen nachlaufen mussten. Arnold war einer, der nachdachte und Dingen auf den Grund ging, wie er selbst.

Thor versammelte die Freunde im Haus seiner Kindheit in Larvik um sich, wo sein Vater inzwischen mehr oder weniger allein wohnte, nachdem die Mutter ihn vor Jahren verlassen hatte und nach Oslo gezogen war. Dort eröffnete Thor einem verblüfften Freundeskreis, dass er am nächsten Tag heiraten werde, und so wurde das Treffen auch eine Art Abschiedsabend vom Junggesellenleben.

Nach der Trauung deckte Livs Mutter eine einfache Tafel. Außer dem Brautpaar nahmen nicht viele daran Platz, lediglich die beiden Eltern und ein paar Kommilitonen von der Universität. Die Eltern wünschten dem jungen Paar Glück, doch in das glückliche Ereignis mischten sich auch besorgte Töne. Gleich am nächsten Morgen, dem ersten Weihnachtstag, wollten die Frischvermählten zu ihrer Reise in den Pazifik aufbrechen. Zuerst würden sie Tahiti anlaufen, um von dort weiter zur Insel Fatuhiva im nördlich von Tahiti gelegenen Marquesas-Archipel zu fahren.

Als die Hochzeitsgäste aufbrachen, begann es zu schneien. Im Lauf der Nacht nahm der Schneefall zu und am nächsten Morgen schleppten Liv und Thor ihr Gepäck durch eine Winterlandschaft. An der Bahnstation kauften sie Fahrkarten für die Vestfold-Schmalspurbahn, in Oslo stiegen sie um in den Fernzug.

Die beiden waren einander zum ersten Mal dreieinhalb Jahre zuvor im Frühling 1933 auf einem Fest begegnet. Thor war damals noch Primaner und achtzehn Jahre alt. Liv war noch nicht einmal siebzehn.

Thor hatte eigentlich gar keine Lust gehabt, zu diesem Fest im Strandrestaurant *Kronprinsen* draußen in Stavern zu gehen. Da waren Mädchen, und er hasste es zu tanzen. In seinen Jungenjahren hatten die Eltern ihn in Fräulein Dødeleins Tanzschule geschickt, doch statt einer Einübung in Manieren und gesellschaftlichem Umgang waren die Walzerschritte zu einem demütigenden Fiasko geworden. Nach drei Jahren schweißtreibenden Stampfens übers Parkett in Matrosenanzug und Lackschuhen konnte Thor noch immer keine Partnerin führen und die Eltern ersparten ihm widerstrebend weitere Versuche. Er hatte kein bisschen Rhythmusgefühl, das war einfach so, aber darüber hinaus fühlte er sich Mädchen gegenüber auch hoffnungslos befangen, geradezu linkisch. Diese Verlegenheit hatte er auch während der Zeit in Mittelschule und Gymnasium nicht ablegen können.

An jenem Abend jedoch zog er mit Arnold und dem Rest der Primaner zu dem Fest. Im Restaurant standen die Tische gedeckt und nach dem Essen spielte ein Orchester zum Tanz auf. Während die anderen sich ins Getümmel stürzten, stand Thor mit einem Glas Bier abseits. Nach einer Weile ging er an das offene Fenster und setzte sich auf die Fensterbank. Draußen lag die helle Sommernacht und manchmal glitt ein Boot über den Fjord.

Diese ewige Unbeholfenheit, die ihn jedes Mal in Anwesenheit von Mädchen überfiel! »Sie waren gewissermaßen keine echten Menschen, sondern hatten etwas Feenhaftes an sich, und ich hatte keine Ahnung, wie ich mit ihnen reden sollte«, hielt er später einmal schriftlich fest.

Und das immer noch, wo er doch jetzt sein Abitur geschafft hatte und nicht länger zögern durfte. Denn eins war ihm klar, ohne eine Frau, ohne »ein besonderes Exemplar dieser verführerischen Gattung«, würde er seinen heimlichen Plan niemals ausführen können. Schon im Gymnasium war er nämlich auf die Frage gestoßen, die ihn sein ganzes Leben lang beschäftigen sollte: Befand sich die zivilisierte Welt auf dem Weg zu etwas Besserem oder war es umgekehrt früher besser gewesen? Um das herauszufinden, wollte er seine eigene Epoche verlassen und zu den Ursprüngen zurückkehren. Sollte er dabei tatsächlich den Garten Eden finden und sollte die Sache Hand und Fuß haben, dann konnte er sich dort nicht allein niederlassen; wie Adam brauchte er eine Frau an seiner Seite.

Nur einem einzigen Menschen hatte er sich anvertraut. Er war das Risiko eingegangen, Arnold davon zu erzählen. Ist die Zivilisation die einzig lebenswerte Art, ein Dasein zu führen, hatte er den Freund gefragt. Alle redeten immer bloß von Fortschritt, aber bedeutete es nicht jedes Mal einen Rückschritt für die Menschheit, wenn die Zivilisation wieder ein sogenanntes neues Stadium in der Entwicklung erreichte? Der moderne Mensch lebte in einer Zivilisation, die ihn immer abhängiger von technischen Hilfsmitteln und äußeren Impulsen machte, ganz im Gegensatz zum Naturmenschen, der auf eigene Beobachtungen und seine eigenen Kräfte bauen musste, um zu überleben. Anstatt echten Fortschritt zu erreichen, trug die Zivilisation also dazu bei, einen abgestumpften Menschen zu produzieren. Der primitive Mensch blieb dagegen, wie Thor glaubte, mit intaktem Instinkt und mit allen Sinnen offen der Welt zugewandt.

Das Orchester spielt unverdrossen und zwischen seinen Klängen hört Thor die Rufe der Tanzversessenen. Er würde selbst so gern, aber allein der Gedanke, auf ein Mädchen zuzugehen und es aufzufordern, blockiert ihn völlig. Das steckt seit der Tanzschule in ihm, als hätte Fräulein Dødelein es ihm eingehämmert.

Auf einmal kommt Arnold auf ihn zu, in seinem Schlepptau ein Paar, das er ihm gern vorstellen möchte. Thor hat die beiden noch nie gesehen. Wahrscheinlich kommen sie aus einem anderen Ort. Er grüßt, erstarrt dann zur Salzsäule. Das Mädchen fragt, ob er tanzen möchte.

Er fühlt ein Zittern. Was hat dieses Mädchen an sich, das ihn so anspricht? Er sieht die lächelnden Augen und »kluge, hübsche Gesichtszüge«, nicht zu reden von dem Mund, der auch ohne Lippenstift rot ist. Aber tanzen? Nein, halt, stopp, es muss eine andere Möglichkeit geben. Tanzen geht nicht, selbst wenn sie auffordert und nicht er. Ganz besonders wenn sie auffordert, denn wie leicht kann man sich da blamieren. Ein Strandspaziergang, denkt er hektisch, vielleicht hat sie Lust, ein wenig am Strand spazieren zu gehen. Er stammelt den Vorschlag fast heraus, eigentlich sicher, dass er seine Chancen schon im selben Moment verspielt hat. Wie konnte er darauf hoffen, dass sie mit einem Wildfremden an den Strand gehen würde?

Ja, sagt sie. Erleichtert geleitet er sie die Treppe hinab, während der Kavalier, mit dem sie gekommen ist, bedeppert zurückbleibt und glotzt.

Eine Zeit lang schlendern sie dahin, reden über dies und jenes, die Musik wird leiser, bald ist nur noch das Plätschern der Wellen zu hören. Dann kehren sie um und setzen sich an einen Tisch auf der Glasveranda. Die Gäste drinnen tummeln sich noch immer im Gedränge, aber sie denkt jetzt nicht mehr ans Tanzen.

Kann es sein, dass sie diejenige ist, die er bisher nicht gefunden, von der er aber immer geträumt hat?

Er nimmt noch einmal seinen Mut zusammen und beginnt von dem zu reden, was ihn selbst an diesem Abend am meisten beschäftigt. Er spricht von der Natur, wie alles gewesen ist, bevor die Kultur zu den Menschen kam, von dem Wunsch, wenigstens einmal den Versuch zu unternehmen, zu den Anfängen zurückzukehren. Er fragt sie, ob sie mit ihm ans Ende der Welt gehen möchte.

Sie sieht ihn an und antwortet noch einmal Ja. Das würde sie gern, wenn er ihr nicht nur mit einem Hollywoodklischee komme.

Thor ist platt. Meint sie das ernst?

Das Fest geht langsam zu Ende. Sie muss nach Brevik, er nach Larvik. Sie gehen zum Bus. Bevor sie sich trennen, verabreden sie, sich bald wiederzusehen, am besten gleich bei der nächsten Primanerfete.

Thor konnte seinen Stolz nicht verhehlen, als er auf dem Heimweg Arnold erzählte, was sich da anbahnte, und Arnold musste zugeben, dass ihn die plötzliche Tatkraft seines Freundes überrascht hatte. Er hatte Thor eigentlich eher mit dem Begleiter und nicht mit Liv bekannt machen wollen. Zwar hatte er in letzter Zeit bemerkt, dass die Mädchen dem Freund nachblickten, aber auch, dass Thor noch immer Angst hatte, linkisch und verlegen zu werden, wenn er mit ihnen allein war. Wenn er sich aus Höflichkeit genötigt fühlte, ein Mädchen nach Hause zu begleiten, sorgte er stets dafür, dass Arnold als Anstandswauwau mitkam, bis er sich vor der Haustür endlich mit einem höflichen Diener verabschieden konnte. Mit Liv war es anscheinend etwas anderes, denn zum ersten Mal erlebte Arnold, dass Thor darauf brannte, ein Mädchen wiederzusehen. Darum sah er dem nächsten Fest beinah ebenso gespannt entgegen wie der Freund.

Doch dann kam sie nicht.

Völlig verwirrt lief Thor umher und hielt Ausschau, aber Liv war nicht da.

Die nächsten Tage war er untröstlich. Warum, um alles in der Welt, war sie nicht gekommen? Böse Zungen behaupteten, sie gehe mit einem anderen. Hatte der Blödmann aus Stavern am Ende doch das längere Streichholz gezogen? Das weigerte Thor sich zu glauben, aber verletzt war er schon und traute sich nicht, seinerseits Kontakt aufzunehmen. Außerdem hatte er Angst, was ihre Eltern wohl sagen würden, wenn sie plötzlich ein Ferngespräch von einem unbekannten Burschen aus Larvik bekämen.

Immerhin raffte er sich auf und schickte ihr seine Karte. Auf die Rückseite schrieb er: »Wir sehen uns wieder. Da kannst Du sicher sein.«

Allerdings sollte es zwei Jahre dauern, bevor sie sich wiedersahen.

Der Sommer verflog und im September schrieb sich Thor in Oslo an der Universität ein. Wie alle musste er zunächst Propädeutiken in Philosophie und Logik hören, doch von allen, die er kannte, war er der Einzige, der sich danach auf etwas so Abwegiges wie Zoologie stürzte. Mit seiner Wahl überraschte er trotzdem niemanden. Solange sich jemand erinnern konnte, hatte er sich für Tiere interessiert. Während seine Schulkameraden in wilden Spielen herumtobten, war Thor auf allen vieren durch die Buchenwälder gekrochen und hatte Frösche und Ameisen beobachtet. Außerdem war es ein Studienfach ganz nach dem Geschmack der tonangebenden Mutter. Sie trat als bekennende Darwinistin auf und nichts konnte ihr eine größere Freude bereiten, als dass der Sohn in Charles Darwins Disziplin eintrat.

Ihr Name war Alison und sie ging mit Thor nach Oslo, wo sie sich in einer neu erworbenen Wohnung im Camilla Colletts vei einrichteten. Jahrelang hatte sie in einer schwierigen Ehe gelebt und ihren Mann, den Brauereibesitzer Thor Heyerdahl, eigentlich längst verlassen wollen. Aus Rücksicht auf den kleinen Thor hatte sie sich jedoch entschlossen, so lange im Haus der Familie auszuharren, bis er sich die Studentenmütze aufsetzen konnte. Das Provinznest und seine stets aufmerksam alles beobachtende Bürgerschaft zu verlassen war, wie neue Luft unter die Flügel zu bekommen. Gleichzeitig konnte sie durch ihre persönliche Anwesenheit Thor zu fortgesetzten Wanderungen in Darwins Landschaften anregen.

Liv hatte zu dieser Zeit noch ein Jahr bis zum Abitur vor sich. Doch im Herbst 1934 kam auch sie nach Oslo. Von ihrem Vater, einem Buchhalter, darin bestärkt, wollte sie Volkswirtschaft studieren, auch kein allgemein übliches Fach, jedenfalls nicht für eine Frau. Torp war verständlicherweise stolz darauf, dass seine Tochter gewissermaßen in seine Fußstapfen trat, und versicherte seinem Augenstern, dass sie sich bis zum Examen um Geld keine Sorgen zu machen brauche.

Thor dachte noch immer an Liv und an ihre Zusage, mit ihm auf die große Reise zu gehen. Aber er scheute auch noch immer davor zurück, Verbindung zu ihr aufzunehmen, obwohl er durch gemeinsame Bekannte wusste, dass sie sich ebenfalls in der Hauptstadt aufhielt. Er reagierte ungläubig, als er hörte, dass sie Volkswirtschaft studieren wolle, denn was wollte sie, die sich doch bereit erklärt hatte, zur Natur zurückzukehren, mit einem Studienfach, das in so hohem Maße ein Kind der Zivilisation war, für die sie so wenig übrighatten?

Außerdem wurde ihm klar, dass sie bei den jungen Männern hoch im Kurs stand und es genoss, umschwärmt zu werden.

Eines Tages sah er sie zufällig Arm in Arm mit einem Typen, der ihm aufgeblasen und uninteressant vorkam. Es war offensichtlich, dass er und Liv sich schon eine Weile kannten. Sie schrieb darüber an ihre Mutter in Brevik: »Ich bin ein wenig mit Lennart gegangen, aber er hat sich sehr darüber geärgert, dass ich keine Anzeige in die Zeitung setzen wollte: ›verlobt haben sich …‹ usw. und auch nicht mit einem Verlobungsring herumlaufen wollte. Also treffe ich ihn nicht mehr. Das macht gar nichts, denn für solche Albernheiten habe ich keine Zeit.«

In den Pausen zwischen den Vorlesungen an *Det Kongelige Fredriks Universitet* flanierte Liv gern auf Oslos Prachtstraße Karl Johan. Auf ihren Spaziergängen zwischen *Domus Academica* und dem *Grand Hotel* sah sie viele Prominente und konnte in ihrem Brief an die Mutter etwa berichten, dass der bekannte Eisschnellläufer Georg Krog »nach seinem Aufenthalt in Garmisch braun wie ein Neger« war, und über eine lokale Größe aus Brevik, dass er »auf der Karl Johan immer mit einer Dame am Arm« auftrete. Am liebsten saß sie aber im Künstlerrestaurant *Blom* unter dem Wappen der Künstlervereinigung *Purpurnæseorden,* wo sich die großen Namen aus dem Kulturleben trafen: Helge Krogh, Olaf Bull, Arnulf Øverland und Herman Wildenvey. Persönlich hatte sie einen jungen Mann kennengelernt, der in München Malerei studierte und gern das *Blom* aufsuchte, wenn er in Oslo weilte. Er hieß Tore Hamsun und war der Sohn von Knut Hamsun. »Er ist bei N. S., falls das von Interesse sein sollte«, schrieb sie nach Hause.[1]

Eifersüchtig und auf Abstand bedacht, setzte sich Thor hin und schrieb einen Brief an den in Larvik zurückgebliebenen Arnold, den er seit seinem Wegzug in die Stadt nicht mehr gesehen hatte. Endlich habe er begriffen, dass Liv nicht interessiert sei. Darum werde er auch in Zukunft nicht ihre Nähe suchen. Arnold behielt gleichwohl ein Gefühl, dass Thor sie nicht vergessen könne, sosehr er sich auch bemühen mochte.

Als sie sich in Stavern begegnet waren, war er in einem Anfall von jugendlichem Übermut mit seinem Plan herausgerückt, und nicht weniger übermütig hatte sich Liv bereit erklärt, ihm zu folgen. Sie war jung, aber Thor hatte nicht gezögert, ihre Antwort ernst zu nehmen, ohne auch nur einen Gedanken daran zu verschwenden, dass sie womöglich ihrer Lust, ins Unbekannte zu reisen, entstammte, ebenso gut aber auch bloß ein Resultat der romantischen Sommernacht sein konnte. Nur jenes eine Mal war er ihr begegnet; als sie sich wiedertreffen wollten, war sie nicht gekommen. Doch obgleich sie ihm nie erklärte, warum, weder damals noch später, gab er sie nicht auf. Vielleicht um etwas zu haben, an dem er sich festhalten konnte, wenn er einen Halt brauchte, um sein großes Projekt weiterzuverfolgen. Erst Livs Ja hatte ihn davon überzeugt,

---

1 N. S. = *Nasjonal Samling* war die 1933 von Vidkun Quisling gegründete, am Nationalsozialismus orientierte faschistische Partei Norwegens.

dass sich der Wunsch, zur Natur zurückzukehren, tatsächlich verwirklichen ließ. Zugleich aber blockierte es das gesamte Vorhaben, denn in Wahrheit konnte er sich ohne die Erwartungen, die Liv geweckt hatte, gar nicht mehr vorstellen, wie das Ganze überhaupt umgesetzt werden sollte.

Er unternahm tatsächlich einige hartnäckige Versuche, Ersatz für Liv zu finden, weil er sich nach wie vor sicher war, dass sein Plan ohne Frau keinerlei Aussicht auf Erfolg hatte. Er wollte ja für sein ganzes Leben auswandern, doch würde er diese Herausforderung und erst recht Sehnsucht und Verlangen ohne eine Gefährtin meistern können? Und wozu sollte er zurück zur Natur, wenn nicht auch, um darin Fruchtbarkeit zu finden?

Dass er womöglich an seinem Ziel eine Frau finden könnte, der Gedanke kam ihm ganz offenbar nicht. Jedenfalls hat er in dieser Hinsicht weder je etwas geschrieben noch gesagt, was darauf hindeuten könnte.

Die Erste, die er fragte, war die Tochter eines Polizisten in Hol. Thor wanderte damals oft aufs Fjell, allein oder mit Freunden, immer aber in Begleitung des Grönlandhunds Kazan. Nach einer solchen Tour traf er die junge Frau. Sie verliebte sich Knall auf Fall in Thor und in die Vorstellung, auf eine Südseeinsel auszuwandern. Doch als sie sich später in Oslo wiedertrafen, wo sie ebenfalls ein Studium an der Universität aufnehmen wollte, begriff Thor rasch, dass lediglich Romantik das Mädchen aus Hallingdal antrieb, aber nicht der Wunsch, der Zivilisation den Rücken zu kehren.

Die Nächste, bei der er es probierte, war eine Balletttänzerin am Nationaltheater. Sie zeigte sich absolut offen für das Projekt, aber auch in diesem Fall standen vor allem romantische Vorstellungen ganz obenan. Sie sah sich als zukünftige Königin einer Palmeninsel und damit war das Märchen zu Ende, bevor es begann. Entmutigt musste Thor konstatieren, dass es kaum ein zweites Mädchen wie Liv gab. Nur wo steckte sie?

An einem Frühlingsabend liefen sie sich zufällig im Restaurant *Røde Mølle* im Tivolipark über den Weg. Liv hatte ihren Eltern von ihrer ersten Begegnung mit Thor nie erzählt, denn nun schrieb sie ihrer Mutter: »Stell Dir vor, ich habe einen netten jungen Mann getroffen, Mutter. Aber, he, keine Angst! Ich sehe Dich schon voller schlimmer Befürchtungen vor mir. Es ist ein gewisser Thor Heyerdahl aus Larvik, den ich zum ersten Mal gesehen habe, als ich mit Gunnar auf der Primanerfeier war [...]. Aber jetzt muss ich zum Kolloquium. Mehr also ein andermal.«

Lange saßen sie an jenem Abend in der Roten Mühle zusammen. Liv hatte ihre Unterhaltung in Stavern nicht vergessen. Sie wollte noch immer mit von der Partie sein, wenn er es ernst meinte. Thor hatte es in seinem ganzen Leben noch nie so ernst gemeint.

Livs Mutter war von den Herrenbekanntschaften ihrer Tochter keineswegs begeistert. Sie ermahnte sie, nicht so oft auszugehen. Liv antwortete gereizt, dass sie nicht ein einziges Mal etwas übereilt habe. »Ich habe absolut nichts getan, zu dem ich nicht stehen könnte, und das ist wohl die Richtschnur, an die ich mich halten muss, wenn ich sozusagen auf eigenen Beinen stehen soll. Ich bin zwar erst achtzehn, möchte aber doch trotzdem bitte langsam erwachsen werden dürfen.«

Weil sie studieren konnte, fühlte sich Liv privilegiert, denn dieses Glück wurde längst nicht allen Klassenkameraden vom Gymnasium zuteil. Sie hatte einen Vater, der für sie aufkam, und eine Mutter, die bereit war, alles für sie zu tun. Die Ehe von Livs Eltern war nicht gerade vorbildlich, sie hatten heiraten müssen, wie man damals sagte, und die selbstbewusste Mutter empfand es als nicht geringen sozialen Abstieg, als sie Andreas Torp ehelichte. Sie

Porträt von Thor Heyerdahl als jungem Mann

Liv Coucheron Torp

wurde Henni gerufen, hieß aber eigentlich Heningine mit Vorna-
men. Ihren Mädchennamen Coucheron hatte sie von einem französischen Ingenieur, der im 15. Jahrhundert nach Norwegen gekommen war, um Festungen zu bauen. Als sie heiratete, behielt sie
entgegen dem, was damals üblich war, Coucheron als Mittelnamen
bei und erklärte unumwunden, das sei doch wohl vornehmer als
Torp. Dieser anhaltende Hochmut trug nicht gerade zu größerer
Nähe zwischen den Eheleuten bei und in ihrer Position als einziges Kind sah sich die pflichtbewusste Liv in der Verantwortung,
etwas Wärme zwischen den Eltern zustande zu bringen. Hatte sie
deswegen ein schlechtes Gewissen, sie zu verlassen?

Wie schwer es für sie auch gewesen sein mag, jedenfalls machte
sie sich mit Thor an die Vorbereitungen. Thors Mutter besaß eine
Hütte am Hornsjø oberhalb von Lillehammer und im Sommer übten sie sich dort oben in ein Leben in der Natur ein. So gut es ging,
versuchten sie von Fisch und Beeren zu leben, unter Zugabe von
Kartoffeln aus dem Ort. Gleichzeitig unternahmen sie lange Wanderungen, um für die kommenden Strapazen zu trainieren. Thor
wollte, dass sie sich von Schuhen unabhängig machten, und um die
Fußsohlen abzuhärten, gingen sie barfuß, bis es blutete.

Liv ordnete sich dem strengen Regiment unter, ohne zu murren.
Sie gab sich nicht der Illusion hin, das Leben auf einer Südseeinsel
sei ein Zuckerschlecken, und sie träumte nicht davon, eine Königin
in Polynesien zu werden. Thor pries sein Glück. Endlich lief alles
so, wie er es sich gedacht hatte. Er hatte den Plan, einen Weg, es um-
zusetzen – und die Frau dazu. Nach der Zeit auf dem Fjell wartete
das Herbstsemester an der Universität. Dort führte Thor die mehr
theoretischen Vorbereitungen auf den Großen Sprung fort. Nicht
ohne Grund hatte er Zoologie gewählt. Er wollte das Studium der
Tiere zum intellektuellen Tragpfeiler des Projekts machen.

Weihnachten würden er und Liv getrennt verbringen. Für sich plante er eine Schlafsacktour in den Bergen. Mit seinem Cousin Gunnar Nissen und Kazan fuhr er hinauf nach Trollheimen, wo sie sich als Basislager für ihre Touren einen Iglu bauten. Vor der Abreise gab er Liv eine Adresse, unter der sie ihm postlagernd schreiben konnte, für den Fall, dass sie ihn erreichen musste. Als er aus den Bergen zurückkam, ging er zum Postschalter am Bahnhof, und wie erhofft gab es Post von Liv.

Er liebte das Fjell, und trotz der Kälte war die Tour bestens verlaufen. Der Gedanke an die Großstadt ließ ihn schaudern.

Er blickte auf Livs Schrift, groß, rund und gut leserlich. Dann öffnete er den Brief.

Er hatte noch nicht viel gelesen, als er das unterschwellige Ziehen im Zwerchfell spürte, das böse Vorahnungen begleitet. Wie üblich kam Liv gleich zur Sache. Sie schrieb, dass »das Experiment zum Scheitern verurteilt« sei. Ihr Vater habe sich krummgelegt, um ihr ein Studium zu ermöglichen, und nun solle sie weglaufen und ihn enttäuschen? Die Reise ins Unbekannte könne wohl leider »nie etwas anderes als ein schöner Traum sein«.

Sie hatte noch nicht viele Tage als frischgebackene Studentin in Oslo verbracht, als sie ihrem Vater im September 1934 schrieb: »Vielen, vielen Dank für die Möglichkeit, mich hier aufhalten und studieren zu können! [...] Ich bin mir im Klaren darüber, was Du und Mutter meinetwegen opfert [...]. Ich werde alles tun, was in meiner Macht steht, damit Ihr mit mir zufrieden seid und das Opfer nicht umsonst war.«

Thor stand wie versteinert. Da hatten sie den ganzen Sommer und Herbst darauf verwandt, sich geistig und körperlich vorzubereiten, und nun stieg sie einfach aus? Hatten die Weihnachtsfeierlichkeiten bei den Eltern in Brevik sie weichgekocht?

Er akzeptierte ihre Gründe nicht und fühlte sich enttäuscht, ja, verraten. Der Plan war so weit gediehen, dass er keine Störungen vertrug. Nur ein kurzes Jahr lag noch vor ihnen, bevor es losgehen sollte, und jetzt schickte sie ihm eine Absage auf einem grauen Blatt Papier? Er zitterte vor Wut.

Er verabschiedete sich von seinem Cousin, der in Trondheim lebte. Er selbst hatte mit dem Zug nach Oslo fahren wollen, nahm aber stattdessen Hund und Ausrüstung und ging in die Berge zurück. Das Wetter war nicht sonderlich gut und die Tage waren zudem kurz. Die Vorsicht riet, es lieber zu lassen, aber Livs Brief machte ihn bockig und er wollte allein sein. Er suchte andere Herausforderungen als die, die eine lange Zugreise und die tristen Straßen der Hauptstadt zu bieten hatten.

Wie ein zweiter Fridtjof Nansen stieg er erneut die Hänge hinauf, watete durch den tiefen, losen Schnee der Birkenwälder. Er wollte übers Dovrefjell und irgendwo im Gudbrandsdal wieder zu Tal kommen. Eine solche Wanderung würde mehrere Tage dauern, aber das kümmerte ihn nicht. Auf Kazans Hundeschlitten hatte er genügend Proviant. Käme er erst über die Baumgrenze, würde das Gelände flacher und er könnte mit dem Hund Tempo machen.

So einfach ging es aber nicht. Oben auf der Hochebene verschlechterte sich das Wetter zunehmend. Er hätte umkehren müssen, aber trotzig reckte er den Kopf in den Sturm und stapfte los, Schritt für Schritt durch dichtes Schneetreiben, von den Schneekristallen geblendet, die in die Augen schlugen, und vom bleichen, konturlosen Licht. Jetzt sollte keiner mehr kommen und sagen, er sei kein Mann, jetzt sollten die Nachwirkungen der verwöhnten und überbehüteten Kindheitsjahre weggeschmolzen werden, gleich zusammen mit seiner linkisch unbeholfenen Angst vor Frauen.

Da geht es hinter der unsichtbaren Abbruchkante einer Schneewehe plötzlich abwärts. Er hält sich auf den Beinen, doch als er sich umdreht, um nach dem Hund zu sehen, ist der verschwunden.

»Kazan!«

Er ruft und weiß, dass es vergebens ist, denn in dem heulenden Sturm hört er kaum die eigene Stimme. Es ist, als ob eine Eisfaust zupackt und unerbittlich zudrückt. Kazan zieht den Schlitten mit Zelt und Schlafsack. Ohne den Hund ist er verloren, und genau in dieser Bewährungsprobe kommt die Angst in ihm hoch.

Genau die gleiche Angst hat er schon einmal erlebt, damals, als er im Alter von fünf Jahren im Eis des Herregårdsdamm eingebrochen war. Er lag ein kleines Stück vom Haus seiner Kindheit in der Stengate entfernt und gehörte seinem Vater, der den Weiher gekauft hatte, um im Winter dort Eis sägen zu lassen. Thor hatte mit einigen älteren Jungen am Ufer gestanden und bewundernd zugesehen, wie die Männer mit der großen Säge die Blöcke schnitten und sie dann auf den Schlitten stapelten, ehe sie mit Glockengeläut davonfuhren. Im nächsten Augenblick liefen die Jungen aufs Eis, die mutigsten hüpften zwischen den Rinnen, die die Eisschneider zurückgelassen hatten, von Scholle zu Scholle. Thor wollte es auch probieren, es sah ja lustig aus, und schon war er gesprungen. Aber er war nicht schnell genug. Bevor er zur nächsten weiterhüpfen konnte, kenterte die erste Scholle und er lag zappelnd im Wasser.

Verzweifelt wollte er sich nach oben ziehen, aber beim Eintauchen geriet er unters Eis, wo alles schwarz war, und das Einzige, was er wahrnahm, war, dass er mit dem Kopf oben gegen die Eisdecke stieß. Dann wusste er von nichts mehr, bis er auf festem Boden lag und eine Stimme sagen hörte, dass er tot sei. Jemand musste ihn am Bein erwischt und herausgezogen haben. Mit einem Schrei setzte sich Thor auf, dass die Jungen zusammenfuhren, dann erhob er sich und lief triefnass nach Hause. Da wartete seine Mutter mit warmen Decken, und später, als er aus dem Büro gekommen war, kam sein Vater mit einem Vaterunser zu ihm ins Zimmer.

Jetzt unter der Schneewehe könnte er auch ein Vaterunser gebrauchen, doch als er in dem unbarmherzigen Wind schon steif wird, sieht er Kazan aus dem Schneetreiben auftauchen. An der Kante ist der Schlitten umgestürzt, so ist es kein Wunder, dass der Hund zurückgeblieben ist, weil er ihn mit den Kufen nach oben ziehen musste.

Thor sieht endlich ein, dass Mann und Hund dem Wetter nicht länger gewachsen sind, und hinter dem Schlitten finden sie einen notdürftigen Windschutz, wo sie sich in Schlafsack und Zeltplane hüllen und einschneien lassen. Daran, das Zelt aufzubauen, ist nicht einmal zu denken.

Sie wollte also nicht mitkommen. Gezweifelt hatte sie auch vorher schon, vielleicht war sie nur wieder verunsichert. Die Formulierungen im Brief klangen allerdings recht entschieden. »Es konnte nie etwas anderes als ein schöner Traum sein.« Hatte auch sie lediglich geträumt? Nein, unmöglich, das konnte nicht sein. Sie war doch so voller Vertrauen und Zuversicht gewesen! Vielleicht war es nicht weiter verwunderlich, dass sie Zweifel bekam, wenn sie bei den Eltern war. Sie war schließlich ihr einziges Kind. Von daher gesehen, kannte auch er Zweifel. Gewissermaßen war er ja auch ein Einzelkind und er selbst hatte es noch nicht gewagt, seiner Mutter davon zu erzählen, geschweige denn dem Vater. Ihm war klar, dass er mit der Mutter anfangen musste. Nur mit ihr auf seiner Seite hatte er eine Chance gegen den Vater. Und die brauchte er, nicht zuletzt aus strategischen Gründen. Der Vater hatte das Geld, und ohne finanzielle Unterstützung konnte aus dem ganzen Vor-

haben nichts werden. Allein die Reise in den Stillen Ozean kostete ein Vermögen.

Zuallererst aber musste Liv wiedergewonnen werden. Ohne eine Frau in petto brauchte er gar nicht erst zur Mutter zu gehen. Als
Nächstes kamen dann *ihre* Eltern an die Reihe.

Am nächsten Tag wehte der Wind noch genauso heftig und die
Sicht hatte sich nicht gebessert. Thor packte zusammen und stapfte mit der Nase auf dem Kompass weiter, der Hund schwanzwe-
delnd hinterher. Ein prima Hund, dieser Kazan, und zweifellos
sein bester Freund. Treu ergeben und stark wie ein Bär. Die Mutter hatte ihn eines Tages mitgebracht, nachdem sie in den Camilla
Colletts vei gezogen waren. Sie hatte ihn dem späteren Geschäftsmann Martin Mehren abgekauft, der 1931 Furore machte, als er
das grönländische Inlandeis auf Skiern überquerte, und der von
dieser Reise einen Wurf Grönlandhunde mit nach Norwegen gebracht hatte.

Als Junge hatte Thor einen Chow-Chow gehabt, und teils um
ihm über sein Heimweh hinwegzuhelfen, besorgte die Mutter ihrem Jungen den neuen Hund. Ihr war die Einsamkeit nicht entgangen, mit der ihn das neue Leben in Oslo häufig erfüllte, und auch
aus diesem Grund hielt sie einen Hund für angebracht. Damit
traf sie ins Schwarze, denn Thor nahm den Hund wie das kost-
barste aller Geschenke an. Vom ersten Tag folgte ihm Kazan wie
ein Schatten, er kam mit in Cafés und Vorlesungen, vor allem aber
auf Streifzüge in den Wald und aufs Fjell. »Er wurde wie ein Teil
meiner Kleidung«, schrieb Thor später.

Nicht ein Felsgrat war zu sehen, bloß endloses Weiß. Er fragte sich allmählich, wo er sich eigentlich befand, denn um ehrlich
zu sein, war es gar nicht so leicht, nach dem nervösen Tanzen der

Kompassnadel zu marschieren, und seine Aufmerksamkeit ließ nach. Schließlich wusste er, dass die Dovre-Eisenbahnlinie quer über die Vidda verlief, und wenn er bloß die Schienen fand, wäre der Rest eine Kleinigkeit. Aber sosehr er auch suchte, die Bahnlinie blieb verschwunden. Stattdessen brach er durch die dünne Eisdecke, als er unversehens auf einen flachen See trat, und mit dem Schrecken im Hals landete er bis zu den Knien in einer Mischung aus Eisbrei und eiskaltem Wasser. Mit klatschnassen Stiefeln musste er weiterlaufen.

Im Grunde sprach so etwas wie Verachtung aus ihm, denn streng genommen hatte er in solchem Wetter nichts auf dem Fjell verloren. Thor Heyerdahl wusste jedoch schon früh, dass ein ausgesprochener Sturkopf in ihm steckte, wenn er etwas wirklich erreichen wollte. Die Wanderung selbst bedeutete ihm nichts mehr, die hatte er ja zuvor schon zusammen mit seinem Vetter bewältigt. Jetzt ging es ihm darum, die eigene psychische Stärke auf die Probe zu stellen und zu sehen, wie weit er sie in dem Grenzland zwischen Junge und erwachsenem Mann, in dem er sich noch befand, belasten konnte. In der Stadt machte ihn das Leben auf Asphalt unsicher, fast feige; er fühlte sich von den großen Gebäuden niedergedrückt. Allmählich hatte er erkannt, dass es genau solche Gefühle waren, die er überwinden musste, um weiterzukommen, und nur hier oben auf dem Fjell konnten die einleitenden Gefechte um Selbstvertrauen stattfinden. Er war überzeugt, dass er sich im Kampf und im Zusammenspiel mit den Naturgewalten erproben musste, um genügend Härte zu entwickeln.

Gegen Abend lässt der Wind so weit nach, dass er das Zelt aufstellen kann. Erschöpft kriecht er in den Schlafsack aus Rentierfell, Kazan dicht an seiner Seite.

Mit Genauigkeit weiß er noch immer nicht, wo er sich befindet.

Ein paar vereinzelte Birkenstämmchen vor dem Zelt verraten immerhin, dass er den größten Teil der Hochebene wohl hinter sich hat. Er schließt die Augen mit dem Wunsch, dass die Sicht ihm am nächsten Morgen wenigstens einen Blick ins Tal erlauben möge.

Plötzlich schreckt er auf. Er meint, ganz deutlich die Pfeife eines Zuges gehört zu haben. Auch Kazan ist unruhig und spitzt die Ohren. Sie setzen sich mucksmäuschenstill hin und lauschen, hören aber nichts mehr. Da hat ihnen wohl doch bloß der pfeifende Wind einen Streich gespielt.

Still! Da war es wieder. Deutlicher noch diesmal. Thor hat keinen Zweifel mehr. Es ist ein Zug, der da pfeift. In dem Unwetter hat der Schnee natürlich die Gleise zugedeckt. Ist es denkbar, dass sie ihr Lager direkt neben den Schienen aufgeschlagen haben? Jetzt hört er den Lärm der schnaufenden Lokomotive, bekommt Panik und beschließt, aus dem Zelt zu flüchten. Aber kaum ist er aus dem Schlafsack heraus, entscheidet er sich wieder um. Hier weiß er wenigstens, wo er ist. Draußen im Schneetreiben weiß er gar nichts. Mit Kazan im Arm rollt er sich zusammen und betet, sicher, dass in dieser Lage sogar ein Atheist Zuflucht zu Gott nehmen würde.

Der Lärm des Zuges schwillt ohrenbetäubend an. Thor fühlt den Boden unter sich beben. Und während vom Schneepflug der Lok Schnee auf das Zelt prasselt, rast der Zug vorbei. Thor kriecht aus dem Zelt und sieht, dass die Schienen wirklich nur ein paar Meter entfernt sind.

Am nächsten Morgen fährt er leichtfüßig ins Tal ab. Er hat die mehrtägigen nervenaufreibenden Strapazen gemeistert und ist stolz auf sich. Unten im Tal nimmt er den Zug nach Oslo, und wie alle, die am Ostbahnhof ankommen, begrüßt ihn der Lärm der Großstadt. Aber für Thor ist jetzt allein wichtig, Liv zu treffen.

Er lud sie ins Theatercafé ein, da fühlte er sich wohler als unter den Künstlern im *Blom*. Schnell stellte sich heraus, dass sie das, was sie geschrieben hatte, nicht ernst meinte. Noch immer wollte sie am liebsten die Reise unternehmen, und sie blieben sitzen und begannen zu träumen. Aber auch das Träumen konnte ihre Sorgen nicht vertreiben. Sie hatte so viel Angst davor, den Eltern von ihrem Vorhaben zu erzählen, dass ihr Mut sie im Stich ließ.

Thor schritt derweil zur Tat. Bis zu den Zähnen mit Argumenten bewaffnet, setzte er sich mit seiner Mutter zusammen und weihte sie in seine Pläne ein. Es sei doch so, erzählte er, dass die Professoren am Zoologischen Institut nach ein paar Semestern einfach ihren Stapel fertiger Vorlesungen umdrehten und wieder von vorn begannen. Darum sei er jetzt an den Punkt gekommen, an dem er nichts mehr dazulernen konnte, indem er vor dem Katheder sitzen blieb. Er müsse hinaus ins Feld, um selbst Forschungen zu betreiben, damit er eines Tages Examen machen und erst recht promovieren könne, was sein erklärtes akademisches Ziel sei. Er habe darüber neulich mit seinen Lehrern gesprochen, allen voran mit Professor Kristine Bonnevie. Als sie gehört habe, dass er sich besonders für Inseln im Stillen Ozean interessiere, habe sie ihm vorgeschlagen, den Faden Charles Darwins wieder aufzunehmen und sich wissenschaftlich noch einmal mit der Frage nach dem Ursprung der Arten zu befassen. Wie die Mutter ihm früher so oft erzählt hatte, habe Darwin den Ansatz zu seinen Theorien gerade im Pazifik gefunden, als er 1835 mit der HMS *Beagle* zu den Galapagosinseln gekommen sei.

Auf die Reaktion seiner Mutter brauchte Thor nicht lange zu warten. Es lief genauso, wie er es erwartet hatte: Sie war begeistert. Ihr Sohn sollte in Darwins Fußstapfen treten! Außerdem war Kristine Bonnevie, die erste Professorin an der Universität Oslo, obendrein in ihrem Lieblingsfach Zoologie, das große Vorbild der Mutter. Und wenn Professor Bonnevie ihrem Sohn eine Studienreise in den Pazifik empfahl, sollte es an ihr keinesfalls scheitern.

Alison stammte aus einer wohlhabenden Familie in Trondheim und war in jungen Jahren in einem Internat in England gewesen. Dort hatte sie ihr Erweckungserlebnis gehabt, aber nicht durch Jesus Christus, sondern eben durch Charles Darwin. Als sie nach Hause zurückkehrte, hatte sie den Schöpfungsbericht der Bibel und aus Kindertagen gegen die Lehre von der natürlichen Zuchtwahl der Arten getauscht.

Nachdem Thor den fachlichen Segen der Mutter erhalten hatte, rückte er mit Teil zwei seines Plans heraus. Er wolle nicht bloß für ein künftiges Promotionsvorhaben Tiere in Gläsern sammeln, sondern gleichzeitig ein möglichst einfaches, primitives Leben führen. Je mehr es dem Leben in der Steinzeit gliche, desto näher käme er mit der Natur in Kontakt. Die Pille schluckte sie nicht so schnell, aber als Thor sie damit zuckerte, dass Liv ihn begleiten werde, war Alison zufrieden. Auch wenn sie dem Christentum nichts mehr abgewinnen konnte, hielt sie doch an etlichen Moralvorstellungen ihrer pietistischen Familie fest. In Begleitung von Liv würde ihr Sohn nicht den lockeren polynesischen Sitten zum Opfer fallen.

Stufe drei des Plans behielt er strikt für sich. Er erwähnte mit keinem Wort, dass er und Liv für den Fall, dass das Experiment glücklich verlief, dauerhaft fortbleiben wollten. Und er beichtete der Mutter auch nicht, dass er dann seine wissenschaftliche Karriere fallen lassen würde.

Als Nächster war der Vater an der Reihe, Thor Heyerdahl senior. Mit seiner Brauerei in Larvik war er ein reicher Mann geworden. Er finanzierte Thors Studium und gab ihm zusätzlich jeden Monat fünfzig Kronen Taschengeld. Er würde auch einen ordentlichen Batzen in die Reisekasse legen müssen, damit Thor junior es auch wirklich bis in die Südsee schaffen konnte.

Im Gegensatz zu seiner Frau hatte der Brauereibesitzer keine intellektuellen Ambitionen. Er stand Darwins Hauptwerk ebenso fern wie sie dem Ersten Buch Mose. Doch auch wenn er Alisons Handschrift in dem Vorhaben erkannte, erhob er keine Einwände. Der Junge sollte selbst entscheiden, was er studieren wollte. Da hatte er sich nie eingemischt. Die Empfehlung der Professorin machte auch auf ihn Eindruck, nur behagte es ihm nicht, dass der Sohn allein auf eine solche Expedition gehen sollte.

Thor nahm seinen Mut zusammen und erklärte, er habe vor, Liv zu heiraten, und sie solle ihn begleiten. Das wirkte, als hätte er eine Bombe gezündet. Der Vater fand kaum Worte für diese Unverantwortlichkeit.

Zum Ersten heiratete sein Sohn nicht, bevor er seine Frau versorgen konnte. Zum anderen verschleppte man ein blutjunges Ding nicht an einen so unzivilisierten Ort. Sollte er diese Reise wirklich unternehmen müssen, dann sollte er es in Gottes Namen allein tun. Zum Heiraten blieb nachher noch reichlich Zeit, wenn er wieder zurück war. Der Vater konnte es sich auch nicht verkneifen, noch ein drittes, leicht frivoles Argument anzuführen. Wozu wollte der Sohn denn unbedingt heiraten, wenn er sich doch auf eine Reise zu den Südseemädchen begab? Für den Bierbrauer war das so überflüssig, wie durch einen Bach zu waten, um Wasser auf der anderen Seite zu holen.

In moralischen Belangen war Thor Heyerdahl senior trotz seiner christlichen Grundüberzeugung das genaue Gegenteil seiner Frau. In vielem war er ein Lebemann, er liebte ein geselliges Leben und kam bei Frauen gut an. Wie oft er über den Zaun fraß, weiß nur er selbst, und Alison schien lieber nicht so genau hinzusehen. Der Tag, an dem er über seine Leichtfertigkeit gestolpert war, lag noch nicht lange zurück. In einem, wie er glaubte, unbeobachteten Moment hatte er in der Küche das Dienstmädchen geküsst. Aber es gab eine Augenzeugin und die lief nach einigem Zögern zu Alison und erzählte ihr, was sie gesehen hatte.

Alison hatte ihren Entschluss schnell gefasst. Aus Rücksicht auf den kleinen Thor trennte sie sich nicht von ihrem Mann, aber sie verließ das Ehebett und schlief fortan im Zimmer ihres Sohnes hinter einem Wandschirm, und zwar während seiner gesamten Schulzeit bis zum Abitur und bis sie ihn nach Oslo begleiten konnte, als er dort sein Studium aufnahm.

Mit hängenden Ohren musste Thor zur Kenntnis nehmen, dass sein Vater nicht seine Zustimmung zur Studienreise geben wollte, solange Liv mit von der Partie wäre. Sie aus dem Plan zu streichen kam aber selbstverständlich nicht in Betracht. Darum entschloss er sich, alles auf eine Karte zu setzen. Er kannte den schwachen Punkt des Vaters, und genau da setzte er den Hebel an.

»Mama ist einverstanden.«

Obwohl sie noch miteinander verheiratet waren, hatten sich Thors Eltern seit Jahren nicht mehr gesehen und Thor wusste, dass der Vater alles geben würde, um das Band wieder zu knüpfen. Hier bekam er nun einen lang ersehnten Vorwand zumindest für ein Treffen, denn Alison konnte ihm wohl kaum ein Gespräch über die Zukunft des Sohnes abschlagen, wenn so viel auf dem Spiel stand. Außerdem war sich der Vater ziemlich sicher, dass Alison eine übereilte Heirat nicht zulassen würde, so weit kannte er sie und so sehr würde sie sich wohl kaum verändert haben. Wie Thor gehofft hatte, bat ihn der Vater, ein Treffen mit der Mutter zu arrangieren.

Thor befürchtete, dass die zweite Runde mit der Mutter schwieriger als die erste werden könnte. Aber auch dafür hatte er noch einen Trumpf im Ärmel. Ohne Vaters Geld gäbe es keine Studien im Geiste Darwins. Konnte die Mutter das zulassen? Den Jungen möglichst zu einem Darwinisten zu machen war seit seiner Kindheit ein übergeordnetes Ziel gewesen, dem jetzt sogar Professor Bonnevie ihre Unterstützung angedeihen ließ. Es kostete sie einiges an Überwindung, schließlich aber setzte sich die Mutter über alle Scham hinweg und gab Thors Bitte, den Vater zu überreden, nach.

Das Treffen fand in der Wohnung im Camilla Colletts vei statt, die der Vater bezahlt, aber nie betreten hatte.

Der Sohn freute sich, den Vater in Mutters Räumen zu sehen, machte Feuer im Kamin und schenkte Wein ein. Das Gespräch näherte sich langsam dem heiklen Punkt und die Mutter erwischte den Vater völlig auf dem falschen Fuß, als sie, ohne eine Miene zu verziehen, verkündete, sie habe nicht das Geringste dagegen, dass die jungen Leute heirateten und gemeinsam in die Südsee reisten. Er hatte sie deutlich prüder in Erinnerung, und wo war ihr Drang, den kleinen Thor immer vor allem Unvorhersehbaren zu beschützen? Aber bitte, wenn er irgendetwas nicht wollte, war es ein neuer Streit, und konfrontiert mit seinem willensstarken Sohn und seiner standhaften Frau, sah er ein, dass ihm kaum eine Wahl blieb. Außerdem hatte er Liv kennengelernt und war mit seiner Frau einer Meinung, dass Liv ausgesprochen süß und charmant war. Was das anging, hätte der Sohn es kaum glücklicher treffen können.

Das Gespräch im Camilla Colletts vei endete also damit, dass

Thor Heyerdahl senior versprach, die Reise für alle beide zu bezahlen. Aber er musste sich damit abfinden, dass Alison weiterhin über rein geschäftliche Dinge hinaus nichts mit ihm zu tun haben wollte.

Blieben noch Livs Eltern. Sie reagierten genau so, wie Liv befürchtet hatte, und für einen Moment bekam sie Angst, ihr Vater könnte an einer plötzlichen Herzattacke sterben. Aber ein Rückzug war jetzt nicht mehr möglich, sie hatte sich entschieden.

Sie mussten da jetzt durch. Wussten nur nicht, wie. Noch einmal überwand Alison ihre Scham und bat ihren Mann, seinen Charme spielen zu lassen, dem sie selbst einmal so vollständig erlegen war.

Thor Heyerdahl senior war ein Mann, der ein Unternehmen auch zu Ende geführt sehen wollte, wenn er sich erst einmal darauf eingelassen hatte. Als er von den Problemen hörte, fuhr er nach Brevik und sprach mit Livs Eltern.

Sie brauchten sich keine Sorgen zu machen, erklärte er. Thor sei ein anständiger Junge, der keinen Blödsinn mache. Er selbst unterstütze das Vorhaben der jungen Leute und werde für alle Kosten aufkommen. Die Reise sei ein Bestandteil der Studien des Sohnes, aber er betrachte sie ebenso als ihre Hochzeitsreise und in einem Jahr hätten sie ihre Kinder wieder.

Die Torps hörten Herrn Heyerdahl andächtig zu, und als er ging, hatte er sie überzeugt, dass ihre Tochter in sicheren Händen sei. Man sagte Auf Wiedersehen – bei der Hochzeit.

Als Liv und Thor am ersten Weihnachtstag in Larvik den Zug bestiegen, standen Arnold und ein paar andere Freunde auf dem Bahnsteig und bewarfen die Frischvermählten mit Reis. Unter der Schlagzeile »Junger Mann aus Larvik reist mit seiner Braut in die Südsee« hatte eine Lokalzeitung die Neuigkeit bekannt gemacht.

Zweck der Reise solle es sein, »zu zeigen, dass moderne Europäer das Leben des primitiven Menschen in dessen eigener Lebenswelt führen können«.

Drei Tage später kamen sie in Marseille an, wo der Ozeandampfer *Commissair Ramel* am Kai lag. Auf ihm sollten sie in das so lange erträumte Paradies fahren. Papa Heyerdahl hatte tief in die Tasche gegriffen und ihnen eine Kajüte in der ersten Klasse spendiert. Unterwegs lief das Schiff Algerien und die Antillen an. Dann sollte es durch den Panamakanal in den endlosen Pazifik gehen.

Zum abendlichen Souper warf Thor sich in seinen Smoking und Liv sich in ihr Hochzeitskleid. War ein größerer Kontrast zum »Leben des primitiven Menschen« denkbar, das sie bald am eigenen Leib erfahren sollten?

Nach gut vier Wochen sahen sie das sagenumwobene Tahiti am Horizont auftauchen, »mächtig, himmelhoch aufragend und zerklüftet«, hielt Thor Heyerdahl den ersten Eindruck später in *Fatuhiva. Tilbake til naturen (Fatu Hiva: Zurück zur Natur),* seinem Buch über die Reise, fest.

Für Thor sollte der Traum seiner Kindheit endlich Wirklichkeit werden.

WASSERSCHEU

Thor Heyerdahl war erst vier Jahre alt, als seine Mutter in sein Kinderzimmer einzog und sich hinter dem Wandschirm einrichtete. Das tat sie nicht etwa wegen beengter Wohnverhältnisse, das Haus war mehr als groß genug für ein eigenes, separates Schlafzimmer. Es geschah vielmehr aus moralischer Entrüstung.

Thor hatte eine Halbschwester namens Ingerid. Als sie eines Tages in dem großen Haus in der Stengate 7 die Tür zur Küche öffnete, sah sie, wie ihr Stiefvater, Brauereibesitzer Heyerdahl, das Küchenmädchen anfasste. Ingerid war fünfzehn, aber erwachsen genug, um zu begreifen, was sie sah. Sollte sie die Heimlichkeit für sich behalten oder ihrer Mutter Alison davon erzählen? Tagelang trug sie den Zweifel mit sich herum.

Ingerid war sieben Jahre vorher, 1912, nach Larvik gekommen, als die Mutter Thor Heyerdahl senior heiratete. Am 6. Oktober 1914 erblickte zum Knallen eines Champagnerkorkens Thor junior das Licht der Welt. Ingerid spürte, wie glücklich die Mutter und der Stiefvater waren. Beide hatten Kinder aus früheren Ehen; nun bekamen sie also noch ein gemeinsames Kind. Darauf hatten sie kaum zu hoffen gewagt, denn Alison war bereits über 40.

Auch wenn die Mutter Ingerid aus allem herausgerissen hatte, was sie lieb hatte, blieb sie doch ihre Mutter, und Ingerid wusste, wenn sie das oberste Gebot der Mutter befolgen wollte, musste die Wahrheit heraus. Hin- und hergerissen erzählte sie ihr am Ende, was sie gesehen hatte.

Alison erstarrte zur Salzsäule.

Es war nicht einmal der ungeschickte kleine Seitensprung, der sie so traf, in der Hinsicht hatte sie so manches hinnehmen müssen. Nein, es war der Umstand, dass er in ihrem eigenen Haus stattgefunden hatte und obendrein mit dem Küchenmädchen! Wie konnte ihr eigener Mann sich so weit herablassen? Nie wieder konnte sie Respekt für ihn empfinden.

Über die Empörung hinaus hatte sie jedoch noch einen anderen Grund, aus dem Ehebett auszuziehen und so Distanz zu ihrem Mann zu schaffen. Etwa seitdem der kleine Thor sprechen konnte, versuchte sie, einen Keil zwischen Vater und Sohn zu treiben. Von einem enormen Kontrollzwang getrieben, tat sie das Äußerste, um den Kleinen vor dem schlechten Einfluss abzuschirmen, den der Lebenswandel und die Lebenseinstellung ihres Mannes ihrer Meinung nach mit sich bringen mussten. Wenn der Vater einmal mit dem Jungen allein sein wollte, musste er sich mehr oder weniger heimlich zu ihm stehlen.

Wie ein Dieb in der Nacht schlich er sich zu ihm hinauf, wenn es Zeit für das Abendgebet war. Der kleine Thor hörte es am Knacken auf der Treppe, wenn der Vater kam. »Psst«, flüsterte der Papa und schloss die Tür. »Psst«, wisperte Thor zurück. Die heimliche Stunde, wie sie sie nannten, war gekommen.

»Vater unser, der du bist im Himmel ...«

Sie beeilten sich mit dem Gebet, denn das, was danach kam, gefiel Thor am besten; wenn der Vater auf der Bettkante sitzen blieb und zu erzählen begann.

Hörte Thor die Treppe wieder knacken, wusste er, das war die Mutter. Dann schlich sich der Vater hinaus, während Thor blitzschnell unter der Decke verschwand.

Einmal stand sie ohne Vorwarnung in der Tür.

»Was bringst du dem Jungen da bei?«, kam es wie ein Pistolenschuss. Der Vater antwortete nichts, stand bloß auf und ging. Auch die Mutter verschwand die Treppe hinab. Ein einsamer und verstörter Junge blieb allein in seinem Bett zurück.

Ingerid war elf Jahre älter als Thor und aufgrund dieses Altersunterschieds wuchs er mehr oder weniger als Einzelkind auf – und durfte nicht einmal mit anderen Kindern spielen. Nicht weil die Mutter irgendwie böse gewesen wäre, im Gegenteil, sie vergötterte ihn. Von den sieben Kindern, die sie in drei Ehen in die Welt setzte, überlebten fünf und von diesen war ihr Thor das liebste. Wenn sie ihn so abkapselte, wie sie es tat, geschah es deshalb, weil sie sich für seine Erziehung ganz klare Ziele steckte. Dieser Sohn sollte anders werden als die Art Mann, die sie kannte, und dazu vertraute sie niemandem außer sich selbst. Anstatt ihn zum Spielen mit Freunden nach draußen zu schicken, behielt sie ihn bei sich im Haus. Dort wurde er so etwas wie ein Opfer der überbehütenden Fürsorge seiner Mutter: ein verwöhntes und verzogenes Kind.

Für alles gab es genaueste Regeln. Wann er aufstehen und wann er zu Bett gehen sollte, wann er essen sollte, was er essen sollte, wann und was er spielen durfte und sogar wann er aufs Töpfchen zu gehen hatte: frühmorgens sofort nach dem Aufstehen, und er hatte so lange sitzen zu bleiben, bis er sein Geschäft verrichtet hatte, ob er überhaupt musste oder nicht. Wenn er nicht konnte, kam es vor, dass ihm die Mutter ein Stückchen Seife in den After schob, um nachzuhelfen. Unter keinen Umständen durfte er nach unten kommen, bevor er seine Aufgabe auf dem Töpfchen erledigt hatte. Das fand er so entwürdigend, dass er aus Protest einmal seine »Mütze zu dem Häufchen in den Topf stopfte, alles in die Toilette kippte und abzog«, hielt er in seinen Memoiren fest. Aber der Protest führte zu nichts. Der Terror um den Topf ging weiter.

Im Übrigen gehörte Reinlichkeit zu den am strengsten beachteten Tugenden, die Hände mussten zu jeder Gelegenheit gewaschen werden, es war verboten, aus Gläsern zu trinken, die andere benutzt hatten, und wehe, er bohrte in der Nase!

Eine derartige Dressur entsprach im Großen und Ganzen den Erziehungspraktiken der Zeit, aber Frau Heyerdahl ging zusätzlich noch besondere Wege, indem sie den Jungen von Gleichaltrigen fernhielt. Was sich für einen richtigen Jungen ganz natürlich ausnahm, war in den Augen der Mutter höchst gefährlich. Darum durfte er sich nicht mit den anderen Jungen bei den spannenden Anlegern unten am Fjord herumtreiben; er bekam kein Messer in die Hand, um sich Pfeil und Bogen zu schnitzen, und wenn er einmal etwas jenseits des Gartentors unternehmen wollte, ging das nur in Begleitung eines Erwachsenen. Auf diese Weise bekam Thor »das Gefühl, dass alles gefährlich war«.

Einzig das Kindermädchen Laura war treu an seiner Seite. Sie war dürr und runzlig und hatte Bilder von Engeln über ihrem Bett hängen, aber für Thor bedeutete sie alles, was ihm die Mutter nicht war. Von Laura erhielt er die herzlichen Umarmungen, die ihm die strenge Mutter versagte, es war Laura, die ihm vorlas, und bei ihr hatte er seine erste Begegnung mit Pinocchio, dem Jungen mit dem hölzernen Körper, dessen Nase länger wurde, wenn er log.

Die Röcke gerafft, spielte Laura mit ihm auf dem Platz vor den Nebengebäuden Fußball und mit einem vollen Picknickkorb am Arm ging sie mit ihm zum Teich am Herregårdsdamm oder zwischen die hoch aufragenden Stämme im Bøkeskog, dem Märchenland, in dem der Junge Ameisen, Salamander und Frösche aus der Nähe beobachten konnte.

Genau da, im Tierreich, kam ihm die Mutter Schritt für Schritt entgegen, langsam zuerst, dann mit immer größeren Schritten.

Mit zwei Ziegen fing es an. Frau Heyerdahl hatte sehr genaue Vorstellungen davon, was für den kleinen Knirps gesund war, und da sie es sich nun einmal in den Kopf gesetzt hatte, dass Ziegenmilch gesünder sei als Kuhmilch, gab sie ihm in der Kindheit Ziegenmilch zu trinken. Um die tägliche Versorgung sicherzustellen, wurden zwei Ziegen angeschafft und zusammen mit den Brauereipferden in Vaters Stallungen untergebracht. Manchmal durften die Ziegen auch in den Garten und für Thor wurden die weißen Geißbärte nicht bloß eine Art Spielgefährten, sie öffneten ihm auch die Augen für die Welt der Tiere.

Frau Alison las viel und sie besaß eine ansehnliche Bibliothek, deren Zusammenstellung eindeutig von ihren naturwissenschaftlichen Interessen geprägt war. Aus deren Regalen zog sie nun Berichte über wilde Tiere, über Völker, die unter einem fremden Himmel lebten, oder über Menschen, die verschiedenste Entdeckungsreisen unternommen hatten. Hatte sie es früher Laura überlassen, dem Kleinen von Helden wie Pinocchio und Tarzan vorzulesen, zog sie das Lesen nun verstärkt an sich. Mit einem zunehmend in Bann geschlagenen Thor, der nun auch häufiger als früher auf ihrem Schoß sitzen durfte, blätterte sie die neuen Bücher durch. Die vielen Illustrationen entführten ihn auf Reisen zu den Schwarzen in Afrika, den Indianern in Amerika und den Polynesiern des Pazifiks und überall gab es die seltsamsten Tiere und Pflanzen. Er lernte Krokodile, Giraffen, Löwen und Elefanten kennen. Kokosnüsse fand er so spannend, dass er sich eine zu Weihnachten wünschte.

Sachte herbeigeführt von der Mutter, tauchten die ersten komplexeren Fragen auf. Über spannende Bücher von Menschen, Tier und Natur gebeugt, begannen sie sich zu fragen, woher das alles kam, wie es begonnen hatte. Woher kommen wir? Wohin gehen wir? Am Anfang waren die Antworten vielleicht noch ein wenig schlicht, aber Mutters Mühlen mahlten unablässig und in bestem darwinistischem Geist trichterte sie ihm ein: Die Schöpfungsgeschichte, wie sie in der Kirche verkündet wird, ist Unsinn. Diejenigen, die an eine lenkende göttliche Hand glauben, haben keine Ahnung, wovon sie reden. Es gibt keine lenkende Hand, weder im Himmel noch auf Erden, es gibt nur eine gradweise Entwicklung, bei der Art gegen Art und Einzelwesen gegen Einzelwesen in einem gnadenlosen Kampf miteinander liegen, bis der Schwache vor dem Stärkeren untergeht und das Tier zum Menschen wird.

Und wenn wir sterben? Glaube nicht an den Himmel, Junge, dahin kommt keiner! Das ist auch bloß so ein Gerede, das sie in der Kirche und in der Hauspostille vorbeten. Wenn wir sterben, werden wir zu Erde, fertig. Alison sah keine Veranlassung, das zu beschönigen.

In den heimlichen Stunden mit dem Vater war alles ganz anders. Für ihn gab es irgendwo da oben eine Hand, eine Hand, die einem Gott gehörte. Das war die Hand, die uns erschaffen hatte und die uns zu sich nahm, wenn wir einmal starben. Wie das neue Leben aussah, das uns auf der anderen Seite erwartete, konnte der Vater nicht sagen, das wusste keiner. Aber dass es im Jenseits besser war, dessen war er sich doch sicher. Damit Gott uns auch beistehen könne, ermahnte er den Jungen, müssten wir beten. Das sollte der junge Thor später an dem Tag begreifen, an dem die Not am größten war.

Zunächst einmal verstand er wohl recht wenig von dem, was die Eltern sagten, und seine Verwirrung wurde nur noch größer, wenn er versuchte, ihre beiden Lehren zusammenzudenken. Auch wenn er noch nicht zur Schule ging, hatte er seit damals, als er im Herregårdsdamm um ein Haar ertrunken wäre, bereits ein Nahtoderlebnis hinter sich. Leben und Tod waren keine undeutlich abstrakten Begriffe mehr für ihn, sondern aus Fleisch und Blut. Gern hätte er beiden recht gegeben, er liebte alles, was seine Mutter erzählte, aber er mochte auch nicht auf das Gefühl der Sicherheit verzichten, das ihn überkam, wenn sich der Vater mit dem Vaterunser auf seiner Bettkante niederließ. Aber eine Wahl bahnte sich an und langsam gewann Darwin einen Vorsprung vor Gott. Heyerdahl selbst hat es folgendermaßen beschrieben:

»Nach meinem Erlebnis unter dem Eis grübelte ich viel über Leben und Tod nach. Ich interessierte mich mehr für Tiere und Pflanzen als dafür, wer die Natur geschaffen haben und alles, was sich bewegte, mit Leben erfüllt haben mochte. Ich zweifelte nicht, dass es jenseits der sichtbaren Welt noch etwas anderes gab, und fühlte mich darin ganz auf derselben Wellenlänge mit meinem Vater. Aber das, was ich auf der Erde sehen konnte, beschäftigte mich mehr als unsichtbare Engel in einer Welt hinter dem Himmelsgewölbe, auf das uns der Pfarrer ohne sonderliche Überzeugungskraft im Religionsunterricht hinwies.«

Erdverhaftet und bodenständig im Geist der Mutter war er, aber Papas Rockschoß loszulassen traute er sich auch nicht. So kam er unbewusst beider Bedürfnissen entgegen und sie lächelten zurück und bemutterten ihn beide, jeder auf seine Weise. Nur füreinander hatten sie kein Lächeln mehr übrig. Das war vertrocknet, als der Brauer den Lockungen des Fleisches nachgegeben hatte.

Eines Abends, als Thor schon im Bett lag, hörte er unten Lärm. Mutter und Vater stritten sich. Es fielen böse Worte. Thor lief weinend die Treppe hinab und flehte sie an, doch wieder Freunde zu sein. Beim Anblick des Jungen waren beide völlig bestürzt und trösteten ihn, so gut sie konnten. Thor sah sie nie wieder miteinander streiten, aber die Kluft ließ sich auch nicht länger verbergen.

Als Alison ihre Gefühle für Direktor Heyerdahl begrub, verließ sie nicht zum ersten Mal ein eheliches Bett. Sie hatte bereits zwei andere Männer verlassen, bevor sie den Brauereibesitzer heiratete. Weder Freunde noch Bekannte machten ein Hehl daraus, dass sie ihr Verhalten höchst unschicklich fanden. In einer Zeit, die Scheidungen für etwas Anstößiges hielt, konnte es nicht ausbleiben, dass es Gerede gab. Und es nahm durch den Umstand noch zu, dass sie etliche von den Kindern beim Vater zurückließ, als sie aus dem Puppenheim ausbrach. Das Getuschel machte ihr allerdings nicht sonderlich viel aus. Sie traf ihre Entscheidungen wohlüberlegt und drehte sich danach nicht noch einmal um.

Ihre eigene Mutter war bei der Geburt des achten Kindes gestorben, als Alison gerade fünf Jahre alt war. Der Vater musste sich um seinen Großhandel kümmern, um die Kinderschar durchzubringen, und Alison wuchs daher über längere Zeit abwechselnd bei ihrem lebenslustigen Großvater und zwei altjüngferlichen, strenggläubigen Tanten auf. Der Großvater hatte ihr schließlich den Weg nach England ins Internat geebnet. Das Leben dort bekam ihr gut. Neben der Schule wurde sie eine gute Reiterin, ließ sich vom rauschenden viktorianischen Gesellschaftsleben bezaubern, und nicht zuletzt befand sie sich in einem Land, in dem die öffentliche Debatte über Darwin immer neue Höhepunkte erreichte. Sie schüttelte die tiefernste Schwermut der Tanten ab, und als sie nach einem Jahr mit einem Koffer voll verführerischer Dessous nach Hause zurückkehrte, war das Fundament für die Selbstständigkeit gelegt, die ihre hervorstechendste Eigenschaft werden sollte. Im Verlauf von zwei Ehen mit einem Bankier und einem Kaufmann brachte sie in zehn Jahren sechs Kinder zur Welt, von denen zwei frühzeitig starben. Sie entschied, dass es damit genug sein sollte, aber die Natur nahm weiter ihren Lauf und sie wurde noch einmal schwanger. Nach reiflicher Überlegung ließ sie den Fötus heimlich entfernen. Nach den Gesetzen und Moralvorstellungen ihrer Zeit war das nicht nur ein Verbrechen am Ungeborenen und an ihr selbst, sondern auch an der Gesellschaft. Aber die vielen Geburten hatten an ihren Kräften gezehrt, außerdem hatte sie heftige Schmerzen und schloss sich für Tage in ihrem Zimmer ein. Als sie wieder herauskam, hatte sie beinhart mit sich abgerechnet und berührte das Thema nie wieder.

Früh fand Alison heraus, dass der Mensch mit den Tieren verwandt ist und das Leben keinen Raum für einen übernatürlichen Schöpfer lässt. Trotzdem konnte ihr Leben doch nicht nur aus Aufgaben und Beschäftigungen bestehen und es machte sich zunehmend Langeweile darin breit. Die eintönigen, ewig gleichen Geschäfte, in denen ihre Männer standen, erschöpften am Ende womöglich ihre Geduld. Alison war eine intellektuell wache Frau, die stets ihr Wissen erweitern und etwas schaffen wollte. Bei einem Besuch in Kristiania, wie Oslo damals hieß, traf sie Thor Heyerdahl senior. Sie kannten sich flüchtig von früher, als Heyerdahl sein Studium an der Technischen Hochschule in Trondheim aufgenommen hatte. Was damals höchstens zu einigen netten Spaziergängen geführt hatte, wurde nun ernst. Da sie beide anderweitig verheiratet waren, trafen sie sich heimlich und wurden sich im Lauf dieser Treffen einig, heiraten zu wollen.

Thor Heyerdahl seniors Vater Clement hatte mit einem Bruder in Kristiania eine Maschinenhandlung aufgebaut, war aber 1883 mit erst 43 Jahren gestorben. Bald starb auch die Mutter und der noch junge Thor konnte sich mit dem geerbten Geld des Vaters aussuchen, was er werden wollte. Er entschied sich, in Trondheim

Chemie zu studieren, hatte darin aber keinen Erfolg. Daraufhin ging er nach Deutschland, um Brauer zu werden. Vier Jahre arbeitete er als Geselle in verschiedenen Brauereien und holte sich den letzten Schliff an der Akademie für Bierbrauer und Landwirte in Worms. 1893 heiratete er in Potsdam die Brauerstochter Meta Altermann und kaufte vom Rest des väterlichen Erbes in Larvik die *Vestfold Bryggeri- og Mineralvandsfabrik.* Mit fünfundzwanzig war er sein eigener Herr und Unternehmer geworden. Mit seiner Frau bekam er drei Kinder, doch die Ehe missglückte. 1911 ließ er sich scheiden, Alison ebenfalls. Gemeinsam begannen sie ein neues Leben.

DIE KREUZOTTER

Es brauchte einiges, um Alison Heyerdahl aus der Fassung zu bringen. Doch als es eines Tages klingelte und sie die Tür öffnete, wurde sie bleich. Draußen stand der kleine Thor, umgeben von einer Schar kreischender Kinder. Er hatte eine Kreuzotter in der Hand und hielt sie mit triumphierendem Blick der Mutter hin. Die Schlange wand und ringelte sich und alle konnten sehen, wie sie versuchte, den Jungen mit ihren Giftzähnen zu beißen. Thor aber hielt sie selbstsicher am Schwanz gepackt, sodass sie nur hilflos baumeln konnte.

Alison überwand ihr Erschrecken rasch. Sie konnte sich nicht ganz von einer Mitverantwortung an der bösen Überraschung freisprechen, da sie am Morgen nur darüber gelächelt hatte, als Thor ankündigte, er wolle nach draußen, um eine Kreuzotter zu fangen. Die fehle ihm noch für seine Sammlung. Sein immenses Interesse an Tieren entwickelte sich etwa in der Zeit, als er in die Schule kam, und Alison hatte ihn ermuntert, als er ein eigenes »Tierheim« anlegen wollte. Dass er eines Tages mit einer Kreuzotter ankommen würde, damit hatte sie nicht gerechnet. Eigentlich reichte doch schon das Wort, um ein unbehagliches Gefühl hervorzurufen, und wie die meisten Eltern hatte Alison ihrem Sohn eingeschärft, dass diese Biester gefährlich seien und er sich deshalb von ihnen fernhalten solle. Doch als er jetzt als Held des Tages inmitten der ganzen Kinderschar dastand, konnte sie nicht anders, als auch ein bisschen stolz auf ihn zu sein. Anstatt ihm eine ordentliche Standpauke zu halten, wie es der Anlass eigentlich erfordert hätte, holte sie einen Krug mit Formalin. Nach einigem Gezappel konnten sie Schlange da hineinbugsieren und nach einem letzten Aufbäumen kam das Tier in der giftigen Flüssigkeit zur Ruhe.

In seinem Innersten war Thor Heyerdahl um diese Zeit ein Angsthase. In der Schule saß er leise und schüchtern für sich und er hielt sich auch abseits, wenn die anderen in der Pause auf dem Schulhof spielten. Nur wenn er sich zu neuen Expeditionen rüstete und in die Natur hinauszog, überwand er seine Schüchternheit. Und es waren genau diese Jagden, die ihm im Lauf der Zeit den Anschluss an die anderen Jungen auf der Straße eintrugen. Einer nach dem anderen schloss sich ihm an, wenn er mit Netz und Eimer in den Bøkeskog oder zu anderen Orten aufbrach, um zu fangen, was sie »wilde Tiere« nannten. Sie fingen Kaulquappen und Salamander, Käfer und Grashüpfer, Spitzmäuse, Schmetterlinge und Fledermäuse. Aus den Nestern sammelten sie Vogeleier.

Im Ringen um die Gunst der anderen besaß Thor noch eine zweite Waffe. Als Sohn des Direktors der Larviker Mineralwasserfabrik verfügte er über nahezu unbegrenzten Zugang zu Limonade, und Salamander wie Limonade hatte er gleichermaßen nötig, um im Kampf ums Dasein zu überleben. Der Wechsel vom Liebling an Mutters Rockzipfel zum Prügelknaben der Rüpel in der Volksschule war nicht leicht. Er wurde auch nicht dadurch erleichtert, dass Alison darauf bestand, ihn gleich in die zweite Klasse einzuschulen.

Sie verband mit dieser Sonderbehandlung sicher gute Absichten, legte Thor damit aber auch große Hürden in den Weg. Vom ersten Schultag an begann sein Leidensweg. Der Austausch mit Lehrern und Schulkameraden hatte eine glückliche Begebenheit in seinem

Leben werden sollen, entwickelte sich aber zu einem Albtraum. Er landete als i-Dötzchen zwischen Kindern, die schon ein Schuljahr auf dem Buckel hatten. Er war der absolute Benjamin, der sich sofort unterlegen fühlte. Vielleicht kein Wunder, dass er sich zu einem Angsthasen entwickelte.

Als die Schulleitung nach einigem Zögern ihre Einwilligung erteilt hatte, geschah das sicher vor allem, weil sie es leid war, dass ihr Frau Heyerdahl die Tür einrannte. Ihre gesellschaftliche Stellung spielte natürlich ebenfalls eine Rolle. Alison war schließlich mit einem der führenden Bürger der Stadt verheiratet und weder in den Schulen noch andernorts war es üblich, sich einem Wink aus dieser Richtung zu widersetzen. Man lebte zwar in politisch unruhigen Zeiten, da eine immer offensiver agierende Arbeiterschaft mehr Gerechtigkeit in der Gesellschaft forderte. Aber vorläufig konnten die Bessergestellten noch in bequemem Abstand vom Lärm der Zeit wie gewohnt ihren Einfluss ausüben. Auch für Thor wirkte dieser Abstand wie ein Schutz. Er brauchte nicht mit dem strengen Geruch der Arbeiterklasse in der Nase aufzuwachsen und konnte sich im Gegensatz zu Müllers Sohn an einen üppig gedeckten Tisch setzen. Wie der kleine Lord trug er unter seinem blonden Schopf ordentliche Kleidung, ohne Flicken auf der Jacke oder Hose, und nachts schlief er auf einer weichen Matratze.

Dennoch war Thor außerhalb der schützenden Mauern in der Stengate sozialem Druck und Spannungen ausgesetzt. Nicht nur weil er der Jüngste in der Klasse war, hatte er gegenüber den Raubeinen aus den ärmeren Vierteln einen schweren Stand. Es lag eben auch daran, dass er aus einer vornehmen Familie kam, dass seine Mutter sich über die Regeln der Schule hinwegsetzte und ihn mit auf Ausflüge nahm, von denen die anderen nur träumen konnten. Außerdem sprach er eine andere Sprache als sie. Schon durch die

Art, wie er sich ausdrückte und wie er sich bewegte, gab er zu erkennen, dass er keiner von ihnen war.

Mit einem solchen Druck auf den Schultern war es vielleicht kein Wunder, dass die Schule für Thor eine bittere Zeit wurde. Dass seine Mutter offen Zweifel am Unterricht äußerte, trug nicht gerade zu einer Verbesserung seiner Lage bei. In der Schule verlor er sein Selbstvertrauen und sie wurde ein Fiasko.

Es war eine schlechte Idee, ihn gleich in die zweite Klasse einzuschulen. Auch wenn es für die ungeduldige und stolze Alison eine Niederlage bedeutete, war sie doch realistisch genug, um den Ernst der Lage zu begreifen. Den Jungen ein Jahr zurückzuschulen kam gleichwohl nicht infrage. Um das Schlimmste zu verhindern, griff sie zu Privatunterricht.

Damit ist das Maß voll. Thor kann die Lehrerin nicht ausstehen, die die Mutter engagiert. Aber die Dame lässt sich von dem verzogenen und eigensinnigen Bürschchen nicht den Schneid abkaufen und nach und nach gelingt es ihr, ihn unter ihre Fittiche zu nehmen und ihm etwas von seinem Selbstvertrauen zurückzugeben. Dazu wendet sie ein einfaches Rezept an: Ohne erhobenen Zeigefinger geht sie auf das ein, was Thor am meisten interessiert. Er kann gut zeichnen, sie lässt ihn zeichnen. Als er lesen und schreiben lernt, stürzt er sich besonders auf naturkundliche Fächer. Er stöbert Mutters Regale durch und findet Bücher auf Englisch, aber mit Illustrationen; eins, das ihm am besten gefällt, heißt *Living Races of Mankind* und handelt von den verschiedenen Urvölkern der Erde. Einige Bilder von paddelnden Polynesiern hinterlassen einen unauslöschlichen Eindruck. Mit Fantasie malt Thor sich aus, wie er sich das Leben auf den Südseeinseln vorstellt. Wenn man da einmal hinreisen könnte!

Am allermeisten beschäftigen ihn jedoch Tiere. Er legt sein eigenes Museum an und lernt von vielen Tierarten auch die lateinischen Namen auswendig. Wenn ihn Erwachsene fragen, was er einmal werden möchte, antwortet er: »Einer, der Tiere studiert.«

Seinem wachsenden Selbstbewusstsein folgt auch mehr Selbstsicherheit im Klassenzimmer. Er lernt, wenn er mit etwas nur intensiv genug beschäftigt ist, färbt seine Begeisterung leichter auf andere ab. Auf der Jagd nach wilden Tieren hat er mit der Spannung im Bøkeskog ganz etwas anderes zu bieten als die Schule. Gleichzeitig begreift er, dass es von Vorteil ist, die breite Sprache der Arbeiterkinder zu sprechen, wenn man akzeptiert werden will. Wenn er in der Schule oder draußen ist, schaltet er also auf den Slang der Straße um. Aber er hütet sich natürlich, davon ein Wörtchen zu Hause bei Tisch fallen zu lassen.

Beim Fußball mitzumischen, das muss er allerdings aufgeben. Er hat nicht das leiseste Ballgefühl und zieht sich davon zurück. Zu den Anführern in den Jungenbanden kann er damit nicht aufsteigen.

Thor hat noch eine weitere Achillesferse. Er ist wasserscheu. In Larvik aufzuwachsen und Angst vor dem Wasser zu haben ist keine leichte Sache. Wenn der Fjord sommerblau funkelt, wetteifern die Jungen darin, wer als Erster vom Strand und von glatt gewaschenen Felsen ins Wasser springt, dass die Tropfen spritzen. Nur Thor bleibt am Ufer zurück und springt nicht. Wenn's hoch kommt, watet er bis zum Bauchnabel hinein, lässt dann wie ein ausgeschimpfter Hund den Kopf hängen und trottet an Land zurück. Das Wasser kann noch ganz schön kalt sein, aber es sind nicht kalte Füße oder blaue Lippen, die ihn aus dem Wasser treiben. Es ist die Erinnerung an damals, als er im Herregårdsdamm unter dem Eis landete und glaubte, er würde ertrinken. Die, die ihn beobachten, verstehen das nicht und lachen ihn aus.

Das Heim der Kindheit: die Stengate in Larvik. Aus seinem
Kinderzimmer hatte Thor eine Aussicht über den Larvikfjord

Zurück zur Natur. Liv und Thor wollten raus aus der Zivilisation und so primitiv wie möglich leben. Diese Hütte baute der letzte Kannibale von Fatuhiva für sie

Der Vater aber versteht und sieht verzweifelt, wie sein Sohn als Angsthase ausgelacht wird. Er möchte helfen und lockt ihn mit Fünf- und Zehnkronenscheinen, ein paar Schwimmzüge zu probieren. Für den kleinen Thor ist es ein Vermögen, aber es hilft nichts. Er wird steif wie ein Stock, sobald er das Wasser nur um seine Knöchel schwappen fühlt.

Noch einmal soll privater Unterricht Abhilfe schaffen, eine weitere tüchtige Lehrerin wird angeheuert. Aber selbst wenn sie die beste Schwimmerin der Welt gewesen wäre, bei Thor konnte sie nichts ausrichten. Den würden keine zehn Pferde ins Wasser kriegen.

Eines Tages zieht er mit der Horde hinab zur Kirkebukt, einer engen und düsteren Bucht. Zwischen steilen Felswänden zu beiden Seiten drängt sie sich bis zu der 250 Jahre alten Kirche am Ende einer Schlucht vor. Am Kirchturm quietscht die Wetterfahne in rostigen Scharnieren und es geht das Gerücht, dass vor nicht allzu langer Zeit eine verzweifelte unverheiratete Mutter ihr totgeborenes Kind in die Schlucht geworfen habe. Es ist auch noch nicht lange her, seit der Sohn des Hausmeisters in der Brauerei abgerutscht und unten ertrunken ist. Er war im gleichen Alter wie Thor.

Unheimlich, aber spannend; wie eine verbotene Frucht lockt die Kirkebukt die Jungen. Und wie steil es zwischen den Grabsteinen rund um die Kirche und an den Abhängen hinabgeht! Auf einem Vorsprung über dem Fjord werfen sie Hemden und Hosen ab und springen ins Meer, während der arme Thor wie üblich an Land zurückbleibt.

Dieses erste Bad ist aber gewissermaßen nur der Auftakt, denn anschließend kommt das Springen über die Felsbuckel und vor allem das Rennen über den schmalen Steg, der zu einer kleinen Insel mit einem Badehäuschen hinüberführt. Nachlaufen ist angesagt und mit immer lauterem »Ich hab dich!« heizen die Jungen das Tempo an.

Das ist Thors Chance, wieder mitzuspielen, die Verhöhnungen beim Baden abzuschütteln und zu zeigen, dass er sich auch etwas traut. Mit einem Verfolger auf den Fersen rennt er auf den Steg zu und landet mit einem weiten Sprung auf den Bohlen. Die aber sind glatt und er rutscht aus. Mit wedelnden Armen und Beinen fällt er und landet in der tiefen Bucht, wo der Sog der Wellen aus dem Skagerrak ihn nach unten zieht.

Die anderen brechen das Spiel ab. Sie sehen Thor auftauchen, wissen aber, dass er nicht schwimmen kann. Und er könnte auch nirgends hinschwimmen. Die nackten, steilen Felswände sind glitschig von Seegras, selbst ein guter Schwimmer hätte größte Mühe, da herauszukommen. Die Jungen sind nicht mehr so vorlaut, sie wissen, dass schnell etwas passieren muss. Aber vor Schreck sind sie wie gelähmt und können keinen klaren Gedanken fassen.

Nur einer behält kühlen Kopf. Es ist der Kleinste in der Gruppe, den sie den Amerikaner nennen, ohne dass jemand genau weiß, warum. Er flitzt zu einem der Badehäuschen, an dem ein Rettungsring mit Leine hängt. Er holt den Ring und wirft ihn Thor zu, der gerade gurgelnd wieder an die Oberfläche kommt. Thor fängt ihn, klammert sich daran fest und mit Unterstützung der anderen beginnt der Amerikaner ihn einzuholen.

Thors Vater schenkte dem Amerikaner zur Belohnung ein Silbermesser, das der schmächtige, aber reaktionsschnelle Held so am Gürtel trug, dass alle Jungen es sehen konnten. Thor wurde streng ermahnt, nie wieder zur Kirkebukt zu gehen. Außerdem legten seine Eltern ihn insofern an die Leine, als sie ihm nun stets vollständige Berichte darüber abverlangten, was er vorhatte und wo er gewesen war.

Die radikalste Konsequenz zog Thor Heyerdahl selbst. Zum zweiten Mal in seinem kurzen Leben war er vor dem Ertrinken gerettet worden. Er verlor jeden Glauben daran, dass er jemals schwimmen lernen könnte, und beschloss, es nie wieder zu versuchen. Der Vorfall in der Kirkebukt flößte ihm vor »tiefem Wasser ebenso viel Angst ein wie vor Friedhöfen und Zahnärzten«. Ihm prägte sich die Vorstellung von den Tiefen des Meeres als »Eingänge ins Reich des Todes« ein.

Damit verschwand auch das letzte Fünkchen Freude an den Spielen am Wasser. Er drehte dem Fjord den Rücken zu, der für seine Spielkameraden das Paradies auf Erden war.

Doch nicht nur in der Welt der Kinder erlebte er seine Niederlagen. Auch in der Welt der Erwachsenen empfand er immer wieder ein Gefühl der Demütigung. Er war noch immer kein großer Junge, als man ihn wegen heftiger Bauchschmerzen ins Krankenhaus brachte. Die Ärzte meinten, es sei eine Blinddarmentzündung, und beschlossen zu operieren. Umringt von Menschen in Weiß, wurde Thor auf den Operationstisch gelegt. Eine Schwester drückte ihm die Narkosemaske auf die Nase und bald sah er Sternchen und Kreise. Auf dem Weg in die Narkose hörte er sie noch sagen: »Ist ja ein nettes Kerlchen, aber er redet noch wie ein Kind.«

Wie konnte sie das sagen?! Seine Demütigung war grenzenlos. Dabei wusste er, dass die Krankenschwester recht hatte. Er war der Kleinste, der Schwächste und der Dümmste in der Klasse.

Als er aus der Narkose erwachte und ihm nichts mehr vor den Augen tanzte, kreisten ihre Worte noch immer in seinem Kopf. Das Einzige, was dieses Urteil erträglicher machte, war, dass die Schwester ihm nach der Operation in einem Glas mit Spiritus wie erwünscht seinen Blinddarm überreichte. Den brauchte er für seine naturwissenschaftliche Sammlung; zugleich konnte er damit

sein Selbstbild wieder etwas aufpolieren. Aber die nächste Niederlage wartete schon. Bei einer weiteren Untersuchung stellte sich
heraus, dass Thor kurzsichtig war. Er brauchte eine Brille.

Thor hörte schon die Hänseleien und lehnte rundweg ab. Niemand auf dem Schulhof sollte ihn Brillenschlange rufen. Seine
Weigerung hatte Erfolg. Der Arzt erklärte plötzlich, Thors inten-
sive Nahbetrachtungen der kleinen Tiere in seiner zoologischen
Sammlung hätten die Augenmuskeln geschwächt, sodass sich die
Sehstärke durch Training wieder verbessern ließe. Leider verhielt
es sich nicht so einfach. Nur wenn Thor mit dem Finger auf bestimmte Weise gegen den Augapfel drückte, sah er etwas schär-
fer. Das Wissen, dass er in der Tat kurzsichtig war, sorgte für einen weiteren Komplex. Nicht einmal die Eltern konnten länger
ignorieren, dass ihr Junge in Gesellschaft geradezu vor Unsicher-
heit zitterte. Verzweifelt schickten sie ihn in die Tanzschule. Doch
auch Fräulein Dødelein half nicht. Stattdessen entdeckte er zusätzlich zu den anderen noch einen weiteren Makel: In Gegenwart von
Mädchen begann er zu schwitzen.

Ganz er selbst war er eigentlich nur in seinem Haus der Tiere.
Sein Kinderzimmer war schon zu klein geworden, als er in die
Schule kam, und sein Vater gab ihm die Erlaubnis, seine Samm-
lung im Nebengebäude unterzubringen.

Es war rot und hatte zwei Stockwerke. Im oberen wohnte der
Hausmeister mit seiner Familie, im unteren waren die Brauerei,
der Holzschuppen und früher der Pferdestall untergebracht. Dahinter gab es einen nicht genutzten, großen und hellen Raum. Darin ließ sich Thor mit seiner naturkundlichen Sammlung nieder.
Er ging systematisch vor. Insekten und Schmetterlinge kamen,
auf Nadeln gespießt, in Kästen mit Glasdeckeln, Kriechtiere und
Schlangen wurden in formalingefüllten Gläsern zur ewigen Ruhe

gebettet. In einer Ecke legte er einen kleinen Strand mit Sand, See-
tang und Treibholz aus dem Fjord an. Darauf wurden alle Arten
von Muscheln, Krabben, Seesternen und Seeigeln verteilt, die er in
der Sonne getrocknet hatte. Für Frösche und Salamander baute er
Aquarien und beobachtete, wie sie laichten und ihre Wandlungen
durchliefen. Käfer, Tausendfüßler und Asseln erhielten eigene Ter-
rarien. Wenn der Vater von seinen vielen Auslandsreisen zurückkam, versäumte er nie, dem jungen Zoologen ein ausgestopftes Tier,
ein paar seltene Schmetterlinge oder ein schönes Schneckenhaus
mitzubringen. Die Sammlung wuchs ständig und Thor musste
lernen, noch systematischer zu werden, wenn er den Überblick behalten wollte. Er notierte, zeichnete und schlug in Büchern nach. Er
fragte und bohrte und Vater und Mutter mussten sich Mühe geben,
um Schritt zu halten. In der Schule ließ er Lehrer schlecht aussehen,
die nicht genauestens über Tintenfische Bescheid wussten oder den
lateinischen Namen für den Seeteufel nicht kannten.

1927 verließ Thor Heyerdahl die Volksschule. Da war er immer
noch klein von Wuchs, aber schon »einer, der Tiere studiert«.

Den Eltern imponierte der Eifer, den Thor in seinem Museum
an den Tag legte. Mit dem Sohn freuten sie sich, dass manchmal
sogar Schulklassen zu Besuch kamen, um die Sammlung zu besichtigen. Doch der Himmel war nicht ohne Wolken. Vor allem
der Vater machte sich Sorgen. Er sah, dass Thor nach wie vor bei
Sport und Spiel nichts zu melden hatte und sich auch anstellte, irgendwo hinzugehen, wenn dort fremde Jungen und Mädchen auftauchen konnten. Daher nahm er Thor an die Hand und zog mit
ihm dorthin, wo es ihm selbst am besten gefiel und wo er, nahe
der schwedischen Grenze, aufgewachsen war. Sie drehten also dem
Fjord den Rücken und begaben sich tief in die Wälder, hinter denen die Landschaft zum Fjell anstieg.

Zwischen Fichten und Tannen trat die Wasserscheu in den Hintergrund. Im Wald lief Thor wie ein Hase über Stock und Stein, immer auf der Suche nach Tierfährten, denen er folgen konnte. Oben auf den Hochflächen, wo nur ein verblauender Horizont die Aussicht begrenzte, konnte er seine Fantasie fliegen lassen wie den Raben auf gespreizten Schwingen. Er war mit seinem Vater allein und die vertrauten Stunden zu zweit wurden mit einem tieferen Inhalt gefüllt.

Im Sommer und im Herbst zogen sie mit Axt und Angel los, auch das Gewehr nahm der Vater manchmal mit. Aber da verlief für Thor die Grenze. Tiere zu töten gefiel ihm nicht. Im Winter fuhren sie die Loipen ab, dass der Schnee stob.

Langsam schlug das alles in dem Jungen an. Er wurde bald vierzehn und wollte kein schwacher Hänfling mehr sein. Bald kam er in die Mittelschule und war noch immer in keine Fußballmannschaft aufgenommen worden. Turnen war das schlimmste Schulfach für ihn und jeder Lehrer, der ihm darin ein Befriedigend gab, benotete ihn ausgesprochen großzügig. Thor wurde um diese Zeit klar, wenn er stark werden wollte, musste er diese Stärke selbst finden, nicht zusammen mit anderen. Er fing mit dem Laufen an. Er lief und lief, Straßen und Strände entlang, durch die Wälder rund um den Ort. Er lief allein, weil andere ihm nicht folgen wollten oder konnten und weil er immer noch ziemlich einsam war.

Solange er nicht einem blöden Ball hinterherlaufen musste, blieb er dran und er begann auch zu turnen. Im Garten baute ihm der Vater ein Gerät mit Ringen, Reckstange und Kletterseil. Thor trainierte, bis die Muskeln wuchsen, und Jungen und Mädchen rissen die Augen auf, als er eines Tages an den Ringen hing, an nur einem Finger.

WILDMARK

Zu der Zeit, als Thor an Vaters Turnringen übte, streifte ein ziemlich verwahrloster Kerl durch die Berge nördlich von Lillehammer. Was er besaß, war kaum mehr als das, was in die Tasche passte, die er sich über die Schulter zu werfen pflegte. Er hieß Ola Bjørneby, und sooft er konnte, schlief er irgendwo draußen im Freien mit einem Stein als Kopfkissen und etwas Tannenreisig als Decke. Ansonsten hauste er in einem baufälligen Schafstall auf dem kleinen Seter Hynna nicht weit vom See Hornsjø. Er ernährte sich überwiegend von dem, was die Natur ihm schenkte, meistens von Fisch, aber auch von Niederwild wie Hasen und Schneehühnern. Manchmal erwischte er auch eine Rentierkuh.

Für ein Fuchsfell bekam er unten im Ort ein paar Kronen, sodass er sich Mehl, Zucker und Kaffee kaufen konnte. Sogar für ein Eichhörnchenfell zahlten ihm die Leute eine Kleinigkeit. Sie meinten, mit dem Gesetz nehme er es wohl nicht so genau, da er sich auch nicht an Jagdregeln und Schonzeiten hielt. Mit seinem Einsiedlerleben störte er aber niemanden und so ließen ihn die Ordnungshüter größtenteils in Ruhe.

Ursprünglich kam Ola Bjørneby aus einem reichen Elternhaus; sein Vater war Sägewerksbesitzer in Fredrikstad gewesen, hatte sich aber um Hab und Gut getrunken. Ola erbte drei wertlose Aktien, eine Angel und ein Jagdgewehr, und weil er niemandem zur Last fallen wollte, packte er seine Siebensachen und verzog sich nach Hynna, knapp unterhalb der Baumgrenze. Im Sommer

1928 sollte er eine nicht unwichtige Rolle in Thor Heyerdahls Leben spielen.

Eigentlich hatte Frau Heyerdahl keine Verbindungen in die Gegend um Lillehammer, doch seit dem Vorfall mit dem Küchenmädchen war von ihrer Seite an gemeinsame Ferien mit dem Ehemann nicht mehr zu denken. Durch eine Zeitungsanzeige fand sie ein Häuschen am Hornsjø und verbrachte dort, seit Thor fünf Jahre alt war, jeden Sommer mit ihm und ihren anderen Kindern. In der weiten, offenen Landschaft konnte sie, ihrer einengenden Ehe entronnen, tief und frei durchatmen und für Thor war die Gegend ein Paradies.

In den Sommern in der Sennhütte gewann er neue und andere Eindrücke und er traute sich, neue Erfahrungen zu machen. Er streifte weit umher, und wenn ihm heiß wurde, kam es sogar vor, dass er sich in einem der Seen auf dem Fjell erfrischte, ohne dass ihn die Ängste vom Larviksfjord einholten. Aber auch die Menschen, denen er bei der Heumahd auf den Sennwiesen begegnete, hatten etwas Besonderes an sich. Sie waren einfacher, stellten weniger Ansprüche. Sie lebten in und von der Natur ohne den ständigen Gedanken an den technischen Fortschritt, von dem die Stadtbewohner so besessen waren, den Thor aber eher als Rückschritt betrachtete. War denn nicht der Lärm der Städte ernstlich schuld daran, dass sich der Mensch zunehmend von seinen Ursprüngen und seinem ureigenen Wesen entfernte? Thor Heyerdahl erlebte die Kinderjahre des Automobils in Norwegen, die Ausbreitung der Elektrizität und wie Radio und Telefon in Gebrauch kamen. Das Leben wurde leichter, ja, zugegeben, aber brauchte man all diese Hilfsmittel wirklich?

Und eines Tages hatte Ola Bjørneby plötzlich unversehens in der Küche gestanden, mit einer Lachsforelle in der Hand.

»Bitte sehr«, hatte er gesagt und den Fisch auf den Küchentisch gelegt.

Mutter und Sohn hatten nicht recht gewusst, was sie von dem Auftritt halten sollten. Olas Gesicht war von der Sonne gegerbt und er trug eine Art Jägerkluft. Alison hatte wohl geglaubt, Ola sei hungrig und habe deshalb den Fisch gebracht. Jedenfalls hatte sie ihm ein paar belegte Brote gemacht.

Seitdem tauchte Ola in regelmäßigen Abständen wieder auf und Alison gab ihm einen Schilling, wenn er Holz hackte. Er war kein alter Mann, sondern gerade erst achtundzwanzig, aber in Thors Augen kannte er sich mit allem aus, ob er nun draußen im Schuppen die Axt schwang oder auf einem Baumstumpf saß und Geschichten erzählte. Eines Tages fragte er, ob Thor ihn zu seinem Schafstall auf Hynna begleiten wolle. Dem Jungen schlug das Herz bis zum Hals, denn wenn er irgendetwas gern wollte, dann war es genau das: den Mann aus den Bergen in sein Reich begleiten, ohne dass die Mutter dabei war! Er wagte fast nicht, sie um Erlaubnis zu fragen. Aber siehe da, sie war einverstanden. Er traute seinen Ohren kaum. Er musste lediglich versprechen, am selben Tag zurückzukommen.

Die Mutter packte ordentlich Proviant zusammen, dann machten sie sich auf den Weg durch den lichten Fjellwald. Thor hüpfte über Wurzeln und Stege wie ein Kalb, das im Frühling zum ersten Mal aus dem Stall kommt, und ließ sich von einer neuen, unbekannten Welt gefangen nehmen. Sie folgten einem Waldweg nach Osten, bis sie über ein Tal blicken konnten, das für Thor sofort Olas Tal war, obwohl es eigentlich Åstadal hieß. An seinem Grund lag Hynna und nach einigen Sätzen waren sie unten.

Olas Stall hatte nicht einmal einen richtigen Fußboden und an einigen Stellen konnte Thor durch die Ritzen zwischen den grauen

Stämmen des Blockhauses ins Freie sehen. Einen Herd gab es nicht. Wozu hätte Ola den brauchen sollen? Er kochte über dem offenen Feuer und der Rauch zog durch ein Loch im Dach ab. Auf einem Schlafboden hatte er ein Lager aus Wolldecken und Fellen. Da schlief er im Sommer wie im Winter.

Auf den ersten Besuch in Hynna folgten weitere, irgendwann bekam Thor auch die Erlaubnis, dort zu übernachten, und am Ende hielt er sich den größten Teil des Sommers im Åstadal auf. Dort sollte er Ola Bjørnebys Gehilfe werden; so nannten sie es jedenfalls. Und er wurde es auch; vor allem aber wurde er Olas Schüler.

Das Leben auf Hynna war einfach, aber hart. Zum ersten Mal in seinem Leben musste Thor für sein Essen arbeiten. Da stand kein Frühstück fertig auf dem Tisch und es kam kein Lieferant, der alles Gewünschte an die Tür brachte wie in Larvik. Es gab kein Hausmädchen, das die Betten machte und die Wäsche wusch. Zum Ausgleich gab es aber auch keine ermahnende Mutter.

Langsam merkte Thor, wie er bei der Arbeit mit Baumstämmen und der Holzaxt Schwielen bekam oder wenn er mit Ola zum Fischen auf einem See ruderte. Auf der Jagd durchstreiften sie ein großes Revier, und wenn sie es am selben Tag nicht zum Stall zurück schafften, legten sie sich wie Hasen unter einen Busch oder streckten sich im Heidekraut aus und blickten zum Sternenhimmel hinauf.

Nach den Ferien schrieb er in einem Schulaufsatz: »Die Fische bissen schon, bevor wir die Leine ganz ausgeworfen hatten ... Als es dunkel geworden war, ging der Mond wie ein großer feuerroter Ball über dem Wald und dem Hang auf ... Wir fischten bis weit nach elf Uhr ... Dann schnitten wir uns einige Weidenstecken und spießten die Forellen daran auf. Als wir sie zählten, stellten wir fest, dass jeder von uns dreißig Forellen, alle von gleicher Größe, gefangen hatte. Dazu noch ein paar Barsche.«

Zusammen also mehr als sechzig Fische und der Weg zurück nach Hynna war weit. Es war eine schwere Last, und als sie endlich am Stall angekommen waren, hatte Thor sich den Rücken wund gescheuert und musste auf dem Bauch schlafen. Ein Grund, nach Hause zurückzukehren? Weit gefehlt! Hier gab es noch viel mehr zu lernen als das Angeln. Etwa wenn Ola Geschichten über die Tiere erzählte, auf die sie stießen, über den Elch, den Hasen, das Rentier und den Fuchs, oder über die Tiere, von denen alle gehört, die aber kaum jemand mit eigenen Augen gesehen hatte, den Vielfraß, den Marder oder das Hermelin. Und stießen sie nicht auf Tiere, konnten ihnen Losung und Spuren verraten, ob Tiere am selben oder am Vortag vorbeigekommen waren. Fiebrige Spannung packte Thor, wenn sie an einem Baum ein Büschel Fell oder die Reste eines Kampfes auf Leben und Tod entdeckten, wo Blut und abgenagte Knochen Zeugnis davon ablegten, dass der Schwächere dem Stärkeren hatte weichen müssen. Oh ja, Charles Darwin soufflierte aus den Kulissen, es war, wie Mutter gesagt hatte.

Ohne Zweifel, Thor war zu einem Menschen gezogen, der wirklich in die Natur zurückgekehrt war, und zum ersten Mal ging ihm auf, wie einfach und unbeschwert das Leben eigentlich sein konnte. Der traurigste Tag brach an, als der Sommer und die Ferien zu Ende gingen und das Märchen vorüber war.

In der Stadt wartete eine andere Herausforderung. Er war jetzt im Konfirmandenalter und sollte sich nach christlichem Usus konfirmieren lassen. Aber Thor hatte keine Lust, sich dieser Konvention zu unterwerfen. Er hatte gesehen, wie ein Lamm zur Welt kam und was vom Birkhuhn übrig blieb, wenn der Fuchs darüber hergefallen war. Falls es überhaupt einen Gott geben sollte, dann war es gewiss nicht der, der alleinerziehende Mütter dazu brachte, ihre unehelichen, totgeborenen Babys in die Kirkebukt zu werfen, weil der Pfarrer sie nicht in geweihter Erde bestatten wollte. Wie er diesen Pfaffen verachtete! Genauso wie seine religiösen Zeremonien und Kirchenlieder betrachtete er ihn als etwas, was nicht zur Natur gehörte, von seinem Abendmahlswein und seinen Keksen gar nicht zu reden, die für Thor Heyerdahl an Blutopfer und Kannibalismus grenzten. Niemals würde er sich der Geschenke wegen konfirmieren lassen wie die anderen. Also sagte er Nein – zum Pfarrer, zur Konfirmation, zu Unrecht, zu Manschettenknöpfen und dem ersten Paar ordentlicher langer Hosen.

Thor verbrachte mittlerweile jeden Sommer mit Ola und es kam auch vor, dass die Mutter ihn schon Ostern mit zum Hornsjø nahm. Dann liefen die beiden Freunde auf Skiern übers Fjell und auf solchen Touren lernte Thor von Ola, wie man einen Iglu baut, und entdeckte überhaupt seine Leidenschaft für die winterlich verschneiten Hochebenen.

Auch wenn Ola Bjørneby für Thors körperliche und praktische Entwicklung viel bedeutete, übte er den größten Einfluss doch vor allem auf dessen Denken aus. Besonders bewunderte der Junge aus der Stadt die Fähigkeiten des Bergmenschen, sich unter den ureigenen Bedingungen der Wildnis ein reiches Leben zu schaffen. In jener Zeit begann Thor erstmals ernsthaft von dem zu reden, was einmal sein alles vereinnahmendes Interesse werden sollte. Er hatte gesehen, dass es möglich war, zur Natur zurückzukehren, und fortan wollte er es selbst. Er wollte weg vom modernen Menschen, von dem er glaubte, er versäume eigene Erfahrungen und stopfe sein Hirn stattdessen mit angelesenen Eindrücken aus Büchern und Zeitschriften voll oder indem er Filme schaute und Radio hörte. Er war der Meinung, eine solche Abhängigkeit von dem, was andere geschaffen hatten, schränke die Fähigkeit zu eigenem Beobachten und Erleben ein.

Trotz hartnäckiger Versuche der Mutter, ihn für Literatur zu interessieren, suchte Thor Wissen und Erkenntnis nicht in Romanen. Er war »nicht interessiert, sich vom Fabulieren anderer beeinflussen zu lassen«, erklärte er seinem Freund und ersten Biografen Arnold Jacoby. Das Leben war etwas, das er selbst entdecken und erleben wollte. Das sollte draußen in der freien Natur stattfinden und nicht über einen Roman gebeugt, den er als »ein Surrogat fürs Leben« betrachtete.

Teil 2 **FATUHIVA**

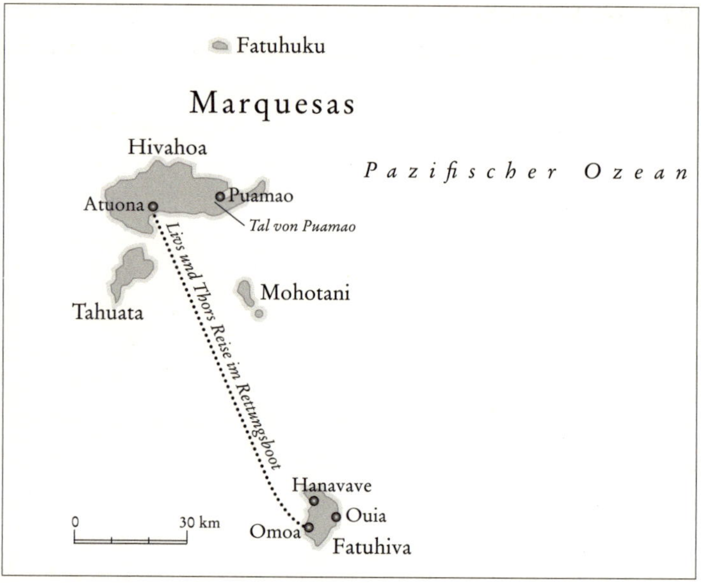

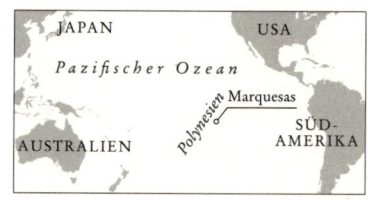

Fatuhuku

Marquesas

Hivahoa

Atuona o───o Puamao

Tal von Puamao

Pazifischer Ozean

Tahuata

Mohotani

Lievs und Thors Reise im Rettungsboot

0   30 km

Hanavave
Omoa o──o Ouia
Fatuhiva

JAPAN   USA

Pazifischer Ozean

Polynesien Marquesas

AUSTRALIEN   SÜD-
                       AMERIKA

DIE KÖNIGLICHE TERRASSE

Kapitän Winnie Brander war sehr für das norwegische Pärchen eingenommen, das eine so weite Reise unternommen hatte, um der zivilisierten Welt zu entkommen. In etwa das Gleiche hatte er selbst auch getan, als er vor vielen Jahren Europa Adieu gewinkt hatte, um sich in der Südsee niederzulassen. Für ihn hatte Papeete reichen müssen, die »Hauptstadt« von Tahiti, auch wenn die Zivilisation dort in den letzten Jahren ganz schön zugenommen hatte. Nicht zuletzt hatte das Auto seinen Einzug gehalten. Aber sich auf den äußeren Inseln anzusiedeln erschien ihm denn doch ein bisschen zu primitiv und beim besten Willen konnte er erst recht nicht verstehen, warum es sich jemand antun wollte, Fatuhiva als Aufenthaltsort zu wählen. Wenn er ganz ehrlich war, gefiel es ihm gar nicht, die Norweger dort an Land zu setzen.

Brander war Skipper des Schoners *Tereora*, der zwischen den Inseln Polynesiens verkehrte. Von Geburt war er Brite und hatte alle Weltmeere befahren. Mit der Zeit fand er an Land mehr Ruhe als auf dem Wasser, aber wenn das Schiff erst vor dem Passatwind lief, dass fast das Dollbord ins Wasser tauchte, und ein Glas Whisky zur Hand war, dann geriet sein Seemannsblut doch in Wallung. Die Gewässer zwischen Tahiti und den Marquesas wimmelten von Riffen und niedrigen Atollen, aber er kannte sie wie seine Westentasche. Überall, wo er Anker warf, standen die Inselbewohner am Strand und winkten. Für sie waren Käp'n Brander und sein Schiff die Verbindung zur Außenwelt. Er holte ihre Kopraernte und brachte im Austausch die verlockenden Waren der Zivilisation.

Da ihm selbst die moderne Welt nicht gefiel, fühlte er sich auch in seiner Rolle als eine Art Handlungsreisender nicht besonders wohl, denn was sollten die Menschen auf diesen abgeschiedenen Inseln mit »Holzfahrrädern, Nähmaschinen, Dessous und Dosenlachs«? Doch bei der Überlegung, dass er selbst schließlich auch sein Auskommen in dieser Welt brauchte, war er als praktisch denkender Mensch auf den Gedanken gekommen, wenn er die Bedürfnisse der Eingeborenen nicht befriedigte, würden es andere tun. Also segelte er mit Dosenlachs zu Menschen, deren Lagune voller Fisch war.

Der grauhaarige Skipper hatte sich gemütlich im Leben eingerichtet. In diesem Teil der Welt dachte niemand an Fahrpläne; er segelte, wann er Lust hatte. Für die Menschen, die er mit seinem Zweimaster belieferte, war es nicht das Wichtigste, wann er kam, sondern dass er kam. Erst einen Monat nachdem Liv und Thor im Hafen von Papeete von Bord des Ozeandampfers gegangen waren, gefiel es Käpt'n Brander, Segel zu setzen. Da waren die Laderäume ziemlich voll und zumindest einige Whiskyflaschen leer.

Die *Tereora* schnitt elegant durch die Wellen. Lautlos, ohne das Tuckern einer Maschine, glitt sie vor dem Wind dahin. Sie glich einem betagten Schwan mit leicht zerzausten Federn, doch an ihren Linien war nichts auszusetzen.

Von seinem Platz am Ruder betrachtete Brander die Jungverheirateten, die auf dem Vordeck den Horizont absuchten. Was mochten sie wohl von dem ganzen Elend auf Fatuhiva wissen? Von Tuberkulose, Lepra und der berüchtigten Elefantiasis? Von dem feuchten, ungesunden Klima, das mit der Regenzeit kam? Von Mücken und Sandflöhen, die die Menschen mit ihren Bissen in den

Wahnsinn trieben und schmerzende Wunden hinterließen? Es machte ihm auch Sorgen, dass es außer einem katholischen Priester, der ab und zu die Insel besuchte, und einem Mischling, der das Amt des Präfekten versah, keine Weißen auf Fatuhiva gab. Auch wenn Brander Respekt vor dem empfand, was die jungen Leute vorhatten, sah er es als seine Pflicht an, sie von diesem Gedanken abzubringen. Zwei Jahre, vielleicht länger, hatten sie geantwortet, als er sie gefragt hatte, wie lange sie auf Fatuhiva zu bleiben gedächten. Sie konnten nicht ganz bei Trost sein.

Thor und Liv genossen unterdessen die Seereise, denn sie waren nicht die einzigen Passagiere an Bord. Das Deck der *Tereora* wimmelte »von dicken Madames und kreischenden Kindern, Körben mit Hühnern, Fisch und Bananen, wilden *Vahines*, Männern mit Ukulele, Muschelhörnern und Trompeten, Säcken und Kisten, Kälbern und Ferkeln«, beschrieb Thor das Bild in einem Artikel für die Zeitung *Tidens Tegn*.

Nach einigen Tagen sahen sie Palmen über dem Meer aufwachsen. Zu donnerndem Applaus und lautstarker Fröhlichkeit der Passagiere und der Wartenden an Land manövrierte Brander den Schoner durch die Passage ins Takaroa-Atoll im weit auseinandergezogenen Tuamotu-Archipel.

»Die Lagune lag spiegelblank und im klaren Wasser huschten Fische in allen Farben und Formen zwischen den rot-grünen und weißen Korallen umher«, schrieb Liv in einem Brief nach Varden.

Die Tage vergingen und es sah nicht so aus, als hätte Käpt'n Brander es eilig, weiterzukommen. Liv und Thor wurden ungeduldig, denn so schön es auf Takaroa auch sein mochte, ihr Ziel hieß Fatuhiva. Aber das Löschen und Laden brauche seine Zeit, meinte Brander, eine Flasche Schnaps vor sich auf dem Tisch. Und solange Passagiere nicht für die zurückzulegende Strecke, sondern für die Tage an Bord zahlten, verdiente er am Liegen mehr als am Segeln.

Nach Ablauf einer Woche platzte Thor der Kragen. Nicht bloß der Whisky regte ihn auf. Er ließ sich auch davon provozieren, dass Brander offenbar nicht ernst nahm, was er und Liv vorhatten, sondern sie für romantische Träumer hielt. Er erklärte Brander, wenn er nicht den Anker lichte, werde er dafür sorgen, dass die Weltpresse von den Verhältnissen an Bord seines Schiffs erfahre. Er zückte seine Kamera und drohte, den Kapitän zu diesem Zweck gleich abzulichten, wenn er nicht umgehend Fahrt aufnehme. Der Bluff wirkte. Brander gab der Mannschaft Befehl, die Segel zu setzen. Auf einmal beteuerte er sogar, es sei nie so gedacht gewesen, dass sie für die Liegezeiten bezahlen sollten, meldete Liv amüsiert der Lokalzeitung daheim in Skien.

Ein paar Wochen später erreichten sie Fatuhiva. Grün und steil ragte die Felseninsel aus dem Meer, mit Gipfeln, die geradewegs in den Himmel strebten. An manchen Stellen schnitten enge Täler durch den Dschungel, wie Runzeln furchten sie die Steilhänge, bevor sie an schmalen Stränden ausliefen. Thor und Liv standen an der Reling, hingerissen von der gewaltigen, fruchtbaren, aber zugleich auch düsteren Schönheit. Endlich!

Wo aber sollten sie an Land gehen? Wo ihr Lager aufschlagen?

Sie sahen Brander an.

»Ungemütlich«, sagte der bloß. Er selbst würde keinen Fuß auf die Insel setzen, nicht einmal für eine Stunde.

Eine Weile segelten sie an der Küste entlang.

»Da«, sagte Thor.

Ein Mitpassagier, der von der Insel stammte, schüttelte den Kopf: »*Aoe tevai,* kein Trinkwasser.«

»Aber da, da!«

Liv beugte sich über die Reling und fixierte ein kleines Dorf zwischen den Palmenwipfeln.

»Nein«, sagte Brander, »das ist Hanavave. Das ist besonders berüchtigt wegen der Elefantenkrankheit.«

Elefantiasis? Im Paradies?

Dann öffnete sich ein Tal, weiter und länger als die anderen. Am Strand einige verstreute Hütten. Liv und Thor blickten sich an. Da oder nirgends.

Brander bat sie ein letztes Mal, es sich doch zu überlegen. Noch war es dazu nicht zu spät; liebend gern würde er sie mit zurück nach Tahiti nehmen.

Als sie nicht antworteten, versuchte er sie mit der Einsamkeit zu schrecken, die sie erwartete. Sie wären eingesperrt zwischen Meer und Gebirge, ohne Hilfe, wenn sie welche brauchten. Auf der Insel gebe es keine Post, keinen Telegrafen und erst recht keinen Arzt. Er wisse nicht, wann er mit der *Tereora* wiederkomme, das könne in zwei, drei Monaten sein, vielleicht aber auch erst in einem Jahr.

Das junge Paar ließ sich nicht umstimmen. Einsamkeit war ja genau das, was sie suchten.

»Jetzt ist es zu spät, umzukehren«, sagte Thor.

Die verführerischen Düfte der Tropen erfüllten die Luft und sie bereiteten sich darauf vor, aus ihrem bisherigen Leben auszusteigen und in ihr neues einzutreten – im Garten Eden.

Brander warf den Anker aus. Liv und Thor sammelten ihre Siebensachen zusammen und gingen von Bord. Das Beiboot stieß ab und mit kräftigen Zügen überwanden die Ruderer die Brandung. Wenig später standen die Frischverheirateten am Strand.

Fatuhiva, der Traum kalter Winternächte!

Liv klatschte vor Freude in die Hände. Sie mussten beide grinsen, als sie sahen, dass das Brautkleid aus dem Koffer schaute.

Der Präfekt von Fatuhiva hieß Willy Grelet. Als örtlicher Repräsentant der französischen Regierung war es eigentlich selbstverständlich, dass er eine Autorität besaß, mit der sich nicht einmal der katholische Pater auf der Insel messen konnte. Obendrein war Grelet der Einzige in der kleinen Gesellschaft, der sich mit einiger Berechtigung reich nennen konnte. Selbstverständlich bekam er eine Aufwandsentschädigung als Präfekt, aber in der Hauptsache verdiente er sein Geld mit der Herstellung von Kopra. Im Keller unter seinem Haus betrieb er nebenher eine kleine Warenhandlung, wo er, solange sein Lager zwischen Kapitän Branders Besuchen gefüllt war, grundlegende Dinge wie Hemden, Zucker, Mehl und Reis verkaufte.

Da nur die wenigsten Geld hatten, nahm Grelet liebend gern Kopra als Zahlungsmittel. Das getrocknete Kernfleisch der Kokosnüsse wurde zur Herstellung von Öl genutzt und der Wert der Kopra auf dem Weltmarkt machte sie zur gern akzeptierten Währung in Grelets Laden. Eine gewisse Gerechtigkeit herrschte in diesem System insofern, als jedermann ein paar Kokospalmen besaß und Kopra herstellen konnte. Doch wenn die Kopra verschifft werden sollte, war sie in Grelets Lager gelandet. So steckte er auch den Löwenanteil des Erlöses am einzigen Handelsprodukt der Insel in die eigene Tasche.

Von daher war es vielleicht nicht weiter verwunderlich, dass sich Willy Grelet über die anderen erhaben fühlte. Doch wenn er es sich bis zu einem gewissen Grad gestattete, auf die anderen hinabzusehen, lag das nicht einmal so sehr am Geld oder an seiner Position als Präfekt. Es lag an seiner Herkunft. Sein Vater war nämlich Schweizer, und wenn der kleine Willy früh etwas begriffen hatte, so war es der Vorzug, dass etwas europäisches Blut in den Adern floss. An der Brust seiner polynesischen Mutter hatte er die Sprache der Einheimischen gelernt, aber er sprach auch fließend Französisch. Dem Selbstbewusstsein förderlich war ebenso der Umstand, dass der Vater ein guter Freund von Paul Gauguin gewesen war, der in den 1890er-Jahren nach Polynesien gekommen war, um seiner Inspiration auf die Sprünge zu helfen. Fasziniert nicht zuletzt von den Menschen und ihrer Kultur, hatte sich Gauguin schließlich auf Hivaoa niedergelassen, einer Nachbarinsel von Fatuhiva, wo er 1903 auch begraben wurde.

Trotz seines Wohlstands und seines noch vergleichsweise jungen Alters führte Willy Grelet ein isoliertes Leben. Er verließ Fatuhiva nur selten und bekam auch nur selten Besuch aus der Welt draußen. Nicht ohne ein leichtes Hochgefühl sah er daher im März 1937 ein junges Paar aus Europa am Strand unten vor dem Ort an Land gehen. Es war mit dem Schoner gekommen, der gerade schon wieder klarmachte, um die Rückfahrt nach Tahiti anzutreten. Der Kapitän wartete nur noch darauf, dass das Beiboot, das die beiden an Land gebracht hatte, wieder aufgenommen werden konnte.

Der Präfekt begab sich nicht selbst zum Strand. Er flüsterte lediglich zwei jungen Männern etwas ins Ohr.

Auch sonst lief keiner der Anwohner den beiden Neuankömmlingen entgegen, aber sie standen verdeckt hinter den Palmenstämmen, um sie zu beobachten. Was waren das für Leute? Was wollten sie? Andere Weiße, die die Insel besuchten, fuhren doch mit demselben Schiff gleich wieder weg.

Thor und Liv blieben stehen und sahen der *Tereora* nach. Auch wenn ihr Kapitän seine Marotten hatte, war er doch ein hilfsbereiter Mensch. Ein bisschen wehmütig fühlten sie sich schon, als sie das Schiff jetzt davonsegeln sahen, und aufregend war es zugleich auch, denn mit Brander entschwand ihre letzte Verbindung zur Außenwelt.

Eine leichte Brise strich durch die Palmwipfel. Tropische Vögel sangen, ab und zu hörte man die Brandung.

Aber war denn hier kein Mensch?

Überwältigendes Fatuhiva, von dem sie in Oslo so lange geträumt hatten. Die Insel, die sie mit so viel Mühe ausfindig gemacht hatten. Für welche Insel hätten sie sich denn entscheiden sollen? Es gab doch Tausende von ihnen da draußen im unendlichen Pazifik. Und tausendmal hatten sie die Karte studiert. Was sie suchten, war »ein Fleck, den die Welt übersehen hatte, die einzige, winzige Zuflucht vor dem eisenharten Griff der Zivilisation«. Sie wollten sich aus ihrem »künstlichen Leben« losreißen und eine Insel finden, auf der sie »wie unsere ersten Vorfahren ein Leben bloß mithilfe der Hände führen« wollten. Sie wollten sich eine Behausung aus »Ästen und Blättern« errichten und von »Früchten, Fischen und Eiern« leben. Dafür musste die Insel, die sie suchten, fruchtbar sein. Auf ihr sollten keine Menschen leben, zumindest nicht viele und schon gar keine Weißen. Das war gar nicht so leicht. Jedes Mal, wenn sie meinten, ein Eiland gefunden zu haben, tauchte ein Problem auf. Auf einer Insel gab es vielleicht schon eine Autostraße, eine zweite wurde von Touristen besucht, auf einer dritten gab es kein frisches Trinkwasser und auf der vierten kein Obst. Eines Tages stießen sie dann auf Informationen, die Fatuhiva zur fruchtbarsten Insel der Südsee erklärten. Es gehörte zum Marquesas-Archipel und lag nur wenige Breitengrade südlich des Äquators.

Bevor die Europäer sie mit ihren Krankheiten infizierten, lebten mehr als hunderttausend Menschen auf diesen Inseln. In der Zwischenzeit waren nicht mehr als ein paar Tausend übrig geblieben und Thor hatte gelesen, es sei so schlecht um die Polynesier bestellt, dass sie bald aussterben würden. Nicht einmal das schreckte ihn ab. Er war sich sicher, dass sie einen Ort finden würden, »wo die Krankheiten der Braunhäutigen nicht wüteten«.

Fatuhiva – hatten Thor und Liv gelächelt und sich angesehen. Während sich der Winternebel klamm auf die norwegische Hauptstadt legte, hatten sie einen dicken Kreis um die Insel gezogen. Da wollten sie hin.

Jetzt waren sie endlich hier, standen am Strand und staunten über die verführerisch grüne Fruchtbarkeit. Ob sie hier je wieder weggehen würden? Nein, das würden sie nicht; sie hatten ihre Zeit verlassen und waren gesprungen, »Jahrtausende zurück ... zum Leben selbst in seiner einfachsten Form«, sollte Thor in seinem nachträglichen Bericht über den Aufenthalt auf Fatuhiva erklären.

Sie waren angekommen, zurück in der Natur.

Glücklich und begeistert wollten die beiden jungen Menschen ein Leben aufnehmen wie Adam und Eva. Konnte es denn schiefgehen? Nein, eigentlich nicht. Was hatten sie schon zu befürchten? Sie hatten doch einander und brannten vor Begeisterung angesichts der wohlüberlegten Wahl, die sie getroffen hatten.

Thor sah Liv an; mit einem Mal begriff er, wie viel Mut sie hatte.

Sie nahmen ihre Koffer und gingen auf das Dorf zu. Instinktiv dachte Thor, zu hungern brauchten sie auf jeden Fall nicht. Die wiegenden Palmen hingen voller Kokosnüsse.

Dann entdeckten sie die Menschen, die sich hinter den Stämmen verborgen hielten. Sie sahen ziemlich abgerissen und traurig aus. Sie lächelten nicht wie die Menschen auf Tahiti. Sie starrten bloß.

Thor und Liv starrten ungläubig zurück. Jetzt waren sie auf der schönsten Insel der Welt an Land gegangen und ihre Bewohner sollten es nicht gut haben und nicht fröhlich sein? Sollten die Europäer, die sie auf Tahiti getroffen und die sie gewarnt hatten, zu den Marquesas zu fahren, etwa doch recht haben?

»Ihr kommt mit dem ersten Schiff wieder zurück«, hatte einer von ihnen prophezeit, als er sich darüber ausließ, wie schrecklich die Inseln seien. Riesenhohe Berge, fruchtbar, ja, schon, aber die Einsamkeit sei erdrückend und die Eingeborenen seien viel finsterer als die Tahitianer. Außerdem, menetekelte er, sei es noch gar nicht so lange her, dass es dort Kannibalen gegeben habe.

Lärmend führte die Menge das junge Paar ins Dorf. Entsetzt stellten Thor und Liv fest, dass mehrere an Elefantiasis oder Lepra litten. Ihr erster Impuls war, so schnell wie möglich hinaus in den Dschungel zu kommen, um einer Ansteckung zu entgehen.

In dem plötzlichen Tumult bemerkte Thor, dass ihr Gepäck fehlte, aber er ließ sich nichts anmerken. Sein Kopf war voll mit anderem, außerdem hatten sie für die meisten Dinge jetzt sowieso keine Verwendung mehr. Außer für die Glaskolben und Chemikalien, die er für die Konservierung von Insekten und Kleintieren brauchte.

Das Dorf bestand überwiegend aus einfachen Häusern aus Bambus und Palmwedeln. Ein paar Hühner liefen herum. Mit hechelnder Zunge suchte ein Hund vergebens Abkühlung im Schatten eines Brotfruchtbaums.

Mitten im Ort stand ein etwas stattlicheres Holzhaus mit Wellblechdach, einem Symbol für Wohlstand. Der gestikulierende Haufen blieb davor stehen und kam zur Ruhe.

In der Tür erschien ein Mann und kam Thor und Liv entgegen. Er sprach sie auf Französisch an und bat sie ins Haus. Er hatte etwas Europäisches an sich, fand Thor. Der Mann stellte sich als Willy Grelet und Präfekt der Insel vor.

Drinnen stand das Gepäck. Grelet hatte einige Helfer damit beauftragt, es diskret vom Strand heraufzuschaffen. Er lud Thor und

Liv ein, die Nacht in seinem Haus zu verbringen, und sie nahmen die Einladung gern an. Der Nachmittag war schon weit fortgeschritten und bald würde die Sonne rotgolden im Meer versinken.

Als schnell und massiv die Dunkelheit hereinbrach, zündete Grelet Lampen an und sie blieben sitzen und unterhielten sich.

Grelet wollte gern wissen, weshalb sie gekommen waren, und sie teilten ihm ihre Pläne mit. Der Präfekt zeigte sich interessiert und erbot sich, ihnen behilflich zu sein. Ganz oben in einem Tal mit Namen Omoa würden sie finden, was sie suchten. Da wuchsen Früchte an allen Bäumen und es kamen selten Leute dorthin. Gleich am nächsten Tag würde er seinen Schwager bitten, sie hinzuführen.

Der Schwager hieß Ioane Nakeehua und erschien bei Sonnenaufgang, um sie ins Tal von Omoa zu führen. Weder Thor noch Liv hatten Lust, im Dorf zu bleiben. Ihr Plan lief ja gerade darauf hinaus, so allein wie möglich zu leben.

Auf dem Weg bemerkte Thor überall im Unterholz die Ruinen ehemaliger Wohnplätze. Das Tal war einmal dicht besiedelt gewesen. Dann hatten die Europäer Krankheiten wie Elefantiasis mitgebracht, gegen die sich die Eingeborenen nicht wehren konnten. Als Thor und Liv nach Fatuhiva kamen, lebten dort nur noch wenige Hundert Menschen.

»Hier«, sagte Ioane und zeigte zwischen die Stämme. Thor und Liv erkannten etwas, das einer Terrasse ähnelte.

»Hier solltet ihr wohnen. Hier hat der letzte König von Fatuhiva gelebt.«

Ioane war selbst von königlichem Geblüt. Die Großmutter seines Großvaters war die Königin des letzten Königs gewesen, bis die französischen Kolonialherren beide abgesetzt hatten. Zwar hatten die Eindringlinge die Insel eingenommen, aber sie hatten nicht den königlichen Besitz konfisziert. Er war weitervererbt worden und jetzt Ioanes Eigentum.

Thor dachte, wenn die Terrasse für die ehemaligen Könige gut genug gewesen war, dann reichte sie auch für ihn und seine junge Frau. In einem Anflug von Feierlichkeit konnte Thor es sich nicht verkneifen, an die biblische Schöpfung zu denken; doch während Adam und Eva den Garten Eden verlassen mussten, durften er und Liv dorthin zurückkehren.

Für den Wohnplatz sollten sie selbstverständlich Miete zahlen. Auch wenn Thor sich nicht ganz mit der Vorstellung anfreunden konnte, dass Geld auch hier hinter dem letzten Außenposten der Zivilisation eine Rolle spielte, war an einer Miete von fünfzig Kronen im Jahr nichts auszusetzen. Im Preis inbegriffen war so viel Baumaterial, wie sie fällen konnten, und Obst, so viel sie essen mochten. Die Fruchtbarkeit der Natur hatte sie schon auf dem Weg überwältigt; überall hingen Kokosnüsse, Bananen, Apfelsinen, Zitronen, Mangos, Papayas und die leicht geheimnisvolle Brotfrucht. Sogar Kaffeesträucher wuchsen üppig und Vanille.

Der Tag neigte sich dem Ende zu, Ioane verabschiedete sich. Thor und Liv schlugen ein kleines Zelt auf, das sie mitgebracht hatten, um eine Unterkunft zu haben, während sie ihr Haus bauten. Für ein Lagerfeuer rieben sie als angehende Steinzeitmenschen ihr letztes Streichholz an. Von nun an wollten sie die Glut in der Asche bewahren und, wenn das Feuer dennoch einmal verlöschen sollte, ein neues mithilfe von zwei Stöcken aus Hibiskusholz entzünden. Liv briet eine Brotfrucht im Feuer und sie schmeckte überraschend gut.

Trunken vor Freude über ihr neues Leben, krochen sie ins Zelt. Bis dahin hatte noch keine zischelnde Schlange ihren Kopf ins Paradies gesteckt. Sie hatten sich kaum zurechtgelegt, da hörten sie das Knacken brechender Zweige. War da draußen jemand? Es knackte wieder und sie sahen vor sich schon einen »rachsüchtigen Eingeborenen jenseits der Zeltwand, mit erhobenem Speer oder einem mächtigen Stein«. Hatten die Eingeborenen vielleicht noch immer »etwas Kannibalenblut in ihren Adern«?

Am Ende war es ein herumstöbernder Hund.

Später lagen sie dann wieder hellwach. Aus einiger Entfernung hörten sie dumpfe Knalle wie Kanonenschüsse. Erst als es unmittelbar neben dem Zelt einschlug, begriffen sie, was es war: Kokosnüsse, die, vom Nachtwind abgerissen, aus großer Höhe herabfielen. Thor fürchtete, wenn sie so eine auf den Kopf bekämen, wären sie tot. Sie beschlossen, das Zelt an eine andere Stelle zu versetzen.

Was sie am allermeisten plagte, waren die aggressiven Mücken. Sie kamen mit Anbruch der Dunkelheit und kannten kein Erbarmen. Den Hund hatten Thor und Liv verjagt und das Zelt umgestellt, den Mücken entkamen sie nicht.

Drei Tage lang rodeten sie die überwucherte Terrasse; am vierten wollten sie aus Ästen und Blättern eine Hütte bauen, da stand plötzlich Ioane vor ihnen. Er lächelte und schüttelte den Kopf. Aus Blättern konnte man keine Hütte bauen. Die würde der erste Regenschauer einreißen, oder die wilden Pferde, die über die Insel streiften. Nein, es brauche Bambusstämme für ein Haus, das Regen und Pferden standhielt, von dem ganzen Urwaldgetier ganz zu schweigen, erklärte Ioane resolut. Wenn sie wollten, könne er im Dorf Hilfe organisieren, dann stünde das Haus im Handumdrehen. Thor erkannte an, dass hier ein Experte sprach, und erklärte sich trotz seines Vorsatzes, das meiste mit eigenen Händen tun zu wollen, einverstanden. Ioane explodierte vor Begeisterung und erschien am nächsten Tag mit zwei Männern und drei Frauen, darunter seine eigene.

Bevor sie anfingen, musste allerdings verhandelt werden, denn selbst im Paradies war Arbeitskraft nicht kostenlos. Thor lernte, dass ein Tageslohn auf Tahiti 17,50 Franc betrug, und da Fatuhiva eindeutig ebenso zu Französisch-Polynesien gehörte wie Tahiti, galt selbstverständlich hier wie da der gleiche Tarif.

Nun konnte man im Dorf mit Bargeld wenig anfangen und so verhehlte Ioane nicht, dass er gern gewillt sei, zusätzlich zum Lohn auch Geschenke anzunehmen. Er selbst hatte Thors und Livs Koffer zur Terrasse hinaufgetragen und wusste, was sie enthielten: Anzug und Hochzeitskleid, Unterwäsche, Mikroskop, Fernglas, Kolben und Gläser, Lachs und Rindfleisch in Dosen, Streichhölzer – alles geradezu Offenbarungen aus der Außenwelt. Gar nicht zu reden von der Armbanduhr, die Thor in den einen Koffer gesteckt hatte. Ioane konnte seine Gedanken und Blicke gar nicht von dem tickenden kleinen Wunderwerk abwenden.

Der Bau der Bambushütte dauerte länger als versprochen. Drei Wochen brauchten sie dafür, die Männer, die Bambus schlugen und das Ständerwerk errichteten, und die Frauen, die aus den Wedeln von Kokospalmen Dach und Wände flochten. Ebenso gern, wie sie arbeiteten, schmausten sie Fische und Spanferkel, die sie jeden Tag aus dem Dorf mitbrachten, und wenn sie sich so richtig satt gegessen hatten, mussten sie anschließend erst mal ein Nickerchen halten. Und, ehrlich gesagt, warum auch nicht, solange der Lohn weiterhin floss und Aussicht auf Geschenke aus den Koffern bestand?

Thor, der durchaus die Geduld verlieren konnte, sah rasch ein, wie wichtig es war, mit den »Braunen«, wie er sie nannte, auf gutem Fuß zu stehen und sie machen zu lassen. Vielleicht gab er deshalb am Ende widerstrebend Ioanes innigem Wunsch nach der Armbanduhr nach, denn damit verlor er auch die Möglichkeit, einen

Die Landung. Der Schoner *Tereora* ist vor Anker gegangen,
und man hilft Thor und Liv auf Fatuhiva an Land

»Segen der Erde«: Sie lebten von dem, was sie von Bäumen und Sträuchern pflücken konnten. Bananen, Brotfrucht, Taro und Kokosnüsse bildeten ihre wichtigsten Nahrungsmittel. Die erste Zeit lebten sie in diesem Zelt

symbolischen Akt zu vollziehen, auf den er sich seit Langem gefreut hatte. Für Thor war die Uhr ein Dieb. Sie stahl Zeit. Er war es leid, zu springen, wenn sie rief. Wollte er zurück zur Natur, dann beinhaltete das auch eine Abrechnung mit dem Begriff Zeit und die geschähe am besten zum Geräusch von »zersplitterndem Glas und umherfliegenden Zahnrädchen«. Seit der ersten Morgenröte hatten die Urmenschen den Lauf der Sonne über den Himmel als Zifferblatt benutzt und so wollte er es auch tun.

Dann wurde die armselige Bambushütte von zwei mal vier Metern endlich fertig und er und Liv besaßen ein Heim im Dschungel. Diesen Zeitpunkt hatte Thor ursprünglich dazu ausersehen, die Zeit enden zu lassen und seine Uhr unter einem Stein zu zermalmen. Ihre Zahnräder sollten in alle Winde davonspringen, die Zeiger vom Zifferblatt fliegen, um nie wieder die Zeit anzuzeigen. Erst als Ioane mit der Uhr davonging, wurde Thor klar, dass damit unwiederbringlich auch die Möglichkeit, zur Einführung der neuen Ordnung diese symbolische Handlung zu vollziehen, verschwand. Das schmerzte ihn in diesem Moment und es schmerzte ihn fortan. Noch ein halbes Menschenalter später schrieb er in seinem Buch *Fatu Hiva: Zurück zur Natur*:

»Ich konnte es Ioane und mir nie verzeihen, dass er die Uhr vor ihrem grausamen Schicksal bewahrte und mich mit meinem brennenden Traum zurückließ, der niemals in Erfüllung ging.«

Die ersten Wochen des Steinzeitlebens auf der Königsterrasse waren eitel Sonnenschein. Ein Kuckuck weckte sie bei Sonnenaufgang, und während sie nackt und lachend in dem kleinen Kolk badeten, den sie Königinnenquelle nannten, spielten ihnen auch die übrigen Vögel des Urwalds auf. Wenn die ersten Strahlen des Tageslichts durch die Baumkronen blinzelten, aßen sie Bananen und anderes Obst zum Frühstück. Dann zog Thor nach Steinzeitmännersitte aus, um Nahrung zu beschaffen, und Liv blieb im Haus, um Ordnung zu machen. Ihre wichtigste Aufgabe in dieser Zeit war es, das Feuer zu hüten.

Ursprünglich hatte Thor ohne jedes Werkzeug und moderne Hilfsmittel nach Fatuhiva reisen wollen. Alles sollte aus Material, das es an Ort und Stelle gab, angefertigt werden. Nicht einmal Medikamente wollte er im Gepäck dulden. Eindringliche Bitten auf Tahiti hatten ihn zumindest dazu bewogen, eine Machete und einen Kochtopf mitzunehmen. Widerstrebend hatte er eingewilligt, doch nicht ohne zu erklären, Topf und Messer könnten sie ja verschenken, sobald Liv und er gelernt hätten, ohne sie auszukommen. »Genau«, hatte Liv gesagt. »Wir geben nämlich nicht auf.«

Sie lebten noch nicht lange auf der Königsterrasse, als sie einsehen mussten, wie naiv sie gewesen waren. Entgegen ihren Vorsätzen, mit Stein und Keule zurechtzukommen, erwiesen sich Messer und Kochtopf als überlebenswichtig. Sicher konnte Liv Essen in der Glut zubereiten, aber eine Kost aus Bananen, Kokosnüssen und Taro, dessen Rhizome noch am ehesten Kartoffeln nahekamen, wurde schnell einseitig. Mit dem Topf konnte sie die Gerichte leichter variieren. Einzelne Gewächse mussten außerdem gekocht werden, um genießbar zu sein.

Das Messer avancierte schnell zu Thors verlängertem Arm. Er rodete Pflanzen damit, spaltete Kokosnüsse und schnitt alles, was sie essen wollten. Die Machete war dermaßen groß und schwer, dass er selbst Bäume mit ihr fällen konnte.

Dass Thor und Liv anfangs überhaupt so gut zurechtkamen, lag allerdings nicht bloß an Messer und Kochtopf. Das verdankten sie vor allem Teriieroo a Teriierooiterai, einem Häuptling, bei dem sie auf Tahiti gewohnt hatten, während sie warteten, bis Kapitän

Brander endlich Kurs auf die Marquesas zu nehmen geruhte. Bei ihm und seiner vielköpfigen Familie hatten sie gelernt, Essbares von Ungenießbarem in der Natur Polynesiens zu unterscheiden, Feuer ohne Streichhölzer zu machen, Brotfrucht im Feuer zu backen, Fische in der Lagune und Krebse im Bach zu fangen und den schlanken Stamm einer Palme zu erklettern. Bei ihm kamen sie erstmals in Berührung mit der Kultur Polynesiens und lernten, sich nach Art der Ureinwohner zu kleiden. Und bei ihm hatte Thor auch das entspannte Verhältnis der Polynesier zu privatem Eigentum kennengelernt. Schon lange bevor das Christentum die Inseln erreichte, hatten die Polynesier, sofern sie nicht im Krieg lagen, nach dem Gebot der Nächstenliebe gelebt. Nicht was ein Mensch besaß, bestimmte, wie wohlhabend er war. Die größte Achtung erlangten vielmehr die, lernte Thor, die das, was sie hatten, am schnellsten mit anderen teilten.

Zwar war Tahiti wie ein Blumenbukett aus dem Meer gestiegen, aber die Ankunft in Papeete war für Thor eine große Enttäuschung gewesen. Er hatte sich vorgestellt, das Paradies würde sich auftun, sobald sie in den Hafen einliefen, doch als der Dampfer am Kai festmachte, geschah das zu einer Kakofonie aus Zivilisationslärm: hupenden Autos, brüllenden Verkehrspolizisten, rufenden Zöllnern und schreienden Kindern. Die vielen Menschen, die sich an der Hafenkante drängten, um der ohne Zweifel seltenen Begebenheit beizuwohnen, die die Ankunft eines Schiffs aus Frankreich darstellte, trugen zu Thors Überraschung überwiegend europäische Kleidung. Er erblickte Strohhüte, Krawatten und messerscharfe Bügelfalten. Er sah Frauen auf hohen Absätzen, mit Rouge und Lippenstift, sie rauchten sogar Zigaretten. Wo war denn der lockende Duft von Blumen hin, den sie draußen auf See wahrgenommen hatten? Hier im Hafen roch er bloß den schweren und süßen Geruch von Kopra, die in Säcken am Kai gestapelt lag und auf ihre Verschiffung wartete. Thor schluckte.

Der erste Europäer war im Jahr 1767 nach Tahiti gekommen: Samuel Wallis aus England. Im folgenden Jahr landete auf der ersten französischen Weltumsegelung Louis Antoine de Bougainville auf der Insel. 1769 dann besuchte auch der legendäre James Cook Tahiti zum ersten Mal. Alle kehrten sie mit fast unglaublichen Geschichten über die Schönheit der Insel nach Europa zurück. Und dabei dachten sie nicht bloß an die Natur. Die schönen Frauen hatten es ihnen ebenso angetan. Ihre erotischen Tänze konnten selbst im strengsten Moralapostel Begehren wecken, von ihren lächelnden Einladungen zum Sex ganz zu schweigen. Und auch wenn die frühen Entdecker durchaus christliche Moralvorstellungen in ihre Berichte vom Leben und Treiben auf Tahiti einfügten, bildete sich in Europa rasch die Vorstellung, Wallis, Bougainville und Cook hätten das Paradies gefunden. Der Name Tahiti oder Otaheiti, wie die Polynesier die Insel nannten, wurde zum Synonym für Sorglosigkeit und Glück.

Die europäische Entdeckung Tahitis fiel in Europa selbst in das Zeitalter der Aufklärung. Philosophen versuchten gerade, zum ursprünglichen Menschen und zu seiner Lebensweise zurückzufinden, bevor er sich so weit zivilisiert hatte, um Religion und gesellschaftliche Institutionen zu entwickeln. Es ging darum, die Fehler aufzudecken, die der Mensch seitdem begangen hatte, um daraus lernen und leichter eine bessere Zukunft aufbauen zu können. Ein zentrales Element dieser Philosophie war Rousseaus Idee vom Edlen Wilden. Ihr zufolge hat der Mensch am Anfang in einem Zustand der Gleichheit der einzelnen Individuen gelebt, ohne Gut und Böse zu kennen. Durch vermehrte Kenntnisse über diese ersten Menschen sollte der moderne Mensch besser lernen, eine

Lebensweise in Einklang mit der Natur zu entwickeln, in der die Vernunft regierte, nicht Gott.

Um ihrem theoretischen Knochengerüst etwas Fleisch beizufügen, sahen sich die Philosophen nach »lebenden« Modellen in den bekannten Gesellschaften auf der Welt um. Ein paar davon fassten sie näher ins Auge. Doch wenn es darum ging, Belege dafür zu finden, dass es für die Menschheit Grund zu Optimismus gab, dann nahm Tahiti eine ganz besondere Stellung ein. Wallis wie Bougainville hatten sich sowohl von der Natur der Inseln als auch von ihren freundlichen und gastfreien Einwohnern überwältigt gezeigt. Beides passte den Philosophen vorzüglich ins Konzept.

Auch Thor Heyerdahl ließ sich von Rousseaus Gedanken zum Edlen Wilden inspirieren und fuhr übers Meer, um die Vorstellungen des aufklärerischen Philosophen in der Praxis zu testen. Zusammen mit Liv wollte er »zu beweisen versuchen, dass moderne Europäer das Leben des primitiven Menschen in dessen eigener Umgebung führen können«, erklärte er einer Zeitung vor der Abreise. Doch während Heyerdahl sich zurück zur Natur träumte, hatte Rousseau diese Rückkehr für unmöglich gehalten. Für ihn bestand der Weg in die Zukunft in einem neuen Gesellschaftsvertrag auf der Grundlage der Vernunft. Für den vernunftgläubigen Rousseau war es daher gar nicht nötig, sich wirklich auf die Suche nach dem Paradies zu machen, schon gar nicht auf der anderen Seite des Globus.

Während einzelne Aufklärer durchaus von einem Bedürfnis nach sexueller Freiheit sprachen und auch aus diesem Grund viel Freude an den Berichten aus Tahiti fanden, konnte das christliche Europa den Polynesiern die Freizügigkeit nicht einfach so durchgehen lassen. In den Folgejahren schickten sowohl Engländer wie Franzosen Missionare nach Tahiti und zu den umliegenden Inseln.

Die machten sich schonungslos daran, die Kultur der Südseebewohner zu zerstören und sie durch ihre eigene zu ersetzen. Sie verbreiteten die Lehre von der Erbsünde, vom Kampf zwischen Gott und dem Teufel und von der ewigen Verdammnis derer, die nicht die Erlösung suchten. Und sie waren in überraschendem Ausmaß erfolgreich. Die Polynesier ließen sich willig zum Christentum bekehren.

Heyerdahl erklärte es damit, dass die Religion schon immer einen zentralen Platz in ihrem Leben eingenommen habe. Wie die Christen kannten auch die Inselvölker des Pazifiks religiöse Bauwerke, Priester und Rituale. Auch wenn die Regeln darüber, was sich gehörte und was nicht, oft weit auseinanderlagen, kannten die Südseeinsulaner in ihrer Religion Verbote, die sie mit dem polynesischen Wort *tabu* bezeichneten. Solange »solch wesentliche Grundbegriffe wie Priester, Zeremonien und heilige Versammlungsorte weiterbestehen durften, hatten die europäischen Missionare leichtes Spiel, die kamen, um die Anbetung alter unsichtbarer Götter durch die Verehrung eines neuen unsichtbaren Gottes zu ersetzen«, schreibt Heyerdahl in *Fatu Hiva*.

Sobald sich die Bekehrten versammelten, um zu Jesus Christus zu beten, wurden ihre alten Altarplätze zerstört und durch neue ersetzt, die die Missionare Kirchen nannten. Der verbreitete Brauch, sich gegenseitig zu tätowieren, wurde für unchristlich erklärt und verboten. Auch die erotischen Tänze wollten die Missionare verbieten, aber die Promiskuität konnten sie nicht ganz unterdrücken. Die Geschichten aus dem paradiesischen Tahiti verstummten nicht und wie ein Magnet zog die Insel Europäer und Nordamerikaner an. Papeete, die erste Stadt im Pazifik, wuchs und durch ihre Straßen streiften Glücksritter, gestrandete Matrosen und an Land gespülte Walfänger. Ihnen folgten allmählich

Geschäftsleute und Bürokraten und natürlich der nie versiegende Strom streitbarer Priester und Prälaten. Denn diese Christen waren wiederum auch keine so guten Menschen, dass nicht ein Dauerkrieg zwischen Protestanten und Katholiken um die polynesischen Seelen getobt hätte.

Später kamen auch viele Chinesen auf die Insel. In den 1860er-Jahren legte ein englischer Geschäftsmann eine Baumwollplantage dort an und bekam die Erlaubnis, dafür tausend Kulis zu importieren. Als die Plantage nach einigen Jahren in Konkurs ging, verlegten sich die bleibenden Chinesen auf Kramhandel und den Verkauf von Heroin. Von den Möglichkeiten angelockt, folgten ihnen viele nach, bis Chinesen etwa zehn Prozent der insgesamt rund zwanzigtausend Einwohner ausmachten.

Die Polynesier hatten sich traditionell damit begnügt, im Urwald Früchte von den Bäumen zu pflücken und in der Lagune zu fischen, von Handel hatten sie daher keine Ahnung. Die Chinesen waren darin hingegen Meister, und da der Handel eine immer größere Rolle spielte, seit die Europäer Christentum und Geld gebracht hatten, etablierten sich die Chinesen als eine Mittelschicht aus Kaufleuten und Händlern. So trugen also auch die Chinesen dazu bei, viele Keile in die polynesische Gesellschaft zu treiben und nach und nach die kulturelle Identität der Inselbewohner zu zerstören.

Doch trotz aller Einflüsse von außen behielt Tahiti seine magische Anziehungskraft. Eine Redensart besagte, dass alle, die die Insel besuchten, ein Buch darüber schreiben mussten. Etliche taten es auch, und je nachdem, aus welchem Blickwinkel sie betrachtet wurden, erhielten Tahiti und Papeete alle möglichen Bezeichnungen von der »Perle des Pazifiks« bis zur »Kloake der Südsee«. Thor Heyerdahls erster Eindruck war, dass er jedenfalls nicht zu einer Perle gekommen war. Was er sah, stand in grellem Kontrast zu dem, was er sich im Vorhinein unter einer Südseeinsel vorgestellt hatte. Nach einigen Tagen in diesem Tohuwabohu entschlossen sich Thor und Liv, aus der Stadt zu fliehen.

Sie stellten sich an eine Bushaltestelle und warteten. Man hatte ihnen gesagt, der Bus fahre um zwei Uhr, doch es kam kein Bus. Da saßen sie auf ihren Koffern und warteten ungeduldig »all die langen Minuten bis um drei Uhr«. Die Zeit, der der leicht aufzuregende Thor so gern entkommen wollte, hatte ihn also noch fest im Griff; ganz im Gegensatz zu den Polynesiern, die sich nicht um die Uhrzeit scherten. Thor lernte: Solange das, was passieren sollte, auch wirklich eintrat, war das das Wichtigste und nicht der Zeitpunkt, zu dem es geschah. Inselzeit nannten die Zugereisten das Phänomen, an das sie sich mit ihrem Hang zum Gongschlag so schlecht gewöhnen konnten.

»Kein Mensch fand an einer Stunde Verspätung etwas auszusetzen. Ganz im Gegenteil. Das war doch ganz in Ordnung«, konstatierte Liv, als sie endlich den Bus bestiegen, der auch kein Bus war, sondern ein Lastwagen mit einer Art Hütte auf der Ladefläche. Ebenso wie Thor kam auch Liv wohl die eine oder andere Illusion über das Leben auf einer Südseeinsel abhanden.

Mit einem kräftigen Ruck fuhr der Wagen an und die Passagiere stießen gegeneinander. Doch wenn Liv geglaubt hatte, sie würden jetzt Kurs auf ihr Ziel nehmen, wurde sie eines Besseren belehrt. Die Fahrgäste hatten überall im Ort noch Dinge zu erledigen, stiegen hier und da noch einmal aus, und traf man einen Bekannten, musste doch Zeit für ein kleines Schwätzchen sein. Der Fahrer kam geduldig den Wünschen seiner Kundschaft nach und Liv seufzte, dass »Eile wohl etwas ist, das Polynesier nicht kennen«.

Sie und Thor waren inzwischen ziemlich ungeduldig. Sie wollten weg, sie wollten den Häuptling im Tal von Papenoo aufsuchen, um etwas anderes als Papeete kennenzulernen. Außerdem hatten sie Grüße aus Norwegen zu überbringen. Kapitän Brander hatte ihnen noch kein Datum für die Abreise genannt, bis auf Weiteres durften sie auf der Insel herumfahren. Er würde ihnen eine Nachricht zukommen lassen, wenn es so weit wäre.

Zum Konzert des Federviehs auf dem Dach rollte der Bus schließlich aus dem Ort. Unterwegs fuhren sie an der Bucht von Matavai vorüber. Da hatte Kapitän William Bligh fast ein halbes Jahr mit der HMS *Bounty* gelegen und Brotfruchtsetzlinge für Westindien geladen. Unter den Eignern der Zuckerplantagen dort herrschte damals die Vorstellung, man könne die Brotfrucht als billiges Futter für die afrikanischen Sklaven nutzen. Doch weder die *Bounty* noch Captain Bligh erreichten jemals Westindien. Kurz nachdem das Schiff Tahiti im April 1789 verlassen hatte, führte der Erste Steuermann Fletcher Christian die Mannschaft auf der *Bounty* zur Meuterei.

Der Bericht von dieser berühmtesten aller Meutereien sollte auch wichtige Bestandteile zum Mythos vom paradiesischen Tahiti beitragen. Das Schlaraffenleben, das die Mannschaft der *Bounty* unter schönen und willigen Frauen auf der fruchtbaren Insel führte, verfehlte in der Welt des weißen Mannes nicht seine Wirkung.

Der Bus hielt vor einem mit Wellblech gedeckten Haus, das teilweise von blühenden Hibiskusbüschen verdeckt wurde. Ein kräftiger Mann erschien auf der Veranda und kam, gefolgt von einer Frau, auf sie zu. Beide trugen Pareos, die Tücher, mit denen Polynesier ihre Körper umwickeln, die Männer von den Hüften abwärts, die Frauen über der Brust. Thor zweifelte nicht daran, dass es sich um Häuptling Teriieroo a Teriierooiterai und seine Frau

Faufau Taahitue handelte. Er überreichte ihnen einen Brief und sagte, er solle von Bjarne grüßen.

»Bjarne? Sind Sie Freunde von Bjarne?«

Thor nickte.

Teriieroo und seine Frau konnten sich vor Freude kaum fassen. Nach Umarmungen führten sie Thor und Liv in ihr Heim und luden sie ein, so lange im Haus des Häuptlings im Papenootal zu bleiben, wie sie wollten.

TERAI MATEATA

Einen der ersten und größten Glücksfälle meines Lebens« nannte Thor Heyerdahl in seinen Memoiren seine Begegnung mit Bjarne Kroepelien. Durch diesen Mann entdeckte er Polynesien wirklich.

Kroepelien hatte viele Jahre lang Bücher über Polynesien gesammelt. Als Thor kurz nach Aufnahme seines Studiums mit ihm in Kontakt kam, umfasste die Sammlung an die zweitausend Bände. Damit war sie die größte ihrer Art und enthielt sowohl Belletristik als auch Fachliteratur. Thor machte sich über die Bücher her, und bevor er Kurs auf die Südsee nahm, hatte er die meisten von ihnen gelesen. Er kannte sich inzwischen so gut aus, dass die Universität ihn einlud, vor der Abreise einen Vortrag über die Marquesas-Inseln zu halten.

Bjarne Kroepelien war Weinhändler und dadurch lernte er Thors Vater kennen, der mit einer gewissen Berechtigung behaupten konnte, aus derselben Branche zu kommen. Auf Vermittlung des Vaters rief Thor daher an einem Tag im Herbst 1933 Kroepelien in seiner geräumigen Wohnung in der Thomles gate am Solli-Platz an, wo er auch seine Bibliothek eingerichtet hatte.

Das Bibliothekszimmer war nicht sonderlich groß, aber was für eine Atmosphäre! Britischer Stil in aristokratischer Ausführung. Mahagoniregale vom Boden bis zur Decke, und Thor starrte ehrfürchtig auf die Lederrücken und vielen Erstausgaben. Es konnte ihm gar nicht verborgen bleiben, was für eine Sammlung Kroepelien allein über die Meuterei auf der *Bounty* besaß. Überrascht entdeckte er ein Buch, das Kapitän Bligh schon 1792 veröffentlicht hatte und in dem er seine Verteidigung gegen sämtliche Anklagepunkte darlegte, die ihn bei seiner Heimkehr in London erwarteten. Da stand aber auch das einzige bekannte Exemplar des ersten Buchs, das auf Tahiti gedruckt wurde. Es enthielt Kirchenlieder, die Missionare 1818 herausgegeben hatten. Das Kleinod der Sammlung war allerdings eine vollständige Ausgabe der handgeschriebenen Zeitschrift *Le Sourire,* die Paul Gauguin während seines Aufenthalts auf Tahiti mit Zeichnungen illustriert hatte. Das Blatt hatte dreißig Abonnenten.

Thor durfte die Bibliothek ganz nach seinem Belieben nutzen und mit der Zeit verbrachte er an dem alten Schreibpult zwischen Kroepeliens Büchern mehr Stunden als im Zoologischen Labor der Universität.

An dem, was Kroepelien seinen Weinhändlerhimmel in Kristiania nannte, hatte so mancher Stern geblinkt. Er war ein tüchtiger Kaufmann und verdiente eine Menge Geld. Doch inspiriert von Schriftstellern wie dem Schotten Robert Louis Stevenson, dem Franzosen Pierre Loti und dem Amerikaner Charles Warren Stoddard, hatte er begonnen, von größeren Sternen zu träumen. Sie waren als Schriftsteller alle im Stillen Ozean herumgeschippert und eines Tages hatte auch Kroepelien seine Koffer gepackt und war losgezogen. 1917, drei Jahre nach Ausbruch des Ersten Weltkriegs, lief er an Deck des Dampfers *Paloona* aus der San Francisco Bay in den Pazifik aus. Das Schiff verkehrte im Liniendienst zwischen San Francisco und Neuseeland und bot so eine der ganz wenigen Möglichkeiten, während des Kriegs nach Tahiti zu gelangen.

Unter einem Mangobaum traf er Tuimata, ein Mädchen von sechzehn Jahren mit Brüsten wie aus blankem Kupfer. Nach tahitianischer Sitte hatte sie damit begonnen, sich nach einem Mann umzusehen, und sie nahm ihn mit zu einer tieferen Stelle im Fluss, um zu baden. Bjarne Kroepelien war hin und weg. Seinen Namen konnte sie nicht aussprechen und sie nannte ihn Temehani. Er war achtundzwanzig.

In Papeete hatte er einen Perlenfischer kennengelernt, der ihn unter seine Fittiche nahm und ihm erklärte, er werde von nun an Tag für Tag spüren, wie sich die Distanz zu dem Leben, das er bisher geführt hatte, vergrößerte, bis er sich den Verlockungen der Eingeborenen ergeben und für immer auf Tahiti bleiben werde. Er solle es sich jedoch gut überlegen, bevor er alle Brücken hinter sich abbreche.

Kroepelien überlegte nicht. Zusammen mit Tuimata mietete er auf einer nach Westen gerichteten Landzunge ein Haus in der Nähe ihrer Familie. Von dort unternahm er ab und zu Ausflüge und so landete er eines Tages im Tal von Papenoo, wo er einem kräftigen Mann mit Namen Teriieroo a Teriierooiterai vorgestellt wurde, den er als den Häuptling der Siedlung identifizierte. Teriieroo sprach ausgezeichnet Französisch und war interessiert, Neues über den Krieg in Europa zu erfahren. Für ihn war es eine Selbstverständlichkeit, dass Kroepelien bei ihm übernachtete, und er führte ihn in ein üppiges Gästezimmer. Nach einem ausgiebigen Essen saßen sie auf der Veranda und redeten immer weiter, doch diesmal drehte sich die Unterhaltung vor allem um Tahiti.

Teriieroo mochte Kroepelien. Am nächsten Tag schlug er ihm vor, er solle sein Haus auf der Landzunge aufgeben und ins Papenootal kommen. Sie könnten gemeinsam fischen und Wildschweine jagen und überhaupt alles tun, was Kroepelien sich auf Tahiti wünschte. Er brauche bloß Tuimata mitzubringen. Sie bekämen auch ihr eigenes Haus.

Tuimata zeigte sich bei dem Gedanken an einen Umzug zunächst skeptisch. Für sie lag das Papenootal weit weg, weiter, als sie sich jemals von zu Hause entfernt hatte, und sie hatte keine Lust, ihre Heimatregion zu verlassen. Doch als sie sah, wie gern Temehani in Papenoo leben wollte, und als er ihr zugestand, eine jüngere Schwester mitzunehmen, erklärte sie sich einverstanden.

Für Kroepelien war das Leben bei Häuptling Teriieroo leicht und sorgenfrei. Langsam ließ er sich immer tiefer in die Welt der Einheimischen sinken.

Eines Tages schleppten die Einwohner des Dorfes große Mengen an Essen zu Teriieroos Haus: Fische, Ferkel, Hühner, Bananen, Kokosnüsse und Obst. Es sollte ein Fest stattfinden. Bjarne Kroepelien sollte adoptiert werden. Er sollte Teriieroos Sohn werden und auch seinen Namen tragen.

Der Dorfoberste hielt eine Rede. »Wir sind hier zusammengekommen, um dir alles zu geben, was wir haben, und mehr gibt es nicht.« So begann er. »Von nun an sollen die Bananen und Kokosnüsse in Papenoo auch für dich sein, ebenso wie die Fische und die Wildschweine im Tal. Leb mit deiner Vahine bei uns. Du sollst kein bleichgesichtiger Fremdling mehr unter uns sein und deine Kinder sollen welche von uns sein, so wie auch du es bist.«

Der frischgebackene Teriieroo bedankte sich. Solange das Glück anhalte, wolle er mit seiner Tuimata im Tal wohnen. Das Glück hielt aber nicht an. Ein Schiff, das in Papeete anlegte, hatte die Pest an Bord.

Das Gerücht verbreitete sich schnell über die Insel. Menschen fielen in Fieber und starben.

Das Gerücht erreichte auch Papenoo. Tuimata wollte nach Hause zu ihrem Vater, ihrer Mutter und ihren Geschwistern. Teriieroo lieh Bjarne Kroepelien Pferd und Wagen und sie fuhren davon.

Tuimatas Vater war ernstlich erkrankt. Kroepelien fuhr weiter in die Stadt. Die Lage war schlimmer, als er befürchtet hatte. Gemeinsam mit einem Bekannten richtete er in einer Baracke ein behelfsmäßiges Spital ein. Der Apotheker erkrankte und starb. Kroepelien verordnete Medizin. Leichen stapelten sich in den Straßen, Kroepelien musste helfen, sie zu beseitigen. Es blieb keine Zeit mehr, Gräber auszuheben, also heuerte er ein paar Kulis an, die Leichen zum Riff hinauszurudern, wo sie von den Haien gefressen wurden. Es war grauenhaft, fanden die Leute, der Hai war ihr unversöhnlicher Todfeind. Kroepelien aber wusste sich nicht anders zu helfen.

Eines Tages erkrankte Tuimata. Sie hatte bei der Pflege der Kranken im Spital geholfen. »Du musst mir versprechen, Teriieroo«, sagte sie und nannte ihn bei seinem neuen Namen, »du musst mir versprechen, dass du mich nicht den Haien vorwirfst, wenn ich sterbe, sondern mich in einem Grab hinter dem Haus beisetzt und ein Kreuz daraufstellst. Hörst du? Das musst du mir versprechen!«

Kroepelien versprach's, und als sie starb, hob er ein Grab aus und pflanzte ein Kreuz darauf.

Die Spanische Grippe hatte zugeschlagen. 1918 tötete sie im Verlauf von nur zwei Wochen mehr als ein Drittel aller Einwohner von Tahiti.

Kroepelien bekam einen Platz auf einem kanadischen Schiff, das nach Neuseeland fuhr. Bevor er an Bord ging, suchte er noch einmal das Papenootal auf, um Abschied zu nehmen. Häuptling Teriieroo wollte ihn überreden zu bleiben. Es würde nicht lange dauern, meinte er, bis das Leben zurückkehrte und sie wieder wie früher auf Wildschweinjagd gehen könnten. Doch Kroepelien ertrug den Gedanken nicht, ohne Tuimata zu bleiben.

Das Schiff lief aus, Kroepelien stand an Deck und sah hinüber zu der Landzunge, auf der er zuerst mit Tuimata gewohnt hatte. Da, unter der milden Brise des Passatwinds, begrub er sein Herz.

Er wusste, dass er nie nach Tahiti zurückkehren würde. Aber von dem Tag an, an dem er wieder norwegischen Boden betrat, begann er mit dem systematischen Aufbau seiner Bibliothek. Er beschaffte Bücher aus Antiquariaten auf der ganzen Welt und er schaute nicht auf den Preis.

Die Sammlung erregte international Aufsehen und wurde allmählich bekannt unter dem Namen *The Kroepelien Library.*

Die drei Jahre, die Thor Heyerdahl in der Thomles gate ein und aus ging, waren grundlegende Jahre für den jungen Studenten. Er hat selbst keinen Zweifel daran gelassen, dass das, was er in Kroepeliens Bibliothek lernte, für seine weiteren Entscheidungen im Leben von ausschlaggebender Bedeutung war. Zumindest legte es den Grundstein dafür, dass er nach Fatuhiva ging, wo dann alles begann.

Als Heyerdahl ihn kennenlernte, war Teriieroo zweiundsechzig Jahre alt. Seine Familie hatte seit Generationen die Häuptlingswürde inne, was ihm in der traditionellen tahitianischen Gesellschaft große Autorität verlieh. Gleichzeitig fremdelte er nicht vor der neuen Zeit, sondern trat früh in den Dienst der französischen Kolonialmacht, zunächst als Kommissar für das Postwesen, dann als Lehrer. Er erhielt einen Posten in der Verwaltung und wurde für viele Jahre ihr Leiter im Papenoo-Distrikt. In dem Jahr, in dem Heyerdahl nach Tahiti kam, wurde Teriieroo zum Mitglied eines Rats berufen, der sich mit den wirtschaftlichen und finanziellen Angelegenheiten der Kolonie befassen sollte. Häuptling Teriieroo stand also in beiden Lagern, mit einem Bein in seinem Dorf, mit dem anderen bei den Kolonialherren in Papeete. Auch wenn er nicht der Ansicht war, dass alles, was die Franzosen mitbrachten, ein Segen sei, fand er sich auf defätistisch polynesische Weise doch mit den Gegebenheiten ab. Sie hatten ja auch ihre Vorteile. Es war doch zum Beispiel leichter, Brot beim Bäcker zu holen als Brotfrüchte von den Bäumen. Wo er Bjarne Kroepelien früher mit Pferd und Wagen hinkutschiert hatte, konnte er Thor Heyerdahl nun mit dem Auto hinfahren. Als Thor ihn fragte, warum er in einem stickigen Haus aus Brettern und Blech wohne und nicht in einem luftig-kühlen aus Palmblättern, sah Teriieroo ihn nachsichtig an. Da Tahiti inzwischen zivilisiert sei, müsse Thor einsehen, dass seine Nachbarn ihn bald für einen Wilden halten würden, wenn er weiterhin in einem Haus mit Flechtwänden schliefe.

Es war genau die Art Fortschritt, die Thor Heyerdahl Rückschritt nannte. Aber er stellte auch fest, dass Teriieroo sich ebenso mit der Kultur seiner Vorväter beschäftigte und tat, was er konnte, um sie in Ehren zu halten. Von Thors Plänen ließ er sich begeistern. Wäre er noch jünger, würde er ihn zu den Marquesas begleiten, sagte er und verdrehte die Augen: jede Menge Früchte und keine Chinesen. Teriieroo zweifelte nicht an dem Willen, der Thor und Liv beseelte, sah aber gleichzeitig, dass zwei Romantiker an seinem Tisch saßen. Wollten sie wirklich in den Dschungel und wie die Ahnen leben, hatten sie noch viel zu lernen. Er nahm sie in die Lehre. Unter Teriieroos sachkundiger Anleitung dämmerte ihnen langsam, wie blauäugig sie gewesen waren. Im Stillen waren sie gar nicht so böse, dass Kapitän Brander keine Anstalten machte, auszulaufen.

Thor beobachtete, wie sorgsam sich Teriieroo trotz Auto und Wellblech der Natur gegenüber verhielt, wie er pflanzte, ohne abzuholzen, erntete, ohne den Boden auszulaugen. Mit gespitzten Ohren lauschte er den Vorträgen des Polynesiers und lernte Seiten der praktischen Zoologie und Ethnografie kennen, von denen er in der Universität nie gehört hatte.

Teriieroo war jedoch auch von einer ansteckenden religiösen Philosophie geprägt. Er war zutiefst christlich. Gleich am ersten Tag fragte er seine Gäste, welcher Konfession sie angehörten. Thor, der mit der Kirche nichts anfangen konnte und sich keiner bestimmten Glaubensgemeinschaft zugehörig fühlte, antwortete ausweichend, wo sie herkämen, seien die meisten Protestanten. Das freute Teriieroo, denn er war es auch, und nun konnte er sich nicht länger zurückhalten und erklärte mit kaum verhohlenem Stolz, auf Tahiti seien die meisten Protestanten.

Sechs Wochen blieben sie bei Teriieroo und im Lauf dieser kurzen Zeit sollte der Häuptling für Thor in vielerlei Hinsicht ebenso viel Bedeutung erlangen wie Kroepelien. In seinem Fall handelte es sich mehr um praktische Fertigkeiten, wie man Wildschweine jagte oder Flusskrebse mit Dreizackspeeren spießte, aber auch um geistige Dinge. Eine neue Zeit war angebrochen und die französische Kultur hatte Teriieroo ein ganzes Stück weit verändert, und doch hatte er auch seine Integrität als Polynesier bewahrt und in dieser Integrität fand Thor eine ihm unbekannte Ruhe. Zugleich sah er in Teriieroo ein Symbol dafür, dass die Menschen dieser Erde, gleich, wo sie lebten, Teile eines Ganzen waren und deshalb keine Grenzen brauchten.

Thor war vorher nie mit anderen Menschen als Europäern zusammen gewesen und daher auf die Unterschiede gespannt, die ihn erwarteten. In Papenoo erlebte er aber vor allem die Ähnlichkeiten zwischen sich und den Menschen dort, nicht die Unterschiede. Die Polynesier waren nicht die Wilden, für die sie die Denker der Aufklärung gehalten hatten; sie waren warmherzig und nicht verschlossen und sie waren voller Toleranz. Die Art und Weise, wie man Liv und ihn in Teriieroos Familie aufnahm, prägte sich ihm tief ein. Kroepeliens Bücher hatten sein Interesse geweckt, doch erst durch den Häuptling des Papenootals wurde er mit dem polynesischen Virus infiziert.

Eines Tages traf aus Papeete die Nachricht ein, dass Kapitän Brander Vorbereitungen treffe, die Segel zu setzen; sie löste Betriebsamkeit aus in Papenoo. Die Leute begannen damit, Essbares in Teriieroos Haus abzuliefern, Ferkel und Hühner, Kokosnüsse und Brotfrüchte, Apfelsinen, Mangos und Bananen. Auf der Terrasse des Häuptlings sollte ein Fest stattfinden. Als alle beim Essen saßen, unterbrach Teriieroo die Mahlzeit. Er wollte eine Rede halten.

Seit er als Sechzehnjähriger zum ersten Mal geheiratet hätte, habe er mehrere Ehefrauen überlebt und inzwischen, wie alle wüssten, neunundzwanzig Kinder, einige leibliche und etliche adoptierte. Den Blick auf Thor und Liv gerichtet, erklärte er, er wolle noch zwei weitere adoptieren.

Die beiden Norweger waren die einzigen Menschen in Papenoo, die blaue Augen hatten, und vielleicht leiten sich davon ihre Namen ab, denn man nannte sie fortan Blauer Himmel, Terai Mateata.

Ehe sie an Bord gingen, überreichte Teriieroo Thor einen Brief, adressiert an den evangelischen Pfarrer auf Fatuhiva mit Namen Pakeekee.

»Grüße ihn von mir«, sagte Teriieroo. Er hatte Pakeekee kennengelernt, als der sich zur Priesterausbildung auf Tahiti aufhielt. »Er ist ein guter Mensch. Er kann euch helfen.«

DER STEINFISCH

Als Thor und Liv Heyerdahl auf Fatuhiva eintrafen, hielt sich Pakeekee nicht auf der Insel auf. Jedenfalls sagte Ioane ihnen das, als sie nach ihm fragten. Doch eines Tages, als Thor von der Königsterrasse zum Bach hinabging, um Krebse zu fangen, sah er, wie ein Mann mit einem Speer in der Faust zwischen den Bäumen umherschlich. Mit seinem wilden, buschigen Haar sah er auf den ersten Blick ziemlich gefährlich aus. Spähend watete er in den Bach, und bevor Thor Luft holen konnte, schleuderte er den Speer ins Wasser. Als er ihn grinsend wieder herausholte, zappelte ein Krebs an der Spitze.

Es war der Pfarrer.

Als die *Tereora* vor Anker ging, hatte er sich lediglich in einem anderen Teil der Insel aufgehalten und Ioane, der Pakeekee nicht mochte, hatte keinen Grund gesehen, auf Thors Frage wahrheitsgemäß zu antworten.

Thor lud Pakeekee in die Bambushütte ein und zeigte ihm Terieroos Brief. Darin stand, dass Thor und Liv nicht nur seine Adoptivkinder, sondern auch Protestanten seien. Pakeekee zögerte nicht und lud sie für den übernächsten Tag in sein Haus im Dorf ein. In der Zwischenzeit würde er ein Fest organisieren.

Außer dem Geistlichen, Thor und Liv nahm noch der magere und lang aufgeschossene Tioti an der Gesellschaft teil, den sie bereits von seinem Besuch bei ihnen im Urwald kannten. Er war eines Tages aufgetaucht, als sie noch mit dem Hüttenbau beschäftigt waren. Er hatte Zahnschmerzen und er hatte gehört, dass Thors Koffer voller Zaubermittel steckten. Thor tränkte einen Baumwolltupfer mit Naphtha und führte ihn, während Ioane und seine Helfer zusahen, in den Mund des schreckgelähmten Patienten ein. Nachdem er den geschädigten Zahn ein paarmal betupft hatte, verschwand zu aller Verwunderung der Schmerz. Jetzt war Tioti glücklich, ihnen einen Gegendienst erweisen zu können, und er wartete ihnen bei Tisch so gut auf, wie er nur konnte.

Pakeekee berichtete, dass Tioti als Küster der evangelischen Gemeinde arbeite. Thor hatte noch Teriieroos triumphierende Stimme im Ohr, mit der er verkündet hatte, dass die Protestanten auf Tahiti die Mehrheit stellten, und er wollte gern wissen, wie viele von ihnen es auf Fatuhiva gebe. Ohne Triumph in der Stimme antwortete Pakeekee, sonderlich viele seien es nicht.

Langsam stellte sich dann heraus, dass es eigentlich nur zwei gab, den Pfarrer und seinen Küster. Zwar hatte es noch zwei mehr gegeben, doch der eine war gestorben und der andere nach Tahiti umgesiedelt. Das war dann wohl auch der Grund, weshalb Pakeekee nur ein Fest für wenige ausrichtete. Alle anderen waren Katholiken und das sei Pater Victorins Schuld, behauptete Pakeekee. Im Kampf um die Seelen der Eingeborenen bestach der katholische Priester sie nämlich mit Reis und Zucker. Indem er ein Fest für sie veranstaltete, demonstrierte Pakeekee in den Augen der Dorfbewohner ganz eindeutig, dass Thor und Liv zu den Protestanten gehörten. Thor beschlich das unangenehme Gefühl, dass der Pfarrer sie mit seinem Fest in eine Falle gelockt hatte. Während sie sich bei Teriieroo auf der Siegerseite im Religionsstreit befunden hatten, waren sie bei Pakeekee unwissentlich auf der Verliererseite gelandet.

Das Gefühl, Pakeekee habe sie irgendwie hereingelegt, verflog rasch wieder. Sobald die Bambushütte fertig stand und sie Routine darin entwickelt hatten, Essen zu sammeln und das Feuer in Gang zu halten, machte sich Thor ernsthaft an seine wissenschaftliche Arbeit. Mit Insektenfangnetz und einem Rucksack voller Kolben, Reagenzgläser, Nadeln, Pinzetten, Baumwolltupfer, Äther und Formalin ging er auf die Jagd nach Kleingetier.

An warmblütigen Tieren hatte es ursprünglich nur wenige Vögel auf den polynesischen Inseln gegeben. Die Fruchtratte hatten die polynesischen Einwanderer ihres schmackhaften Fleischs wegen in ihren Booten mitgebracht. Auf dem gleichen Weg waren die Hunde und Schweine mitgekommen, die auf den Inseln herumstreunten, als die ersten Segel der Europäer am Horizont auftauchten. Woher stammten aber die Insekten, Spinnen, Käfer und Myriaden verschiedener Landschnecken? Wie ließ sich überhaupt erklären, dass es auf Inseln, die aus unterseeischen Vulkanen entstanden und glühend, steril und ohne eine Spur von Leben über die Meeresoberfläche gestiegen waren, ein Tierleben gab? Und da nun doch unabweislich irgendwie Leben dort entstanden war, stellte sich die Frage, wie es sich dann in einer so isolierten Umgebung weiterentwickelt hatte. Geologisch gesehen waren die Inseln jung, sie lagen, Tausende von Kilometern von anderem Land entfernt, im Ozean verstreut und waren nie Teile eines Kontinents gewesen.

Das waren Fragen, auf die sich Thor Heyerdahl Antworten wünschte, und näher konnte man Charles Darwin weder gedanklich noch physisch kommen. Ziel war es, dass ihm die Arbeit an diesen Fragen einen Doktorgrad einbrachte. Eine Promotion setzte allerdings voraus, dass er irgendwann sein Material zusammenpackte und nach Norwegen zurückkehrte. Aber war das wirklich seine Absicht? Hatten er und Liv sich nicht eigentlich entschlossen, für immer zur Natur zurückzukehren? Und hatte es ihn nicht

so begeistert für sie eingenommen, als sie damals in Stavern geantwortet hatte, wenn sie schon fahren würden, dann aber auch voll
und ganz? Sie hielten sich noch nicht lange auf Fatuhiva auf und
es war auch noch nichts geschehen, das sie zum Umdenken hätte
bewegen können; eher im Gegenteil, denn mit jedem Tag, der ver-
ging, fühlten sie sich in ihrem Paradies glücklicher. Es ging ihnen
gut in ihrer Hütte, die sie mit Hibiskus und einem Schildkröten-
schädel schmückten. Sie erfrischten sich in der Königinnenquelle
und »fühlten, wie herrlich es war, aus dem Bad zu steigen und die
Füße auf seidenweichen Lehm und sonnenwarme Steine zu stellen«. Ihre Verbindung mit der Natur war vollkommen, sie konnten
sie auf der nackten Haut spüren, und wie schön war es, die Kleider von sich zu werfen!

Der verbotene Apfel hatte für diese moderne Ausgabe von
Adam und Eva nichts Verlockendes.

Als sich Thor Heyerdahl im Herbst 1933 zu einem Studium am
Zoologischen Laboratorium, wie das Institut damals hieß, einge-
schrieben hatte, hegte er große Erwartungen. Sobald er die schwere
Eichentür in der obersten Etage von Domus Media öffnete, rechnete er damit, dass sein Blick auf ausgestopfte Tiere und in Alkohol konservierte Organe fallen würde. Zu seiner Überraschung erblickte er jedoch ein menschliches Skelett, das von den Studenten
Olsen genannt wurde und auf jedem seiner Knochen dessen ana-
tomische Bezeichnung auf Latein trug. Wahrscheinlich sollte Olsen unterstreichen, dass zur Zoologie auch das Studium des Menschen gehöre, da er sich biologisch gesehen auf der höchsten Stufe
der Rangordnung der Tiere befand und somit den Tieren näher-
stand als den Engeln.

Ein Stück den Gang entlang traf Heyerdahl auf Professor Kristine Bonnevie. Sie trug eine Lorgnette und sah sehr respektgebietend aus. Sie wollte von ihm wissen, warum er sich für die Zoologie entschieden habe. Thor antwortete, er habe sich von Kindesbeinen an für Tiere interessiert. Er wolle Entdeckungsreisender werden.

Das war eine ehrliche Antwort, die aber die Professorin wohl auch ein wenig beunruhigte. Sie hieß ihn willkommen, warnte aber auch gleich, mit einem solchen Studium bekomme man nicht leicht eine befriedigende Anstellung, sofern man nicht Lehrer an einer höheren Schule werden wolle.

Als Bonnevie Thor Heyerdahl unter ihre Fittiche nahm, war die Vererbungslehre noch die Disziplin, die ihr am meisten am Herzen lag. Das bedeutete, dass sie das Leben vor allem durch ein Mikroskop betrachtete. Und das war nicht das, was sich Thor Heyerdahl erträumt hatte. Er wollte das Leben mit bloßem Auge studieren, wie er es von Ola Bjørneby in der Wildnis am Hornsjø gelernt hatte.

Aber es gab keinen Weg daran vorbei: Der Aufbau des Darms und die Struktur der Hirnrinde gehörten zum Pensum. Endlos wurde er auch daran gesetzt, die Haare auf dem Rücken der Fruchtfliege zu zählen, um Mendels Vererbungsgesetze zu überprüfen. Eines Tages öffnete ein Kommilitone das Fenster und entließ die Fliegen mit der Begründung in die Freiheit, die mendelschen Vererbungsgesetze seien hinlänglich bekannt und es sei reine Zeitvergeudung, sie noch einmal zu entdecken. Thor war absolut seiner Meinung, und hätte er nicht in Kroepeliens Bibliothek Zuflucht gefunden, dann hätte er sich bald um den Verstand gelangweilt.

Er sah ja durchaus ein, dass Obduktionen und Mikroskopieren unumgänglich waren, um den Aufbau und die Funktionsweise eines Organismus zu verstehen, und er erkannte die Wichtigkeit wissenschaftlicher Methodik ebenso an wie die Notwendigkeit, Dingen auf den Grund zu gehen und sich zu spezialisieren. Aber ihm nahmen diese Dinge im Studium zu großen Raum ein und manche Spezialisierung erschien ihm allzu eng begrenzt. Doch trotz aller Beanstandungen biss sich Thor durchs Studium. Er brauchte die Zoologie als Bestandteil seines großen Plans.

Erstens wollte er seine Eltern nicht mit der Ankündigung erschrecken, er reise zu einer Insel im Stillen Ozean, um für immer fortzubleiben. Also brauchte er einen respektablen Grund, um sich auf eine so lange Reise zu begeben, und was wäre geeigneter gewesen als die Ankündigung, er sammle Material für eine Doktorarbeit?

Zweitens hätte er immerhin die Dissertation in petto, falls der Aussteigerplan »wider alle Erwartung« doch scheitern sollte und sie nach Hause zurückkehren mussten. Das erforderte jedoch, dass er das Sammeln von Material ernst nahm. Dazu brauchte er wissenschaftliche Instrumente, und damit untergrub er den Vorsatz, völlig ohne neuzeitliches Gerät auszukommen. Aber es kostet eben, sich abzusichern.

Zu den Dingen, die er mitbrachte, gehörten auch ein Fotoapparat, eine Schreibmaschine, Durchschlagpapier, Bleistifte und Notizhefte. Bücher aber hatte er nicht mitgenommen, kein einziges.

Außer Bonnevie hatte Thor Heyerdahl im Lauf der Zeit auch Professor Hjalmar Broch als akademischen Lehrer bekommen. Er interessierte sich auch für das Leben im Meer und war Experte für Korallen. Als die beiden Professoren den Ernst hinter Heyerdahls Wunsch, Forschung und Entdeckungsreisen miteinander zu verbinden, erkannten, empfahlen sie ihm, im Nebenfach Geografie zu studieren. Das ließ er sich nicht zweimal sagen, denn das war doch ein Fach, das er mit großem Gewinn parallel zu Kroepeliens

Büchern studieren konnte. Und es half ihm bei der Suche nach dem richtigen Ort, wo er zusammen mit Liv sein neues Leben einrichten konnte.

Zu den Gegenständen des Fachs gehörte auch mathematische Geografie. Das Lehrbuch gefiel ihm natürlich nicht, aber er lernte eine Menge über Distanzen und die komplizierte Kunst, sich ein geografisches Verständnis eines so ausgedehnten Raums wie des pazifischen zu verschaffen. Dieser Ozean bedeckt ungefähr die Hälfte der Erdoberfläche und macht die Küsten Südostasiens und Südamerikas zu seinen auf der Erdkugel einander gegenüberliegenden Rändern. Das bedeutet, dass sämtliche Segelrouten, die in einem sogenannten Großkreis von den Philippinen nach Peru führen, gleich lang sind und das Durchqueren des Pazifiks entlang des Äquators nicht kürzer ist als eine Route durch den Golf von Alaska, wie es zunächst den Anschein hat.

Im Studium hatten ihn Großkreise und Segelrouten nicht sonderlich interessiert, doch Heyerdahl hielt sich noch nicht lange auf Fatuhiva auf, als ihn solche Dinge zu beschäftigen begannen, denn wer waren eigentlich die Polynesier? In Kroepeliens Büchern war er unzählige Male auf diese Frage gestoßen. Die Lehrmeinung lautete übereinstimmend, dass sie nicht ihren Ursprung auf den Inseln des Pazifiks hatten. Sie mussten von anderswoher gekommen sein. Sie waren übers Meer gesegelt.

Professor Bonnevie hatte empfohlen, um eine Antwort auf die Frage zu finden, wie das Leben auf den Marquesas-Inseln entstanden sei und sich entwickelt habe, solle Heyerdahl sich in erster Linie auf die Landschnecken konzentrieren. Sie lebten in Populationen, die durch Meer und hohe Berge voneinander getrennt waren. Inwieweit hatten sich diese Faktoren determinierend auf die Herausbildung von Arten und Varianten ausgewirkt? War etwa die

Höhe über dem Meer, auf der sie lebten, von Bedeutung? Entwickelten sich die Schnecken im Tiefland anders als die in höheren Regionen, oder wie Darwin es vielleicht formuliert hätte: War der Kampf ums Überleben auch für die Schnecken so hart, dass sie dafür ganz spezielle Eigenschaften entwickeln mussten?

Als Teil seiner Vorbereitungen auf die Doktorarbeit war Thor Heyerdahl im Oktober 1935 mit seinem Vater nach Berlin gereist. Dort besuchte er das Völkerkundemuseum, das Objekte und Skulpturen aus Polynesien in einer eigenen Abteilung präsentierte. Auf einer Postkarte an die Mutter beschrieb er die deutsche Metropole als »grauenhafte Großstadt, aber himmlisch, was Museen und Sammlungen angeht! Heute bin ich durch ein gigantisches Treibhaus mit Kokospalmen, Bananenstauden, Riesenfarnen und Tropenblumen gewandert.«

Bei seinem Aufenthalt sah er auch ein Deutschland, in dem die Nazis die Macht übernommen hatten, und ein wenig überrascht stellte er fest, »dass sie hier in einer großen Revue, die ich mir ansah, mächtig über das Regime herzogen«.

Was ihn im Zusammenhang mit dem Besuch jedoch am meisten beschäftigt zu haben scheint, ist ein Brief, den er nach der Rückkehr in Oslo erhielt und der, wie Heyerdahl ihn nennt, von »Hitlers Topanthropologen« Professor Hans F. K. Günther kam. Der Professor für »Rassenkunde und Völkerbiologie« fragte an, ob Heyerdahl wohl so nett sein könne, ihm ein paar Schädel von den Marquesas mitzubringen, wo er doch sowieso dorthin reise. Als sich die Osloer Universität mit der gleichen Bitte an ihn wandte, entschloss Thor sich, ihren Wünschen nachzukommen, sofern es sich machen ließe.

Es sieht also nicht so aus, als hätten die dramatischen Ereignisse seiner Zeit den jungen Thor Heyerdahl dazu gebracht, sich eingehender mit Politik zu beschäftigen. Er beschrieb den Zustand einer Gesellschaft, die er nicht mochte und die er darum zu verlassen wünschte. In den tobenden politischen Auseinandersetzungen aber bezog er keinen klaren Standpunkt.

Nachdem sich Thor und Liv auf der Königsterrasse gut eingerichtet hatten, tauchte eines Tages Tioti dort auf. Seit dem ausgedehnten Festessen bei Pakeekee hatte er versucht, sich mit dem merkwürdigen Pärchen näher anzufreunden, das auf der Insel an Land gegangen war, aber lieber für sich allein im Dschungel als unten im Dorf leben wollte, wie es sich für Zugereiste gehörte. Er hatte sie ein wenig herumgeführt und bemerkt, wie sehr sich Thor für alles interessierte, was kreuchte und fleuchte, für die Schnecken am Boden, für die Vögel auf den Bäumen und für die Fische im Meer. Nun war er auf etwas gestoßen, das ihm vielleicht auch gefallen konnte. Zwei Männer im Dorf hatten ihm erzählt, sie hätten im Urwald einen *i'a te kea* gefunden und seien bereit, Thor gegen eine kleine Entlohnung den Ort zu zeigen.

Ein *i'a te kea?* Thor verstand nicht genau, was Tioti ihm sagen wollte. Gleich bei ihrer ersten Begegnung hatte Thor Willy Grelet gebeten, ihm eine kleine Liste mit den wichtigsten Wörtern für ja, nein, ich und du anzufertigen. Seitdem hatte er neue Wörter und Ausdrücke in einem kleinen Heft notiert. Daher erkannte er jetzt die Bezeichnung für Fisch wieder. Aber was für eine Art Fisch? Tioti wollte es erklären, indem er einen Fisch auf einen flachen Stein zeichnete und gleichzeitig Thors Hand auf den Stein presste. Fisch und Stein. Ob er vielleicht ein Fossil meinte? Auf einer Insel aus Vulkangestein? Nein, das war wohl kaum denkbar. Aber Thor musste der Sache nachgehen. Sie nahmen ihre Macheten und bahnten sich einen Pfad durch den Urwald.

Zuckerrohr. Liv knabbert an einer Zuckerstange

Der Steinfisch. Der Fund dieser Felszeichnung sollte das wichtigste Ereignis in Thor Heyerdahls Leben werden

Nach geraumer Zeit, in der sie unterwegs von einem tropischen Regenschauer ordentlich durchnässt worden waren, kamen sie zu zwei Steinplatten, die teils unter einem Kaffeestrauch verborgen lagen. Die Eingeborenen zeigten darauf und auf der einen konnte Thor die Umrisse eines etwa zwei Meter langen Fischs erkennen.

Es war kein Fossil, sondern eine Felszeichnung. Ein in Stein gehauener Fisch. Ein Steinfisch.

Thor war überwältigt. Soweit ihm bekannt war, handelte es sich um den ersten Fund einer Felszeichnung auf Fatuhiva, ja, in ganz Polynesien! Natürlich stellte sich sofort die Frage: Wer hatte den Fisch in den Fels geritzt und wann?

Thor überlegte. Der Steinfisch musste seit Jahrhunderten dort liegen, »seit den Zeiten, da eine unbekannte Kultur auf den Marquesas-Inseln herrschte«. Die Kultur eines unbekannten Volkes, von dem niemand wusste, wo es hergekommen war, »ein ungelöstes Rätsel für die Wissenschaft«, aber wohl »ein Zweig des unbekannten Volkes, das einmal die außergewöhnlichen Steinhäupter auf der Osterinsel errichtet hatte«, schrieb er nach seiner Rückkehr in seinem Buch über den Aufenthalt auf Fatuhiva (*På jakt efter paradiset,* Oslo 1938). Vor ungefähr siebenhundert Jahren war dieses Volk ausgerottet worden, nachdem ein anderer, kriegerischer Menschenschlag die Insel erreicht und die Ureinwohner in die trockenen und unfruchtbaren Berge hinaufgetrieben hatte. Die Neuankömmlinge waren Polynesier, deren Nachkommen noch auf der Insel lebten und Thor nun den Steinfisch gezeigt hatten. Damit waren die Fragen aber noch nicht erschöpft, denn ebenso wie ihre Vorgänger stellten auch die Polynesier ein ungelöstes Rätsel dar. Manch einer hatte sich gefragt, doch Thor konstatierte, dass niemand wusste, »woher sie in ihren kleinen Booten über den unendlichen Ozean gekommen waren«.

Der Steinfisch war nicht allein. Er war von seltsamen Zeichen und Figuren umgeben, auch sie sorgfältig in den Stein gemeißelt.

Thor ließ die Umgebung des Steins von den Einheimischen von Unkraut und Erde säubern und es kam ein weiterer großer Stein zum Vorschein. Er war übersät mit »primitiven Zeichnungen von Männern und Frauen und mit Strichen, die wir nicht verstanden«.

Die Eingeborenen begannen sich zu fürchten und untereinander zu murmeln: *»Tiki, menui tiki.«* – Götter, viele Götter.

Tioti und seine beiden Freunde waren zwar Christen, aber das verhinderte nicht, dass sie es beim plötzlichen Anblick der Götter der Ahnen mit der Angst bekamen, als hätten sie es mit Teufelswerk zu tun.

Thor untersuchte die Figuren eingehender. Er fand nicht nur menschenähnliche Wesen, sondern auch »Schildkröten, Göttermasken und große, starrende Augen«. Und ebenso Umrisse, die er nicht zu deuten vermochte. »Waren das Tausendfüßler, Krebse oder war es ein Schiff mit Reihen von Rudern?«

Zurück in ihrer Hütte, legten sich Thor und Liv aufs Bett und sprachen über das, was sie gesehen hatten. Über den Steinfisch, die anderen Figuren und »das ausgestorbene Volk, das einmal über die Inseln von hier bis zur Osterinsel weit im Süden geherrscht hatte«. Thor spekulierte auch ein wenig über die späteren Ankömmlinge, die durch ihre Landnahme die alteingesessene Bevölkerung vertrieben hatten. Er glaubte zu wissen, dass sie groß gewesen und »helle Haut und kein krauses Haar« und somit ein »fast nordisches Aussehen« gehabt hätten. In dem Fall, fabulierte er weiter, könnten sie Nachfahren »der alten Wikinger sein, dieser besten Seefahrer der Welt«. Wo also waren sie hergekommen?

In der kurzen Zeit, die sich Thor Heyerdahl nun auf Fatuhiva aufhielt, hatte er nahezu täglich Spuren älterer Kulturen gesehen,

Mauern, Terrassen und jetzt den Steinfisch und all die anderen Felszeichnungen, von denen er umgeben war. Was mochte nicht noch alles zwischen den Bäumen zum Vorschein kommen, wenn er sich erst einmal auf die Suche danach machte? »Fatuhiva, die von der Wissenschaft übersehene Insel« – diese Formel prägte er an jenem Abend.

In der folgenden Zeit war Thor weniger damit beschäftigt, Schnecken und Käfer in Gläser und Krüge einzulegen. Stattdessen sah er sich nach Material um, das ihm mehr über die früheren Kulturen auf der Insel und ihr Entstehen verraten konnte. Immer wieder fand er archäologische Gegenstände wie altes Werkzeug aus Muscheln oder kleine Steinfigürchen. Mit »List und reichlich Geld« erwarb er auch »groteske Götterbildnisse aus schwarzem und blutrotem Stein«, verzierte Holzgefäße und »Schmuck aus Zähnen und Menschenknochen«. Zu seiner Sammlung gehörten bald ganze Kostüme, gewebt aus Kokosfasern und Menschenhaar, sowie Königskronen aus Schildpatt.

Seinem neuen Interesse und seinen Auftraggebern von den Universitäten in Berlin und Oslo treu, versuchte er sich auch Totenschädel zu beschaffen. Er hatte in Erfahrung gebracht, dass es solche auf einem längst nicht mehr benutzten Begräbnisplatz gab. Er nahm Liv mit, und um dorthin zu gelangen, mussten sie den Weg durch das Dorf nehmen. Als die Einwohner sahen, welche Richtung sie einschlugen, folgte ihnen zu Thors Ärger ein Mann. An der Tempelstätte sahen sie hinter einer Mauer mehrere Hundert korallenbleiche Schädel. Thor konnte sich der Assoziation nicht erwehren, eine Brutanlage für Straußeneier vor sich zu haben.

Der Einheimische, den das Dorf ihnen nach Thors Eindruck als Spion nachgeschickt hatte, beobachtete jeden ihrer Schritte. Als Thor einen Schädel in die Hand nahm, um ihn näher zu betrachten, kam der Mann zu ihnen. Anschauen dürften sie die Schädel gern, aber auf keinen Fall einen mitnehmen. Thor sah schon den wissenschaftlichen Wert der Schädel vor sich und die Begeisterung, die sie in der Fachwelt wecken würden. An der Tempelstätte hier würden sie dagegen ohnehin bloß verwittern und er beschloss, sich über das Tabu der Eingeborenen hinwegzusetzen. Liv blieb zurück, während er weiter über die Fläche streifte. Der Aufpasser folgte ihm, und während sie unterwegs waren, füllte Liv einen Koprasack mit Schädeln. Der Sack, der aussah, als wäre er voller Kokosnüsse, weckte bei dem Eingeborenen keinen Verdacht und so kam Thor doch zu seinen Schädeln. Mit Glück hatte er auf die Vorurteile der Einheimischen gegen Frauen gesetzt. Sie taugten bloß zum Essenkochen und zur Liebe, aber wer hätte ihnen zugetraut, dass sie in der Lage waren, Totenschädel zu stehlen?

Durch sein Studium am Zoologischen Institut verfügte Thor über eine gewisse Erfahrung im Begutachten von Schädeln und er traute sich zu, erste Schlüsse über seine wissenschaftlichen Funde zu ziehen. Die Abmessungen der Schädel variierten so stark, dass er glaubte, sie bestätigten die Theorie, über die sich die Forscher einig waren: »Bevor die Europäer kamen, hatte sich bereits mehr als ein Menschenschlag in Polynesien niedergelassen.«

Thor Heyerdahl sollte eine Doktorarbeit über die Zuwanderung von Lebewesen nach Polynesien anfertigen, doch als sich mehr und mehr neue Eindrücke einstellten, schloss er: »Keine Art war interessanter als der Mensch selbst.« Mit anderen Worten, die Doktorarbeit wurde beerdigt, ehe sie ernsthaft in Angriff genommen war. Heyerdahl hatte keine Lust mehr, Experte für die Tierwelt des Stillen Ozeans zu werden. Er wollte lieber Experte für seine Menschen sein.

DIE PEST

Sie lebten nun in Schönheit, wie sie es sich erträumt hatten. Der Urwald war grün und fruchtbar, der Himmel blau, das Quellwasser klar. Blutrote Hibiskusblüten trieben den Bach hinab, Sonnenstrahlen fielen auf Wassertropfen an Farnwedeln und Blätter funkelten wie Edelsteine. Über ihren Köpfen wedelten Palmkronen wie kühlende Fächer im ewigen Passatwind.

Und sie lebten in Einsamkeit für sich allein. Nur Tioti kam hin und wieder mit einem willkommenen Fisch bei ihnen vorbei; ansonsten konnten Wochen vergehen, ehe sie einen anderen Menschen zu Gesicht bekamen.

Thor war glücklich. Er hatte es wahr gemacht. Er war von allem ins Nichts gereist und machte aus nichts alles. Sollte er irgendwann zurückkehren? Nein, das würde er nicht.

Außerdem hatte er Liv. Er konnte lieben. Nackt liefen sie herum und taten so, als wären sie die ersten Menschen im biblischen Schöpfungsmythos, bevor sie sich in inniger Umarmung ins Wasser der Königinnenquelle fallen ließen.

In ihrem Wesen waren sie sich ähnlich. Sie waren beide besonnene Menschen und brausten nicht leicht auf. Gewiss konnte schon einmal die eine oder andere Unstimmigkeit zwischen ihnen entstehen, aber sie zankten und stritten sich nicht. Sie verfolgten eine gemeinsame Sache. Sie hatten sich über alle Konvention hinweggesetzt und waren aufgebrochen. Es war eine schonungslose Wahl, die von ihnen verlangte, dass sie zueinanderstanden.

Es war auch eine Wahl, die Mut erforderte. Mut aber war nur der erste Schritt. Danach würden Wille und Kraft entscheidend werden, der Wille zum Durchhalten, wenn es darauf ankam, und die Kraft, auch eine Enttäuschung wegzustecken, wenn einmal etwas schiefging. Was das betraf, so glaubte Thor an sich, als besäße er unbesiegbare Kraft, und er glaubte ebenso an Liv, die mit ibsenscher Glut gesagt hatte, falls sie mitgehen sollte, dann würde sie es entweder ganz oder gar nicht tun.

Die Reise an sich barg schon etliches an Gefahren; doch anders als Thor musste Liv für ihren Entschluss auch einiges an gesellschaftlichem Mut aufbringen, weil sie sich in unvergleichlich höherem Maß zusätzlich noch über das hinwegsetzen musste, was zu ihrer Zeit von einer jungen Frau erwartet wurde. Zwischenzeitlich hatte sie Bedenken, nahm die Herausforderung aber mutig an und trotzte nicht nur ihren Eltern, sondern auch den gesellschaftlichen Normen.

Verstand Thor überhaupt, was sie das kostete? Sie wuchsen in einer Zeit auf, in der die Frau ins Haus und an den Herd gehörte. Während Jungen eine handwerkliche Lehre absolvierten oder das Gymnasium besuchten, gingen die Mädchen in die Hauswirtschaftsschule. Der Mann sollte die Familie versorgen, darum galt auch sein Wille und er hatte das Recht, die Initiative zu ergreifen. Ging er fort, hatte die Frau ihm zu folgen. Sie sollte ihm eine Stütze und keine Last sein.

Als Liv Thor nach Fatuhiva begleitete, tat sie das aus freien Stücken. Sie hätte auch in Norwegen bleiben können, wie sie sich zwischenzeitlich auf Druck des Vaters auch einmal umentschieden hatte. Aber es gab für sie etwas Unwiderstehliches an Thors Vorhaben: ihn. Im Grunde sagte sie Ja zu seinem Plan, weil sie Ja zu ihm sagte.

Dafür musste sie einen Preis bezahlen und auch dieser Entschluss erforderte wiederum Mut: Sie musste ihr eigenes Studium aufgeben und verzichtete damit auf eine Ausbildung und berufliche Möglichkeiten, die nur wenigen Frauen offenstanden. In Thors Augen bedeutete das nicht sonderlich viel. Wenn er ehrlich war, hatte er nie verstanden, wie sie etwas so Langweiliges und Uninteressantes wie Volkswirtschaft studieren konnte. Dass sie das Studium abbrach, war daher nicht mehr, als er mit Fug und Recht verlangen durfte.

Er selbst brauchte auf nichts zu verzichten. Er verließ Norwegen mit zwei Professoren im Rücken. Sollte es eng werden, konnte er jederzeit zu einer akademischen Laufbahn zurückkehren. Fatuhiva war sein Projekt. Er wäre niemals ihr zuliebe irgendwo hingereist, wenn es nicht auch in seinem eigenen Interesse gelegen hätte. Umgekehrt wusste er, dass sein Vorhaben ohne eine Frau nicht glücken konnte. Als Adam konnte er die Schöpfung nicht ohne eine Eva meistern. Darum hatte er ja so verzweifelt nach einer Frau gesucht.

Unter den herrschenden gesellschaftlichen Moralvorstellungen und mit ihrem familiären Hintergrund war es für Thor und Liv völlig undenkbar gewesen, vor der Hochzeit zusammenzuziehen. Eine Heirat war auch Voraussetzung dafür, dass sie am Ende die Erlaubnis zu ihrer Reise erhielten. Als sie aufbrachen, hatten sie in der schwierigen Kunst des Zusammenlebens keine Übung, abgesehen von der Zeit ihres Sommerbesuchs am Hornsjø mit Alison als Anstandsdame. Auf Fatuhiva befanden sie sich plötzlich in einer fast vollständig isolierten Lage. Wurde ihr Verhältnis von dem schwierigen, entbehrungsreichen Alltag, den sie zu meistern hatten, belastet? Worüber unterhielten sie sich in ihrer Bambushütte? Waren sie von der Schönheit so hingerissen, dass sie nicht einmal Heimweh hatten? Welche Gedanken machten sie sich über die Zukunft, nachdem eine neue Zukunft begonnen hatte? Was, wenn Liv schwanger würde?

Ein Reiter kam den Weg herauf. Es war Tioti. Sie sahen sofort, dass etwas nicht stimmte. Er lächelte nicht wie sonst. Er machte einen kranken und schwachen Eindruck.

Thor und Liv kamen gerade von der Quelle zurück. Sie trugen einen Korb mit Obst. Es war eine Weile her, seit er sie besucht hatte.

»Ist die Pest hierhergekommen?«, fragte Tioti. Seine Stimme klang nicht gut.

Die Pest? Welche Pest?

Ja, eine Pest hatte die Insel heimgesucht. Viele im Dorf waren krank. Manche waren sogar schon gestorben. Ein Schiff hatte die Seuche mitgebracht. Der Schoner *Moana*, der gekommen war, um Kopra zu laden.

Thor und Liv überlief es kalt. Sie hatten nicht vergessen, dass Bjarne Kroepelin seine Liebste verloren hatte, als die Spanische Grippe in Tahiti ausgebrochen war. Sie besaßen keine Medikamente. Das war Teil des Projekts; sie wollten ohne Ausrüstung und Arzneimittel zurechtkommen.

Tioti reichte ihnen ein in Bananenblätter gewickeltes Stück Schweinefleisch. Es war ein Geschenk von Pakeekee.

»Die Pest wird auch hier ins Tal kommen«, sagte Tioti und stieg aufs Pferd.

Liv briet das Fleisch auf der Glut, aber es schmeckte ihnen nicht. Sie hatten das Gefühl, »jegliche paradiesische Stimmung war von der Südseeinsel wie weggeblasen«.

Tage vergingen. Unruhig warteten sie. Eines Morgens fühlten

sie die ersten Symptome; Thor hatte ein Kratzen im Hals, Liv Probleme mit dem Magen. Aber es wurde nicht schlimmer, lediglich eine leichte Erkältung. Sie konnten aufatmen.

Eine Seuche?

Tioti kam erneut. Diesmal sah er noch schlechter aus. Seine Haut war gelb, die Augen fiebrig. Er wollte, dass der »Monsieur« seinen Fotoapparat nahm und ihm ins Dorf folgte. Er wünschte sich ein Foto seines letzten verbliebenen Sohns.

Thor nahm den Apparat, Liv begleitete sie. Im Dorf erwartete sie ein schrecklicher Anblick. Tote und Sterbende in den meisten Häusern. Die Menschen liefen umher und schlachteten Ferkel für die Beerdigungsfeiern.

Es gab keine Medizin, keinen Arzt, keine Möglichkeit, die Insel zu verlassen.

Seit die Europäer kamen, brachten sie Krankheiten mit, die nach Belieben und gnadenlos zuschlugen. Tuberkulose, Pocken, Lepra und Elefantiasis hatten die Bevölkerung in wenigen Hundert Jahren um neunzig Prozent dezimiert. Jetzt bedrohte eine heftige Grippe die Übriggebliebenen.

Ioane war der Schreiner des Orts. Er wurde gerufen, wenn jemand starb. Vor den Augen des Sterbenden zimmerte er den Sarg. Die Menschen starben ohne Furcht, selbst wenn ihnen bei Pater Victorins Abwesenheit die Letzte Ölung versagt blieb. In ihren Herzen hatten sie einen Rest ihres alten Glaubens bewahrt: Sie standen vor der großen Reise des Lebens und sollten zu ihren Ahnen eingehen.

Tioti kam für ein Foto zu spät. Als sie sein Haus erreichten, war auch der letzte Sohn, in weiße Tücher gewickelt, tot. Wie viele Kinder er bereits beerdigt hatte, sagte Tioti nicht.

Thor und Liv erkrankten nicht ernsthaft, weil ihre Körper

längst Abwehrkräfte gegen Erkältungsbazillen entwickelt hatten, anders als die Einheimischen, die noch nie mit solchen Erregern in Berührung gekommen waren. Da sie keine Medikamente besaßen und auch nichts von Ansteckungsgefahr und Hygiene wussten, waren sie völlig schutzlos, als sie von einem Heer von Mikroben überfallen wurden. Diese Erfahrung machte die beiden auf der Königsterrasse nachdenklich. Liv brachte es auf den Punkt: »Medizin ist Zivilisation.«

Genau aus dem Grund hatte Thor darauf bestanden, keine Medikamente mitzunehmen. Doch nachdem er gesehen hatte, welches Leid der Mangel an Arzneimitteln nach sich zog, konnte er die Augen nicht länger davor verschließen, dass Zivilisation auch ihre guten Seiten hatte.

Einige Zeit später ging ein weiteres Schiff in der Bucht vor dem Dorf vor Anker. Es war die unerwartet auftauchende *Tereora*. Ein Reiter wurde mit der Nachricht zur Königsterrasse hinaufgeschickt. Kapitän Brander wollte nicht abreisen, ehe er mit Thor und Liv gesprochen hätte. Auf einer kleinen Insel weiter südlich war ihm das Gerücht zu Ohren gekommen, die beiden hätten die Elefantenkrankheit und warteten auf ein Schiff.

In einem Einbaum paddelten einige Eingeborene die beiden zur *Tereora*. Der alte Seebär konnte erleichtert feststellen, dass die Gerüchte nicht stimmten und die beiden gesund und munter aussahen. Trotzdem machte er sich Sorgen um ihren weiteren Verbleib auf der Insel und wollte darauf bestehen, sie mit nach Tahiti zurückzunehmen. Das junge Paar aber beharrte auf seinem Entschluss. Sie könnten sich kein besseres Leben vorstellen und würden nie mehr in die Welt zurückkehren, aus der sie gekommen waren.

Sie baten ihn lediglich, ein paar Briefe an ihre Eltern mitzunehmen, und er solle unbedingt Teriieroo von ihnen grüßen. Brander versprach es und sah ihnen nach, bis sie an Land zwischen den Stämmen verschwanden.

Wenn die *Tereora* in die Bucht einlief und vor Anker ging, löste das jedes Mal einen kleinen Aufstand aus. Während das erste Beiboot noch auf die Brandung zuruderte, liefen die Inselbewohner schon am Ufer zusammen, um es zu begrüßen. Diesmal hatten sie plötzlich eine lebhafte Gestalt unter einem Tropenhelm ausgemacht: Pater Victorin.

Mit einer Mischung aus Ehrfurcht und Freude trugen sie ihn auf starken Armen an Land, damit die Soutane nicht nass würde. Dann brachten sie auch sein Gepäck in das kleine Haus neben der Kirche, in dem er wohnte, wenn er sich auf der Insel aufhielt.

Die Epidemie war abgeklungen, aber der Pater sollte wissen, dass es in Teilen der Insel noch immer schlimm aussah. Ein Segen also, dass er wieder unter ihnen weilte und sie endlich wieder richtig zur Kirche gehen konnten. Eins aber musste der Pater unbedingt erfahren und Ioane, der dank seiner Arbeit als Sargschreiner während der Pest jedermanns Vertrauen besaß, übernahm die unangenehme Aufgabe, es ihm zu sagen: Vor einigen Monaten waren Weiße auf der Insel gelandet. Sie waren nicht mit dem Schiff weitergefahren, sondern hatten sich oben im Omoatal niedergelassen. Im Dorf ließen sie sich nur sehen, wenn sie Pakeekee und seinen Küster besuchten.

Victorin starrte erschüttert vor sich hin. Seit dreiunddreißig Jahren fuhr er im Auftrag des Papstes zwischen den Inseln hin und her und er wusste aus Erfahrung, wenn sich Weiße irgendwo niederließen, dann, um zu missionieren. Er hatte noch frisch in Erinnerung, was auf Takaroa geschehen war. Auf diesem kleinen Atoll im Tuamotu-Archipel halbwegs zwischen den Marquesas und Tahiti lebten dreihundert Menschen, alle brave Katholiken. Dann waren eines Tages Missionare der Kirche Jesu Christi der Heiligen der Letzten Tage gekommen und schwups waren auf einmal alle Mormonen geworden. Nicht einen Augenblick zweifelte der Pater daran, dass die beiden Neuankömmlinge auf Fatuhiva in gleicher Mission unterwegs waren. Sie bewiesen es ja selbst dadurch, dass sie den abscheulichen Protestanten Pakeekee aufsuchten. Ohne Zögern rief der Pater zur Messe.

Oben auf der königlichen Terrasse hatte man keine Ahnung, welche Umtriebe Pater Victorin unten im Dorf in Gang setzte, bis Tioti kam und ihnen davon erzählte.

Er brachte wieder etwas Fisch mit, den Liv auf dem Feuer briet, während Thor gespannt darauf wartete, dass Tioti von der Tour berichtete, die sie geplant hatten. Zusammen mit einem Bekannten aus dem Dorf wollten sie zu ein paar merkwürdigen Höhlen auf der anderen Seite der Insel. Darin sollte etliches an alten Gerätschaften, Schmuck und kleinen Götterfiguren liegen. Die Eingänge wurden von drei großen, in Holz geschnitzten *Tikis* bewacht.

Die Berge waren so steil, dass man die Höhlen unmöglich auf dem Landweg erreichen konnte, und da sie auf der Ostseite lagen, auf die der Passat und die Brandung trafen, war auch der Seeweg schwierig genug. Nur ein größeres Kanu konnte eine solche Fahrt bewältigen und davon gab es im Dorf nur drei. Gegen eine erkleckliche Summe hatte Thor eins davon mieten können. Im Preis inbegriffen war eine Besatzung von vier Paddlern.

Kein lebender Mensch hatte je die Höhlen betreten. Sie gehörten den Ahnen und waren mit einem Tabu belegt. Auch Tiotis Bekannter hatte sich nicht an den *Tikis* vorbeigetraut, sondern lediglich von draußen in die Höhle gespäht. Bei Thor lagen die Dinge anscheinend anders. Wenn er wollte, konnte er sich von dem Verbot freikaufen. Er durfte nur niemandem etwas davon sagen.

Und ob er das wollte! Er konnte es gar nicht abwarten.

Tioti kratzte sich den Buckel. Sehr widerwillig begann er zu reden. Von der Fahrt zu den Höhlen könne keine Rede mehr sein, rückte er schließlich heraus. Die Männer wären nicht mehr bereit, die Fahrt zu unternehmen.

Sie wollten nicht fahren?

Nein, denn seit ihrer letzten Unterredung sei in der Zwischenzeit Pater Victorin zurückgekehrt. Und als er hörte, dass zwei Weiße im Urwald hausten, die bei Pakeekee zu Besuch gewesen seien, habe er alle Katholiken in die Kirche gerufen. Da habe er über Thor und Liv hergezogen, dass sie Protestanten und somit Ungläubige seien. Man dürfe ihnen nicht helfen, vielmehr sei es fast ein Gebot, sie zu betrügen. Menschen zu belügen, die nicht den rechten Glauben hätten, sei keine Sünde. Und wenn ihnen jemand in größter Not doch etwas verkaufen müsse, solle er sich nicht genieren, ihnen den höchsten Preis abzuverlangen. Unter keinen Umständen dürfe jemand das Haus dieser Ungläubigen betreten. Er versicherte allen, was immer die Fremden auch im Schilde führten, es könnten keine lauteren Absichten sein, die sie auf die Insel geführt hatten.

Victorin rief seine Gemeinde auf, jeden Schritt der Ungläubigen zu überwachen. Sie alle sollten seine Spione sein. Ehe sie die Kirche verließen, forderte er sie auf, alles in ihrer Macht Stehende zu tun, um die beiden Eindringlinge zum Verlassen der Insel zu bewegen.

Das Gesicht in tiefe Falten gelegt, berichtete Tioti, dass Leute im Dorf schon begonnen hatten, Pläne auszuhecken, wie sie die Wünsche des Priesters erfüllen könnten. Er erzählte von Haii, einem älteren Mann mit fortgeschrittener Elefantiasis in Beinen und

Hoden. Er stellte gern ein einheimisches Gebräu her, das aus dem vergorenen Saft von Kokospalmen und einigen Apfelsinen bestand. Einmal hatte er Pakeekee auf einen Becher eingeladen, doch bevor er damit zum Haus des Pfarrers ging, hatte er in den Becher gepinkelt. Er war überzeugt, dass sich die Elefantenkrankheit durch Urin verbreitete. Tioti meinte, es würde ihn nicht überraschen, wenn Haii dasselbe bei ihnen versuchen würde.

Außerdem wurde im Dorf getuschelt, jemand habe einen Skorpion gefangen und wolle ihn, wenn Thor und Liv einmal nicht zu Hause seien, in ihrer Hütte freilassen.

In seinem Buch über den Aufenthalt auf der Insel schreibt Thor: »Wir waren vor Schreck wie gelähmt. Ich wäre am liebsten gleich ins Dorf gezogen, um den schwarz gekleideten Schuft zu verprügeln, der die Eingeborenen gegen uns aufhetzte. Ganz plötzlich hatten wir hier draußen in der Wildnis einen gefährlichen Feind, einen Weißen, den wir noch nie gesehen und gehört hatten! Wir fühlten uns grob ungerecht behandelt. Wir hatten doch wirklich nicht vor, ihm auch nur eine seiner braunen Seelen zu stehlen.«

Liv hatte ihren Mann kaum je so gesehen. Er konnte ja sonst sagen, was er wollte, und sie war mit ihm einig. Jetzt aber kam es darauf an, die Situation mit Fassung zu meistern. Über den katholischen Geistlichen herzufallen hätte alles bloß noch verschlimmert. Sie mussten im Auge behalten, dass es bis zur Ankunft eines nächsten Schiffes keine Möglichkeit gab, von der Insel wegzukommen. Und niemand wusste, wann die *Tereora* oder irgendein anderes Schiff die Insel anlaufen würde.

Thor ließ sich besänftigen. Sie saßen zusammen und redeten die ganze Nacht hindurch. Tiotis Bericht hatte sie mit einem Gefühl des Abscheus erfüllt. Hier lebten sie, ohne einer Maus etwas zuleide zu tun, waren nach Fatuhiva gekommen, um lediglich Schnecken und Käfer zu sammeln, und da lief ein Pfaffe, den Thor mit dem Teufel verglich, im Dorf herum und glaubte, sie wären auf der Jagd nach seinen braunen Seelen.

Sie beschlossen, die Königsterrasse für eine Weile zu verlassen. Sie wollten weiter hinauf, weg von Menschen und Moskitos. Sie gingen zu Tioti und liehen sich ein Pferd. Während sie ihm Früchte und Kokosnüsse aufluden, fühlten sie im Rücken die stechenden Blicke der Dorfbewohner. Sie grüßten nicht wie sonst, sondern standen bloß herum und tuschelten. Tioti zeigte ihnen einen Pfad und führte sie den Hang hinauf. Auf tausend Metern Höhe fanden sie eine Quelle, da schlugen sie ihr Lager auf.

Sie genossen die frische Luft. Thor freute sich über den Wechsel in Landschaft und Vegetation. Doch in der Höhe fiel nach Sonnenuntergang die Temperatur und sie froren in der Nacht. Essbares fanden sie auch nicht. Das Obst und die Kokosnüsse gingen zur Neige. Nach kurzer Zeit trieb sie der Hunger vom Berg herab. Dann kam der Regen.

Die Marquesas-Inseln liegen in den Tropen und kennen keine Jahreszeiten. Die Temperaturen variieren nur unbeträchtlich, der Wind weht fast ständig aus östlichen Richtungen und erreicht nur selten Sturmstärke. Tage und Nächte sind immer gleich lang, die Schatten ebenso. Das Einzige, was sich ändert, ist der Regen. Der ändert sich dafür einschneidend.

Thor und Liv waren im April nach Fatuhiva gekommen, in der schönen Jahreszeit. Die Sonne scheint dann unablässig, am Nachthimmel wimmelt es von Sternen. Nur ganz vereinzelt zieht vom Meer ein Schauer über die Insel und braust Menschen und Pflanzen ab. Im Juli tritt ein Wechsel ein. Der Himmel bezieht sich manchmal grau, Wolken verdecken Sonne und Sterne. Eines Tages beginnt es zu regnen, erst nur wenig, dann mehr und mehr. Zwischen den Palmen dampft der Boden, Sand und Erde weichen auf, überall steht Morast. Die Luft wird klamm und schwül, die Kleidung klebt am Körper, die Menschen werden apathisch. Nur die Moskitos werden noch aktiver. In Pfützen und Tümpeln brüten sie wie nie zuvor.

Auf der Königsterrasse war das Leben nicht mehr wie früher. Die Kriegserklärung von Pater Victorin hatte Thor und Liv erschüttert. Sie wussten nicht, was die Dorfleute im Schilde führten, und waren beunruhigt. Nach ihrem Aufenthalt im Hochland trauten sie sich nicht, in ihrer Hütte zu bleiben, und wanderten viel umher. Als der große Regen einsetzte, wurde es aber immer beschwerlicher, sich auf der Insel zu bewegen. Am Ende verließen sie die Hütte nur noch, um Nahrung zu beschaffen.

Sie stellten fest, dass auch das schwieriger wurde. Im Dauerregen traten die Bäche über ihre Ufer und nahmen die Krebse mit. Außerdem war die Brotfruchtsaison vorüber. Aus irgendeinem Grund gab es sogar weniger Orangen und Bananen. Selbst nach Kokosnüssen mussten sie auf einmal suchen und sie fragten sich, woher das kam. Eines Abends gingen sie zum ersten Mal hungrig zu Bett. Der Hunger machte ihnen Angst, denn er zeigte ihnen, dass sie die Lage nicht mehr vollständig unter Kontrolle hatten. Nur Tioti half ihnen weiter. Nach wie vor kam er mit etwas Fisch vom Dorf zu ihnen herauf.

Eines Morgens finden sie in der Dämmerung die Erklärung. Mit einer Gruppe Frauen und einigen jungen Burschen schleicht der Sargzimmerer Ioane durch den Busch. Sie waren ernten und schleppen Säcke voller Kokosnüsse und Bananen. Es ist nicht das erste Mal. Im Schutz von Regen und nächtlicher Dunkelheit haben sie schon mehrere solcher Touren unternommen.

Thor wird böse und läuft ihnen nach, um zu protestieren. Er hat

Miete für den Boden gezahlt, auf dem sie wohnen, und im Preis ist auch das Recht eingeschlossen, Nüsse und Früchte zu pflücken.

Ioane weist den Protest zurück. Er behauptet, er habe Obst und Nüsse auf dem Nachbargrundstück geholt. Thor sagt ihm auf den Kopf zu, dass er lügt.

»Ohne die Kokosnüsse kommen wir nicht über die Runden«, ruft er verzweifelt, kann aber nicht viel ausrichten. Er weiß, dass der Priester und das Dorf hinter Ioane stehen. Da hilft es nichts, die Regeln auf seiner Seite zu haben. Bitter konstatiert er, dass der Mann, der ihm half, die Hütte zu bauen, nicht mehr sein Freund ist.

Ioane lädt ein paar Pferden die Säcke auf. Ehe er das Tal hinabreitet, sagt er, die verbliebenen Kokosnüsse dürften Thor und Liv pflücken.

»Jagt sie von der Insel«, hat Pater Victorin in der Kirche gesagt. Ioane glaubt, eine gute Methode, die jungen Weißen zu vertreiben, sei, ihnen das Essen zu stehlen. Ioane ist nämlich ein gottesfürchtiger Mann, der den ernst meinenden Priester beim Wort nimmt.

Mit hängendem Kopf kommt Thor zu Liv zurück. Sie sitzt auf dem Bett und betrachtet ihre Beine. Sie sind voller Beulen und offener Wunden. Es hat winzig klein angefangen, mit dem Regen und der Feuchtigkeit wurde es schlimmer. Fe-fe-Krankheit, hat Tioti gesagt, als er das letzte Mal mit Fisch kam. Er ging in den Wald und sammelte Kräuter, aus denen er einen dicken Sud kochte. »Schmier damit die Beulen ein, dann sind sie in einer Woche weg«, hat er zu Liv gesagt.

Liv folgt seinen Anweisungen und reibt sich die Beine jeden Tag mit dem Sud ein. Doch viel hilft es nicht. Zwar verschwinden die Schwellungen, aber sie hinterlassen Wunden, die nicht zuheilen. Auch Thor ist betroffen, aber nicht so stark wie Liv. Er bekommt keine Beulen, nur offene Wunden. Sie hat stärkere Schmerzen.

Über ihre Beine laufen Ameisen und Mücken und saugen Blut. Sie kann kaum schlafen und in einer Nacht, in der es ihr wirklich schlecht geht, gestehen sie sich ein, dass der Kampf verloren ist. Kapitän Brander hatte recht, sie halten es auf der Insel nicht aus, sie müssen weg. Hat der alte Seebär nicht von dem feuchten Klima und den stechenden Insekten gesprochen? Und erst recht von der Elefantenkrankheit, der schon so viele zum Opfer gefallen sind? Sie haben ihm nicht geglaubt, wieso auch? Sah er denn nicht, wie schön die Sonne strahlte und der Insel Leben schenkte und wie der Wind die Palmen striegelte? Das aber war, bevor der Regen kam. Jetzt wissen sie es besser.

Auf jeden Mückenstich folgt nicht nur ein entsetzliches Jucken, sondern auch Angst, denn durch den Stachel der Moskitos findet die Elefantiasis den Weg zu ihrem nächsten Opfer. Viel mehr wissen sie nicht über die Krankheit; nur dass hohes Fieber ein erstes Symptom für eine Ansteckung ist. Das Einzige, was in einem solchen Fall noch hilft, hat Kapitän Brander gesagt, ist, so schnell wie möglich in kühlere Gegenden zu fliehen, bevor Arme und Beine zu schwellen beginnen.

Sie entschließen sich zur Abreise. Nur wann kommt das nächste Schiff? Das weiß niemand. Sie müssen warten.

Wochen vergehen, Monate verstreichen, aber kein Schiff kommt in Sicht. Auf der Königsterrasse wird die Lage immer schlimmer. Sie machen sich ernsthafte Sorgen wegen ihrer Beine. Die Wunden werden immer mehr und immer größer. Bei Liv kommt das nackte Fleisch zum Vorschein »wie eine marmorierte Salami«.

Die Stimmung bei den beiden ist gedrückt, doch zwischen den Häusern im Dorf ist sie nicht besser. Auch dort gehen den Menschen die Lebensmittel aus. Mit dem Geistlichen an Bord der *Tereora* hatte Kapitän Brander weniger Lebensmittel mitgebracht als sonst. Der Laden in Willy Grelets Keller leert sich, es gibt dort weder Mehl noch Reis noch Zucker, die neumodischen Nahrungsmittel, von denen die Einheimischen so abhängig geworden sind.

Am meisten scheint jedoch Pater Victorin zu leiden. Unter seiner Soutane verbirgt er seit Jahren ein grauenvolles Geheimnis. Seine Beine sind geschwollen. In seinem unermüdlichen Einsatz, die Heiden zum katholischen Glauben zu bekehren, hat er sich Elefantiasis zugezogen. Undank ist der Welt Lohn, auch wenn er von Gott kommt.

Thor und Liv haben es entdeckt, als sie eines Nachmittags allen Mut zusammennahmen und an des Paters Tür klopften. Sie wollten ihm sagen, dass er von ihnen nichts zu befürchten habe. Sie waren keine Missionare, sie waren lediglich zwei junge Menschen aus Norwegen, die für sich bleiben wollten.

Er nahm sie wohlwollend auf und bat sie, Platz zu nehmen. Nachdem er sich angehört hatte, was sie ihm sagen wollten, wechselte er das Thema und sprach von sich selbst, über Frankreich, das er vor dreißig Jahren verlassen hatte, über das primitive Leben unter den Eingeborenen, über Einsamkeit und Sehnsucht. Er hatte keinen vertrauten Freund, niemanden außer sich selbst, und verhehlte nicht, wie neidisch er auf Thor und Liv war, die einander hatten.

Als sie sich verabschiedeten und gingen, fühlten sie so etwas wie Mitleid mit dem an Elefantiasis erkrankten Diener Gottes. Doch konnte Thor auch nicht »die stechenden Augen vergessen, die so seltsam vom Lächeln und vom Wesen des Mannes abstachen«. Er zweifelte nicht daran, dass der katholische Priester sie trotz seiner Höflichkeit hasste.

Wie Thor und Liv wartete auch er auf ein Schiff und schließlich war er durch das Warten so verzweifelt, dass er bereit war, sein Leben aufs Spiel zu setzen, nur um die Insel zu verlassen. Er ging zu Willy Grelet, der ein altes Rettungsboot besaß, und befahl ihm, es zu Wasser zu lassen. Sie fanden es in seinem Schuppen am Strand, aufgesprungen und leck. Der Präfekt hatte es längst als unbrauchbar abgeschrieben, aber der Pater ließ sich nicht umstimmen. Er wollte mit einer Handvoll Gläubiger nach Hivaoa segeln, das etwa fünfzig Seemeilen weiter nördlich lag. Dort befand sich das französische Verwaltungszentrum für die Inseln der Marquesas-Gruppe und somit ein Hauch von Zivilisation. Die Besatzung, meinte Victorin, könne auf dem Rückweg Reis mitbringen.

Das Boot wurde zum Aufquellen für einige Tage ins Wasser gesetzt; als es einigermaßen dicht war, stieg der Pater ein und die Ruderer legten ab. Die See gischtete weiß und Thor sah die Gestalt in der Soutane auf und ab tanzen. Er musste den Mut des Geistlichen bewundern.

Eine Woche später kam das Boot zurück. Völlig erschöpft taumelte die Mannschaft an Land. Der Priester hatte Hivaoa erreicht, doch auf dem Rückweg war das Boot wieder leckgeschlagen und sie hatten um ihr Leben geschöpft und es gerettet, Mehl und Reis aber hatten Wasser gezogen und waren zu einer ungenießbaren Masse aufgequollen.

Warum kam nur der Schoner nicht? Seit drei Monaten schon hatte das Dorf einen Ausguck in der Höhe platziert. Aber nie sah er etwas anderes als das Meer.

War etwa Krieg ausgebrochen? Seit einem halben Jahr hatten sie keine Nachrichten mehr aus der Welt draußen erhalten. Doch die von Hivaoa Zurückkehrenden erwähnten nichts von einem Krieg. Sie berichteten vielmehr, der Schoner bleibe aus, weil die Preise für Kopra so tief gefallen waren, dass es sich nicht lohnte, sie zu holen.

Kapitän Brander konnte warten. Er hatte einen ganzen Ozean von Zeit.

Für Thor und Liv aber war die Zeit abgelaufen. Ihre Beine waren mittlerweile in einem so schlimmen Zustand, dass sie unbedingt medizinisch behandelt werden mussten. Und da sie in ihrem idealistischen Hochmut keine Medikamente mitgenommen hatten, mussten sie nun dorthin, wo es welche gab. Auf Hivaoa gab es eine medizinische Station, und da Willy Grelet noch einen zweiten Versuch wagen wollte, dem Dorf Mehl zu beschaffen, entschlossen sich Thor und Liv, vor dem bedenklichen Zustand des Bootes die Augen zu verschließen. Was Pater Victorin konnte, konnten sie wohl auch. Schließlich befanden sie sich nicht mehr im Paradies, sondern in der Hölle. Ihre einzige Wohltat war, dass sich die Dorfbewohner seit dem Verschwinden des Priesters wieder freundlicher zeigten. Sogar Ioane fand sein Lächeln wieder.

GLÜCKSSPIEL

Liv liegt leblos auf dem Boden des Boots. Ihre Beine sind geschwollen, als ob sie die Elefantenkrankheit hätte. Aus den Wunden suppt Wundflüssigkeit. Thor hockt neben ihr und möchte gern etwas Aufmunterndes sagen, aber von Schmerz und Seegang ausgelaugt, ist er kaum bei sich.

Es weht ein starker Wind; das zerbrechliche Boot jagt durch die Wellen. Wieder und wieder nimmt es Wasser über. Gepäck, Bananen und Brotfrucht schwimmen umher. Die Menschen schöpfen hektisch.

»Kannst du mich hören?«, ruft Thor.

Liv hört ihn nicht.

Er hat jetzt Angst. Angst, dass sie untergehen und ertrinken könnten, Angst um Liv.

Unter einer Ruderbank sieht er ein Stück Holz, einen Hammer und ein paar rostige Nägel. Das ist alles, was sie haben, wenn eine Planke bricht und das Boot leckschlägt wie auf der Rückreise nach Pater Victorins Überfahrt. Es ist durch und durch mürbe. Ob es halten wird?

Unter der Leitung von Willy Grelet hatten sie sich bei Morgengrauen am Strand versammelt. Der Wind zerrte an den Baumwipfeln, dunkle Wolken trieben vorüber. Niemand wusste besser als Grelet, wie morsch das Boot war. Konnte er es verantworten, sie bei diesem Wetter fahren zu lassen? Der Präfekt wog Für und Wider ab.

Solange sich Pater Victorin auf der Insel aufhielt, hatte sich Grelet Thor und Liv gegenüber abwartend verhalten. Er tat ihnen nichts Böses wie viele andere, aber er half ihnen auch nicht sonderlich, als ihre Probleme zunahmen. Sobald der Geistliche verschwunden war, zeigte sich der Präfekt dann wieder von seiner liebenswürdigen Seite.

Eine Zeit lang hatte er sich zunehmend für Paul Gauguin interessiert. Stimmte es wirklich, was er gehört hatte, dass der französische Maler ganz berühmt sein sollte?

Thor nickte. Und darum hatte alles, was er hinterlassen hatte, nicht nur seine Bilder, einen hohen Wert. Auch Briefe oder irgendwelche anderen Gegenstände.

Ob Thor ein bisschen mehr darüber sagen könne, also über den Wert?

Oh, solche Dinge sind ein Vermögen wert, ganz außerordentlich, kolossal.

Ein paar Tage nach diesem Gespräch tauchte Grelet mit einem Gewehr auf und zeigte es Thor eifrig. Es handelte sich um eine Winchester, die nach Thors Beurteilung schon bessere Tage gesehen hatte. Sie war voller Rost und in einem verwahrlosten Zustand.

»Hier«, sagte Grelet und reichte ihm die Waffe.

Thor sah ihn fragend an.

Grelet zeigte auf den Kolben. Darauf befand sich eine Schnitzerei, die einen Mann zeigte, der rückwärts gewandt auf einem Ochsenkarren saß.

»Paul Gauguin hat das geschnitzt. Es war sein Lieblingsgewehr. Er hat es meinem Vater geschenkt«, sagte Grelet.

Thor warf einen bewundernden Blick auf die Schnitzerei. Würde Grelet verkaufen?

Der Präfekt zierte sich.

»Wie viel?«, wollte Thor wissen.

»Ein Vermögen.«

Er biss sich auf die Lippen. Er war selbst schuld, er hatte doch das Wort Vermögen gebraucht. Er nannte eine Summe.

Grelet schüttelte den Kopf.

Thor verzehnfachte den Betrag.

Abermaliges Kopfschütteln.

»Na gut, hundert«, sagte Thor.

Grelet schlug ein. Was für ihn ein Vermögen bedeutete, war für Thor nicht besonders viel. Beide Seiten waren zufrieden mit dem Handel und auf dem Rückweg freuten sich Thor und Liv darüber, nun Besitzer eines, wie sie meinten, wertvollen Kunstwerks zu sein.

Willy Grelet wusste, dass der Wind sich nun voraussichtlich wochenlang nicht legen würde. Der Oktober kam, der Monat, in dem der Passat am heftigsten wehte. Ihre Chancen würden sich nicht erhöhen, wenn sie weiter abwarteten. Ganz im Gegenteil könnte es für das Dorf und das weiße Paar richtig schlimm werden, wenn sie blieben. Grelet gab seinen Männern Befehl, Segel zu setzen.

Aus dem Heck dröhnt Ioanes Stimme. Er sitzt am Steuerruder und ist der Skipper.

Das Segel füllt sich, das Boot nimmt Fahrt auf. Solange sie im Lee der Insel fahren, geht alles gut. Aber was erwartet sie, wenn sie aufs offene Meer kommen? Alle sehen, wie bedenklich tief der Freibord liegt.

Grelet hat die acht besten Ruderer des Ortes ausgewählt und sie paarweise auf die Ruderbänke verteilt. Ein neunter hält die Schöpfkelle und soll gegebenenfalls mit Hammer und Nägeln hantieren. Zusammen mit Grelet, Ioane, Liv und Thor sind sie dreizehn Mann an Bord.

Fünfzig Seemeilen müssen sie zurücklegen, Kurs Nordnord-
west. Der Wind aus Südost steht günstig für sie. Sie müssen eine
Fahrt von etwa fünf, sechs Knoten machen, um bis zum Sonnenuntergang ihr Ziel zu erreichen. Sie haben weder Karte noch Kompass, aber Ioane führt zuversichtlich das Ruder. Er bestimmt den
Kurs, indem er sich nach der Sonne richtet, Wind und Wellen beobachtet, als ob er Kraft und Wissen von den Vorfahren bezöge,
die einmal segelnd die Inseln gefunden haben.

Als sie den Windschatten der Insel verlassen, merken sie, wie die
Wellen den Rhythmus ändern. Hoch und steil kommt eine nach
der anderen angerollt. Die Kämme brechen, Schaum treibt um sie
her. Ioane aber hält die Fahrt im Boot, und auch wenn Thor voller
Angst ist, imponiert ihm, wie sicher Ioane steuert. Jedes Mal mo-
gelt er den brüchigen Rumpf durch die Gischt.

Dass sie Wasser nehmen, kann er nicht verhindern. Ständig
fließt es über die niedrige Bordwand ins Boot. Die Ruderer wechseln sich beim Schöpfen ab, während Thor und Liv genug damit zu
tun haben, sich aneinander festzuhalten. Die Bananenblätter, mit
denen sie ihre Beine umwickelt haben, werden weggespült und
Salzwasser weicht Beulen und Wunden auf. Thor sieht Liv zum
ersten Mal weinen. Dann schließt sie die Augen und fällt in einen
Dämmerzustand.

Fatuhiva versinkt im Meer, die Wolken verziehen sich und die
Sonne sticht auf sie herab. Hivaoa, ein Stück voraus, ist noch nicht
über dem Horizont aufgetaucht. Thor hat kaum jemals in einem
so kleinen Boot gesessen, erst recht nicht so weit draußen, dass er
kein Land sehen kann. Die alte Angst vor der Tiefe kehrt wieder,
die alte Klaue aus der Kindheit hat noch nicht losgelassen.

Doch mitten in der Angst bleibt auch Zeit, sich wundernd Fragen zu stellen. Hier fahren sie in einem Boot, das ursprünglich als

Rettungsboot auf einem Schoner gedacht war, das anscheinend jedoch eher geeignet war, voll Wasser zu laufen und zu sinken, als Menschenleben zu retten. Zwischen ihnen und dem Wasser befinden sich nicht mehr als ein paar dünne Planken, die in aufgewühlter See jederzeit brechen können. Wäre es nicht viel sicherer, wenn sie auf einem Floß säßen? Thor hat keine große Ahnung von Flößen, aber dass sie sicherer sein müssten, weiß er, denn schließlich können sie gerade nicht voll Wasser laufen und sinken. Auf Fatuhiva hat er Leute davon erzählen hören, dass die Ahnen Bambusflöße gebaut hätten und mit ihnen zu den Tuamotu-Atollen gefahren seien, die Hunderte Seemeilen entfernt liegen. Warum, muss er sich doch fragen, hat die seefahrende Menschheit das Floß zugunsten von Fahrzeugen mit Rumpf aufgegeben, wie das Boot, in dem er sitzt, oder von Kanus, auf die die Polynesier schwören?

Dass ein Kanu kaum besser ist, hat Thor gelernt, als Tioti ihn und Liv einmal auf eine Paddeltour an der Küste entlang mitgenommen hat. Sie wollten ein Tal besuchen, über das ein Medizinmann vor langer Zeit einmal ein Tabu verhängt und das seitdem kein Mensch mehr betreten hatte. Tiotis Kanu, mit dem er auch zum Fischen ausfuhr, war ein ausgehöhlter Einbaum, »doppelt so lang wie eine Badewanne, aber nur halb so breit«. Um es vor dem Kentern zu bewahren, hatte es auf einer Seite einen Ausleger. Mit etwas gutem Willen fanden darin drei Menschen und eine Staude Bananen Platz.

Auf dem Rückweg wurden sie von einem Unwetter überrascht. Der Wind kam wie immer von Ost und sie paddelten wie besessen, um nicht aufs offene Meer hinausgetrieben zu werden. Auch damals waren die Wellen übers Boot geschlagen und sie hatten schöpfen müssen, um das Kanu so hoch im Wasser zu halten, dass es sich noch manövrieren ließ. Würde es volllaufen, dann konnte es zwar nicht sinken, würde aber hilflos wie ein Baumstamm mit ihnen davontreiben.

Als die Dunkelheit hereinbrach und sie das Land nicht mehr sehen konnten, hatten sie es ernsthaft mit der Angst bekommen. Tioti vergaß seinen Gott und brabbelte davon, dass der alte Medizinmann sie nun hart strafe, weil sie sein Tabu gebrochen hatten. Thor rang seinerseits mit dem Gedanken, dass es – sosehr er sich auch bemühte, rational zu bleiben – jenseits der Vernunft irgendwo eine »wohlmeinende Kraft« geben müsse, die ihm neue Stärke schenkte, wenn er darum bat. Auch wenn er an diese Kraft nicht zu glauben wagte, hörte er sich selbst doch dafür beten, dass sie am Leben blieben.

Mit letzter Anstrengung tauchte er das Paddel ein, Tioti nahm Schlag auf und gemeinsam schafften sie es, das Tempo zu erhöhen. Im gleichen Moment hörte Thor seine Frau sagen: »Du lieber Gott, wenn sie wirklich von Westen gekommen sind, müssen sie kräftige Arme gehabt haben.«

Irgendwann erkennen sie den Umriss von Hivaoa. Ioane hat das Boot sicher auf Kurs gehalten. Thor will Liv sagen, dass es nun nicht mehr weit ist, aber sie hört ihn noch immer nicht. Macht nichts, ein paar Stunden wird es noch dauern und das schlimmste Stück haben sie noch vor sich. Nah bei Hivaoa liegt Tahuata und durch die Meerenge zwischen beiden Inseln läuft eine kräftige Strömung. In dem heftigen Wind bedeutet das unbeherrschbare Kreuzsee. Aber jetzt haben sie keine Wahl mehr, sie müssen an Land. Nach einer raschen Besprechung mit Grelet steuert Ioane in das aufgewühlte Wasser. Das Boot wird hierhin und dorthin geworfen, es schlägt und es gischtet. Kann es wirklich stimmen, was Thor in Kroepelins Büchern gelesen hat, dass die ersten Polynesier unter Segeln von Asien kamen und somit also Tausende von Seemeilen gegen Wellen, Wind und Strömungen zurückgelegt haben? Und das in offenen Kanus, in denen man permanent Wasser schöpfen musste?

Ioane steuert wie der Teufel. Er hält stark nach Ost, um die Abdrift auszugleichen. Mit jeder Welle gewinnt er ein paar Meter und irgendwann haben sie die aufgewühlte Strömung durchquert. Die Männer verschnaufen einen Moment; die Landung will ja noch gemeistert werden. Sie müssen zu einem Ort mit Namen Atuona, der im Südosten liegt. Auch wenn sich der Ort einer Krankenstation, einer Post und vergleichsweise zahlreicher Schiffe, die ihn anlaufen, rühmen kann, gibt es weder eine Landungsbrücke noch eine Hafenmole, nur einen Strand, der weit und flach ins Meer ausläuft. Wenn die Wellen auf diesen flachen Untergrund treffen, rollen sie sich auf wie Käse auf einem Käsehobel und nehmen an Größe und Wucht noch zu. Es entsteht eine hohe Brandung.

In der helfen weder Mast noch Segel und Ioane gibt Anweisung, beides niederzulegen. Jetzt müssen die acht Ruderer zeigen, was sie können. Sie sind ermüdet vom ewigen Schöpfen und vom Anklammern in dieser schlingernden Nussschale von einem Boot. Sie sind durstig und von Sonne und See verbrannt. Aber im Kampf mit der Brandung wissen sie, worauf es ankommt. Die Ruder in die Dollen zu hängen verleiht ihnen neue Kräfte.

Liv kommt wieder zu sich und setzt sich auf. Aber sie ist ganz apathisch und begreift kaum, was vor sich geht, sie stiert bloß in die Brandung und lehnt den Kopf an Thors Schulter.

Derweil halten die Ruderer das Boot still; sie warten auf das Signal des Skippers. Ioane beobachtet die See, wartet auf die richtige Welle, die sie an Land tragen soll. Als sie anrollt, brüllt er sein Kommando: »Rudert!«

Thor hatte dem deutschen Professor Hans Günther versprochen, Schädel aus Polynesien mitzubringen. Zusammen mit Liv stahl er einige von einem alten Begräbnisplatz auf Fatuhiva

»Das wiedergefundene Paradies«. Thor und Liv baden in der Königinnen-

Die Ruder greifen ins Wasser, die Männer pullen mit aller Kraft. Als die Welle sie einholt, haben sie genügend Fahrt, dass sie sie mitnimmt, und schräg auf dem Wellenkamm reitend, surfen sie dem Land zu. Die Ruder arbeiten wie Schaufelräder, um das Boot stabil und auf dem rechten Kiel zu halten. Plötzlich verliert einer der Männer den Halt. Die Kräfteverteilung der Ruderzüge verändert sich, das Boot dreht sich und gehorcht dem Ruder nicht mehr. Im nächsten Augenblick wird es ein Opfer der Welle, die Männer wissen, dass es kentern muss, lassen die Ruder los und werfen sich ins Wasser. Thor umfasst Liv, und als das Boot sich in einer letzten, tödlichen Bewegung noch einmal aufrichtet, bevor es umschlägt, kann er sie übers Dollbord hieven. Zwischen Koffern und Säcken werden sie durchs schäumende Wasser gewirbelt, bis sie Boden unter den Füßen fühlen und an Land waten können.

Sie haben es geschafft.

Die Überfahrt war hart und strapazenreich, aber sie sollte sich gelohnt haben. Als sie den Krankenpfleger Terai aufsuchten und er die Wunden inspizierte, diagnostizierte er sogleich Tropengeschwüre. Während er Skalpell, Pinzette und sterile Binden bereitlegte, sagte er, sie seien in letzter Minute gekommen. Noch ein paar Wochen und die Infektionen hätten Livs Knochen befallen. Dann hätte, während sie auf eine Transportmöglichkeit ins Krankenhaus in Tahiti warteten, nur noch eine Amputation geholfen. Im akuten Stadium genügte es, das befallene Fleisch und Gewebe wegzuschneiden und die Zehennägel zu ziehen. Anschließend trug er eine Salbe auf. Nach einer Woche schon fühlten sie sich besser. Aber, sagte Terai, sie müssten sich darauf einrichten, dass es lange dauern würde, bis sie wieder richtig gesund wären.

Für Thor wurde die dramatische Überfahrt auch in anderer Hinsicht wichtig. Zum Ersten zog er aus ihr die Lehre, dass sich offene Boote nicht für eine Reise über die hohe See eigneten. Wenn die Vorfahren das Floß trotzdem durch Boote ersetzt hatten, taten sie das zugunsten der Schnelligkeit, doch auf Kosten der Sicherheit. Wenn Thor hätte wählen dürfen, hätte es für ihn keinen Zweifel gegeben, dass er sich auf einem Floß wohler fühlen würde, wo er nicht ständig schöpfen musste, um es überhaupt über Wasser zu halten.

Zum Zweiten gab die Bootsfahrt in einer Frage Neues zu denken auf, die ihn seit der Entdeckung von Tiotis Steinfisch beschäftigte: Woher waren die Menschen gekommen, die solche Felszeichnungen hinterlassen hatten? Nachdem er zuerst in Tiotis Kanu und dann in Willy Grelets Ruderboot fast ertrunken wäre, hegte er gewisse Zweifel an der These, dass man in kleinen Booten wie Kanus gegen den Wind den Pazifischen Ozean überqueren könne. Er stimmte Liv zu, in dem Fall hätten diese Menschen unglaublich kräftige Arme gehabt haben müssen. Aber wenn die Wiege der ersten Polynesier nicht in Asien gestanden haben sollte, wo sollten sie dann ihren Ursprung gehabt haben? Na?

Wieder kam ihm ein Zufall zu Hilfe. Auf Hivaoa sollte er jemanden kennenlernen, der ihn in die seltsamsten Mysterien einführte. Für den jungen Studenten sollte die Welt danach nicht mehr so sein wie vorher. Außer der Gunst des Schicksals verdankte er dies Livs lebensgefährlichen Geschwüren und der albtraumhaften Überfahrt.

HENRY LIE

Von Henry Lie ist nicht viel mehr bekannt, als dass er aus der Gegend von Trondheim stammte und im Jahr 1909 von einem Segler türmte, der vor Hivaoa vor Anker lag. Für den Schiffsjungen Lie war das Leben an Bord mit einem Kapitän, der soff, und einer Besatzung, die sich dauernd prügelte, unerträglich geworden. Als er mit einigen anderen an Land geschickt wurde, um Trinkwasser zu holen, sah er seine Gelegenheit gekommen, sich abzusetzen. Er versteckte sich in einer Höhle, und als der tobende Kapitän nach ihm suchen ließ, fanden sie ihn nicht. Schließlich gab der Kapitän auf und überließ den Entlaufenen seinem Schicksal.

Er konnte auf einem deutschen Schoner anheuern, der zwischen den Inseln Polynesiens verkehrte. Nach einigen Jahren heiratete er und ließ sich auf Hivaoa nieder. Teils mit erspartem Geld, teils mit dem Erbe seiner Frau kaufte der Norweger ein Tal auf der Nordseite der Insel. Da rodete er das Land für eine Kokosplantage, die sich im Lauf der Jahre zu einer der produktivsten der ganzen Marquesas-Gruppe entwickelte. Zusätzlich betrieb er einen Laden, in dem er wie Willy Grelet auf Fatuhiva die steigende Nachfrage der Eingeborenen nach Gebrauchsartikeln befriedigte.

Henry Lie führte ein stilles, zurückgezogenes Leben. Selten verließ er sein Tal und er hatte keine andere Gesellschaft als seine Frau und den Sohn Aletti. Als die Frau starb, unternahm er eine Reise nach Tahiti, wo er zum ersten Mal in seinem Leben ein Flugzeug sah und Radio hörte. Aber die Expedition verlief auch in anderer Hinsicht vielversprechend. Er traf eine Frau, die mit ihm nach Hivaoa ging und seine zweite Frau wurde.

Unter den Eingeborenen besaß Henry Lie keine Freunde. Als Weißer war er nie wirklich nah in Kontakt mit ihnen gekommen. Er kannte auch keinen anderen Weißen, dem das gelungen wäre. Für ihn lag es daran, dass die Einheimischen mit den Weißen nichts zu tun haben wollten, außer wenn sie einen materiellen Vorteil daraus ziehen konnten.

Eines Abends, er briet gerade ein paar Spiegeleier, klopfte es an der Tür. Wer mochte das sein? Er erwartete keinen Besuch, schon gar nicht nach Einbruch der Dunkelheit.

Er öffnete. Draußen standen ein Mann und eine Frau, beide Weiße.

»*God aften*«, sagten sie und stellten sich in einer Sprache vor, die er seit fast dreißig Jahren nicht mehr gehört hatte.

Thor und Liv hingegen hatten in Atuona gehört, dass im Tal von Puamau ein Landsmann von ihnen leben sollte, und als sich der Krankenpfleger Terai auf eine Besuchsreise begab, begleiteten sie ihn.

Als es Abend wurde, sahen sie irgendwo Licht zwischen den Bäumen, ritten darauf zu, stiegen von den Pferden und klopften. Ein Mann mit blonden Haaren und blauen Augen öffnete. Er war etwa Ende vierzig.

Lie briet ein paar Eier mehr. Dann kamen Flaschen auf den Tisch.

Als Thor und Liv am nächsten Morgen erwachten, war Lie zur Arbeit auf die Plantage gegangen. Das Zimmer, in dem sie lagen, war voller Bücher und Zeitschriften. Thor ging die Regale ab und fand überrascht einige Bücher, die er aus Kroepelins Bibliothek kannte.

Nach dem Frühstück lud Lies Sohn Aletti Thor zu einer kleinen Besichtigung des Tals ein. Nach einer Weile hielt er an. Sie waren auf allen Seiten von Gebüsch und Unterholz umgeben. Aletti bog ein paar Äste zur Seite und schob das dichte Blattwerk auseinander. Seine Bewegungen wirkten irgendwie feierlich. Thor steckte den Kopf in die Öffnung und erstarrte vor dem, was er sah:

»Teuflisch grotesk stehen sie da. Unbeweglich und gewaltig in dieser Umgebung. Rote Körper, Augen groß wie Waschzuber und ein klaffendes Grinsen von einem Ohr zum andern. Sie erinnern an grobschlächtige Trolle. Kräftig untersetzt, mit runden Schädeln, die Fäuste auf dem Bauch, stehen sie da auf kleinen, krummen Beinen und grinsen über den gelichteten Tempelplatz. Einige sind umgestürzt. Hilflos liegen sie auf dem Rücken und glotzen mit ihren Teufelsfratzen zu den Sternen auf, die ihre Bahn ziehen. Es sind die Götter von Puamau.«

In Kroepelins Bibliothek hat Thor davon gelesen, dass es auf den Marquesas steinerne Statuen geben soll. Jetzt steht er ihnen von Angesicht zu Angesicht gegenüber. Die größte ist drei Meter hoch und so massig, dass es zwei Männer braucht, um sie zu umfassen. Sie ist aus rotem Stein gemeißelt und wiegt mehrere Tonnen. Der Steinbruch liege weiter oben im Tal, berichtet Aletti. Die, die die Statuen einmal behauen haben, mussten es auch verstanden haben, die schweren und unhandlichen Felsbrocken über unwegsames Terrain zu transportieren.

Thor hat darüber nachgedacht, seit er den Steinfisch zu sehen bekam, und nun grübelt er wieder: Wer waren diese Menschen, die unter mühevoller Arbeit ein solches Erbe hinterlassen haben? Dass sie Polynesier waren, konnte er schwerlich glauben. Während seines Aufenthalts auf Fatuhiva hatte es ihn frappiert, wie dumpf und indolent sie vor ihren Häusern hockten oder sich drinnen auf ihren Strohmatten rekelten. Anders als ein Mann wie Henry Lie, »stets damit beschäftigt, seine große Plantage weiter auszubauen«, kannten die Eingeborenen »keine anderen Bedürfnisse, als sich den Bauch vollzuschlagen und Liebe zu machen«, schrieb Thor im Fatuhiva-Buch.

Bald sollte sich herausstellen, dass Henry Lie keineswegs nur damit beschäftigt war, seine Kopraproduktion zu erhöhen. Er interessierte sich lebhaft für die Steinskulpturen im Tal und nicht zuletzt für die Frage ihrer Herkunft. Von daher war es kein Zufall, dass er so viele Bücher über Kultur und Geschichte Polynesiens besaß. Als er Thors Interesse erkannte, ließ er Kopra Kopra sein und am folgenden Tag führte er selbst den Ausflug zu den Göttern auf dem Tempelplatz an.

Anschließend saßen sie zusammen und diskutierten. Thor war von den Kenntnissen des ehemaligen Matrosen beeindruckt. Auch wenn Wissenschaftler behaupteten, die polynesischen Inseln seien von Westen her besiedelt worden, zeigte er sich nicht davon überzeugt, dass sie damit richtiglagen. Der Norweger lebte so lange unter Polynesiern, dass er ihre mündlichen Überlieferungen kannte, und sie selbst ließen keinen Zweifel daran, dass vor den Europäern noch ein anderes Volk die Inseln erreicht hatte.

Ein zentrales Element der polynesischen Kultur bestand in der Verehrung der Ahnen. Und, meinte Lie, wenn ihre eigenen Vorfahren die Statuen errichtet hätten, dann wären Erzählungen von solchen schöpferischen Leistungen von Generation zu Generation überliefert worden. Aber es gab keine solchen Erzählungen. Mit anderen Worten, es mussten folglich andere den Tempelplatz gerodet und ihre roten Steingötter dort aufgestellt haben, genauso wie allem Anschein nach ein früheres Volk auf Fatuhiva den Fisch in den Stein geritzt hatte.

Später bezogen sie einen dritten Mann in ihre Fachsimpelei ein, einen Franzosen, der sich ebenfalls im Tal niedergelassen hatte, der Einzige, den Lie als Freund ansah. Abenteuerlust hatte ihn einmal in die Welt hinausgetrieben und er brüstete sich, Bärenjäger in Kanada, Goldgräber in Alaska und Schafhirte in Neuseeland gewesen zu sein. Am Ende hatte er als Koch auf einer Luxusjacht angeheuert und war wie Lie auf Hivaoa hängen geblieben. Mangelnder Bildung zum Trotz hatten die beiden in einer Art intellektueller Gemeinschaft zusammengefunden. Als sie eines Abends vor dem primitiven Haus des Franzosen saßen, holte der ein Buch hervor.

»Was hältst du davon?«, fragte er und zeigte Thor einige Abbildungen.

Thor betrachtete die Fotos eingehend. Eins zeigte eine Steinskulptur, die der größten in Henry Lies Tal zum Verwechseln ähnlich sah:

»Die Größe des Kopfes, der ein Drittel der gesamten Figur ausmachte, der kurze Leib mit den merkwürdig verkrüppelten Beinen, die jeweils ein weiteres Drittel bildeten, die Hände über dem dicken Bauch gefaltet, das vorsätzlich dämonische Gesicht mit enormen, kreisrunden Augen, flacher, breiter Nase und einem extrem breiten Mund mit dicken Lippen, der von einem Ohr zum andern grinste.«

Und worum ging es in dem Buch? Um Reiseziele in Südamerika. Die Aufnahme stammte aus einer Gegend namens San Agustín in Kolumbien.

»Seht euch die Arme an!« Der Franzose konnte es gar nicht fassen. Jede Statue auf Hivaoa, sagte er, habe »dieselbe ausgeprägte Haltung mit den im rechten Winkel angelegten Ellbogen und den auf dem Bauch gefalteten Händen«.

Südamerika?

Auch wenn niemand mit Sicherheit sagen konnte, wo die ehemalige und die derzeitige Bevölkerung Polynesiens hergekommen war, so bestand doch Einigkeit unter den Experten, Südamerika jedenfalls auszuschließen. Ohne sich auch nur auf die geringste empirische Untersuchung stützen zu können, behaupteten sie schlankweg, die Ureinwohner Südamerikas seien gar nicht in der Lage gewesen, von ihrem Kontinent aus eine Reise zu den Inseln im Pazifik zu unternehmen. Ihre Erklärung war ebenso bündig wie banal: Sie besaßen einfach keine Fahrzeuge, die seetüchtig genug gewesen wären, um eine so lange und schwierige Reise zu überstehen. Außerdem verfügten die Indios auch nicht über genügend Mut, behaupteten einige. Kein Mensch hätte folglich die enormen Distanzen über den offenen Ozean bewältigen können, ehe im 16. Jahrhundert die mutigen Europäer in ihren Karavellen aufgetaucht seien.

Der junge Thor Heyerdahl teilte diese Ansicht. Sämtliche Bücher berichteten, die Inseln seien von Westen her besiedelt worden, nicht von Osten. Aber solange er sich in Polynesien aufhielt, kam der Wind immer von Osten. Ebenso Wellen und Meeresströmungen. Auf der Überfahrt mit dem Boot von Fatuhiva nach Hivaoa hatte er die Kraft dieser Elemente am eigenen Leib erfahren müssen, und auch, wie schwer es sein müsste, gegen sie anzupaddeln oder zu segeln. Jetzt saß er mit einem Norweger zusammen, den der Stille Ozean in Hivaoa an Land gespült hatte, und mit dessen Freund, einem Franzosen. Und beide glaubten, Menschen seien irgendwann von einem Punkt an der amerikanischen Küste nach Polynesien aufgebrochen. Was für Fahrzeuge sie benutzt hatten, wussten sie nicht. Aber sie konnten durchaus sagen, dass die aus rotem Stein gemeißelten Statuen im Tal hinter ihren Häusern Statuen in Kolumbien nicht bloß ähnelten; sie waren sozusagen identisch.

Sicher mochte das auf einem Zufall beruhen. Aber konnte es nicht ebenso gut einen Zusammenhang geben? Als Thor die Fotos sah, war er so verblüfft, dass er nicht wusste, was er glauben sollte. Ein Gedanke keimte in ihm: Konnte es wirklich sein, dass die Menschen, die als erste den Weg nach Polynesien gefunden hatten, aus Südamerika und nicht aus Asien gekommen waren? Nein, sagten die Wissenschaftler. Sie hatten nicht die erforderlichen Boote dazu. Doch, sagten der Koprapflanzer und sein Freund. Die Statuen logen nicht.

Henry Lie lud seine Gäste ein, zu bleiben. Er kannte sich mit der Fe-fe-Krankheit aus und konnte ihre Wunden weiter versorgen. Thor und Liv nahmen die Einladung dankbar an. So konnte Liv ihre Wunden auskurieren und Thor die Tempelplätze und Statuen eingehender untersuchen. Nach einer Woche aber stellte sich das Gefühl ein, es sei Zeit, zu gehen. Hivaoa war nicht ihre Insel. Für Thor gab es neben dem Grund, sein Aussteigerexperiment nicht als gescheitert abzubrechen, noch einen weiteren: Er hatte die Totenschädel und seine Sammlung kulturgeschichtlicher Objekte unter seinem Bett auf der Königsterrasse zurückgelassen und konnte einen solchen Schatz nicht einfach aufgeben. Auch wenn die Felsbilder und die Statuen von Hivaoa ihn persönlich bewogen, der Biologie Adieu zu sagen, schuldete er Professor Bonnevie doch die Gläser mit den konservierten Käfern und Schnecken.

Ein Schiff kam, und als es die beiden in Fatuhiva an Land setzte, regnete es, wie es die vergangenen sechs Wochen seit ihrer Abreise in Willy Grelets Boot geregnet hatte. Die Hänge dampften und die Moskitos schwirrten zahlreicher als je zuvor. Die Einheimischen konnten sich nicht erinnern, jemals eine solche Insektenplage erlebt zu haben.

DER KANNIBALE

In Omoa hielten sie sich nicht im Ort auf, sondern gingen voller Wiedersehensfreude gleich das Tal hinauf zu ihrer Hütte. Doch auf der Königsterrasse erwartete sie ein trauriger Anblick. Der Dschungel hatte sich die Hütte geholt, die sie vor lauter Büschen und Pflanzen gar nicht mehr sahen. Selbst die Bambusstämme, auf denen sie ruhte, hatten frisch ausgetrieben. Das Dach hing in Fetzen, die Seitenwände waren spröde wie Papier. Überall krabbelten Spinnen und Tausendfüßler.

Die Nacht verbrachten sie auf Blättern und unter dem Moskitonetz im Freien. Es begann zu regnen, und als der Morgen graute, waren sie bis auf die Haut nass. Eine Wand von Mücken wartete darauf, dass sie aufstanden. Von da an folgten sie ihnen auf Schritt und Tritt.

Sie sahen ein, dass ihr alter Wohnplatz unbewohnbar geworden war, und besonders Liv hatte Angst, dass die Fe-fe-Krankheit wieder zum Ausbruch kommen könnte. Sie meinte, sie müssten wie die Einheimischen an der Küste wohnen, wo der Wind die Mücken größtenteils fernhielt.

Sie suchten Pakeekee auf und fragten ihn um Rat. Er sagte, sie dürften gern bei ihm wohnen, aber um keinen Preis wollten Thor und Liv im Dorf leben, wo die Krankheiten schlimmer grassierten als zuvor. Sie hatten doch nicht nach der Natur gesucht, um dann unter Elefantiasis- und Leprakranken zu leben!

Wieder einmal kam ihnen Tioti zu Hilfe. Er empfahl ihnen, auf die andere Seite der Insel zu ziehen, die dem Passat und der Brandung ausgesetzt war. Sie würden auf einen alten Mann stoßen, der dort allein mit seiner Adoptivtochter lebte. Der Weg über die Berge sei beschwerlich, aber Tioti erklärte sich bereit, sie zu begleiten. Während sie noch darüber sprachen, entdeckte Liv, dass eines seiner Beine angeschwollen war. Jetzt hatte die Elefantenkrankheit auch den armen Küster befallen.

Der alte Mann hieß Tei Tetua. Er geriet außer sich vor Freude, als er Besuch bekam, schlachtete ein Wildschweinferkel und lud sie zum Essen ein. Nachdem sie es verspeist hatten, köpfte er noch ein Huhn und bat sie, zu bleiben. Liebend gern wollte er ihnen beim Bau einer Hütte helfen und Nahrung gab es genug. Nicht Reis und Mehl, aber Schweine, Hühner und Früchte. Thor und Liv konnten ihre Begeisterung kaum verhehlen. Sie wollten bleiben. Zu Tei Tetua und seinem ausgestorbenen Dorf namens Ouia hätten sie gleich kommen sollen.

Als es zwischen den Häusern dort noch reges Leben und Treiben gab, hatte er über vier Stämme und zwölf Frauen geherrscht. Doch als die Doppelmenschen kamen, waren seine Untertanen einer nach dem anderen gestorben. »Doppelmenschen« war Tei Tetuas Bezeichnung für die Weißen. Sie trugen Hüte, und wenn sie die abnahmen, hatten sie darunter einen Kopf. Sie trugen Schuhe, und wenn sie die auszogen, waren darunter neue Füße. Wenn sie ihre Kleider ablegten, erschien ein zweiter Körper. Aber sie trugen nicht bloß einen zweiten Körper mit sich herum, sondern auch Husten und Fieber. Bevor die Doppelmenschen kamen, sei niemand im Tal an einer Krankheit gestorben, behauptete Tei Tetua.

Er war inzwischen so alt, dass Tioti und die Bewohner der anderen Inselseite begonnen hatten, ihn zu den Ahnen zu rechnen. Das durften sie mit Fug und Recht, denn Tei Tetua war der einzige noch Lebende auf der Insel, der Menschenfleisch gegessen hatte. Er war Fatuhivas letzter Kannibale.

Menschen schmeckten wie Süßkartoffeln, wusste er zu erzählen. Ihr Fleisch wickelte man in Bananenblätter und buk es zwischen heißen Steinen genau wie Schweinefleisch. Die leckersten Bissen, fuhr er mit einem Grinsen fort, saßen an den Unterarmen junger Frauen.

Liv schauderte es.

Wie so vieles war auch der Kannibalismus ein Brauch, der nach der Ankunft der Missionare von den Inseln des Stillen Ozeans verschwand. Auf Fatuhiva hatten die letzten Kannibalenmahlzeiten gegen Ende des 19. Jahrhunderts stattgefunden, als Tei Tetua noch ein junger Mann gewesen war. Es ist umstritten, wie verbreitet die Menschenfresserei vorher gewesen ist. Eine allgemeine Volksbelustigung war sie jedenfalls nicht, sondern Häuptlingen und der Kriegerkaste vorbehalten, die prinzipiell nur ihre Feinde verspeisten. Das besänftigte den Hunger nach Rache, doch noch wichtiger war wohl die Vorstellung, dass sich der Sieger mit dem Fleisch des Feindes magische Kräfte einverleibte. Gleichzeitig fügte man damit dem feindlichen Stamm noch größere Schmach zu. Kannibalismus konnte aber auch schierer Not entspringen. Überbevölkerung war auf den kleinen Pazifikinseln nichts Unbekanntes und es kam vor, dass die Nahrung nicht für alle reichte.

Auf seinen Seereisen sah James Cook Kannibalismus bei den Maori Neuseelands, bei den Polynesiern im Pazifik und bei den Indianern an der Westküste Nordamerikas. Als er selbst Zeuge wurde, wie Maori den Kopf eines fünfzehnjährigen Jungen kochten und verspeisten, drückte er verständlicherweise seinen Abscheu über eine so unmenschliche Rohheit aus. Gleichzeitig hielt er fest, dass der Brauch allem Anschein nach bis zum Anbeginn der Zeiten zurückreiche und die Wilden daher kein Verständnis für das Gebot entwickelt hätten, sich seinem Nächsten gegenüber so zu verhalten, wie man umgekehrt auch von ihm behandelt werden wollte. Solange ihr Leben nicht im Christentum verwurzelt sei, dürfte es schwerfallen, ihnen die Barbarei abzugewöhnen, meinte Cook. In diesem Punkt sollte die Geschichte ihm recht geben, auch wenn noch etliche Missionare vor dem Sieg des Christentums auf dem Teller landeten.

Eines Abends begann Tei Tetua am Feuer zu singen. Er sang die Schöpfungsgeschichte, wie er sie von seinem Vater gelernt hatte, der sie wiederum von seinem Vater kannte. Er sang von Tiki, dem Gott der Menschen, der im Himmelsgewölbe wohnt und die Erde erschaffen hat. Er schuf das Wasser, die Fische, die Vögel und die Früchte. Tiki erschuf das Schwein und am Ende den Menschen.

»Glaubst du an Tiki?«, fragte Thor.

Tei Tetua sah ihn an.

»Ich bin Katholik. Aber ich glaube an Tiki«, antwortete er. »Tiki und Jehova sind ein und derselbe.«

Als die Missionare kamen, hatten Tei Tetua und sein Volk es so verstanden, dass sie Tiki meinten, wenn sie von ihrem Gott redeten. Dass sie denselben Gott mit unterschiedlichen Namen ansprachen, war nicht verwunderlicher, als dass sie unterschiedliche Wörter für Stein hatten, *kaha* in Tetuas Sprache, oder für das Feuer, *ahi*.

Thor deutete an, Tetuas Ahnen hätten wohl viele Götter verehrt, nicht allein Tiki.

»Das stimmt«, räumte Tei Tetua ein. »Bedeutende Könige wurden nach ihrem Tod zu Göttern. Aber es gab nur einen Schöpfergott, Tiki.« Und Tiki habe die Ahnen übers Meer zu den Inseln geführt.

Thor spitzte die Ohren.

»Von wo?«

»Von Osten.«

Der Alte hatte kaum je seine kleine Welt auf der Luvseite Fatuhivas verlassen. Nur zweimal in seinem Leben war er über die Berge zum Dorf in den Ausläufern des Omoatals gewandert. Dort hatte er die Kirche besucht und gesehen, wie die Christen Bilder von Jehova machten, genauso wie die eigenen Medizinmänner Tiki in Stein meißelten. Neben dem Häuptling Teriieroo und dem Krankenpfleger Terai war Tei Tetua der ursprünglichste Polynesier, den Thor Heyerdahl kannte. Und jetzt saß er da und behauptete, seine Vorfahren seien aus dem großen Land im Osten gekommen, in dem die Sonne aufgeht. Tei Tetua hatte keine Fotografien von Steinstatuen am anderen Ufer des Meeres wie Henry Lie. Er kannte nur die Legende, die aus der Schöpfungsgeschichte seines Volkes stammte.

Henry Lie hatte Thor erzählt, dass auch die Alten auf Hivaoa glaubten, ihr Ursprung liege im Osten. Das Gleiche hatte Thor bei Edward Smith Craighill Handy gelesen, einem amerikanischen Ethnologen, der zwischen 1923 und 1930 mehrere Schriften über die Kultur der Eingeborenen auf den Marquesas-Inseln veröffentlichte. Handy erwähnte eine von Generation zu Generation überlieferte Erzählung, der zufolge einmal Männer, Frauen und Kinder von Hivaoa in einem großen Seefahrzeug nach Osten gesegelt seien. Sie hätten ihr Ziel erreicht, einige seien im Land der Väter geblieben, die Übrigen seien zurückgekehrt. Zwischen 1925 und 1928 veröffentlichte der deutsche Ethnologe Karl von den Steinen mehrere Bände über Kunst und Mythen der Marquesas-Insulaner und Heyerdahl zufolge soll er ebenfalls überrascht gewesen sein zu hören, dass die Eingeborenen von einem Land im Osten sprachen.

»Und nun war es an mir, die gleiche Auskunft auf Fatuhiva zu bekommen, wo noch kein anderer gewesen war«, schrieb Thor Heyerdahl in seinem Buch über die Insel.

Den Kopf voller Gedanken legte er sich zu Bett; doch ehe er einschlief, fügte er dem Puzzle noch ein weiteres Steinchen hinzu. Während er in Norwegen die Reise vorbereitete, hatte er nebenher das dreibändige Werk des amerikanischen Botanikers Forest Buffen Harkness Brown über die Flora Polynesiens durchgearbeitet, das in den Jahren 1931 bis 1935 erschien. Damals hatten ihn die Wanderbewegungen im Pazifik noch nicht beschäftigt. Er hatte Brown vor allem auf der Suche nach essbaren Pflanzen in Polynesien gelesen, um eine Insel ausfindig zu machen, auf der sie von dem leben konnten, was die Natur ihnen bot. Doch als er nun dalag und das ewige Rauschen der Brandung hörte, kam ihm auf einmal die Erkenntnis, dass Brown viel mehr getan hatte, als nur die Pflanzenwelt zu beschreiben. Ebenso wie er selbst nach Fatuhiva gekommen war, um die Entstehung der Fauna zu studieren, hatte sich der amerikanische Wissenschaftler die gleiche Frage im Hinblick auf die Flora gestellt.

Der Zufall wollte es, dass Brown einmal in den Bergen gleich über dem vergessenen Dorf des Kannibalen herumgeklettert war. In neunhundert Metern Höhe war er auf eine Ananasart gestoßen, die sonst nur in Südamerika wuchs und mit der Thor und Liv sich auf Tei Tetuas Rat hin vollgefuttert hatten.

Brown konnte nachweisen, dass die Pflanze, die sich auch auf anderen Inseln der Marquesas-Gruppe fand, dort lange vor der Ankunft der ersten Weißen Wurzeln geschlagen hatte. Da sie andererseits nicht lange überlebte, wenn sie im Wasser trieb, musste sie von Menschen dorthin gebracht worden sein, schlussfolgerte er. Das Gleiche musste für Gewächse wie Süßkartoffel, Papaya und Flaschenkürbis gelten. Auch sie kamen ursprünglich nur in Südamerika vor, waren aber nachweislich schon vor Kolumbus' Zeiten nach Polynesien verbreitet worden.

Mit seinen Funden forderte Brown die herrschende ethnologische Lehrmeinung heraus. Da er sich jedoch mit Schiffen und Seefahrt nicht auskannte, konnte er nicht offen die Behauptungen der Ethnologen bestreiten, dass es der indigenen Urbevölkerung an den notwendigen Fahrzeugen für Hochseefahrten gemangelt habe. Andererseits konnte er ebenso wenig die Augen vor den genetischen Befunden seiner eigenen Forschung verschließen. »Auch wenn es so aussieht, als sei der wichtigste Teil der polynesischen Einwanderung von Westen erfolgt, also aus der entgegengesetzten Richtung, aus der die ursprüngliche Flora kam, muss es unzweifelhaft einen gewissen Kontakt zwischen den Eingeborenen auf dem amerikanischen Kontinent und den Marquesas-Inseln gegeben haben«, schrieb er im dritten Band seines botanischen Werks.

Die glücklichen Tage bei Tei Tetua sollten nicht von Dauer sein. Der Küster Tioti verbreitete die Nachricht vom Schlaraffenleben bei dem alternden Kannibalen jenseits der Berge. Eines Abends, als Thor und Liv in ihrer Pfahlhütte ruhten, hörten sie auf einmal Hundegebell. Minuten später jagte eine Meute Köter durch den Ort, dem Männer und Frauen mit Kindern folgten. Tei Tetua hüpfte vor Freude und machte sich gleich daran, Spanferkel zuzubereiten. Er lud die Leute ein, so lange zu bleiben, wie sie wollten, und sie blieben.

Einige Wochen später kamen weitere Gäste über die Berge. Da

die ersten nicht zurückgekehrt waren, hatten sie sich wohl gedacht, Tiotis Geschichte über das Wohlleben auf der anderen Seite müsse der Wahrheit entsprechen. Tei Tetua lachte von einem Ohr zum anderen und packte noch mehr Ferkel zwischen die heißen Steine.

Die Neuankömmlinge waren nicht so freundlich wie die vorigen. Unter ihnen befanden sich die übelsten Gesellen von Omoa, von denen Thor meinte, sie hätten im Leben nichts anderes im Sinn, als Orangenbier zu brauen, Streit zu suchen und sich vollzusaufen. Unter Führung eines Kerls mit Namen Napoleon schien das Theater kein Ende zu nehmen und der arme Tei Tetua musste die ganze Gesellschaft jeden Tag bekochen. Dann trat ein, was weder Thor noch Liv für möglich gehalten hatten: Napoleon schaffte es, den freundlichen Tei Tetua gegen sie aufzuhetzen. Denn eines Morgens stand der letzte Kannibale plötzlich betrunken und mit rot unterlaufenen Augen vor ihnen und verlangte Geld für ihren Aufenthalt. Er wollte für das Essen, für das Grundstück und für die Arbeit bezahlt werden. Die Geschenke, die er von den beiden erhalten hatte, zählten nicht.

Als sich an einem Morgen einer der Eingeborenen fertig machte, über die Berge zu gehen, fragte Thor ihn, ob er gegen Bezahlung einen Brief an Pakeekee mitnehmen könne. Doch das wollte er nicht. Als einige Männer nach einem abendlichen Gelage in die Hütte eindrangen, um Dinge zu stehlen, konnten sich Thor und Liv nicht länger etwas vormachen. Sie mussten einsehen, dass Napoleon und seine Bande sie mit Hass verfolgten und ihnen keine andere Möglichkeit blieb, als das Feld zu räumen.

Bevor Tei Tetuas Gäste am nächsten Morgen aus ihrem Rausch erwachten, machten sie sich auf den Weg über die Berge, ohne jemandem Adieu zu sagen. In einer Senke schlugen sie ihr Nachtlager auf. »Wir brachten es nicht über uns, ins Omoatal hinabzugehen. Wir hatten genug von den Braunen.«

Da die Königsterrasse als Möglichkeit ausschied, wussten sie nicht recht, wohin.

Am folgenden Tag trieb sie der Hunger ins Dorf. Da trafen sie auf Willy Grelet, der sie zu Corned Beef einlud. Anschließend gingen sie zum Haus von Pakeekee und Tioti. Erneut wusste der Küster Rat. Er war bereit, sie zu einem Strand an der Südküste zu führen. Dort gab es eine Höhle, in der sie wohnen konnten. Er versprach, ihnen ab und an etwas zu essen zu bringen.

Thor bat ihn, Bescheid zu sagen, wenn ein Schiff die Insel anlief.

Er wollte jetzt nach Hause. Er hatte das Ende des Weges erreicht. Das Projekt, an das er so fest geglaubt hatte, war gescheitert. Man konnte nicht zur Natur zurückkehren. Thor sah ein, dass man nicht mehr wie die Menschen vor tausend Jahren leben konnte. Er begriff, dass sich die Menschheit in einem Stadium befand, in dem Zivilisation unverzichtbar war, und dass man ihr nicht entkommen konnte. Ohne den Kochtopf, den Teriieroo ihm gegeben hatte, hätte er kein Essen zubereiten können. Ohne die Machete hätte er den Stock zum Öffnen von Kokosnüssen nicht anspitzen können. Ohne Terais Medizin wäre Livs Bein vielleicht nicht mehr zu retten gewesen. Außerdem hatte er gelernt, dass es nicht genügend Platz für alle gab, falls plötzlich viele die Zivilisation gegen eine primitivere Lebensweise eintauschen wollten.

Thor hatte sich das Paradies als einen Ort ohne Privateigentum vorgestellt, an dem ein gemeinschaftlicher und kein egoistischer Geist herrschte. Doch während seines Aufenthalts auf Fatuhiva wurde ihm klar, dass die Lebensmittel den Ortsansässigen gehörten und er als Besucher sich nicht an den Früchten anderer bedienen konnte.

Sein ganzes Leben lang war Thor Heyerdahl ein Mensch, der den Blick nach vorn richtete. Er redete nicht gern über Dinge, die zurücklagen, sofern sie nicht von wissenschaftlichem Interesse waren. Wenn ihn Leute baten, von seiner Fahrt mit der *Kon-Tiki* zu erzählen, brachte er das Gespräch lieber auf andere Themen. Fatuhiva bildete eine Ausnahme. Immer wieder kam er in seinen Schriften und Gesprächen darauf zurück. So überraschend ist das vielleicht nicht, denn auf Fatuhiva hatte alles begonnen. Da entstanden die Ideen und die Philosophie, die sein ganzes Leben prägen sollten.

Seine eigene Darstellung der Zeit auf Fatuhiva vermittelt den Eindruck, Liv habe seinen Beschluss, nach Hause zurückzukehren, geteilt. Doch das tat sie nicht. Trotz aller Widerstände und Rückschläge, all der »Knüppel zwischen den Beinen«, wie Thor es formulierte, wollte Liv nicht aufgeben, jedenfalls noch nicht. Sie hatten doch abgemacht, falls das Experiment glückte, für immer bleiben zu wollen, wenigstens aber für zwei Jahre. Jetzt war ihr Plan nach einem Jahr gestrandet, na und? Sollten sie etwa jetzt schon alles aufgeben?

Sie hatte das Projekt mit großem Engagement in Angriff genommen. Was Thor mit ihr ausprobieren wollte, war riskant, darüber war sie sich im Klaren gewesen. Darum war sie auch bereit, zu akzeptieren, dass etwas schiefgehen konnte. Doch ihre Erwartungen waren auch so groß, dass sie, nachdem sie einmal ihre Zweifel abgelegt hatte, voll und ganz hinter dem Unternehmen stand. Und jetzt wollte er nach Hause?

Was in ihr steckte, hatte Liv bewiesen, als sie sich nach der Heilung ihrer von Geschwüren übersäten Beine auf Hivaoa weigerte, aufzugeben. Mit ihrem Beharren, nach Fatuhiva zurückzukehren, stieß sie bei Thor, der zu diesem Zeitpunkt noch meinte, es wäre schade, ohne einen zweiten Versuch aufzugeben, auf offene Ohren. Doch als es noch einmal schiefging, war er es und nicht sie, der die Segel strich.

»Ich habe das Wort meiner Mutter darauf, dass sie nicht so leicht aufgeben wollte wie Vater«, sagte mir Livs ältester Sohn Thor Heyerdahl junior in einem persönlichen Gespräch. »Sie wollte weiterhin auf Fatuhiva leben, selbst wenn sie schwanger geworden wäre. Damit wäre Vater nie einverstanden gewesen. Im Urwald ein Kind zu kriegen, wäre für ihn ein Ding der Unmöglichkeit gewesen; schon bei dem bloßen Gedanken bekam er Panik. Obwohl er Biologe war, kannte er sich in solchen Dingen nicht im Mindesten aus. Mutter war insgesamt viel nüchterner als Vater und sie war die stärkere Persönlichkeit. Sie argumentierte, dass die eingeborenen Frauen seit Hunderten von Jahren ihre Kinder auf der Insel bekamen, dann könne sie das wohl auch.«

Als Liv von zu Hause aufgebrochen war, hatte sie mit der Familie, mit der Universität und mit den gesellschaftlichen Konventionen gebrochen. Es war ein Bruch, der sie einiges gekostet hatte, der aber auch ihre Motivation stärkte, die ihrerseits wiederum eine Voraussetzung für einen festen Willen darstellte. Wille setzt aber nicht allein Motivation voraus, er ist auch von Geduld und Ausdauer abhängig und auf diesem Gebiet war Thor deutlich schlechter ausgerüstet als seine Frau.

Die Zeit des Wartens wird die schlimmste Zeit. Die Wochen in der Höhle sind beschwerlich. Bei Flut läuft das Wasser herein und macht den Boden feucht und glitschig. Muränen schlängeln sich mit scharfen und giftigen Zähnen zwischen den Steinen. Liv merkt, dass Thor nicht mehr umzustimmen ist, und findet sich damit ab, dass ihre Reise zu Ende geht. Sie klettern auf Felsen und halten nach einem Schiff Ausschau, doch wenn die Sonne untergeht, ist der Horizont noch immer leer.

Eines Tages ist es aber doch so weit. Liv erspäht in der Ferne ein Schiff. Sie brechen in Jubel aus und laufen los. Im Dorf lassen sich Tioti, Pakeekee, Willy und Ioane sehen, um Lebewohl zu sagen.

Ruderer landen, um sie aufzunehmen, an Deck des Schoners steht Kapitän Brander und lächelt.

Während der Anker gelichtet wird, lassen Thor und Liv zum letzten Mal ihre Blicke über Fatuhiva schweifen. Die Menschen hinter dem Strandstreifen werden sie schnell vergessen haben; sie selbst sind fürs Leben gezeichnet.

Am 27. Dezember 1937, ein Jahr nachdem sie ihren Freunden im Schneetreiben vor dem Bahnhof von Larvik zum Abschied gewinkt haben, gehen sie die Gangway ihrer alten Bekannten, der *Commissair Ramel,* hinauf. Der Kapitän nimmt Kurs auf den Panamakanal und Marseille.

Diesmal reisen Thor und Liv zweiter Klasse und brauchen weder Smoking noch Hochzeitskleid. Sie stehen an der Reling und fühlen sich wie »die glücklichsten Menschen der Welt«, schreibt Thor in einem Brief an seine Mutter.

Neun Monate später, am 26. September 1938, kommt ein kleiner Thor zur Welt.

Teil 3 **DIE KARTE**

BRITISH
COLUMBIA

KANADA

Hecatestraße ○Bella Coola
Vancouver
○Trail
Victoria ○Spokane

Little Norway ○Toronto *Neuschottland* ○Halifax
Ossining Lunenburg

USA

Baltimore ○New York
Salt Lake City○ Washington D. C.

○Mesa Verde

*Atlantischer
Ozean*

*Pazifischer
Ozean*

60°

40°

20°

DER AUTOR

Der Taxichauffeur war verwirrt. Er kannte Berlin wie seine Hosentasche, aber dass ein Hans Günther in der Sachsallee 16 wohnen sollte, konnte er sich nicht vorstellen. Da stand doch bloß eine Seifenfabrik.

Dass ihm die beiden Fahrgäste nicht weiterhelfen konnten, war ihm klar. Sie kamen aus dem Ausland und hatten ihm lediglich einen Zettel mit Namen und Adresse in die Hand gedrückt. Bestimmt waren sie vorher noch nie in der Reichshauptstadt gewesen.

Das junge Paar auf dem Rücksitz fand es seinerseits befremdlich, dass es so schwer sein könnte, Professor Günther ausfindig zu machen, schließlich war er ein bekannter Mann. Als sie am Vortag, dem 6. Februar 1938, im Hospiz in der Mohrenstraße am Gendarmenmarkt angekommen waren, hatten sie sicherheitshalber noch einmal im Telefonbuch nachgeschlagen, ob sie auch die richtige Adresse von Herrn Günther hatten. Das aber war leichter gesagt als getan. Hans Günther war ein recht verbreiteter Name und füllte eine ganze Spalte im Telefonbuch. Mühsam waren sie jeden einzelnen Eintrag durchgegangen. Bäcker und Friseure gab es mehrere, aber keinen Professor, und kein Hans Günther wohnte in der Sachsallee.

Sie kamen überein, mit einem Taxi zu der Adresse zu fahren, die sie nun einmal hatten. Als sie bei der Seifenfabrik vorfuhren, betrachtete der Fahrer seine Gäste im Rückspiegel. Wenn er sich nicht irrte, wohnte der Mensch, den sie suchten, nicht in Hausnummer 16, sondern 36. Ob er sie vielleicht dorthin fahren solle? Auf mysteriöse Weise, fühlten sie, hatte er das Rätsel gelöst. Eine Karte am Eingang zur Nummer 36 zeigte, dass sie richtig waren.

Sie klingelten.

Ein Hausmädchen erschien. Erst wollte es sie nicht einlassen. Doch als es begriff, dass sie Norweger waren, öffnete sie und führte sie in den Salon. Dort stand die Frau des Hauses und begrüßte sie.

Auch wenn es einige Jahre her war, seit sie sich zuletzt gesehen hatten, erkannte die Frau die Jüngere, die ins Zimmer trat, sofort wieder. Denn bevor sie Hans Günther geheiratet hatte, hieß sie Magda Blom oder Tante Maggen, wie Liv sie immer genannt hatte. Tante Maggen war in Skien aufgewachsen und seit Kindertagen mit Livs Mutter Henni Coucheron befreundet. Nach einer kurzen Umarmung stellte Liv Tante Maggen ihren Mann vor, Thor Heyerdahl aus Larvik.

Thor setzte große Hoffnungen in das Treffen mit Professor Günther. Er »ist einer der führenden Männer des neuen Reiches, hoffe, er kann uns helfen, er hat uns gebeten, ihm Schädel zu beschaffen, da sie seine Spezialität sind«, hatte er am selben Morgen seiner Mutter Alison geschrieben. Zum ersten Mal hatte Thor Günther vor seinem Aufbruch nach Polynesien bei seinem Besuch im Berliner Völkerkundemuseum getroffen. Damals hatte er dem Professor Schädel von den Marquesas versprochen. Jetzt stand er im Salon des deutschen Anthropologen mit einem Schädel in der Hand.

Mit dem Besuch verbanden er und Liv jedoch auch ein anderes Anliegen. Nach einem Jahr auf Reisen waren sie so gut wie abgebrannt. Liv traf im winterlichen Berlin in einem Sommerkleid ein und brauchte dringend etwas Neues zum Anziehen. Sie hatten höhere Ausgaben, als sie sich leisten konnten, und hofften, der Professor könne ihnen beim Verkauf einiger der aus Fatuhiva mitgebrachten Objekte behilflich sein. Besonders große Hoffnungen scheint Thor auf den von ihm so genannten »doktorierten Kopf« gesetzt zu haben. Auf Hivaoa hatte er ein Stück eines Schädels ergattert, der bewies, dass die Medizinmänner früherer Zeiten eine Art primitiver Hirnchirurgie oder Trepanation beherrschten. Der arme Mensch, der einst Träger dieses Kopfes gewesen war, hatte sich bei einem Sturz oder durch einen Schlag mit einer Keule einen Schädelbruch zugezogen. Ein Medizinmann hatte die Wunde von Knochensplittern gereinigt, die Kanten glatt gefeilt und das Loch mit einem sorgsam eingepassten Stück Kokosnussschale verschlossen.

Ein anderes Kleinod, das sie für sehr wertvoll hielten, war »ein fantastisches Paar Ohrgehänge mit Götterfiguren in Miniatur, aus Menschenknochen geschnitzt«.

Tante Maggen bat sie, am nächsten Abend wiederzukommen. Sie werde dafür sorgen, dass Professor Günther dann anwesend sei.

Magda Blom hatte Hans Günther während ihres Musikstudiums in Dresden kennengelernt. Er war verheiratet, ließ sich aber scheiden, um seine neue Geliebte zum Altar zu führen. 1923 waren sie nach Skien gereist, wo sie ein paar Jahre wohnen blieben.

Günther war Philologe, doch nach dem Studium begann er sich für Rassentheorien zu interessieren. 1922 veröffentlichte er seine *Rassenkunde des deutschen Volkes*. Darin postulierte er, dass es unter den Menschen keine reinen Rassen mehr gebe; doch indem es weitere Vermischung besonders mit dem, was er als »zerstörerische jüdische Elemente« ansah, mied, könne das deutsche Volk dem Ideal der nordischen Rasse wieder näherkommen. Das Buch verkaufte sich in hoher Auflage und wurde zur theoretischen

Grundlage der nationalsozialistischen Rassentheorie. In den folgenden Jahren schrieb Günther weitere Bücher über das Thema und wurde als führender Rassenanthropologe des neuen Deutschlands angesehen. Er erhielt eine Professur an der angesehenen Jenaer Universität und ging 1935 nach Berlin, wo er als ordentlicher Professor im Universitätsinstitut für »Rassenkunde, Völkerbiologie und ländliche Soziologie« tätig war. Im selben Jahr erhielt er den Wissenschaftspreis der NSDAP.

Bei dem Besuch Heyerdahls bei Günther ging es allerdings nicht um Politik, sondern um Polynesierschädel und die Frage, woher die Polynesier ursprünglich gekommen waren. Als sich die beiden ein paar Jahre vorher zum ersten Mal begegnet waren, hatte der deutsche Anthropologe mehr als nur angedeutet, dass dieses Volk des Pazifiks zur arischen Rasse gehöre. Von den mitgebrachten Schädeln erhoffte er sich wohl weitere Aufschlüsse in dieser Richtung. Jedenfalls war er entzückt von dem Geschenk, schrieb Liv in einem Brief an Alison.

Das Treffen mit Günther fand also in einem wissenschaftlichen Zusammenhang statt und ein wenig wurde sicher auch über Norwegen und die Verbindungen dorthin geplaudert. Dennoch ist es verwunderlich, wie wenig Einwände Heyerdahl zu diesem Zeitpunkt gegen das nationalsozialistische Deutschland zu hegen schien, und schon gar gegen ein Treffen mit einem führenden Repräsentanten des neuen Regimes. Gewiss, mehr als ein Jahr lang war er zu weit weg gewesen, um die Entwicklung in diesem Land zu verfolgen, in dem man Juden neuerdings an Laternenpfähle hängte und wo sich Oppositionelle zunehmend mit einem Leben in Konzentrationslagern abfinden mussten. Aber auch schon vor Heyerdahls Aufbruch war dieses neue Nazideutschland in aller Munde gewesen und gerade Gymnasiasten und Studenten hatten

Der letzte Kannibale. Tei Tetua brüstete sich, Menschenfleisch gegessen zu haben. Er erzählte auch von dem Gott Tiki, der aus dem Osten gekommen sei. Hier spielt er auf seiner Nasenflöte

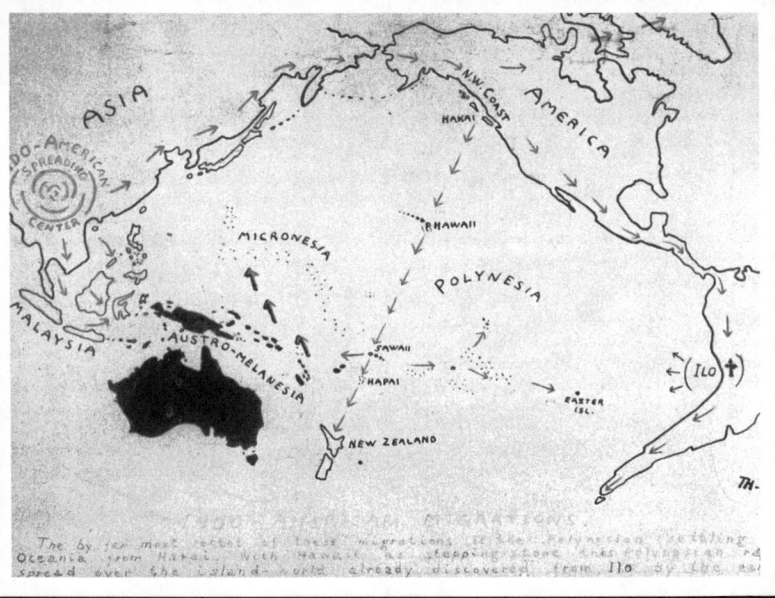

Die Karte. Thor Heyerdahl präsentierte frühzeitig die Theorie, die den Grundstein zu seinem Forscherleben legte. Auf dieser Kartenskizze, die er nach der Rückkehr von Fatuhiva anfertigte, markierte er mit Pfeilen, wie er sich die Wanderungsbewegungen der Polynesier dachte

sich an Demonstrationen dagegen beteiligt. Als er nach der langen Rückreise von Fatuhiva deutschen Boden betrat, konnte ihm nicht verborgen bleiben, in welchem Ausmaß Uniformversessenheit und der öffentliche Gebrauch der Nazisymbole seit seinem letzten Aufenthalt in Deutschland zugenommen hatten. Und wenn früher etwas seine Aversion geweckt hatte, dann waren es eben solche Symbole der Macht, die er als verderblichen Ausdruck dafür angesehen hatte, wie es um den sogenannten Fortschritt der Menschheit in Wahrheit bestellt war.

Hitlers wichtigsten Rassenideologen mit anthropologischem Material zu versorgen zeugt nicht von politischem Instinkt; es zeugt eher von politischer Naivität, die einem anhaltenden Desinteresse an Entwicklungen in der gegenwärtigen Gesellschaft entsprang.

Aber Heyerdahls mangelnde kritische Haltung gegenüber Günther und seinem Treiben könnte sich auch dadurch erklären, dass er im Februar 1938 tatsächlich schätzte, was er an deutscher Mentalität erleben durfte.

Er und Liv hatten in der Südsee nicht das Paradies gefunden. Als sie nach einer langen und beschwerlichen Seereise wieder in Marseille eintrafen, waren sie beide erschöpft und desillusioniert. In der französischen Hafenstadt mussten sie fast zwei Tage warten, bis sie ihr nicht ganz alltägliches Gepäck durch den Zoll brachten, und dann folgte noch eine umständliche Bahnreise mit häufigem Umsteigen und Grenzübertritten. Nachdem sie spätabends um elf Uhr endlich ausgehungert in Berlin angekommen waren, explodierte Thor am nächsten Morgen in einem Brief an die Mutter:

»Die Ankunft in Marseille mit u. a. der Zollstation werde ich nie vergessen. Ein Albtraum, schlimmer als alles andere. Wir beide verachten aufrichtig alles Französische. Sobald man es mit einfachen Leuten zu tun hat, gibt es kein falscheres, unhöflicheres und unkultivierteres Volk. Französische Höflichkeit und Kultiviertheit existieren bloß in den allerbesten Kreisen, aber nicht beim gewöhnlichen Franzosen. Gegenüber diesem Land haben wir beide lebenslange Vorbehalte davongetragen. Schmutzig, borniert, egoistisch, unmoralisch und unhöflich in allen Belangen, abgesehen von hohlen Phrasen. Es war ein kaum glaublicher Unterschied, über die Grenze nach Deutschland zu kommen. Sauber, liebenswürdig, hilfsbereit, gescheit und höflich. Pfui, wirst Du sagen, Mama, aber ich meine es ernst. Wir haben unterwegs viele Menschen getroffen und es besteht ein unglaublicher Unterschied zwischen Engländern, Amerikanern, Deutschen und Skandinaviern auf der einen und Franzosen, Spaniern und Polyniesiern auf der anderen Seite. Die Ersteren wirken charakterfest, ehrlich und verlässlich, im Gegensatz zu den anderen, deren positive Eigenschaften uns verborgen geblieben sind [...]. Engländer mögen wir sehr, vielleicht noch mehr als die Deutschen, weil sie nicht so uniformverrückt sind wie sie, und Du ahnst nicht, was für ein unglaublicher Unterschied es ist, zu einer charakterfesten Rasse zu kommen, nachdem man so viel mit Frankreich zu tun hatte.«

Nach dem Leben unter Polyniesiern und Franzosen im Pazifik standen Ordnung und Charakterfestigkeit offenbar ganz oben auf der Wunschliste des jungen Zivilisationsverächters.

Thor Heyerdahl kehrte aus der Natur im Stillen Ozean mit einem Interesse am kulturell anderen zurück. Aber er brachte auch Vorurteile mit, die zeigen, dass er vorläufig noch ohne sonderliches Verständnis für diese Andersartigkeit war. Es fällt nicht schwer, nachzuvollziehen, dass er vom Scheitern seines Experiments enttäuscht war. In dem Brief an seine Mutter kommt aber auch eine

Erbitterung zum Vorschein, als wäre es nicht seine eigene Schuld, sondern die anderer gewesen, dass er hatte aufgeben müssen. Vielleicht war diese Bitterkeit – das Gefühl, von untreuen Polynesiern im Stich gelassen worden zu sein – ein Teil des Preises, den er für seinen naiven Traum bezahlen musste, in die Steinzeit zurückkehren zu wollen.

Bevor er in den Pazifik aufgebrochen war, hatte Thor Heyerdahl verschiedene Artikel für Lokalzeitungen in Vestfold und Telemark geschrieben und nach und nach hatten auch die Leser der einflussreichen, landesweit erscheinenden *Tidens Tegn* und der Jahrbücher des Skiverbands seine Bekanntschaft gemacht. Er schrieb über Touren und Naturerlebnisse im Fjell und illustrierte seine Artikel mit Fotos oder eigenen Zeichnungen. Er zeichnete voller Fantasie und mit Witz und es gibt Leute, die meinen, er wäre ein Satiriker von Format geworden, wenn er eine Laufbahn als Zeichner eingeschlagen hätte, anstatt übers Meer zu fahren. Bei der Planung der Polynesienreise beschloss er, aus seinen ersten journalistischen Erfahrungen Kapital zu schlagen; er wollte über seine Erlebnisse schreiben und besorgte sich einen Presseausweis. Im Pass ließ er als Beruf Zoologe und Journalist eintragen.

Dabei allein blieb es nicht. Indem er sich mit einer Kamera und Diafilmen ausstattete, sah er offenbar auch eine Zukunft als Vortragsreisender vor sich und in dem Brief an die Mutter aus Berlin fehlte es ihm in dieser Hinsicht nicht an Selbstvertrauen. Er betrachtete die siebenhundert Dias in seinem Gepäck als nicht eben kleine Goldgrube.

Gerade im Hinblick auf Thors Ausrüstung drängt sich die Frage auf, wie ernst es ihm mit dem Aufbruch für immer gewesen sein kann. Kamera und Presseausweis sind doch wohl recht deutliche Repräsentanten der Zivilisation, aus der sie aussteigen wollten. Von welchem Nutzen sollten sie in einem Leben als Steinzeitmensch sein? Wozu nahm er mehrere Anzüge mit?

Tatsächlich lebten sie nie so primitiv, dass sie die Verpflichtungen vergessen hätten, die eine Kamera und ein Presseausweis ihnen auferlegten. Sie schrieben beide, und auch wenn es nur sporadischen und langwierigen Kontakt mit Europa gab, schafften sie es beide, diverse Artikel an die Zeitungen *Varden* in Skien, *Østlandsposten* in Larvik und *Tidens Tegn* in Oslo zu schicken. In romantischen Farben schilderten sie die Seereise mit der *Tereora,* den Bau ihrer Hütte auf der Königsterrasse und ihre Begegnung mit Henry Lie.

Als Ergebnis der Arbeit an solchen Zeitungsartikeln stellte sich auch der Wunsch ein, ein Buch zu schreiben. Ein illustriertes selbstverständlich. Mit dem Anspruch, wenn er sich erst einmal mit etwas beschäftigte, auch gute Resultate zu erzielen, nahm Thor das Fotografieren immer ernster.

In Berlin bemühte er sich mit viel Energie darum, seine Sammlung von ethnografischen Gegenständen aus Fatuhiva zu verkaufen. Er selbst war der Ansicht, sie müsse an die zwanzigtausend Kronen wert sein, was damals mehreren Jahresgehältern entsprach. Er kann sich die Objekte also nicht ausschließlich als Wissenschaftler oder Sammler angeeignet haben, sondern auch mit geschäftlichen Absichten. Nehmen wir noch hinzu, dass er für seine geplante Doktorarbeit nicht weniger als vier Kisten voller zoologischer Proben sammelte, dann verstärkt sich der Eindruck noch, er habe vor der Abreise die Heimkehr ebenso sorgfältig geplant wie den Aufenthalt in der Fremde selbst.

Er behauptete, die Zivilisation verlassen und in die Vergangenheit zurückkehren zu wollen. Gleichwohl baute er sorgsam vor, dass ihm während seiner Abwesenheit die Zukunft nicht davonlief. Heyerdahl selbst liebte es, die Reise nach Fatuhiva als eine ohne Rückfahrschein darzustellen, aber wenig deutet darauf hin, dass er wirklich alle Brücken hinter sich abgebrochen hätte. Um ganz auf der sicheren Seite zu sein, hatte er in der Tat Rückfahrkarten für sich und seine Frau in der Tasche. Sie galten für eine Passage mit der *Commissair Ramel* von Polynesien nach Marseille.

Qualmend rollte der Fernzug unter das Glasdach der großen Bahnhofshalle und hielt mit einem Ruck. Unter den Fahrgästen, die im Osloer Bahnhof ausstiegen, befanden sich auch Thor und Liv Heyerdahl. Nach der langen Fahrt von Berlin fühlten sie sich ziemlich zerschlagen. Für ihre Kunstschätze aus Polynesien hatten sie keinen Käufer gefunden und sich mit den harten Bänken in der dritten Klasse begnügen müssen. Aber sie waren nun wieder zu Hause und konnten draußen vor der Bahnhofshalle die Lungen mit kalter norwegischer Februarluft vollsaugen.

Sie hatten keine Wohnung in Oslo und rechneten damit, vorläufig bei Mama Alison unterzukommen. Abgesehen davon, weitere Zeitungsartikel zu schreiben und Vorträge vorzubereiten, ging es nun vordringlich um zwei Dinge: Thor musste einen Verleger für sein geplantes Buch finden und eine Wohnung für seine schwangere Frau.

Günstigerweise hatte es sich so gefügt, dass Thors Cousin und Skifreund Gunnar Nissen in der Zwischenzeit nach Oslo umgezogen war und in Cappelens Buchhandel arbeitete. Schon als die Heyerdahls noch auf Fatuhiva lebten, hatte er Thors Artikel bei verschiedenen norwegischen Zeitungen, darunter auch *Tidens Tegn*, untergebracht. Als er jetzt hörte, dass Thor ein Buch schreiben wollte, hielt er es für die selbstverständlichste Sache der Welt, dass es im Cappelen-Verlag erscheinen sollte. Die Idee kam sowohl beim werdenden Autor wie im Verlag gut an.

Auf einer kleinen Willkommensfeier für das heimkehrende Paar erwähnte Thor auch sein Buchprojekt. Einer der Gäste arbeitete für den norwegischen Gyldendal-Verlag, und als er hörte, dass Cappelen im Gespräch sei, nahm er als typischer Gyldendaler kein Blatt vor den Mund: »Wenn du auch nur mit einem Gedanken auf einen Erfolg spekulierst, musst du natürlich bei Gyldendal erscheinen!«

Kann sein, dass Thor ein paar Zentimeter größer wurde, als er sich klarmachte, dass zwei der größten Verlage Interesse an seinem Manuskript zeigten. Cappelen hatte sich als Erster gemeldet, aber Gyldendal lockte am meisten. Nach einem kurzen Kampf mit seinem Gewissen trat er durch die berühmte Kupfertür von Gyldendal in der Universitetsgate. Dort wurde am 25. Februar ein vorläufiger Vertrag geschlossen. Das Buch sollte zweihundert bis zweihundertfünfzig Seiten umfassen und in einer Erstauflage von dreitausend Exemplaren erscheinen. Als Abgabefrist wurde der 1. August festgesetzt. Der Verlag garantierte ein Mindesthonorar von zweitausendfünfhundert Kronen. So viel Geld hatte Thor noch nie selbst verdient und damit machte er sich auf die Suche nach einer Wohnung.

Er und Liv waren sich einig, dass sie nicht in Oslo wohnen wollten. Trotz der Enttäuschungen hatte Fatuhiva prägende Spuren hinterlassen: Sie wollten weiter abgeschieden für sich und nahe an der Natur leben.

In den zwei, drei Wochen, in denen sie vor der Höhle gesessen und nach einem Schiff Ausschau gehalten hatten, war ihr Gespräch oft auf Hornsjø und die Gegend um Lillehammer gekommen. Thor sah ein Haus auf Rustadhøgda über der Stadt vor sich.

Von da hätten sie Aussicht über das Tal und in die Weite sowie leichten Zugang zu den Wäldern und den Hochflächen auf dem Fjell dahinter. Sie besuchten nach der Rückkehr nach Norwegen gerade einmal ihre Eltern und bestiegen dann schon den Zug nach Lillehammer. Dort suchten sie einen Anwalt auf, der auch als Immobilienmakler tätig war. Thor erklärte, wo sie sich am liebsten niederlassen würden, und fragte, ob der Anwalt von einem freien Grundstück wisse, auf dem sie bauen könnten. Der Mann sah sie an und meinte, wenn sie sich mit etwas Einfachem bescheiden könnten, so gebe es auf Rustadhøgda eine Hütte, die zum Verkauf stehe. Es war eine der Hütten in traditioneller Blockhausbauweise und mit einem Grasdach. Warm war sie, aber es gab weder Strom noch fließendes Wasser. In einem Nebengebäude gab es noch ein weiteres Zimmer, den Holzschuppen und ein Plumpsklo.

Der Anwalt verschwieg nicht, dass die Hütte schon seit Längerem zum Verkauf stand. Darum war der Eigentümer bereit, sie für dreitausend Kronen zu verkaufen, was man ohne Weiteres einen Spottpreis nennen dürfe. Thor hob die Augen zum Himmel; das war ja nicht viel mehr, als er soeben an Vorschuss kassiert hatte. Sie marschierten spornstreichs zur Hütte hinauf. Sie sah gemütlich aus und stand genau an dem Punkt, den er sich vorgestellt hatte. Der Kauf wurde noch an Ort und Stelle besiegelt. Nach nur drei Wochen in Norwegen waren die Eheleute Heyerdahl Hausbesitzer. Es war primitiv, aber ganz nach ihrem Herzen. Der Abstand vom Lärm der Stadt war wichtiger als eine Kochplatte und Wasser aus der Leitung.

Thor Heyerdahl träumte schon früh vom Vollkommenen; es war ein Traum, der platzte, als er feststellte, dass Fatuhiva eine Illusion war. Aber das entmutigte ihn nicht. Als das Paradies entschwand, begriff er sehr schnell, dass er nicht im Traum, sondern bei sich selbst beginnen musste. Diese Erkenntnis markiert einen psychologischen Wendepunkt und es ist ein beträchtlich realistischerer Thor Heyerdahl, der sich danach aufrappelt. Statt auf die weiten Luftsprünge zu setzen, soll fortan die gute, alte Methode des Stein-auf-Stein-Setzens das Werk voranbringen.

Am 23. März hielt er an keinem geringeren Ort als der Aula der Osloer Universität seinen ersten Vortrag über die große Reise. Die Vorabberichterstattung in der Presse war beträchtlich, der Saal entsprechend voll besetzt und der Applaus herzlich.

Am Tag darauf ging es nach Larvik, wo die Bürger das Kind ihrer Stadt im Kino hören konnten. In beiden Städten waren die Zeitungen des Lobes voll und nicht zuletzt von Heyerdahls Vortragstalent begeistert. Mit sicherem Gespür für die rechte Popularisierung seiner Botschaft schlug er schon im Titel seines Vortrags einen Ton an, der ankam: »Unser Leben als Wilde auf der Südseeinsel Fatuhiva. In einer Bambushütte auf den Ruinen toter Kannibalen«.

Illustriert mit hundertfünfzig Lichtbildern, dauerte der Vortrag volle zwei Stunden.

Abenteuer aus der Südsee waren für Norweger im Jahr 1938 keine alltägliche Kost. Die meisten hatten zwar schon einmal etwas von paradiesischen Zuständen auf Inseln wie Tahiti gehört, aber nur die wenigsten waren auch wirklich dort gewesen. Und Heyerdahl lieferte dem Publikum, was es hören wollte: Die meiste Zeit erzählte er von Kokosnüssen und Wind in den Palmen und streute ein paar Schauergeschichten vom primitiven Leben und Kannibalen ein. Ganz aber wollte und konnte er die Schattenseiten des Paradieses nicht ausblenden. Krankheiten und der Verfall der polynesischen Kultur wurden als dunkle Kontraste eingeflochten.

In einem Interview im Zusammenhang mit seinem Vortrags-

debüt wurde Heyerdahl gefragt, ob die französische Kolonialmacht denn genügend zur Besserung der Verhältnisse unternehme.
Nein, das tue sie nicht, lautete die Antwort, doch trotz seiner pau-
schalen Verachtung der Franzosen sprach er ihnen sein Verständnis aus: »Frankreich ist das Pack einfach leid und das ist auch begreiflich. Denn was man auch [für die Polynesier] tut, es wird mit
äußerstem Misstrauen und mit Undankbarkeit angenommen«, erklärte er der Zeitung *Teledølen* am 22. März 1938. Der Ausdruck
Pack trieft vor Verachtung und Heyerdahls Verbitterung über sein
gestrandetes Projekt ist nirgends stärker zum Ausdruck gekommen.

Seine Vortragsreise wurde ein Erfolg. Er sprach überall, in Stadt
und Land, in der Universität und im Radio. Mit seiner hellen, fast
dünnen Stimme schlug er sein Publikum in Bann. Kein Zweifel,
Thor Heyerdahl machte seine ersten Schritte als Kulturvermitt-
ler.

Zwischen den Reisen zogen er und Liv in die Hütte oberhalb
von Lillehammer um. Ihr Vorbesitzer, Direktor Per Haslev vom
Nevra Høyfjellshotell, hatte sie Svippopp getauft, weil er sich in ihr
schnell einmal vor allzu vielen Touristen in Sicherheit zu bringen
pflegte. Weder Thor noch Liv mochten den Namen, aber sie be-
hielten ihn dennoch bei.

Den kleinen Raum im Nebengebäude benutzte Thor als Arbeitszimmer. Er war sparsam möbliert mit einem Schreibtisch, einem Küchenstuhl und einem Bücherregal. Ein Holzofen sorgte
für Wärme, eine Paraffinlampe für Licht. Auf dem Regal stand
ein Globus, mit der Erdhälfte, die der Pazifik einnahm, dem Raum
zugedreht.

Thor schrieb an seinem Buch und arbeitete neue Vorträge aus.
Doch verwandte er auch Zeit aufs Lesen, die Bücher stapelten sich

und handelten alle vom gleichen Thema: den amerikanischen Indianern.

In Kroepeliens Bibliothek hatte er gelernt, dass die Wiege der Polynesier in Asien stand. Während seines Aufenthalts auf Fatuhiva und Hivaoa begann er daran zu zweifeln. Hatten sie nicht genauso gut aus Amerika kommen können? Die Frage beschäftigte ihn auch nach seiner Heimkehr weiter und er konnte es kaum erwarten, nach einer Antwort zu suchen. Um in dieser Frage weiterzukommen, musste er zunächst mehr über das Leben der präkolumbianischen Menschen an den Küsten Süd- und Nordamerikas in Erfahrung bringen und dabei konnten ihm Kroepeliens Bücher nicht mehr helfen. In dieser Frage sah er sich an die Universitätsbibliothek in Oslo verwiesen.

Wenn er sich wegen eines Vortrags oder aus anderen Gründen in der Hauptstadt aufhielt, suchte er sich die Bücher selbst heraus. Sonst übertrug er es Liv, die Bücher zu bestellen und sich darum zu kümmern, dass sie nach Lillehammer geschickt, von dort abgeholt und zurückverfrachtet wurden.

Er sah es als Selbstverständlichkeit an, dass Liv auch in anderen Bereichen die praktischen Dinge erledigte. Sie kochte das Essen, wusch die Wäsche und hielt die Hütte sauber. Sie bereitete sich auf die Geburt ihres Kindes vor und sorgte dafür, dass alles dazu Notwendige bereitstand. Ohne Strom im Haus waren viele der anfallenden Arbeiten recht beschwerlich und kosteten viel Kraft.

Sie aber nahm lebhaft Anteil an dem, was Thor beschäftigte, und sie diskutierten eifrig, was er in den Büchern fand. Es verblüffte sie beispielsweise, dass einige der abgebildeten Indianer Teriieroo und Tei Tetua, die in Thors Augen die letzten »echten« Polynesier darstellten, zum Verwechseln ähnlich sahen. Ebenso überraschte es sie, dass einige indianische Werkzeuge vom gleichen Typus waren wie die, die sie auf Fatuhiva gesehen hatten. Beide Kulturen stellten Kleidung aus Baumrinde her und die Keulen, mit denen sie die Rinde bearbeiteten, wiesen deutliche Ähnlichkeiten auf. Das Gleiche galt für ihre Steinäxte. Weiter fanden sie es auffällig, dass weder Polynesier noch Indianer Keramik benutzten und dass beide Essen auf die gleiche Weise zubereiteten: in Kochgruben.

Gleichzeitig musste Liv ihre eigenen intellektuellen Seiten und Ansprüche mehr oder weniger aufgeben. Als sie nach Norwegen zurückkehrten, lag es nicht zuletzt aus finanziellen Gründen auf der Hand, dass nur einer von ihnen weiterstudieren konnte. Dass es Thor sein würde, lag schon im Geist der Zeit begründet. Sich endgültig von der Volkswirtschaft zu verabschieden tat ihr nicht weiter leid. Sie mochte das Fach nicht und hatte es nur zu studieren begonnen, weil ihr jemand gesagt hatte, Wirtschaftskenntnisse seien von Vorteil, wenn man Journalist werden wolle. Und genau darauf zielten ihre eigenen unausgesprochenen Träume ab: Sie wollte schreiben und über gesellschaftliche Themen berichten.

Tatsächlich veröffentlichte auch sie einige Artikel über ihre Erlebnisse in der Südsee in norwegischen Zeitungen, und wenn man ihre geringere Erfahrung im Schreiben berücksichtigt, führte sie eine Feder, die hinter der ihres Mannes nicht zurückstand. Doch so wie die Dinge jetzt standen, mit einem intensiv arbeitenden Thor, der Schwangerschaft und der selbst gewählten Isolation auf einem Bergrücken über Lillehammer, blieb ihr keine Wahl: Eine journalistische Laufbahn musste vorläufig ein Traum bleiben. Liv war Hausfrau geworden.

Während Thors häufiger Abwesenheit musste sie vieles allein bewältigen. Ganz allein war sie allerdings nicht. Kurz nachdem sie Svippopp erworben hatten, verkaufte ihre Schwiegermutter die

Wohung im Camilla Colletts vei und zog in ein Haus, das nur dreihundert Meter von dem ihren entfernt lag. Mit der Gegend um Lillehammer verband Alison nichts als die Hütte, die sie am Hornsjø mietete, aber in Oslo fühlte sie sich einsam. Mit dem Brauereibesitzer in Larvik redete sie nicht und ihre Familie in Trondheim war weit weg. Auf Rustadhøgda konnte sie wieder ganz in Thors Nähe sein, wie schon einmal, als sie das eheliche Bett verlassen hatte und in sein Kinderzimmer umgezogen war. Es hat den Anschein, dass sie ihn nicht loslassen konnte, sei es nun, um ihn zu beschützen oder um ihn zu beaufsichtigen und zu lenken. Vielleicht traute sie es sich auch aus egoistischen Gründen nicht.

Von ihren vielen Kindern hielt sie von Thor am meisten, sie sollte ihn schließlich vergöttern und so entwickelte sich eine Form von Abhängigkeit, in der sie sich an ihn klammerte. Es gab auch praktische Gründe, schließlich sollte sie bald Großmutter werden. Indem sie auf den einsamen Bergrücken zog, konnte sie den werdenden Eltern sicher am besten helfen.

Liv schätzte die Gesellschaft ihrer Schwiegermutter. Vor der Abreise nach Fatuhiva hatten sie sich kaum kennengelernt, doch auf Svippopp sollten sie einander näherkommen. Sie entwickelten ein gegenseitiges Vertrauen und wie Thor nannte auch Liv Alison Mama. Beide Frauen hatten die gleiche Art von Intelligenz und das Verhältnis zwischen Schwiegermutter und -tochter sollte sich allmählich in eine Freundschaft verwandeln.

Den Sommer über arbeitete Thor, nur von den Mahlzeiten unterbrochen, die Liv in der Küche auftischte, unermüdlich an seinem Buch. Er schrieb mit der Hand. Anschließend half ihm Liv, die Seiten auf einer kleinen Reiseschreibmaschine abzutippen. Im August war das Manuskript fertig und Thor konnte wieder durch die Kupfertür treten.

Um dieselbe Zeit kam das Kind zur Welt.

Ende September wurde im Krankenhaus von Lillehammer Thor junior geboren. Bei seinem Namen gab es kein Zögern. Thor hieß der Vater und Thor hieß auch schon der Großvater.

Das Manuskript aus der Hand gegeben, warf Thor Heyerdahl sich mit erneuertem Eifer auf die polynesische Frage. Mit Gedanken an eine wissenschaftliche Abhandlung, der er den Arbeitstitel *Polynesia and America* gab, machte er fleißig Notizen.

Vorerst stand ihm für seine neuen Studien nicht mehr zur Verfügung als Kroepeliens Bibliothek und seine eigenen Eindrücke aus Fatuhiva. Doch indem er die Arbeiten von Südseeanthropologen, Biologen, Botanikern, Archäologen und Linguisten zurate zog und ihre Resultate im Zusammenhang betrachtete, hoffte er, neues Licht auf die alte Frage werfen zu können. Die Methode verstieß massiv gegen die Regeln der Zeit, da jede wissenschaftliche Disziplin mit krankhafter Eifersucht ihr Spezialgebiet abschottete und es nicht duldete, dass Außenstehende über ihren Zaun guckten. In dieser Hinsicht verhielt sich Thor Heyerdahl jedoch hemmungslos; er holte sich Wissen, wo er es bekommen konnte, auch wenn er einmal teuer dafür bezahlen sollte.

In trockene wissenschaftliche Daten vertieft, dachte er auch immer wieder einmal an Livs erstaunte Beobachtung, dass die Brandung immer nur gegen Fatuhivas Ost-, aber nie gegen seine Westseite anrollte, und daran, wie sie in Tiotis winzigem Kanu ebenso wie in Grelets leckem Boot um ihr Leben hatten kämpfen müssen. Er erinnerte sich an Henry Lies rote Steingötter und an die Erzählung des alten Kannibalen von Tiki und ebenso daran, dass sowohl physische als auch kulturelle Phänomene ihn auf den ketzerischen Gedanken gebracht hatten, die polynesischen Inseln könnten von

Osten besiedelt worden sein. In der Zwischenzeit hatte er sich zudem angelesen, dass es Ähnlichkeiten zwischen Polynesiern und den Indianern an der Westküste Kanadas gab.

Die Literatur enthielt aber auch massive Argumente für das Gegenteil. Das gewichtigste lieferten vielleicht die sprachlichen Gemeinsamkeiten, die Linguisten zwischen Polynesiern und Malaien gefunden hatten. Zudem behaupteten die Forscher, das polynesische Auslegerkanu hätte seinen Ursprung ebenso im Westen wie die Gewohnheit, Schweine, Hühner und Hunde als Haustiere zu halten. Darüber hinaus verwiesen sie auf gemeinsame Kulturpflanzen wie Banane, Kokosnuss, Taro, Yamswurzel und Zuckerrohr.

Es war, um es mild zu sagen, ein uneinheitliches Bild, das im Arbeitszimmer auf Svippopp Gestalt annahm, und Thor sah sich vorerst nicht in der Lage, eigene Schlüsse zu ziehen. Ab und zu warf er einen Blick auf den Globus und den riesigen Stillen Ozean darauf, der die halbe Erde bedeckt. Für jeden, der ihn überqueren will, ist die Entfernung gleich weit, ob er nun den Äquator entlangsegelt oder höhere Breitengrade wählt, doch wer gegen Wind und Strömungen segelt, muss bedeutend mehr Wassermassen bewältigen als derjenige, der diese Kräfte im Rücken hat. Aus seinen Vorlesungen in mathematischer Geografie wusste Thor Heyerdahl, dass sich die nördlichen Teile des Pazifiks wie ein gigantischer Strömungswirbel verhalten, mit Wassermassen, die sich in Äquatornähe Richtung Westen bewegen und dann nach Norden abbiegen, die Küsten Asiens hinauf bis in den Golf von Alaska, ehe sie erneut die Richtung ändern und an der Küste Nordamerikas entlang nach Süden fließen. Gesetzt den Fall …

Thor wagt den Gedanken kaum zu denken.

Dann passiert etwas.

Unterhalb von Svippopp liegt ein Bauernhof, auf dem sie ihre Milch holen. Eines Tages kommt der Bauer herauf, um Thor zu sprechen. Er hat Besuch bekommen, von einem Bruder, der vor einem Menschenalter nach Nordamerika ausgewandert ist. Am Vorabend haben sie einen von Thors Vorträgen im Radio gehört. Er hat etwas über Felszeichnungen und alte Statuen auf polynesischen Inseln erzählt und jetzt lasse der Bruder fragen, ob sie Thor nicht vielleicht auf eine Tasse Kaffee einladen dürften. Er habe etwas, das er Heyerdahl gern zeigen möchte, erklärt der Bauer.

Liv ist gerade aus dem Krankenhaus zurück und hat genug mit dem Säugling zu tun. Doch mit Alison als Babysitterin kann sie sich für ein Weilchen freimachen und Thor und den Bauern begleiten. Er führt sie durch den Zaun und in die Küche. Dort sitzt ein etwa siebzigjähriger Mann mit weißen Haaren am Tisch. Er hat ein paar Fotos vor sich liegen und bittet Thor und Liv, sie sich einmal anzusehen.

Sie nehmen die Bilder und betrachten eins nach dem anderen. Sie trauen ihren Augen nicht.

DIE FOTOS

Der Mann mit dem weißen Haar hieß Iver Fougner. Als er Anfang der 1890er-Jahre den Hof oberhalb von Lillehammer verließ und nach Amerika ging, war er knapp zwanzig Jahre alt. Dort ließ er sich in Crookston, einem kleinen Nest in Minnesota, nieder. Nach einem Jahr überlegte er, ob er den Schritt wagen sollte, amerikanischer Staatsbürger zu werden. Doch das kostete einen Dollar und das Geld war knapp; darum ließ er es.

Er brachte es zu einem Job als Lehrer, doch der amerikanische Traum erfüllte sich nicht. Es gab noch andere norwegische Auswanderer in Crookston und die redeten davon, weiterzuziehen. Einer von ihnen, ein Geistlicher, hatte von einem Ort an der kanadischen Westküste gehört, wo es sich gut leben lasse. Bella Coola hieß der Ort und der Mann nahm es auf sich, hinzureisen und sich die Gegend anzusehen. Begeistert kehrte er zurück. Die kanadischen Behörden hatten Bella Coola für Einwanderer geöffnet und es gab reichlich Land. Das Beste aber war: Bella Coola lag, von hohen Bergen umgeben, im innersten Teil eines Fjords. Es sah genauso aus wie in Norwegen.

Iver Fougner schloss sich der Gruppe Norweger an, die dem Geistlichen nach Bella Coola folgte. Er war felsenfest davon überzeugt, an der Schwelle zu einem besseren Leben zu stehen. Aber auch wenn es in Bella Coola und dem Tal dahinter landschaftlich schön war, ließ sich nicht leugnen, dass der Pfarrer sein Auge auf eine tote Gegend geworfen hatte. Fougner war so enttäuscht, dass er umkehren wollte. Doch da er nicht wusste, wo er hinsollte, überließ er Gott die Entscheidung und blieb vorläufig.

Die Überlegung, aus Bella Coola fortzugehen, verschwand nie endgültig, aber er arbeitete weiter als Lehrer und schlug langsam Wurzeln in der bienenfleißigen Norwegerkolonie. Am Ende hatte er das Gefühl, Bella Coola zu verlassen wäre in etwa das Gleiche, wie aus einer kämpfenden Armee zu desertieren.

Eines Tages lachte das Glück dem bescheidenen Lehrer doch noch. Im Tal von Bella Coola lebten viele Indianer und die Provinzregierung suchte einen Agenten, der sich um ihre Angelegenheiten kümmerte. Iver Fougner hatte sich schon früh für die Kultur der Indianer interessiert. Von hart erspartem Geld hatte er sich per Postorder den ersten Fotoapparat des ganzen Tals gekauft, um Prestigegegenstände und Felszeichnungen zu fotografieren. Daher war es keine Überraschung, dass er den Posten eines Indianeragenten bekam. Dadurch wurde Iver Fougner nicht nur ökonomisch bessergestellt, er konnte auch sein Hobby teilweise zu seinem Beruf machen.

Seine vordringlichste Aufgabe sollte es sein, sich um die Bedürfnisse der Indianer zu kümmern. Doch obwohl er als verlängerter Arm der Provinzregierung in die indianische Gesellschaft fungieren sollte, lag ihm das Wohl und Wehe der eingewanderten Norweger schließlich mehr am Herzen. Die Indianer erlebten ihn als ungerecht und mochten ihn nicht. Sie nannten ihn *Crooked Jaw,* weil er tatsächlich einen schiefen Kiefer hatte, aber auch weil sie ihn für einen Betrüger hielten.

Die Jahre vergingen und es nagte zunehmend an Fougners Gewissen, wenn er an Norwegen dachte. Er hätte doch längst einmal in die alte Heimat zurückkehren sollen, um den Bruder und seine alt gewordene Mutter zu besuchen. Die Mutter aber starb, die

Zeit verflog wieder, bis er sich in seinem neunundsechzigsten Lebensjahr endlich zu der Reise aufraffte. Um dem Bruder zu zeigen, wie es da, wo er lebte, aussah und womit er sich in seinem Leben beschäftigt hatte, nahm er einen Stapel seiner vielen Fotos mit. Als er am Radio saß und den Nachbarn seines Bruders polynesische Felszeichnungen beschreiben hörte, klang das für ihn so vertraut, dass er fragte, ob man diesen Nachbarn nicht auf einen Besuch einladen könne.

Thor und Liv starrten wie hypnotisiert auf die Bilder, die Iver Fougner vor sich ausgelegt hatte. Sie zeigten Felsbilder aus dem Bella-Coola-Tal, in Stein gehauene Götterbilder. Thor und Liv hatten solche Zeichnungen schon einmal gesehen; nicht in Kanada, denn da waren sie noch nie gewesen, aber auf Fatuhiva. Die Ähnlichkeit war frappierend und es stellte sich augenblicklich die Frage: Ist das Zufall oder gibt es einen Zusammenhang?

Die größten Übereinstimmungen lagen in den stilisierten Gesichtern. Sie bestanden hauptsächlich aus großen Augen mit konzentrischen Kreisen und einem ovalen Mund. Nase und Ohren fehlten in der Regel, Haare und Hals ebenso. Weder auf Fatuhiva noch in Bella Coola hatten sich die Künstler der Vorzeit die Mühe gemacht, die eigentliche Kopfform herauszuarbeiten. Wenn es hoch kam, hatten sie dem eigentümlichen Gesichtsausdruck noch ein Paar geschwungener und zusammengewachsener Augenbrauen hinzugefügt.

Thor ging zur Hütte hinauf und holte die Skizzen, die er von den Felsbildern auf Fatuhiva gezeichnet hatte. Dann saßen sie lange gemeinsam um den Küchentisch und verglichen die Zeichnungen mit den Fotografien.

Trotz der Gegensätze zwischen Fougner und den Indianern hatte er sein Wissen über sie erweitert, und genauso wie Henry

Lie und sein französischer Freund die Statuen auf Hivaoa mit Kolumbien und Südamerika in Verbindung gebracht hatten, konnte Thor Heyerdahl nun durch Iver Fougner einen Zusammenhang zwischen den Felsbildern auf Fatuhiva und denen in Bella Coola und Nordamerika sehen. Die Übereinstimmungen sprangen derart ins Auge, dass sich Heyerdahl weigerte, an Zufall zu glauben. Ein weiteres Mal hatte allerdings ein zufälliges Zusammentreffen in sein Leben eingegriffen und mit Liv am Arm kehrte er begeistert in die Hütte zurück.

Mitten in der Begeisterung erschien am 20. Oktober landesweit sein Buch *Auf der Jagd nach dem Paradies* in den Buchhandlungen. Es wurde überall besprochen und die Heyerdahls konnten sich über teils glänzende Kritiken freuen. In lustvollem Schrecken teilten die Rezensenten den Lesern lichte und dunkle Erlebnisse der Eheleute mit, einzelne dankten Heyerdahl dafür, dass er die Vorstellung von den Südseeinseln als irdischen Paradiesen entschleiert habe. Der Einzige aber, der das Buch in einem größeren Zusammenhang betrachtete, war Henning Sinding-Larsen in *Aftenposten*. Ihn beschäftigten vor allem die Abschnitte über die Eingeborenen und ihre Gedenksteine, »weil wir den Eindruck gewinnen, dass Heyerdahl da auf neues Material von großem ethnografischem Wert gestoßen ist«.

Thor Heyerdahl sollte aber auch eine ordentliche kalte Dusche abbekommen, und zwar von keinem Geringeren als seinem Mentor Bjarne Kroepelien. Er hatte frisch aus der Druckerei sogleich ein Exemplar mit einer persönlichen Widmung des Autors bekommen. Nachdem er es gelesen hatte, schrieb er Heyerdahl einen Brief. Der ist in dessen Archiv leider nicht erhalten, doch Heyerdahl antwortete darauf, und diese Antwort fand sich unter den Papieren, die Kroepelien nach seinem Tod 1966 hinterließ.

»Danke für Ihren Brief«, heißt es darin. »Sie teilen mir darin Ihre Meinung über das Buch mit, das ich Ihnen sogleich geschickt habe, und auch wenn ich Derartiges nicht unbedingt erwartet habe, muss ich doch sagen, dass ich zu schätzen weiß, dass Sie mir ehrlich Ihre Meinung geschrieben haben. Damit, dass das Buch nicht Ihren Geschmack getroffen hat, muss ich mich abfinden.«

Vor allem die Schilderung von Teriieroos Essgewohnheiten hatten Kroepeliens Missfallen geweckt. Außerdem meinte er, Heyerdahl sei mit einer dogmatisch verstockten Meinung über die Entwicklung der polynesischen Gesellschaft heimgekehrt. Kroepelien fand es traurig, die polynesische Kultur unter dem Druck der europäischen Zivilisation zerfallen zu sehen. Gleichwohl sei es unmöglich und verkehrt, zu versuchen, diese Zivilisation auszusperren. Hier wie da seien die Menschen an neuen technischen Hilfsmitteln wie Autos und Wellblech interessiert. Anstatt diese Entwicklung zu kritisieren, wäre es richtiger, meinte Kroepelien, dazu beizutragen, dass sie so schonend wie möglich verlief.

Heyerdahl gestand Kroepelien das Recht zu, sein Buch nicht zu mögen, aber der Vorwurf, Teriieroo nicht mit Sympathie geschildert zu haben, verblüffte und bedrückte ihn.

»Teriieroo war ein Ehrenmann«, antwortete er Kroepelien, fügte aber hinzu, dass »mit ihm und seiner Zeit das alte Tahiti vorbei ist und dass er die neue Kultur verachtete«. Dann verschärfte er den Ton: »Alles Unechte und Gekünstelte, vor dem ich davongereist bin, sollte ich da unten wiederfinden, und zwar in noch ausgeprägterem Ausmaß, nur noch greller und parodistischer. Nirgends bedeutet Kleidung mehr. Und Geld. Und Phrasen. Alles auf echt europäische Art. Das wollte ich in meinem Buch zum Ausdruck bringen und nicht die wenigen Ausnahmen, denen wir begegnet sind und deren stolzes Rasseempfinden wir stets in Erin-

nerung behalten und bewundern werden. Zu ihnen gehören Teriieroo, der Krankenpfleger Terai, der Geistliche Pakeekee, Tioti,
Tei Tetua und einige andere. Obwohl sich der alte Tei als Kannibale erwies, hätte ich seine Manieren besser gefunden als die ultra-
moderne Geldgierigkeit der Masse der Südseebewohner und ihren
Mangel an sorgloser Glückseligkeit und Charme, die einmal ihre
größten Eigenschaften waren.

Sie glauben mir nicht und Sie werden mich nie verstehen. In
der Hinsicht wird dieser Brief vergeblich sein [...]. Doch ich weiß,
falls Sie noch einmal dorthin reisen sollten, werden Sie mich leider verstehen.«

Schon bevor Kroepelien Heyerdahl seinen kritischen Brief
schickte, war die Atmosphäre zwischen ihnen kühl geworden.
Thor erwähnt Kroepelien in seinem Buch nicht, erst später sprach
er dem Büchersammler seine Anerkennung für die Hilfe aus, die er
in dessen Bibliothek gefunden hatte. Er versuchte auch nicht, ihren
Kontakt zu erneuern. Und das Exemplar des Buches, das er Kroepelien schickte, hatte er nicht mit seinem Namen, sondern mit dem
weniger herzlichen »Verf.« signiert.

Sich gegenüber einem Menschen, dem er Dank schuldete, derart
zu anonymisieren lässt sich natürlich auf verschiedene Weise deuten. Es kann Ausdruck von Verlegenheit sein, genauso aber auch
das Gegenteil, dass er nämlich, indem er sich selbst als Autor bezeichnete, Stolz zum Ausdruck bringen wollte. Vielleicht kündigt
die Distanz, die er einnimmt, auch die Ausprägung eines neuen
Charakterzugs bei Thor Heyerdahl an, eines Zugs, der sich in jungen Jahren auch bei Männern vom Schlag eines Fridtjof Nansen
und Roald Amundsen formte. Heyerdahl fühlt, dass er Großes
vollbracht hat. Zusammen mit seiner Frau hat er zur allgemeinen
Bewunderung ein Jahr bei den, wie er es die Zeitungen ausdrücken

ließ, Wilden in der Südsee zugebracht. Er hat als Autor debütiert und gleichzeitig beschäftigt er sich mit etwas für ihn noch Größerem. Er will nun die Antwort auf etwas finden, an dem sich die Wissenschaft schon seit Langem die Zähne ausbeißt. Diese Antwort kann er aber nicht mehr bei Kroepelien oder in dessen Bibliothek suchen. Er braucht Kroepelien also nicht länger. Die Zeit des Helfers ist abgelaufen. Er hat sein Scherflein beigetragen und kann jetzt abserviert werden. Anders gesagt: Thor Heyerdahl will nicht nur weiter, er will Berge versetzen. Wie Nansen und Amundsen hat er keine Zeit mehr, zurückzuschauen, ja, kaum einmal zur Seite.

Sogar Liv lässt er zurück, nicht in wörtlichem Sinn, aber im Buch. Sie haben die Reise zu zweit unternommen, sie haben beide zusammen auf Fatuhiva gelebt, im Text aber dominiert Thor. Liv macht zwar richtigerweise die andere Hälfte des erzählenden »Wir« aus und sie ist auf den Fotografien zu sehen. Als eigenständiges Individuum taucht sie aber nur sporadisch auf, und wenn, dann steht sie eher wie eine Statistin da denn als Teilnehmerin. Liv bereitet das Essen und unterhält das Feuer. Sie bekommt Geschwüre und wird krank. Ein vollständiges Porträt von ihr zeichnet er aber nicht, obwohl das Buch außer als Reisebericht auch als Schilderung einer ungewöhnlichen Hochzeitsreise lanciert wurde.

Die Kritiken waren gut, das Buch war überall im Gespräch, und trotzdem wurde es zu Heyerdahls und des Verlags Enttäuschung kein Verkaufserfolg. Die *Jagd nach dem Paradies* erschien lediglich in einer Auflage.

Heyerdahl verdiente damit nicht mehr als den Vorschuss und den hatte er bereits für den Hauskauf ausgegeben. Ökonomisch gesehen war er damit so gut wie arbeitslos. Abgesehen von dem, was er noch durch Vorträge und vereinzelte Zeitungsartikel einnehmen konnte, stand die kleine Familie also ohne Aussicht auf gesicherte Einkünfte da.

Intellektuell war er keineswegs ohne Arbeit. Die Begegnung mit Iver Fougner am Esstisch auf dem Nachbarhof hatte nicht nur Thor, sondern auch Liv entflammt. Sie wussten zwar nicht, woher sie das Geld dazu nehmen sollten, beschlossen aber gleichwohl sehr bald, nach Kanada und Bella Coola zu reisen. Thor wollte die von Fougner fotografierten Felsbilder untersuchen und sich genauer mit der Vorgeschichte des indianischen Steinzeitvolks vertraut machen, das sie ausgemeißelt hatte. Liv wollte zudem einfach auf zu neuen Abenteuern, und was konnte spannender sein als die kanadische Wildnis? Die Erlebnisse auf Fatuhiva hatten sie keineswegs ängstlich gemacht.

Zunächst einmal ging es jedoch um näherliegende Dinge. Thor las sich in die relevante Literatur in der Universitätsbibliothek ein, Liv kümmerte sich um Haus und Kind. Trotz ihres geringen Budgets versuchten sie, ein bisschen Geld für die nächste Expedition zur Seite zu legen.

Die Verhältnisse waren bedrückend und dem Leben auf Svippopp begann es an Harmonie zu fehlen. Thor zog sich zeitweilig in sich selbst zurück und isolierte sich grübelnd in seinem Arbeitsraum. Das Zusammenleben zeigte Abnutzungserscheinungen und Liv überlegte, ob sie ihren Mut zusammennehmen und mit Alison darüber reden sollte. Aber sie traute sich nicht.

Ihre Reisepläne gaben sie dennoch nicht auf. Nach vielen Mühen glaubten sie genügend Geld für einen halbjährigen Aufenthalt in Bella Coola beisammenzuhaben. Für die Überfahrt selbst fehlte ihnen aber noch das Geld und sie hatten keine Ahnung, wann sie wohl aufbrechen könnten.

Der einfachste Weg zu Kanadas Westküste führte zu Schiff

durch den Panamakanal. Für Thor war es daher nicht ohne Spannung, als er herausfand, dass die Reederei Fred. Olsen ein Schiff auf der Linie Oslo–Vancouver verkehren ließ. In Kindertagen war Fred. Olsen, einer der mächtigsten Männer im norwegischen Schifffahrtswesen, höchstselbst einmal im Elternhaus am Ende der Stengate in Larvik zu Besuch gewesen. Er und seine Frau interessierten sich für Antiquitäten und ihnen war zu Ohren gekommen, dass Alison über eine ganz ansehnliche Sammlung verfügte. Thor war ihnen über den Weg gelaufen, als sie die Möbel betrachteten, und wenn er genau darüber nachdachte, glaubte er sich auch zu entsinnen, dass Alison den Gästen einen Drink kredenzt hatte. Richtig gemütlich war es gewesen. Und nun schlug Alison ihrem Sohn vor, er solle die Reederei aufsuchen, um zu sehen, ob dort nicht preiswerte Billetts für eine Überfahrt zu bekommen waren.

Als der alte Fred. Olsen 1933 starb, übernahmen die beiden Söhne Rudolf und Thomas die Firma. Es ergab sich, dass Thor bei Thomas Olsen vorgelassen wurde. Er hatte sich darauf vorbereitet, dass ihn der Reeder nach dem Zweck seiner Reise fragen würde. Mit einer wohlgefüllten Mappe unter dem Arm tauchte er im Osloer Kontor auf. Sie enthielt Zeichnungen, die die Ähnlichkeit zwischen Felsbildern und Gerätschaften in Polynesien und an der kanadischen Westküste belegten. Sie enthielt Karten über Wind- und Strömungsverhältnisse im nördlichen Pazifik und nicht zuletzt eine Karte, die Thor selbst gezeichnet hatte.

Die Karte zeigte, wie sich Thor Heyerdahl ein Jahr nach seiner Rückkehr von Fatuhiva das Muster der polynesischen Wanderungen im Pazifik vorstellte. Einige Theorien dazu hatte er von anderen übernommen, doch waren sie, wie gesagt, eine nach der anderen von der kompakten wissenschaftlichen Mehrheit zurückgewiesen worden. Das Treffen mit Fougner und das winterlange Studium der indianischen Kultur hatten Heyerdahl indessen angespornt, nach neuen Punkten zu suchen, wo möglicherweise ein *missing link* in der Geschichte der polynesischen Wanderungen übersehen worden war. Und eines Tages war er mit einem Einfall aufgewacht, den er kaum zu denken wagte: der Japanstrom, die Wassermassen, die von den Philippinen aus an Japan vorbei in den Golf von Alaska fließen und von dort hinab in die Gegend, in der, ja, in der Bella Coola liegt.

Der Reeder beugte sich interessiert über die Karte.

Mit Pfeilen hatte Heyerdahl die Routen markiert, denen seiner Meinung nach die Polynesier gefolgt waren. Seine Schlussfolgerungen hatte er schriftlich ausgearbeitet:

»Von ihrem ursprünglichen Isolationszentrum in Hinterindien aus hat sich die indoamerikanische Rasse in zwei Richtungen ausgebreitet:

1. über den gesamten Malaiischen Archipel [...]

2. entlang der Küsten Richtung Nordosten erreichte sie Amerika und verbreitete sich dort als Ureinwohner über den gesamten amerikanischen Kontinent.

Ein Zweig des nordwestindianischen Fischervolks scheint später Hawaii erreicht zu haben und gelangte von dort mit dem Nordwestpassat im Rücken zur samoanischen Insel Sawaii. Von dort aus hat die Rasse den gesamten unbewohnten polynesischen Archipel und Neuseeland erobert. Nur auf den am weitesten östlich gelegenen Inseln, der Osterinsel und den Marquesas, mussten sie ein kurz zuvor gelandetes Naturvolk verdrängen, wahrscheinlich Ausläufer der indoamerikanischen Kultur in Peru. Gegen Westen stießen sie auf die austromelanesische Rassenmauer und durch Vermischung entstand dort die mikronesische Inselbevölkerung.«

Heyerdahl hat mit seinem Vortrag in Thomas Olsens Kontor Erfolg. Vom Enthusiasmus des jungen Mannes und nicht zuletzt von seinen spannenden Fragestellungen angesteckt, bewilligt der Reeder ihm günstige Tickets. Thor, Liv und der kleine Thor dürfen allein gegen Kostgeld die Reise nach Vancouver antreten; es beträgt fünf Kronen pro Tag.

Abgesehen von Liv war Thomas Olsen der erste Mensch, dem Thor seine Karte zeigte. Vielleicht wurde ihm eine unvorhergesehene Ehre zuteil, denn mit dieser Karte legte Thor Heyerdahl de facto den Grundstein zu seinem Forscherleben.

Am 1. September 1939 gab Hitler der deutschen Wehrmacht den Befehl zum Einmarsch in Polen. Zwei Tage später erklärten England und Frankreich Deutschland den Krieg. Thor und Liv waren beide im Ersten Weltkrieg geboren. Sie waren kaum erwachsen, da brach der Zweite aus.

Die Reederei hatte ihnen kein festes Datum für die Überfahrt genannt, doch sie waren fest entschlossen, sich durch den Kriegsausbruch ihre Pläne nicht durchkreuzen zu lassen. Während Thor über den »Betrüger« Hitler und all die auch in Norwegen spürbare Propaganda schimpfte, hoffte Liv, dass Hitler nicht noch eine Gemeinheit einfiel, die ihre Reise gefährden könnte. Ende des Monats bekamen sie endlich Bescheid. Sie gingen an Bord der *Abraham Lincoln* mit Kurs auf Vancouver.

BELLA COOLA

In den engen Fjord von Bella Coola einzulaufen sieht genauso aus, wie in einen Fjord im norwegischen Westland hineinzufahren. Die Berge ragen steil auf, die Gipfel sind von Eis und Schnee bedeckt. Der Fjord ist neunzig Kilometer lang.

In Bella Coola und dem landeinwärts dahinterliegenden Tal haben seit Jahrtausenden Indianer gelebt, seit ihnen die Götter eine Schöpfungsgeschichte gaben. Weiße sahen sie zum ersten Mal im Jahr 1793. Da kam ein offenes Boot, teils gesegelt, teils gerudert, den Fjord entlang. Die Männer darin gehörten zur Besatzung von George Vancouvers *Discovery*, die weiter draußen vor Anker lag. In der Befürchtung, die Spanier könnten sich auch noch in diesem Teil Amerikas festbeißen, hatte ihn die britische Admiralität ausgesandt, um die Küste von Kalifornien bis nach Alaska zu kartieren.

Im Verlauf des 19. Jahrhunderts kamen dann Pelzjäger, Goldgräber und Missionare nach Bella Coola. Sie schleppten Krankheiten ein und 1862 raffte eine Pockenepidemie große Teile der indigenen Bevölkerung dahin. Gegen Ende des Jahrhunderts trafen die norwegischen Kolonisten ein und teilten das Land unter sich auf. Sie bauten eine Kirche und ein Gemeindehaus und verwalteten das Tal wie eine Gemeinde in Norwegen. So eingefleischt christlich, wie sie waren, erließen sie ein totales Alkoholverbot. Ein Norweger, der trank, konnte des Tals verwiesen werden. Indianer, die von den Pelzjägern gelernt hatten, wie man *home brew* herstellt, durften bleiben, mussten jedoch empfindliche Geldbußen an *Crooked Jaw* abführen. Zusammen mit den Krankheiten des weißen Mannes forderte der Alkohol weitere Menschenleben. Viele Tausend Indianer hatten einmal im Bezirk gelebt. Als sich Thor Heyerdahl mit Frau und Kind in Bella Coola niederließ, waren nur noch wenige Hundert übrig.

Die kleine Familie traf mit dem örtlichen Versorgungsschiff aus Vancouver in einer nasskalten Nacht kurz vor Weihnachten 1939 ein. Schneeregen fiel und Liv war enttäuscht, dass sie den Fjord und die Berge nicht bei Helligkeit sehen konnten. Alles, was sie von der Reling aus erkannte, waren ein paar vereinzelte Lichter am Kai.

Aber es wimmelte von Menschen. Sobald es festgemacht hatte, strömten sie an Bord des Weihnachtsschiffs und in den Salon, um Freunde und Verwandte zu begrüßen. Der Kapitän hatte versprochen, Thor und Liv behilflich zu sein, doch verschwand er im Gewimmel, bis er mit einem Mann wiederauftauchte, der sich in singendem Norwegisch als Olaf Fosback vorstellte. Sein Auto stand auf dem Kai, ein alter Ford Model T, und nachdem sie das Gepäck eingeladen hatten, fuhr er sie zu seiner Schwester Marit Christensen, die das einzige echte Hotel in Bella Coola betrieb. Es hieß Mackenzie und hatte schon bessere Tage gesehen.

Doch Liv freute sich über neue Bekanntschaften und die großartige Natur. Cliff Kopas und seine Frau Mae im Nachbarhaus hatten einen Sohn namens Leslie im gleichen Alter wie der kleine Thor. Während die Mütter auf die Kinder aufpassten, unterhielten sich die Männer über Indianer. Cliff Kopas war in der Provinz Alberta aufgewachsen, doch vor einigen Jahren zu Pferd über die Rocky Mountains gekommen. Er arbeitete als Schreiber und Fotograf und hatte vieles über die Geschichte der Indianer in Er-

Unterwegs. Thor Heyerdahl und sein Sohn machen Pause im Tal
von Bella Coola. Das Tal wurde in den 1890er Jahren von Norwegern
besiedelt

Bärenjagd. Thor Heyerdahl und Clayton Mack bringen ihre Jagdbeute im Kanu nach Hause

fahrung gebracht. Dadurch wurde Kopas in Bella Coola zu einem wichtigen Gewährsmann für Thor.

Weitere Hilfe fand er bei Iver Fougner, der von seinem Besuch in Norwegen zurückgekehrt war. Thor sah bald, dass der alternde Herr einer der bedeutenderen Söhne der weißen Einwohnerschaft war. Aus Dankbarkeit für seine Verdienste um die norwegische Kolonie hatte man einen Berg nach ihm benannt. Mount Fougner ragte majestätisch über dem Ort auf.

Fougner war nicht mehr als Indianeragent tätig und plagte die Indianer nicht länger mit Geldstrafen für ihre Schwarzbrennerei. Sein Verhältnis zu ihnen musste sich gebessert haben, denn die Indianer empfingen ihn mehr als freundlich, als er mit Thor die Runde machte und ihn vorstellte. Und mit seinem gewinnenden Wesen und spannenden Ausführungen über mögliche Verbindungen zwischen Nordwestküstenindianern wie ihnen selbst und den Bewohnern ferner Südseeinseln erwarb sich Thor rasch ihr Vertrauen.

Eines Tages wandert er mit einigen Begleitern den Fluss hinauf, der das Tal von Bella Coola durchströmt. Nach einer Weile folgen sie einem Pfad, der vom Fluss in den Wald abbiegt. Die Bäume stehen hoch und dicht. Der Waldboden ist mit Moos bedeckt. Der Pfad führt bergauf, es wird steiler. Ein Stück weiter oben am Hang stoßen sie auf einen Bach und folgen ihm.

Plötzlich bleibt der führende Mann stehen. Er hat einen Stock in der Hand und kratzt damit im Moos. Die anderen sammeln sich um ihn, Thor in erster Reihe. Langsam kommt eine Figur zum Vorschein. Sie hat rätselhafte Augen aus konzentrischen Kreisen. Ein in Stein gehauenes Gesicht, eine Göttermaske.

Thor hat das Gesicht schon einmal gesehen. Auf Fatuhiva, Tausende von Kilometern entfernt.

Hier sind es mehrere Gesichter. Eins hat ein Auge geschlossen, ganz genau wie das Gesicht auf einer Felszeichnung, die ihm Henry Lie im Puamautal auf Hivaoa gezeigt hat. Thor glaubt, der Künstler habe einen Gott darstellen wollen, der auf einem Auge blind war.

Dass die Felsbilder in Bella Coola von Moos bedeckt waren, bewies, dass sie im Leben der Indianer keine Rolle mehr spielten. Und als Thor sie fragte, hatten sie auch keine Ahnung, was die Figuren symbolisieren sollten oder wer sie erschaffen hatte. Zu ihrem Kult gehörten Totempfähle und die Masken, die sie bei ihren rituellen Tänzen trugen und die sie in Wal, Rabe oder Bär verwandelten oder gar in den gefürchteten Thunderbird, den Donnervogel, der von seinem Sitz in den Bergen die Gewitter schickte.

Wenn aber nicht die Indianer aus Bella Coola die Felsbilder geschaffen hatten, wer war es dann?

Als sich Thor Heyerdahl und Familie nach fast sechswöchiger Seereise an Bord der *Abraham Lincoln* vom Kapitän verabschiedet hatten, waren sie nicht unmittelbar nach Bella Coola weitergefahren. Zuerst wollte Thor mehr über die Indianer der nordwestlichen Pazifikküste lesen. Sie blieben darum eine Weile in Vancouver, wo Thor die ethnologische Sammlung der Universität aufsuchte. Er unternahm auch einen Abstecher nach Seattle, ehe sie schließlich nach Victoria, der Hauptstadt der Provinz Britisch-Kolumbien auf Vancouver Island, übersetzten. In dieser britischsten aller kanadischen Städte logierten sie sich in einem Dachzimmer mit Blick auf den Pazifik ein, und während Liv und der kleine Thor am Strand unten vor dem Haus spielten, verbrachte der große Thor seine Zeit im *Provincial Museum*.

In dessen Keller stapelten sich Kisten über Kisten mit archäologischen und ethnografischen Objekten aus den Indianersiedlungen entlang der Nordwestküste. Aus irgendwelchen Gründen waren sie nicht einmal ausgepackt worden, aber der Museumsdirektor reichte Thor den Kellerschlüssel und wünschte viel Vergnügen.

Die Wissenschaft war sich einig, dass die ersten Menschen, die Amerika erreicht hatten, aus Asien gekommen waren und den Weg über die Beringstraße genommen hatten. Von dort hatten sie sich fächerförmig über den gesamten Kontinent ausgebreitet. Uneinig waren sich die Forscher hingegen darüber, wann das geschehen war. Während einige die Ansicht vertraten, die Einwanderung habe relativ kurz nach der letzten Eiszeit vor acht- oder neuntausend Jahren begonnen, behaupteten andere, sie habe erst wenige Jahrhunderte vor der christlichen Zeitrechnung stattgefunden. Die Mehrheit hing allerdings der Hypothese an, dass sich die Einwanderung aus Asien über einen längeren Zeitraum hingezogen und in mehreren Schüben vollzogen hätte. Thor Heyerdahl schloss sich dieser Meinung an. Als die ersten Europäer die Küstenabschnitte nördlich von Vancouver erreicht hatten, war den Völkern, auf die sie dort trafen, das Eisen noch unbekannt. Heyerdahl nahm es als Indiz für die Annahme, dass ihre Vorfahren Ostasien vor dem Ende der Steinzeit verlassen hatten, also zwei- bis dreitausend Jahre vor Christus.

Zwischen engen Fjorden und hohen Bergen bildeten sich im Lauf der Zeit unterschiedliche Stämme unter den Indianern. Diejenigen, die im fruchtbaren Tal von Bella Coola und den auswärts gelegenen Küstenstrichen lebten, wurden unter dem Namen Kwakiutl bekannt. Während andere Stämme nördlich und südlich von ihnen dem Zuwanderungsdruck von Menschen mit Wohnsitzen im Landesinneren ausgesetzt waren, sorgte das unzugängliche Terrain um das Bella-Coola-Tal dafür, dass die Kwakiutl friedlich unter sich bleiben konnten. Das, so meinten die Forscher, sei die Erklärung dafür, dass dieses Volk in größerem Ausmaß seine maritime Kultur bewahren und entwickeln konnte als andere. Sie sammelten mehr Erfahrungen auf See als ihre Nachbarn.

Als Thor Heyerdahl Norwegen verließ, war er fest entschlossen, »nicht mit einem Wort zu erwähnen, was wir in Kanada studieren wollen«. So teilte er es seinen Schwiegereltern brieflich mit. Doch erkannte er bald, dass er wohl doch etwas mehr preisgeben musste, wenn er Zugang zu dem gewünschten Studienmaterial bekommen wollte. Anstatt jedoch anzudeuten, dass Polynesien vielleicht von Indianern aus British Columbia besiedelt worden sein könnte, drehte er seine Problemstellung aus taktischen Gründen um und gab vor, die gängige Meinung untersuchen zu wollen, der zufolge »die Polynesier auf ihren zahllosen Erkundungsfahrten auch diese Küsten besucht hatten«. Er selbst habe die lange Anreise aus Norwegen auf sich genommen, um nach Spuren für diese Annahme zu suchen.

Der Direktor des *Provincial Museum* öffnete ihm nicht bloß den Zugang zu den Kulturschätzen im Keller seines Museums, sondern richtete ihm auch in seinem eigenen Büro einen Arbeitsplatz ein, an dem er ungestört aus der Literatur über die Indianer der nordwestlichen Pazifikküste schöpfen konnte, die in Norwegen unmöglich zu beschaffen war.

Während seines Aufenthalts in diesem Museum wurde Heyerdahl darauf aufmerksam, dass sich schon James Cook und George Vancouver über die Ähnlichkeiten in der Kultur und Lebensweise zwischen den Polynesiern und den Indianern der Nordwestküste Nordamerikas gewundert hatten. Die beiden englischen Entdeckungsreisenden hatten gemeinsam und jeder für sich den Stillen Ozean in hohen und niedrigen Breiten befahren und in ihren

Aufzeichnungen gingen sie so weit, das Verhältnis zwischen den beiden Völkergruppen als Verwandtschaft zu bezeichnen. Außerdem hatte Cook auf Hawaii Treibholz gesehen, das von der Küste Nordamerikas stammen musste. Diese Baumstämme waren so groß, dass die Eingeborenen sie auf die gleiche Weise zu Kanus aushöhlten wie die Ureinwohner Nordamerikas.

In dieser Zeit war für Heyerdahl seine Begegnung mit dem anerkannten kanadischen Anthropologen und Sprachwissenschaftler Charles Hill-Tout von höchstem Wert. Eigentlich Engländer mit einer Ausbildung in Oxford, hatte er sich später in Vancouver niedergelassen, wo sein Interesse an den Völkern der Nordwestküste geweckt worden war. In einer größeren Studie wies er nach, dass mehrere der Sprachen, die diese Indianer sprachen, derart deutliche Übereinstimmungen mit dem Polynesischen und Malaiischen aufweisen, dass sie nicht auf Zufall beruhen konnten. Es könne darum kein Zweifel bestehen, meinte er, dass Verbindungen über See bestanden hätten. Doch wie alle anderen Experten, die Thor kennenlernte, ob sie nun Sprachwissenschaftler oder Archäologen waren, hielt auch Hill-Tout an der Meinung fest, diese Verbindungen hätten nur darin bestehen können, dass die Polynesier von ihren Inseln im Pazifik herübergekommen seien.

Am Ende seines Studienaufenthalts in Vancouver und Victoria stellte Thor Heyerdahl fest, dass er als Einziger das Gegenteil glaubte. Es verblüffte ihn, dass die Forscher nicht einmal auf den Gedanken gekommen waren, die Indianer hätten die Verbindung herstellen können und nicht die Polynesier.

Mit erweitertem Wissen und noch bestärkter Motivation ging er mit Frau und Kind an Bord des Postschiffs, das sie das letzte Stück nach Bella Coola befördern sollte. Der Schlüssel liege in den Felszeichnungen, hatte der Museumsdirektor gesagt.

Sie mieteten ein Dachzimmer im Mackenzie Hotel und aßen im Speisesaal unter Holzfällern und anderen Gelegenheitsarbeitern aus dem Ort. Die Leute mochten Thor, wenn auch die norwegischstämmigen Siedler bemängelten, wie selten er sie besuchte. Er und Liv gingen oft auf Erkundungstouren in die Berge und Wälder. Zu den Indianern entwickelte Thor nach und nach ein so gutes Verhältnis, dass der Stamm ihn förmlich adoptierte. Sie führten ihn an immer neue archäologische Fundstätten und er gelangte mehr und mehr zu der Überzeugung, dass seine Theorie richtig war. Nach Anbruch der Dunkelheit saß er zwischen trocknenden Windeln in der Dachkammer und arbeitete über Büchern und Notizen, während Liv den Kleinen zu Bett brachte und eines Tages feststellte, dass sie wieder schwanger war.

Es erstaunte Thor, dass die Indianer, die er kennenlernte, selbst keine Erklärungen für die Felsbilder hatten. Die Lösung war jedoch einfach. Die Indianer, die im Bella-Coola-Tal wohnten, waren keine Kwakiutl, sondern Salish, mithin von einem Stamm, dessen Hauptsitze weiter südlich lagen. Irgendwann hatten sie ihr Territorium ausgeweitet und die Kwakiutl vertrieben.

Als die Salish die Oberhand gewannen, blieben den Kwakiutl zwei Fluchtmöglichkeiten: Sie konnten sich über einen Pass im hintersten Teil des Tals ins Hochland zurückziehen, wo sie allerdings auf andere ihnen feindselig gesinnte Stämme treffen würden. Oder sie konnten ihre Kanus besteigen und über See entkommen. Für ein Volk, das seine maritime Kultur und damit sein seefahrerisches Wissen bewahrt hatte, stellte die Flucht über den Seeweg die naheliegendere Alternative dar.

Ein Volk auf der Flucht würde seine Frauen und Kinder mitnehmen, damit sie nicht von feindlichen Stämmen versklavt würden, räsonierte Heyerdahl weiter. Die Kwakiutl kannten die reichen Fisch- und Muschelbänke draußen vor der Küste und eine Weile konnten sie auf den Inseln in der von ihnen so genannten Hakaipassage Frieden finden. Diese Meerenge bildete den letzten Hafen vor dem offenen Meer. Für eine dauerhafte Ansiedlung aber taugte die Hakaistraße nicht, früher oder später hätten die Indianer weiterziehen müssen, und da blieb ihnen nur noch eine Möglichkeit zur Fortsetzung ihrer Flucht: das offene Meer.

Die aber erforderte relativ große, seetüchtige Fahrzeuge. Verfügten sie über solche? Um sich entlang der Küsten bewegen und fischen zu können, waren die Indianer an der nordwestlichen Pazifikküste seit jeher auf das Kanu angewiesen. Sie entwickelten es ständig weiter und bauten Bootstypen, die den Anforderungen küstennaher Meeresgewässer gewachsen waren und viele Menschen aufnehmen konnten. Einzelne Forscher waren der Ansicht, die aus Baumstämmen ausgehöhlten Kanus der Nordwestküstenindianer seien die besten, die je ein Urvolk entwickelt hatte, und wenn man sie paarweise miteinander verband, hätten sie im Prinzip überall hinfahren können.

Das Kanu war das tragende Element in der Kultur der Indianer an der Nordwestküste Kanadas, oder wie es einer der Forscher ausdrückte: »Für den Nordwestküstenindianer ist das Kanu das, was das Pferd für den Araber bedeutet.«

Nach Thor Heyerdahls Auffassung würden sich nur Flüchtlinge ohne Aussicht auf Heimkehr mitsamt Frauen und Kindern auf ein unbekanntes, endloses Meer hinauswagen, getragen allein von der Hoffnung, auf der anderen Seite neue Wohnplätze zu finden. Das mussten sie trotz allem als das kleinere Übel im Vergleich zu einer Unterwerfung unter die kriegerischen Salish betrachtet haben, die nicht nur gekommen waren, um ihr Land zu erobern, sondern auch, um ihre Skalpe zu nehmen.

Während seines Aufenthalts in Vancouver hatte Heyerdahl auch von der unglaublichen Geschichte des deutschstämmigen Kapitäns John Voss gehört. 1901 hatte dieser Voss einigen Indianern an der Nordspitze von Vancouver Island nicht weit von der Hakaipassage ein mehr als fünfzig Jahre altes Kanu abgekauft. Inspiriert von dem Amerikaner Joshua Slocum, der wenige Jahre zuvor als erster Einhandsegler die Erde umrundet hatte, wollte er diese Großtat wiederholen, allerdings zusammen mit einem Freund.

Das Kanu war achtunddreißig Fuß lang und wurde vor dem Aufbruch etwas umgebaut. Es erhielt unter anderem einen Kiel, ein Ruder, Segel und Ballast. Der Rumpf selbst aber war noch intakt. Voss taufte es auf den Namen *Tilikum*, ein indianisches Wort für Freund.

Die beiden Freunde begannen ihre Fahrt in Vancouver, passierten Hawaii und erreichten Neuseeland. Nach vielen Widrigkeiten erreichte die *Tilikum* nach einer zurückgelegten Strecke von insgesamt vierzigtausend Seemeilen 1904 London, wo das Indianerkanu natürlich großes Aufsehen erregte und in Earl's Court öffentlich ausgestellt wurde.

Die Geschichte beeindruckte auch Thor Heyerdahl. Er nahm sie als Beweis dafür, dass es durchaus möglich war, in ausgehöhlten Baumstämmen das Meer zu überqueren. Zwar kannten die Kwakiutl-Indianer weder Kiel noch Steuerruder, doch dafür wandten sie die Technik an, jeweils zwei Kanus zusammenzubinden, eine Methode, die sich auch die Polynesier und ihre neuseeländischen Verwandten, die Maori, aneigneten.

Da Polynesien erst lange nach Beginn der christlichen Zeitrechnung besiedelt worden war, hätte der Exodus der Kwakiutl aus dem Tal von Bella Coola nach Heyerdahls Schätzung etwa um das Jahr 1000 stattfinden können oder etwa viertausend Jahre nachdem sie mit dem Japanstrom von den Ostküsten Asiens herübergetrieben waren. Neue Wohnsitze fanden sie auf Hawaii, das laut Heyerdahl möglicherweise nach ihrem Abfahrtsort Hakai benannt worden war.

Damit schien der polynesische Kreis geschlossen zu sein. Parallel zu seinen Untersuchungen der Felsbilder im Bella-Coola-Tal nahm Heyerdahl über Neujahr die Arbeit an seiner ethnologischen Monografie wieder auf, der er nach der Rückkehr von Fatuhiva den Arbeitstitel *Polynesia and America* gegeben hatte.

»Thor arbeitet jetzt mit Volldampf und seine Arbeit wächst so an, dass ich mir bald eine Schreibmaschine besorgen muss«, berichtete Liv im Januar 1940 in einem Brief an die Eltern.

Drei Wochen später: »Thor sitzt und schreibt von halb zehn oder zehn am Morgen bis acht Uhr abends mit nur einer kurzen Mittagspause. Danach liegt er im Bett und erzählt die ganze Nacht davon, was er am nächsten Tag schreiben will. Ich sage, dass er zu hart arbeitet, aber er hat nun mal keine Ruhe, bevor das Ganze fertig ist.«

Während er zwischen den Bergen um Bella Coola saß und schrieb, wurde es zu Heyerdahls erklärter Absicht, die Abhandlung über die Wanderungen der Polynesier zur Grundlage für eine Doktorarbeit zu machen. Und er sah darin eine Möglichkeit, auch die ethnografische Sammlung, die er von den Marquesas mitgebracht und in Berlin vergeblich hatte verkaufen wollen, noch zu gutem Nutzen zu bringen.

Als Student hatte sich Thor Heyerdahl an der Universität nicht wohlgefühlt, weil er sich als eingeschränkt empfunden hatte. Andererseits hegte er einen ausgeprägten Wunsch, der akademischen Welt anzugehören. Von einem immer stärker werdenden Glauben an sich selbst angetrieben, wuchs sein Bedürfnis, eigene Wege zu gehen, unabhängig von dem, was die etablierte Wissenschaft von seinen Problemstellungen halten mochte. In diesem Zusammenhang wurde Bella Coola oder das Indianerreservat, wie er es nannte, für Heyerdahl zu einem Labor. So wie das Tal für die Polynesier auf ihrer jahrtausendelangen Odyssee von Asien zu den Inseln der Südsee eine Zwischenstation bedeutet hatte, wurde es auch für ihn eine Zwischenstation auf seiner Jagd nach der Geschichte der polynesischen Wanderungen.

Nach Fatuhiva hatte seine Theorie lediglich auf einem Bein gestanden. In Bella Coola erhielt sie ein zweites. Und damit, so glaubte Heyerdahl, stand sie stabil.

Eines Tages, es war schon fast Frühling, erschien Cliff Kopas und lud Thor zur Bärenjagd ein. Sie sollte in Begleitung eines Mannes namens Clayton Mack stattfinden. Mack war Bärenjäger und Indianer. Er besaß ein kleines Motorboot und sie nahmen Ausrüstung und Proviant für etwa eine Woche mit. Sie wollten zum Kwatna Inlet, einer engen und zwischen Bergen eingeklemmten Bucht etwa vierzig Seemeilen fjordauswärts. Da gab es viele Bären.

Dort angekommen, brachten sie ihre Sachen in eine Hütte. Thor blieb draußen sitzen und schaute übers Wasser, die Wälder und die Berge. Er fühlte sich wie in einer verschwundenen Welt.

Am nächsten Tag kam ein Schwarzbär in Schussweite. Clayton hob die Büchse an die Wange. Plötzlich gefiel Thor der Gedanke nicht mehr, dass der Indianer tatsächlich schießen könnte. Es wäre, als würde man die Zivilisation über die friedliche Natur herfallen lassen. Doch der Schuss knallte, und der Bär fiel. Trotz der heimtückischen Waffe aus der Zivilisation half ein stolzer Thor Heyerdahl, den erlegten Bären zur Hütte zu tragen.

Als sie einige Tage später höchst zufrieden nach Bella Coola zurückkehrten, stand ein Mann am Anleger und rief:

»Norwegen hat kapituliert.«

Hat kapituliert?

»Vor wem?«, rief Thor zurück.

Verwirrt stieg er an Land.

»Vor Hitler.«

Thor schwankte. Sein erster Gedanke galt der Mutter, die »fünfhundertprozentig gegen Hitler und seine Nazis war«. Was würde aus ihr werden? Aus dem Vater? Und aus dem Rest der Familie?

Er lief zum Hotel hinauf, zu Liv. Sie wusste noch von nichts und das war kaum verwunderlich. Neuigkeiten verbreiteten sich an dieser isolierten Küste nicht besonders schnell. Bella Coola verfügte weder über Straßenanbindung noch einen Flugplatz.

Ab und zu empfingen sie Nachrichten in dem knackenden und rauschenden Rundfunkempfänger im Hotel. Die Lage sah düster aus, aber sie entschlossen sich, nach Vancouver zu fahren. Dort wollte Thor zum norwegischen Konsulat und sich zum Kriegseinsatz in der Heimat melden. Der Entschluss dazu war ihm nicht leichtgefallen und er hatte sich dazu durchringen müssen. Er hatte nie Wehrdienst geleistet, nie gelernt, Soldat zu sein. Er war Pazifist. Er betrachtete Krieg als etwas Verheerendes für jede Zivilisation. Außerdem schreckte ihn jegliche Autorität ab. Er konnte den Gedanken nur schwer ertragen, unter jemandes Kommando zu stehen oder gar im Gleichschritt zu marschieren.

An einem Tag im bereits fortgeschrittenen Mai konnten sie an Bord des Postschiffs nach Vancouver gehen. Zum Abschied spiegelten sich die Berge im Fjord. Der kleine Thor war noch keine zwei Jahre alt, im Sommer erwartete Liv ihr zweites Kind und sie fuhren nach Hause, in den Krieg.

Zum zweiten Mal hatten sie den Kampf um ein Paradies verloren.

ARBEITSLOS

Am 6. Mai 1940 brachte das berühmte amerikanische Magazin *Life* eine Reportage mit dem Titel »Wie ein paar Tausend Nazis Norwegen besetzten. Ein Augenzeugenbericht über den größten Bluff in der Geschichte der Neuzeit«.

Der Name des Augenzeugen lautete Leland Stowe. Er berichtete, dass Hitlers mühelose Eroberung Norwegens Verrätern zu verdanken sei und dass diese Verräter die Macht übernehmen konnten, weil das unabhängige Norwegen von Spionen durchsetzt gewesen sei.

Stowe war nicht irgendwer, sondern ein bekannter amerikanischer Journalist. 1930 hatte er für seine Reportagen über den sogenannten Young-Plan zur Neuregelung der enormen deutschen Reparationsleistungen nach dem Ersten Weltkrieg den Pulitzerpreis erhalten. 1939 erntete er erneut journalistische Lorbeeren für seine Reportagen aus dem finnischen Winterkrieg.

Um den Monatswechsel März/April 1940 hielt sich Stowe in Stockholm auf. Eigentlich hatte er vor, über Kiruna nach Narvik zu fahren, um über die umstrittenen Erzexporte nach Deutschland zu berichten. Doch etwas sagte ihm, zunächst nach Oslo zu gehen. Am 4. April traf er dort ein, am 9. April sah er deutsche Soldaten die Karl Johan heraufmarschieren.

Stowe berichtete in Ich-Form und seine emotionsgeladene Reportage füllte fast ein Dutzend Seiten, illustriert von einer Reihe Fotografien. Eine zeigte deutsche Soldaten auf der Karl Johan mit der Bildunterschrift: »Die Vorausabteilung der Invasoren marschierte kühn Oslos Hauptstraße hinauf, vorbei an 30 000 apathischen Einwohnern [...] Nicht ein Schuss wurde in der Stadt abgegeben.« Ein anderes Bild zeigte eine deutsche Blaskapelle, die am folgenden Tag vor dem Storting, dem Parlament, aufspielte, »vor betäubten Norwegern«. Überall standen junge Menschen, die »vor Bewunderung gaffend die kräftigen Deutschen anstaunten«. Der weit gereiste Stowe meinte, ein solches Schauspiel der Selbstaufgabe hätte er sich in keinem Land der Welt vorstellen können.

Durch andere Zeitungen in den USA und Kanada verbreitete sich die Botschaft dieser Reportage rasch über den ganzen nordamerikanischen Kontinent. Die Eindrücke, die Stowe von der deutschen Invasion übermittelte, erschreckten viele und sollten für lange Zeit das Bild Norwegens in der Sicht der Amerikaner und Kanadier prägen.

Thor war kaum in Vancouver angekommen, als er gleich das norwegische Konsulat aufsuchte. Ein Mann, der sich als Mr. von Stahlschmidt vorstellte, öffnete ihm. Er sprach Englisch mit unverkennbar deutschem Akzent und Thor war überrascht, einen Deutschkanadier als norwegischen Konsul anzutreffen. Dennoch brachte er ohne Umschweife sein Anliegen vor: Er wolle sich zum Kriegseinsatz im besetzten Norwegen melden.

Thor merkte, dass der Mann sichtlich irritiert war und ganz klar auf der Seite der Deutschen stand. Brüsk fragte er Thor, warum er nicht da draußen bei seinen Indianern geblieben sei, anstatt in Vancouver angelaufen zu kommen und Schwierigkeiten zu machen. Leider verhalte es sich so, dass sich Norwegen nicht mehr im Krieg befinde. Das Land habe kapituliert.

Damit war das Gespräch beendet. Ohne weiteres Federlesen setzte der Konsul Heyerdahl vor die Tür.

Und da stand er: in Vancouver auf der Straße, ohne Möglichkeiten, nach Hause zu kommen. Bei Thomas Olsens Agent hatten sie erfahren, dass ihre Rückfahrttickets ungültig seien und außerdem der Passagierverkehr nach Europa mehr oder weniger zusammengebrochen war. Heyerdahl war ohne Arbeitserlaubnis und würde bald ohne Geld dastehen. Briefe kamen nicht an, er wusste nicht, wie es zu Hause aussah, und es war unmöglich, Geld zu überweisen. Da Kanada in den Krieg eingetreten war, hatten die USA die Grenzkontrollen verschärft und ohne Visum konnte Thor sein Glück auch dort nicht versuchen. Zurzeit war es unmöglich, ein Visum zu bekommen, und das einzig gültige Dokument, das er besaß, war die Erlaubnis, in Kanada Studien zu betreiben. Ohne Geld für den Unterhalt der Familie war aber auch das nicht von großem Nutzen.

Betroffen mussten Thor und Liv ihr Hotelzimmer aufgeben. Das Einzige, was sie sich leisten konnten, war ein einfaches Zimmer unten in der Hafengegend. Es lag direkt über einer Kohlenhandlung und war unbeschreiblich schmutzig. Die Zimmerwirtin gehörte nicht zur freundlichen Sorte, und als sie begriff, dass sie Norweger waren, legte sie eine regelrecht feindselige Haltung an den Tag. Doch solange sie die Miete zahlten, hatten sie wenigstens ein Dach über dem Kopf.

Zudem wartete in Vancouver eine weitere unangenehme Überraschung auf sie. Jemand hatte Thors Theorie ausgeplaudert.

Im letzten Winter, als sie noch in Bella Coola lebten, hatte ein junger Kanadier, der nicht aus dem Ort war, Thor aufgesucht. Er hatte ihn über ein Felsbild gebeugt gefunden und sich mit großem Interesse erkundigt, womit sich der Norweger beschäftige. Er hatte recht unverblümt drauflosgefragt, und zwar auf eine Weise, die Thor ziemlich aufdringlich fand. Doch da er sich der Stichhaltigkeit seiner Theorie inzwischen sicher war, hatte Thor der Versuchung nicht widerstehen können, das selbst auferlegte Schweigegelübde zu brechen. Er hatte den Besucher in einige seiner Überlegungen eingeweiht.

Am 7. Februar gab die Presseagentur *United Press* eine Meldung heraus, die unter anderem in der *Vancouver Sun* abgedruckt wurde: »Norwegischer Wissenschaftler löst das Rätsel der Osterinsel«.

»Die Schlagzeile in der Vancouver Sun hat uns tüchtig erschreckt«, schrieb Liv an ihre Eltern. »Thors Abhandlung sollte doch, bis sie in Druck geht, so geheim wie möglich bleiben.«

Aus dem Artikel ging auch hervor, dass dieser Thor Heyerdahl an eine Verbindung zwischen den Indianern an der kanadischen Westküste und den Maori in Neuseeland glaube.

Wenige Tage nachdem die Meldung von Heyerdahls Hypothesen publik geworden war, kam ein bestürzter Cliff Kopas ins Hotel Mackenzie. Er hatte als Fotograf und Reporter eine Abmachung mit der Nachrichtenagentur *Canadian Press,* sie mit Material aus der Bella-Coola-Region zu versorgen, und nun einen rügenden Brief von der Direktion der Agentur erhalten, weil die Konkurrenz von *United Press* die Neuigkeit als Erste in Erfahrung gebracht hatte. Ob Kopas da oben denn nicht am Ball sei?

Oh doch, das war er sehr wohl. Mehrfach hatte er Thor darum gebeten, eine Reportage über dessen Arbeit schreiben zu dürfen, doch der hatte jedes Mal abgelehnt. Darum war Kopas nun »über die Maßen verärgert über die Mahnung«, wie Liv in einem Brief nach Hause schrieb.

Um den Schaden wiedergutzumachen, gab Thor ihm die Erlaubnis, einen Artikel über die entdeckten Felszeichnungen zu schreiben, aber Kopas musste im Gegenzug versprechen, nichts über die eigentliche Theorie zu verlautbaren. Dafür sollte er der

Erste sein, der darüber etwas veröffentlichen dürfe, wenn es so weit sei.

Bis dahin sollte es jedoch nicht mehr lang dauern. Unter Berufung auf *Canadian Press* brachten Zeitungen in British Columbia schon am 2. April die Nachricht, dass der norwegische Wissenschaftler Thor Heyerdahl »wahrscheinlich die größte anthropologische Entdeckung in neuerer Zeit« gemacht habe. Er ließ sich zitieren, dass er »die polynesischen Völker, die auf Hawaii und den Südseeinseln wohnten, bis ins Tal von Bella Coola in British Columbia zurückverfolgt« habe. Es sei eine Arbeit wie bei einem Puzzlespiel gewesen, doch nachdem er den Schlüssel gefunden habe, seien die Einzelteile wie von allein an ihren Platz gefallen. Und der Schlüssel, das seien die Felsbilder von Bella Coola.

Die Behauptung, Polynesier hätten einmal an der Westküste Nordamerikas gelebt, erregte Aufsehen und die Neuigkeit machte rasch die Runde durch kanadische und amerikanische Nachrichtenredaktionen.

Ein langes Leben hatte die Geschichte in der Presse gleichwohl nicht. Sie war tot, als ein Journalist von *Canadian Press* eine bekannte amerikanische Sozialanthropologin um einen Kommentar zu Heyerdahls Funden bat. Die Theorie sei bereits einige Male aufgestellt worden, erklärte sie. Sofern Heyerdahl kein neues und ausschlaggebendes archäologisches Material gefunden habe, glaube sie nicht daran. Dass er an der Pazifikküste Gerätschaften entdeckt habe, die entsprechenden Werkzeugen in Polynesien ähnlich sahen, fegte sie mit der Bemerkung vom Tisch, dass es sich in dem Fall um Gegenstände handeln dürfte, die James Cook und andere Seefahrer von Hawaii mitgebracht hätten.

Die Anthropologin hieß Margaret Mead. 1928 hatte sie die Abhandlung *Kindheit und Jugend in Samoa* veröffentlicht, eine Studie über das Heranwachsen von Jugendlichen in einer polynesischen Kultur. Nach einem neunmonatigen Forschungsaufenthalt auf Samoa vertrat sie unter anderem die These, dass junge Menschen dort das Heiraten um Jahre aufschöben, um sich vorher sexuell auszuleben. Dadurch, so behauptete sie, vollziehe sich der Übergang von der Pubertät zum Erwachsensein dort schmerzfrei, anders als in den USA, wo die Heranwachsenden den gleichen Prozess voller Ängste und Verwirrung durchliefen.

Das war ein kontroverser Standpunkt in den von christlicher Moral geprägten Vereinigten Staaten und das Buch löste einen Sturm der Entrüstung aus. Doch es wurde ein Bestseller und beförderte Margaret Mead gleich in die erste Reihe amerikanischer Ethnologen. Später befestigte sie ihren Ruf als Wissenschaftlerin und Expertin für die Kulturen der Südsee durch weitere Feldforschungen in Melanesien. Es ist also kein Wunder, dass sie mit ihrer Autorität im Rücken durch ihre rundweg ablehnenden Äußerungen Thors Theorie platzen ließ wie einen Luftballon. Als er fast zwei Monate danach in Vancouver eintraf, redete niemand mehr darüber. Nach Meads vernichtendem Urteil hatten die Redakteure wichtigere Themen gefunden als die Frage nach der Herkunft der Polynesier.

Einen Trost gab es immerhin in diesem Schierlingsbecher. Der Sprachwissenschaftler Professor Charles Hill-Tout stellte sich voll und ganz hinter Thor. Er ließ sich von Meads vernichtendem Urteil nicht beirren. Er verwies auf seine eigenen Sprachstudien und darauf, dass die Polynesier selbst Ähnlichkeiten zwischen ihren Sprachen und denen der Nordwestküstenindianer bestätigten. Besonders deutlich, hob er hervor, sei die Verwandtschaft mit den neuseeländischen Maori.

Auch wenn Margaret Mead seine Arbeit gleichsam in den Mülleimer geworfen hatte, fachte die kurz entbrannte wissenschaftliche Debatte Heyerdahls Appetit, weiterzumachen, noch mehr an. »Wenn ich erst meine Abhandlung fertig bekomme, wird es noch mehr Diskussion unter den Fachleuten geben«, schrieb er seiner Mutter, setzte aber resigniert hinzu: »Doch wo wir jetzt sind, ist wissenschaftliches Arbeiten aufgrund der Umstände unmöglich.«

Er brauchte einen Job, um seinen kleinen Sohn und seine schwangere Frau zu versorgen. Doch es herrschte große Arbeitslosigkeit und er fand keine Beschäftigung. Denn in dem Kampf um die wenigen Stellen hatte er kaum etwas zu bieten, er hatte keinen Beruf vorzuweisen, konnte weder tischlern noch mauern. Wenn er nach stundenlangem Warten endlich vor dem Schalter für Arbeitssuchende angekommen war, gab er als Beruf Zoologe an und erhielt die Rückfrage, was er denn könne. Er würde jede Art von Tätigkeit annehmen, aber einen Zoologen mit weichen Händen ohne Schwielen oder anderen Anzeichen, dass er harter Arbeit gewachsen war, konnte niemand gebrauchen.

Wochen vergingen, es wurde Juli, seit drei Monaten hielten die Deutschen Norwegen besetzt und Thor wusste noch immer nichts über den Verbleib seiner Eltern und der restlichen Familie. Er selbst schrieb nach Hause: »Aller-, allerliebste Mama! Nur ein kurzer Gruß in der Hoffnung, dass er Dich erreichen möge, damit Du siehst, dass es uns dreien glänzend geht. Ich kann Dich beruhigen, wir sind finanziell abgesichert. Wir wohnen derzeit an einem netten Badestrand außerhalb der Stadt in zwei möblierten Zimmern mit großer Küche, Bad, WC [...] Du kannst Dir nicht vorstellen, was für eine Blumenpracht hier allerorten herrscht. Und so wunderbares Obst gibt es hier!«

Das Warten und die fortwährenden Enttäuschungen bei der Arbeitsagentur bedeuteten für Heyerdahl nicht nur eine Leidenszeit, sondern es war ihm auch eine Lehre. Jetzt war er einer von *denen*, von den Armen und Bedeutungslosen auf der untersten Stufe der Gesellschaft, von den Verlierern. Als Sohn von Larviks gehobenem Bürgertum war er mit Armut kaum je in Berührung gekommen und hatte sich nicht sonderlich mit der Ungerechtigkeit in der Welt beschäftigt. Dazu bekam er jetzt reichlich Zeit und Gelegenheit, als er in die apathischen Gesichter von Menschen blickte, die sich aufgegeben hatten und doch in der Schlange vor der Jobagentur standen, weil es der einzige Ort in der Gesellschaft war, wo man ihnen wenigstens noch nicht die Tür vor der Nase zugeschlagen hatte. Wenn schon nichts anderes, so bildete die Warteschlange für sie zumindest eine Art Gemeinschaft, in der sie ihre Aggressionen ablassen oder über ihr Schicksal lachen und Witze reißen konnten. Die Zeit hatte sie gelehrt, dass die Welt der Reichen nie die ihre werden würde, und kraftlos hatten sie sich damit abgefunden.

Selbst diese Gemeinschaft war aber nur Ortsansässigen vorbehalten. Ein fremder Vogel wie Thor Heyerdahl war darin nicht willkommen. Er war keiner von ihnen. »Meine Kleidung, meine Gesichtszüge, meine Hände verrieten mich«, hat er seinem Biografen Arnold Jacoby gesagt.

Auch als Ausländer stand er nicht hoch im Kurs. Es waren schließlich *ihre* Arbeitsplätze. Und selbst unter diesen Verelendeten gab es welche, die mitbekommen hatten, dass Norwegen ein Nest von Spionen war, die mit den verfluchten Deutschen kollaborierten.

Die Lehre fraß sich ein. In seinem autobiografischen Werk *I Adams fotspor, en erindringsreise (Auf Adams Spuren: Das Abenteuer meines Lebens)* schreibt Heyerdahl: »Als ich mit den letzten Cents in den Hosentaschen dastand, die nicht einmal für die nächste Miete reichten, und all das wunderbare Essen in den Schaufenstern sah, aber Liv und dem kleinen Thor nicht einen einzigen Leckerbissen nach Hause mitbringen konnte, da stand auch die ganze Ungerechtigkeit der modernen Gesellschaft in erschreckendem Licht vor mir.«

Man hat den Eindruck, er habe überall, wo sich die moderne Gesellschaft zeigte, Böses gesehen. Früher hatte ihn der Keil, den die moderne Technik zwischen Mensch und Natur trieb, abgeschreckt. In Vancouver trat die moderne Ungerechtigkeit, der von Menschen geschaffene Hunger, in dieses Bild. Es gab Nahrung genug und doch mussten Menschen hungern.

Es kam der Tag, an dem der Familie Heyerdahl das Brot ausging. Liv stülpte sämtliche Taschen um und stellte fest, dass sie noch genau dreißig Cent besaßen. Am nächsten Tag war die Miete fällig. Dann hätten sie auch keine Wohnung mehr. Die Vermieterin kannte kein Mitleid.

Da nahm Liv das Geld und lief in den nächsten Laden. Mit einer Tüte Gebäck kam sie zurück. »Komm«, sagte sie, »die Sonne scheint. Gehen wir in den Park!«

Die Teilchen hellten Thors Stimmung auch nicht auf. »Zum Teufel mit der Theorie!«, sagte er und guckte auf einen der Totempfähle im Stanley Park. Er zeigte Menschen und Tiere im Kampf auf dem Weg zur Spitze, den ewigen Kampf ums Dasein. Jetzt ging es um seine Existenz, um seine, die von Liv, dem kleinen Thor und dem Kind, das noch unterwegs war.

In dem Moment kam ein Mann in Uniform über den Rasen auf sie zu. Sie zuckten zusammen, als er vor ihnen stehen blieb und sie nach dem Ausweis fragte.

Thor reichte ihm den Pass, in dem auch seine Frau eingetragen war. Der Polizist blätterte, bis er den Einreisestempel der kanadischen Grenzkontrolle fand: 4. November 1939. Zwei Monate. Bewilligt. Non-Immigrant. Darunter: 4. Januar 1940. Um vier Monate verlängert. Ganz unten: 29. Mai 1940. Verlängert bis August 1940. Oben auf der nächsten Seite: 28. Juni 1940. Verlängert bis 31. Dezember 1940.

»Kommen Sie bitte mit zur Wache«, sagte der Beamte, nachdem er alle Eintragungen gelesen hatte.

War etwa mit der Aufenthaltsgenehmigung etwas nicht in Ordnung? Das konnten sie nicht begreifen. Es war doch noch lange hin bis Ende Dezember.

»Gucken Sie nicht so bedrückt«, sagte der Polizist. »Kein Grund zur Besorgnis.«

Auf dem Polizeirevier lagerte ein Brief für Thor Heyerdahl. Er kam von Reeder Thomas Olsens Agent in Vancouver, der schrieb, dass er Thor gern so bald wie möglich in seinem Büro empfangen würde. Er möge im Übrigen entschuldigen, dass er sich genötigt gesehen hätte, die Polizei einzuschalten, doch ohne seine Adresse habe er nicht gewusst, wo er ihn finden sollte. Darum habe er die Polizei gebeten, nach einem jungen norwegischen Paar mit einem kleinen Sohn Ausschau zu halten.

Während Liv mit dem Kleinen zu Hause blieb, suchte Thor am Montagmorgen den Agenten auf. Es rührte ihn nicht wenig, als er erfuhr, worum es sich handelte. Als der Krieg ausbrach, hatte Thomas Olsen sich besorgt gefragt, wie es wohl den Heyerdahls in Kanada ergehen mochte. In Norwegen hatte niemand etwas von ihnen gehört, und falls sie noch in Kanada waren, wovon lebten sie dann?

Thomas Olsen hatte selbst eine harte Zeit durchgemacht und sich regelrecht durchkämpfen müssen. Nach einer dramatischen Flucht war der anglophile Olsen glücklich nach England entkommen und von dort über Halifax nach New York gegangen. Sein Hauptanliegen war es, so viel Schiffstonnage wie möglich vor dem Zugriff der Deutschen in Sicherheit zu bringen, und er schaffte es tatsächlich, den größten Teil der Flotte in die von norwegischen Reedern in London gegründete *Nortraship* zu überführen. Mitten in dieser hektischen Betriebsamkeit aber schoss er einen Pfeil in die dunkle Nacht und hoffte, dass er sein Ziel finden mochte: Er schickte seinem Agenten in Vancouver ein Telegramm und wies ihn an, wenn irgend möglich Thor Heyerdahl ausfindig zu machen und ihm so viel Geld zur Verfügung zu stellen, wie er für sich und den Unterhalt seiner Familie nötig habe.

Thor wusste gar nicht, was er sagen sollte. Das Wunder, um das er im Stanley Park gebetet hatte, war eingetroffen. Denn es war doch ein Wunder, dass er gleich am nächsten Tag in einem Büro stand und sich selbst aussuchen durfte, wie viel Geld er haben wollte. Es sollte sich zwar um ein Darlehen handeln, das er sich in monatlichen Raten auszahlen lassen konnte, aber gleichwohl.

Er überlegte und bat dann um fünfzig Dollar. Fünfzig Dollar pro Monat. Es war eine bescheidene Summe, ein Minimalbetrag, aber damit sollte es gehen. Sie hatten gelernt, mit wenigem auszukommen, und konnten es auch noch eine Weile unten zwischen den Kohlenhalden aushalten. Außerdem wollte er sich weiter nach Arbeit umsehen und irgendwann müsste er doch einmal Erfolg haben.

Thomas Olsens Geld kam auch aus einem anderen Grund genau zum rechten Zeitpunkt. Am 15. September brachte Liv in Vancouvers größtem Krankenhaus ihren zweiten Sohn zur Welt. »Ich bin um zwei in der Nacht aufgewacht, kam zehn Minuten nach drei im Krankenhaus an und um vier war der Kleine da«, schrieb Liv hinterher den Eltern.

Nach dem Bärenjungen, das sie in den Wäldern von Bella Coola beobachtet hatten, nannten sie den Kleinen Bjørn. Und bevor er laufen konnte, hieß er nur noch Bamse, Teddybär.

Thor freute sich, dass der kleine Thor nun einen Bruder hatte, »aber noch mehr Kinder werden wir nicht bekommen«.

Zur selben Zeit ging auch Thor sozusagen schwanger. Trotz der schwierigen und beengten Verhältnisse über der Kohlenhandlung brachte er einen längeren Artikel über den Aufenthalt auf Fatuhiva zustande und schickte ihn mit einem Stapel Fotos, darunter etliche Originalnegative, an keinen Geringeren als Gilbert Grosvenor, den Chefredakteur von *National Geographic.* Dann wartete er wochenlang gespannt, ob das renommierte Magazin den Artikel annehmen und drucken würde oder nicht.

Bei dessen Abfassung hatte er Hilfe von einer Journalistin der *Vancouver Sun* bekommen. Sie hieß Doris Milligan und schrieb am 24. Juni einen Begleitbrief an Grosvenor: »Hier in Vancouver lebt ein junger norwegischer Wissenschaftler [...], der 1936 einen Versuch unternommen hat, aus unserer modernen Zivilisation auszusteigen [...] Seine Geschichte ist noch nie auf Englisch erzählt worden. Falls die Zeitschrift interessiert sein sollte, hat er mich gebeten, ihm bei der sprachlichen Abfassung behilflich zu sein.«

Am 24. September erhielt Thor Antwort. Sein Artikel war angenommen. Er sollte debütieren. Auf Englisch! Sein Beitrag sollte im Januarheft unter dem Titel »Turning back Time in the South Seas« erscheinen.

Dem Brief lag ein Scheck in der schwindelnden Höhe von zweihundert Dollar bei. Der größte Teil davon ging drauf, um Livs Krankenhaus, die Ausstattung für den Säugling und eine kleine Feier zu Klein Thors zweitem Geburtstag zu bezahlen. Alles wichtige Dinge; doch für Thor war es mindestens ebenso wichtig, gedruckt zu werden. Auch wenn ihn der Krieg daran hinderte, seine wissenschaftliche Arbeit fortzusetzen, wollte er seine Theorie nicht unter den Tisch fallen lassen, und nachdem er jetzt einen guten Draht zu *National Geographic* hatte, witterte er eine Chance. In einem Brief fragte er die Redaktion, ob sie an einer Abhandlung interessiert sei, die er vor seiner Abreise aus Bella Coola fertiggestellt habe. Sie umfasste etwa sechzigtausend Wörter, hatte einen neuen Titel bekommen und hieß nun *American Indians of Pacific Islands*. Ein Gutachten solle »keine der beiden Seiten zu etwas verpflichten«. Er hoffte darauf, dass die Redaktion ihm Kontakte in wissenschaftliche Kreise vermitteln würde, damit er die Beweise präsentieren könne, auf denen seine Theorie fußte. Er war unbescheiden genug, zu glauben, seine Entdeckungen könnten von »besonderem Interesse für die amerikanische Frühgeschichte« sein. Wieder erhielt er eine positive Antwort und gab sein Manuskript in die Post.

Wenige Wochen später erhielt er es zurück. Im Begleitschreiben wurde Bedauern darüber ausgedrückt, dass sich das Material nicht für einen Abdruck in der Zeitschrift eigne.

Ein Missverständnis. Thor schrieb noch einmal an die Redaktion. In der Tat, ein Mitarbeiter hatte die Sache leider missverstanden. Man hatte Heyerdahls Theorien Matthew W. Stirling vorlegen wollen, dem Leiter der Abteilung für Amerikanische Ethnologie am Smithsonian Institute in Washington. Doch es hatte sich herausgestellt, dass sich Stirling zu Ausgrabungen in Mexiko aufhielt und erst in einigen Monaten zurückerwartet wurde.

Bevor der Amerikaner zurückkehrte, wandte man sich von anderer Seite an Heyerdahl.

Eine Gruppe jüdischer Wissenschaftler, die aus dem an Nazideutschland angeschlossenen Österreich geflohen waren und sich in New York niedergelassen hatten, wollte eine wissenschaftliche Zeitschrift herausgeben. *International Science* sollte sie heißen, zweimonatlich erscheinen und Fragen der gegenseitigen Einwirkung von Kulturen aufeinander behandeln. Unter den Begründern war der österreichische Ethnologe Robert von Heine-Geldern, der sich speziell für Südostasien und die von dort ausgegangene Ausbreitung von Kulturen interessierte. Die Redaktion war auf die kleine Debatte aufmerksam geworden, die die *Vancouver Sun* mit ihrer Teilveröffentlichung von Heyerdahls Theorie losgetreten hatte.

Anscheinend unbeeinflusst von Margaret Meads Kritik, fragte die Redaktion bei Thor an, ob er sich vorstellen könne, seine Gedanken in der ersten Nummer der Zeitschrift zu vertiefen. Sie verfügte über keine Geldmittel, um ein Honorar zu zahlen, aber Thor Heyerdahl fühlte sich trotzdem geschmeichelt und machte sich gleich an die Arbeit. Zum ersten Mal sollte er seine Theorie mit eigenen Worten vorstellen, und das in einer seriösen wissenschaftlichen Zeitschrift! Er überschrieb seinen Beitrag »Did Polynesian Culture Originate in America?«. Er erschien im Mai 1941.

Der Artikel beginnt mit der rhetorischen Frage: »Wer sind die Polynesier?«, um dann festzustellen, dass es ebenso viele Antworten wie Abhandlungen über dieses Thema gebe. Dann macht er sich an seine eigene Antwort. Der Autor erklärt den Lesern, dass er versucht habe, die Frage unter allen erdenklichen Blickwinkeln zu betrachten, doch immer zum selben Resultat gekommen sei. Die Gesichtspunkte, die er anführt, decken sich im Wesentlichen mit denen, die er Thomas Olsen dargelegt hatte, als er um günstige Schiffstickets für die Überfahrt nach Vancouver bat. Die zugespitzte Formulierung aber, die den Artikel beschließt, lässt klar erkennen, dass er sich seiner Sache seit der Zeit in Bella Coola noch sicherer ist: »Abgesehen von einem geringfügigen melanesischen Einfluss kann alles, was wir von Polynesien wissen, amerikanischen Ursprüngen zugeschrieben werden. Asiatische Bevölkerungsgruppen haben nie die Inseln im östlichen Pazifik erreicht. Das taten die amerikanischen Indianer.«

Ebenso wie *National Geographic* hatten auch die Mitarbeiter von *International Science* Mühe, alles zu schlucken, was Heyerdahl an Thesen vertrat. Doch anstatt im Text zu streichen, stellte die Redaktion dem Aufsatz eine redaktionelle Anmerkung nach, in der sie sich von einem Teil der Schlussfolgerungen distanzierte. Zu denen, die auch die These ablehnten, dass die Polynesier aus Amerika gekommen seien, ob nun von Nord oder von Süd, gehörte von Heine-Geldern. Trotz ihrer Einwände fanden er und seine Kollegen den Artikel jedoch insgesamt so anregend, dass er sein Erscheinen »in höchstem Grade« verdiene.

Eine gewisse Auszeichnung lag natürlich schon in dieser Anerkennung. Aber die Mittel waren begrenzt und die Zeitschrift erschien nur in geringer Auflage. Sie erreichte keine größere Verbreitung und auch diesmal schaffte Thor Heyerdahl es nicht, in einen Austausch mit der akademischen Welt zu treten, wie er es erhofft hatte. Selbst wenn sich jemand durch seinen Artikel zu einer Erwiderung bemüßigt gefühlt hätte, hätte er dazu kaum Gelegenheit bekommen. *International Science* erschien nur mit dieser einen Nummer.

Thor Heyerdahl war nicht über den Atlantik gekommen, um dort Artikel und Bücher zu veröffentlichen, sondern um eine Theorie zu entwickeln, und er fand, was er gesucht hatte. Die Felsbilder von Bella Coola bekräftigten seine Argumente so weit, dass er von Entdeckungen und Beweisen zu reden begann, als vertrete er die Wahrheit und nicht mehr nur eine Hypothese. »Ich weiß, dass ich meine Behauptungen jederzeit beweisen kann«, schrieb er *National Geographic.*

Mit anderen Worten, sein Selbstbewusstsein war nach wie vor intakt. Am Mut, Dinge anzugehen, fehlte es auch nicht. Bei dem Schauplatzwechsel, der nun bevorstand, sollten diese Eigenschaften erneut auf die Probe gestellt werden. Das Leben in dem Zimmer über dem Kohlenlager war nicht schön. Das Leben, das den Industriearbeiter Thor Heyerdahl erwartete, war schlimmer.

DER FABRIKARBEITER

Einst waren die Hügel um den Ort grün gewesen. Die Parks waren voller Blumen. Der Fluss strömte sauber und klar dahin. Nachts konnten die Menschen am Himmel Sterne sehen.

Dann geschah etwas. Die Fabrik oben auf *The Hill* begann Gift auszustoßen. Der Wald starb, die Blumen welkten, der Fluss stockte und die Industrieabgase vernebelten die Sterne. Das bringe der Fortschritt so mit sich, erklärte der Fabrikdirektor. Die technologische Entwicklung lasse sich nicht aufhalten.

Es gab viele verschiedene Giftstoffe. Am schlimmsten war der Schwefelausstoß. Die Vernichtung von Bäumen und anderen Pflanzen griff meilenweit um sich. Im Lauf der Zeit starb auch der eine oder andere Arbeiter. Und es gab noch weitere Gifte. Die Fabrik war ein Schmelzwerk, das Kadmium und Magnesium, Blei, Zink, Quecksilber, Kupfer, Phosphat und Arsen produzierte, alles lebensgefährliche Stoffe, sobald man ihnen Mensch und Natur aussetzte. Doch um Schäden kümmerte sich die Fabrik nicht. Die Forderung nach Produktionssteigerung ging allem anderen vor.

Die Fabrik hieß *Consolidated Mining and Smelting Company of Canada* und lag in Trail, einer kleinen Stadt fünfhundert bis sechshundert Kilometer östlich von Vancouver, gleich an der Grenze zu den USA. Sie war nach dem Fund von Mineralien in der Gegend um die Jahrhundertwende gegründet worden und zu einer der größten Fabrikanlagen der Welt angewachsen.

Die Einwohner von Trail waren für ihren Lebensunterhalt auf

Kriegseinsatz. 1942 meldete sich Thor Heyerdahl freiwillig und erhielt seine militärische Ausbildung im Trainingslager *Little Norway* nördlich von Toronto. Dieses Foto wurde als Propagandabild verwendet

Ein ganz besonderer Spielgefährte. Thor junior und Bamse

das Unternehmen angewiesen und nahmen die Vergiftung ihrer Umwelt stillschweigend hin. Das taten die Amerikaner auf der anderen Seite der Grenze nicht. Als die Verödung zu ihnen übergriff, verlangten sie Maßnahmen dagegen. Bei *Consolidated* stießen sie, wie gewöhnlich, auf taube Ohren, worauf sie die Firma verklagten und den Prozess gewannen. *Consolidated* wurde auferlegt, den Abgasausstoß zu stoppen oder den Betrieb einzustellen. Das war eine Sprache, die die Investoren verstanden und die ihren Interessen zuwiderlief. Darum gaben die Direktoren auf dem Hügel einem ihrer Ingenieure den Auftrag, eine Lösung zu finden. Der Ingenieur war ein Norweger namens Robert Lepsøe. Er entwickelte ein paar technische Verbesserungen und der Rauch quoll fortan nicht mehr ganz so giftig aus den hohen Schloten. Im Jahr 1938 durfte sich Lepsøe für seinen Einsatz über den jährlichen Verdienstpreis der Metallindustrie freuen.

Der Ingenieur hatte einen Sohn, der an der Universität in Vancouver Medizin studierte, und es konnte kaum ausbleiben, dass er und Thor Heyerdahl einander eines Tages über den Weg liefen. Thor erzählte von seiner Arbeitslosigkeit und dass er noch immer einen Job suche, und der Sohn, ebenfalls mit Namen Robert, dachte an seinen Vater und die Fabrik in Trail. Er wolle nichts versprechen, aber versuchen könne er es ja einmal.

Es zeigte sich, dass Ingenieur Lepsøe über die richtigen Verbindungen verfügte. Mit ein bisschen Mühe und auf Umwegen schaffte er es, Thor die ersehnte Arbeitserlaubnis zu verschaffen, und damit stand der Weg zu einer Anstellung im Schmelzwerk von Trail offen. Der Bescheid traf an einem Oktobertag 1940 ein und Thor und Liv packten umgehend ihre Sachen.

Sobald sie in Trail aus dem Zug stiegen, stach ihnen der Gestank der Schwerindustrie in die Nase. Durch einen gelblichen Dunst erkannten sie die Fabrik. Wie eine uneinnehmbare Burg thronte sie auf einer Anhöhe über dem Ort. *The Hill.*

Seit er erwachsen war, hatte Thor nur mit Verachtung von der modernen Zivilisation und ihren vernichtenden Auswirkungen auf die Umwelt gesprochen. Jetzt sah es so aus, als wäre er in Trail im Epizentrum dieser Kräfte gelandet. Wohin er auch blickte, sah er die Auswirkungen der Zerstörung. Die Spuren waren nicht nur in der Natur und an den Gebäuden zu sehen, sie standen auch in die Gesichter der Menschen geschrieben. Er selbst würde ebenfalls ein Opfer der Vergiftung durch die ätzenden Stoffe werden.

Lepsøe hatte ihm Arbeit besorgt und dafür war er ihm dankbar. Den Job selbst aber sollte er noch hassen lernen. Nicht die Trauerränder unter den Fingernägeln machten ihm das Leben schwer, auch wenn es das erste Mal war, dass er mit körperlicher Arbeit Geld verdienen musste. Es waren die physische Erschöpfung und die Giftstoffe, denen er ausgesetzt war, und die erniedrigende Behandlung durch seinen Vorarbeiter. Im Übrigen glaubten auch auf dem Hügel die meisten, dass sich Norwegen auf die Seite der Deutschen geschlagen habe.

Als ungelernter Arbeiter musste er jede Art von anfallender Tätigkeit übernehmen. Klüger geworden durch die Schikanen in den Warteschlangen der Arbeitssuchenden in Vancouver, versuchte er am ersten Tag auszusehen wie einer der Kumpel. Er erschien in grüner Arbeitshose mit Farbflecken, Arbeitshandschuhen, abgegriffener Sixpence-Mütze und mit einem verbeulten Henkelmann. Und um nach einem richtig verwegenen Malocher auszusehen, hatte er sich drei Tage nicht rasiert.

Der Vorarbeiter musterte ihn und grinste.

»Komm mit, Mac!«

»Ich heiße nicht Mac.«

»Ist mir scheißegal. Für mich bist du Mac.«

Thors Verkleidung machte absolut keinen Eindruck. Der Vorarbeiter sah, dass man ihm keinen richtigen Arbeiter geschickt hatte. Was, zum Teufel, hatte der Kerl im Werk verloren? Er drückte Thor eine Schubkarre in die Hand und teilte ihn einer Gruppe zu, die Zement zu einem Zementmischer karrte. Die Männer liefen im Kreis, beluden ihre Karren, schoben sie zum Mischer, leerten sie und kehrten zum Befüllen zurück. Hinauf zum Mischer mussten sie über eine steile Planke. Thor nahm Maß und Anlauf, schaffte es aber trotzdem nicht bis oben. Er musste zurückrollen und es noch einmal versuchen. Die Männer hinter ihm fluchten, weil er den Rhythmus unterbrach. Zement ist schwer und nach einigen Runden war Thor dermaßen erledigt, dass ihm schwindlig vor Augen wurde. Er traf die Planke nicht richtig, rutschte ab und die Schubkarre stürzte um. Der Vorarbeiter ließ Hohn und Spott auf ihn herabhageln und im Hintergrund standen die anderen Männer und feixten.

Weitere Demütigungen folgten. Wie bei der Arbeitsvermittlung in Vancouver gehörte Thor Heyerdahl in der Fabrik zu den Untersten und Getretenen. Sobald der Vorarbeiter eine Drecksarbeit auf seiner Liste hatte, teilte er Heyerdahl dazu ein. Nach einigen Tagen bekam Thor den Bogen langsam raus und er fühlte seine Muskeln wachsen. Außerdem durfte er sich darüber freuen, im Freien zu arbeiten und nicht in einer der giftigen Fabrikhallen. Dann aber schickte ihn der Vorarbeiter auf den Boden eines großen Kessels. Er wurde mit einer Schaufel und bis über die Schenkel reichenden Gummistiefeln ausgestattet. Als er schon die Leiter hinabkletterte, rief man ihm nach, dass der Boden des Tanks voller Schwefelsäure sei und seine Aufgabe darin bestehe, sie durch ein Loch nach draußen zu schaufeln. Mit einem Grinsen gab der

Vorarbeiter ihm den guten Rat, besser auf den Beinen zu bleiben. Falls er umfalle, werde ihm die Säure Löcher in Kleidung, Haut und Fleisch ätzen.

Nachdem die Schwefelsäure beseitigt war, drückte man Thor einen Pressluftbohrer, eine Staubmaske und eine Lampe in die Hand. Als Nächstes sollte er in einen der Schmelzöfen kriechen und die Schlacke von den Wänden brechen.

Als der Winter kam und eiskalter Wind von den Rocky Mountains herabfegte, wurde er als Dachdecker auf einem achtgeschossigen Neubau eingesetzt. Er fror wie ein Hund und litt an Höhenangst; aber alles war besser als Pressluftbohrer und Schwefelsäure.

An einem Tag im Januar tauchte, gerade als die Dachdecker ihre Mittagspause beendeten, ein Mann in Schlips und Kragen auf. Er sagte, er solle die Arbeiten inspizieren, hielt sich aber noch nicht lange damit auf, als er fragte, ob jemand einen Arbeiter mit Namen Heyerdahl kenne. Einer der Kollegen zeigte auf Thor.

Der Inspektor trat auf ihn zu und fragte, ob er einmal in der Südsee gewesen sei und einen Artikel in *National Geographic* geschrieben habe.

Thor bestätigte beides.

»Hätten Sie vielleicht Lust, in der Handelskammer in der Stadt einen Vortrag zu halten?«, fragte der Mann so, dass alle es hörten.

Ja, das würde er gern tun.

»Gut, abgemacht. Am Donnerstag, dem 16., abends. Dunkler Anzug.«

Die Kollegen verdrehten die Augen. In der Handelskammer? Zusammen mit all den Anzugträgern!

Zu dem Vortrag erschien lokale Prominenz, darunter Ingenieur Lepsøe, ebenso wie eigens angereistes Publikum. Thor erzählte von Fatuhiva und führte Lichtbilder vor. Zur allgemeinen Verblüffung erwähnte er auch, dass er sich in Bella Coola aufgehalten und dort Beweise dafür gefunden habe, dass zwischen den Indianern entlang der Küste von Britisch-Kolumbien und Polynesiern früher eine nahe Verwandtschaft bestanden habe.

Die Lokalzeitung berichtete ausführlich über den Vortrag und stellte Thor Heyerdahl als norwegischen Universitätsstudenten mit kriegsbedingtem zeitweiligem Aufenthalt in Trail vor.

Bei der tonangebenden Bürgerschaft der Stadt kam Heyerdahls Vortrag gut an, doch bei den schuftenden Proletariern in der Fabrik ganz und gar nicht. Er hatte sich bei der Werksleitung eingeschleimt und dafür kannte ihr Verhaltenskodex kein Pardon. Die Kollegen, die ihn allmählich akzeptiert hatten, drehten ihm erneut den Rücken zu.

Die erfahrensten Arbeiter wussten, dass die Bleischmelze und die Abteilung zur Produktion von Arsenpulver die gefährlichsten Arbeitsplätze in der Fabrik waren, und genau dahin beorderte der Vorarbeiter Thor Heyerdahl. Seine Augen bekamen rote Ränder, er wurde immer müder und erschöpfter und fühlte sich durch und durch vergiftet. Es ging ihm in der Arsenabteilung schließlich so schlecht, dass er sich entschloss, dem Ganzen ein Ende zu machen. Eines Nachmittags sabotierte er die Arbeit und gestand es der Schichtleitung anschließend ein. Er bekam genau das, was er erwartet hatte: die fristlose Kündigung.

Finanziell tat das weh, aber seine Gesundheit durfte er nicht verkaufen. Es dauerte allerdings nicht lange, bis Heyerdahl wieder in der Fabrik stand, und noch einmal hatte sich Lepsøe für ihn eingesetzt. Der norwegische Ingenieur sollte eine Abteilung aufbauen, in der mit einem neuen Ofen für die Bleischmelze experimentiert wurde. Thor wurde zunächst als Handlanger für alles angestellt, doch schon bald mit dem Ablesen der Instrumente betraut.

Er führte die Protokolle und beeindruckte Lepsøe und die übrigen Ingenieure mit seiner Genauigkeit. Als ein neuer Aufseher für eine Abteilung zur Herstellung von Magnesiumpulver gebraucht wurde, fiel ihre Wahl auf Heyerdahl. Auf diesem Posten wurde er besser entlohnt und konnte dem Agenten in Vancouver bald die letzte Rückzahlung überweisen.

Lepsøe muss sich wohl Sorgen um die vierköpfige Familie Heyerdahl gemacht haben, denn als der Frühling kam, fragte er Thor, ob er nicht Liv und die Kinder nehmen und in eine ihm gehörende Hütte am Arrow Lake ziehen wolle. Der See lag so weit von den Fabrikschloten entfernt, dass der Wald dort noch nicht in Mitleidenschaft gezogen war. Thor nahm das Angebot begeistert an, auch wenn es für ihn bedeutete, dass sein Weg zur Arbeit nicht mehr elf, sondern fünfzig Kilometer betrug. Jeden Tag musste er Fahrrad, Fähre und Busse benutzen, um zur Arbeit zu kommen. Er stand um halb fünf in der Frühe auf und kam abends nicht vor acht, neun Uhr nach Hause.

Die Hütte war etwa so einfach wie die am Hornsjø, doch für die Mutter und die Kinder war sie ein Volltreffer und Liv war zurück in ihrer geliebten Wildnis.

Einen besseren Job als den des Aufsehers in der Magnesiumfabrik konnte Thor Heyerdahl kaum bekommen, aber er hätte ihn auch das Leben kosten können. Als er eines Morgens aus dem Bus stieg, war das gesamte Gebäude verschwunden. Es war explodiert und die gesamte Nachtschicht war ums Leben gekommen. Ihm war klar, dass es ebenso ihn und seine Schicht hätte erwischen können, und als er am Abend wieder am Arrow Lake ankam, war er noch von Unruhe erfüllt. Es reichte ihm. Er wollte weg.

Völlig überraschend sollte sein Artikel in *International Science* Früchte tragen. Es traf ein Brief vom ethnologischen und archäologischen Museum an der Universität in Vancouver ein. Dessen Direktor bot ihm eine feste Stelle als Kurator an!

»Das Angebot war verlockend, weil die Sammlungen des Museums zu großen Teilen aus Objekten von Südseeinseln und den Indianern der Nordwestküste bestanden und weil ich in ruhigen Zeiten auch beim Präparieren von Tieren hätte helfen können«, schrieb Thor seiner Mutter Alison. »Aber wir hatten schon unsere Papiere für die USA bekommen und der Gedanke, noch länger in B.C. [British Columbia] zu bleiben, war so unerträglich, dass ich das Angebot ausschlug [...] Trotz unserer unglaublichen Abenteuer und Erlebnisse im Tal von Bella Coola und am Arrow Lake haben wir uns nie richtig frei gefühlt, und es war kein Vergnügen, Ausländer in British Columbia zu sein. Unser Aufenthalt dort hat uns, im Hinblick auf die Studien und auch was schöne Erlebnisse angeht, genauso viel gebracht wie unsere Südseereise. Wir haben uns nur nicht richtig willkommen gefühlt und darum sind wir weitergezogen.«

Seit längerer Zeit unterhielt Thor Heyerdahl Kontakte zur norwegischen Botschaft in Washington. Als sie ihm endlich ein Visum und eine Arbeitserlaubnis verschaffen konnte, fand sie auch eine Stelle für ihn in Baltimore, seinem Wunschziel. Denn dort stand die Johns-Hopkins-Universität, die er sich zum Studienort für die endgültige Fertigstellung seiner Abhandlung über die amerikanischen Indianer im Pazifik auserkoren hatte, die Abhandlung, die ihm den Doktortitel einbringen sollte.

MESA VERDE

Voller Erwartungen bestieg der abgedankte Fabrikarbeiter an einem Sommermorgen des Jahres 1941 den Bus, der ihn auf seiner ersten Etappe die wenigen Kilometer von Trail zur amerikanischen Grenze bringen sollte. Am Vortag hatte ihn Lepsøe mit dem Auto vom Arrow Lake abgeholt. Der Abschied von Liv und den Kindern war wehmütig, aber nicht schwer; sie sollten so bald wie möglich nach Baltimore nachkommen. Doch bevor auch sie eine Einreiseerlaubnis erhielten, verlangten die Einwanderungsbehörden, dass Thor zuerst seine Arbeit antrat und ein festes Einkommen nachweisen konnte.

Nicht nur weil es billiger war, zog Thor den Bus dem Zug vor. Mit dem Bus konnte er besser einer eigenen Reiseroute folgen und nach der Schinderei im Schmelzwerk hatte er es nicht sonderlich eilig, sein neues Ziel zu erreichen. Abgesehen von dem kurzen Abstecher zur Universität von Seattle kam er zum ersten Mal in die Vereinigten Staaten und die unbändige Neugier, die er im Angesicht von Neuem stets fühlte, ließ ihn langsam reisen.

Eine Angelegenheit trieb ihn allerdings doch zur Eile und darum steuerte er Spokane an, die erste größere Stadt in den Staaten. Weihnachten 1940 hatte sein Vater versucht, ihm zweihundert Dollar zu schicken, doch wegen des Kriegs waren sie in einer US-amerikanischen Bank hängen geblieben. In Spokane konnte er sie abheben, und mit dem Gefühl, einen Lottogewinn in der Tasche zu haben, reiste er nach Montana und weiter nach Salt Lake

City im Mormonenstaat Utah. Auf der Weiterfahrt durch die wilden Berge von Colorado »machte ich die Bekanntschaft eines Pianisten, der schon die ganze Welt bereist hatte, und als ich ihm erzählte, dass ich mit meiner Frau auf einer Südseeinsel gelebt hätte, meinte er, er könne mir eine Geschichte aus dem *National Geographic Magazine* erzählen, von einem Paar, das das Gleiche getan hätte. Als ich ihm sagte, die Geschichte hätte ich schon gehört und sogar selbst geschrieben, wurden wir die besten Freunde«, schrieb Thor seiner Mutter.

Der Pianist bezog Heyerdahl kurzerhand in seine Reisepläne ein, lud ihn in teure Restaurants und zu spannenden Abstechern rechts und links der Route ein, die Thor selbst sich nicht leisten konnte. Zwar hatte er das Geld seines Vaters in der Tasche, aber das wollte er für eventuell noch kommende schwerere Zeiten aufheben.

In Durango in der Südwestecke Colorados wechselten sie den Bus und dank des Pianisten sollte Thor Heyerdahl die Mesa Verde kennenlernen. Ihre Natur und einzigartige Geschichte machten ihn sprachlos.

»Das Erste, was ich von Mesa Verde sah, war ein ungeheuer grünes Tafelland oder Plateau [...] mit fast lotrechten Flanken auf allen Seiten. Die Sonne stand am Horizont und verlieh Mesa Verde einen unwirklichen Glanz. Unwillkürlich dachte man, da oben würden bestimmt noch Dinosaurier und andere Vorzeitungeheuer herumwimmeln [...] eine vergessene Welt eine Etage über unserer eigenen, armseligen Welt [...] Und es gab nicht einen Ort, nicht ein Anzeichen von Zivilisation zu sehen! [...] Der Pianist und ich waren uns einig, *das* war der Höhepunkt von allem, was wir gesehen hatten.«

Die Straße endete an einem Touristenhotel im Blockhausstil. Es war sehr teuer und Thor, dem eine abenteuerliche Idee gekommen war, trennte sich von seinem klavierspielenden Gefährten. Er wollte die Mesa Verde zu Fuß durchstreifen, ihre Natur kennenlernen und nach Spuren des Indianervolks suchen, das einmal dort gelebt hatte. In einem Camp neben dem Hotel mietete er für einen Dollar die Nacht ein Zelt und lauschte abends am Lagerfeuer einem Forscher und dessen Bericht über die untergegangene Kultur dieses Volkes.

Archäologen hatten herausgefunden, dass die Puebloindianer etwa zwischen 600 und 1300 nach Christus die Mesa Verde besiedelt hatten. Ursprünglich waren sie Nomaden, doch fanden sie auf dem Plateau ausreichend gute Voraussetzungen, um dort sesshaft zu werden. Sie verlegten sich auf Landwirtschaft, und auch wenn sie die meiste Zeit auf die Produktion von Nahrung verwenden und in schlechten Jahren einen ungleichen Kampf gegen den Hunger führen mussten, entwickelten sie nach und nach eine Architektur, die denjenigen, die sie gegen Ende des 19. Jahrhunderts wiederentdeckten, den Atem raubte.

Den Höhepunkt ihrer Kultur erreichten die Pueblos im 13. Jahrhundert, dann verschwanden sie im Verlauf nur weniger Generationen. Warum, hat die Wissenschaft nicht erklären können, begründete Vermutungen gehen aber dahin, dass der Boden nach jahrhundertelanger Bebauung völlig erschöpft gewesen sei.

1906 hatte man die Gegend zum Nationalpark erklärt und zu seinen Regeln gehörte, dass man die Höhlenwohnungen der Pueblos nicht ohne einheimischen Führer besuchen durfte. Thor freundete sich mit dem Direktor an, einem Ethnologen, der sich zunehmend für Thors Theorie über die Auswanderung der Indianer von Bella Coola in die Südsee interessierte. Auch er hatte den Artikel in *National Geographic* gelesen. »Als Wissenschaftler gab mir der

Direktor schriftlich eine spezielle Erlaubnis, die Untersuchungen durchzuführen, die ich für notwendig hielt, und als er merkte, dass ich mich mit dem Leben in freier Natur auskannte, durfte ich mir auch meine Routen selbst zurechtlegen.«

Heyerdahl plante eine Tour von zwei, drei Tagen. Bevor der Direktor ihn gehen ließ, erkundigte er sich, ob der Norweger mit der notwendigen Ausrüstung ausgestattet sei. Da es nur wenige und unbeständige Wasserquellen auf der Mesa Verde gab, war es besonders wichtig, ausreichend Wasser mitzunehmen.

Als Thor Heyerdahl Trail verließ, hatte er nicht damit gerechnet, auf eine ausgedehnte Wanderung zu gehen, und darum hatte er nur mitgenommen, was er auch sonst auf Reisen mit sich führte.

»Ich hatte alles Mögliche bei mir, vom Smoking und dunklen Anzug bis zum Morgenmantel, Schreibmaschine und Pantoffeln, aber nichts, was mit Wanderausrüstung zu tun gehabt hätte, abgesehen von einem Dosenöffner und einem Rucksack.«

Also blieb ihm nichts anderes übrig, als zu schummeln. Er versicherte dem Direktor, er habe alles, was er brauche, nicht zuletzt Wasser. Da er weder eine Thermoskanne noch sonst ein brauchbares Gefäß hatte, war eine Flasche Limonade die einzige Flüssigkeit, die er mitnahm. Er trank einen halben Eimer Wasser, bevor er sich auf den Weg machte, und vertraute im Übrigen darauf, dass er schon zurechtkommen würde, denn »der Aufenthalt auf den Südseeinseln hatte mir gezeigt, dass sich alles schon irgendwie findet«.

Der Direktor händigte ihm eine von Hand gezeichnete Skizze des Plateaus aus, auf der auch einige Canyons markiert waren. Dort sollte es Felswohnungen geben, die die Archäologen noch nicht untersucht hatten. Mit einem Kreuz bezeichnete er eine Stelle mit Namen Spring Ruins, wo dem Vernehmen nach eine Quelle zu finden war.

»Und geben Sie auf Pumas und Klapperschlangen acht«, warnte der Direktor zum Abschied.

Eigentlich war sein Unternehmen vollkommen verrückt! Heyerdahl war noch nicht lange unterwegs, als sich der Durst meldete. Viel zu essen hatte er auch nicht bei sich. Nur eine Schachtel Kekse. Aber er marschierte immer weiter, fasziniert von den fremdartigen Tieren, auf die er traf, und von Häusern, die seit Jahrhunderten wie Schwalbennester an den gelben Klippenwänden klebten.

Am Grund des ersten Canyons traf er auf drei Indianer, die ihn warnten, weiterzugehen. Als sie hörten, dass er nach Spring Ruins wollte, meinten sie, da werde er kein Wasser finden.

Thor dankte für die guten Ratschläge und ging weiter. Ihn lockte der Gedanke, ins Unbekannte vorzudringen, wohin nur wenige Menschen gekommen waren, »weil die Indianer vergessen haben, dass sie auch Beine zum Laufen haben und nicht bloß Autos«.

Die Flasche Limonade reichte nicht lange und nach einer Übernachtung kam er am Nachmittag des nächsten Tages wie im Delirium in Spring Ruins an. Die Sonne brannte, die Hitze war unbeschreiblich, und verrückt vor Durst begann er nach der Quelle zu suchen, von der zu trinken ihn die Indianer gewarnt hatten, wenn er nicht krank werden wolle. Auf die uralten Kulturdenkmäler, deretwegen er gekommen war, achtete er gar nicht, sondern er stolperte wie im Fieber zwischen den Ruinen umher, im Kopf nur den einen Gedanken: Wasser! Hinter den Ruinen kam er in eine große Höhlung, in der die Gebäude noch intakt waren. Doch wie sehr er auch suchte, er fand nicht einen Tropfen Feuchtigkeit.

Die Sonne sank bereits und vor Einbruch der Dunkelheit musste er sich ein Nachtlager suchen. Die Indianer hatten ihm gesagt, dass bei den fallenden Temperaturen der Nacht Klapperschlangen gern die Wärme eines menschlichen Körpers suchten.

»Ich fand ein kleines Loch in der Mauer eines stattlichen Vieretagenhauses und kroch hinein. Ich kam in einen kleinen viereckigen Raum, in dem es nach Jahrhunderten roch. Hoch oben in der Wand saß ein kleines Fenster, und nachdem ich mich an die Dunkelheit gewöhnt hatte, erkannte ich in der anderen Wand eine sehr niedrige Tür, durch die ich hindurchkriechen konnte. So kam ich in einen großen Raum oder eine Halle mit massiven Säulen, die bis zum Dach hinaufreichten, das von der Höhlendecke gebildet wurde. Instinktiv merkte ich, dass irgendwas mit der Luft hier drinnen anders war, und entdeckte eine schmale Steintreppe, die mich zu einem kleinen, dunklen Wasserloch hinabführte! Nie hat mir eiskaltes Wasser besser geschmeckt, und auch wenn es achthundert Jahre her war, seit die Bewohner der Höhle von diesem Wasser getrunken hatten, stellte ich fest, dass es nicht vergiftet war, denn ein kleiner Mauersegler kam hereingeschossen und trank davon. Dass das Wasser allerdings von Mückenlarven wimmelte, kümmerte mich nicht.«

Nachdem er seinen Durst gelöscht hatte, stieg er in die oberste Etage des Steinzeithauses hinauf und fand dort einen kleinen Balkon, auf dem er die Nacht verbringen wollte. Er buddelte ein wenig im Sand, um sich ein Lager zurechtzuschieben, und zu seiner großen Überraschung stießen seine Finger auf Tonscherben und vertrocknete Maiskolben, die vielleicht genauso alt waren wie die Behausungen.

Er streckte sich aus, zufrieden, an einem Ort zu sein, »der den Pyramiden an Mystik und Großartigkeit sicher nicht nachstand.

Es war eine der stimmungsvollsten Nächte, die ich je erlebt habe, weit weg vom Tumult der Welt, allein in einer prähistorischen Ruinenstadt, über der der Vollmond leuchtete.«

Die Reise ging weiter nach Denver, über Kansas City, St. Louis und Washington nach Baltimore. Anfang September schrieb Thor Heyerdahl dort den langen Brief an seine Mutter, aus dem oben zitiert wurde, und im Lauf des Monats sollten auch Liv und die Kinder bei ihm eintreffen. Er selbst hatte sich kaum eingerichtet und seine Arbeit angetreten, als er voll Freude auch daranging, bald sein »umfangreiches Material zu veröffentlichen«. In jeder freien Stunde, die ihm sein Job ließ, stahl er sich in die Johns-Hopkins-Universität und schrieb weiter an seinem Buch. Nachdem er unter großem Beifall in der norwegischen Seemannskirche in Baltimore einen Vortrag gehalten hatte, trat ein kräftiger Mann auf ihn zu und bot ihm eine Stellung als Controller auf einer Werft in der Stadt an. Heyerdahl nahm dankend an und konnte sich fortan über einen Lohn von umgerechnet tausend Kronen im Monat freuen. Das Beste war aber, dass er ein eigenes Büro bekam und, nachdem er mit den Routinen vertraut war, zeitweilig auch während der Arbeit dort lesen konnte.

In Baltimore führten die Heyerdahls seit langer Zeit zum ersten Mal so etwas wie ein normales Familienleben. Mit einer anderen Familie aus dem norwegischen Bergen teilten sie sich eine Zweizimmerwohnung in einem besseren Vorort. Sie fanden Freunde, die sie an den Wochenenden zu Ausflügen mit dem Auto einluden. Sie schafften sich einen Hund an und wurden Teil der amerikanischen *Suburbia*.

Jeden Morgen nahm ein Nachbar Thor im Wagen mit zur Arbeit. Liv machte den Haushalt und konnte sich darüber freuen, dass der kleine Thor keine Windeln mehr brauchte und Bamse seine ersten Zähne bekam.

Doch gab es auch erste beunruhigende Anzeichen.

An einem Sonntagmorgen setzt sich Liv und schreibt ihren Eltern einen Brief. Die Kinder toben schon seit ein paar Stunden herum.

»Sie sind wirklich die unruhigsten und wildesten Jungen der Welt«, seufzt sie, »aber etwas anderes war wohl auch nicht zu erwarten.«

Das ist vielleicht lustig gemeint, aber einen wehen Unterton verrät es auch. Sie blickt zum Schlafzimmer, wo Thor liegt und noch immer schläft, »während die Jungen seit sechs Uhr auf sind«.

Na gut, er hat frei und darf sich wohl einmal ausschlafen, aber es ist klar, dass die Verantwortung für die Kinder mehr und mehr auf ihr allein ruht. Das zehrt, denn genauso wie Thor hat auch Liv einen Drang in die Ferne, auch sie will die Welt kennen- und überhaupt etwas lernen. Über ihren Bekanntenkreis äußert sie sich nicht so begeistert wie Thor. »Wir stecken hier fast nur mit Norwegern zusammen.«

Eingeengt von den Pflichten als Hausfrau und Mutter und dem kleinbürgerlichen Vorstadtmilieu, kann sie sich nur erlauben zu träumen: »Für mich ist Baltimores größte Attraktion seine große Universitätsbibliothek und zurzeit beschäftige ich mich mit der Geschichte von Inkas, Mayas und Azteken. Ich würde gern Archäologie studieren, aber da ich die Weltbevölkerung um zwei Jungen vermehrt habe, muss ich wohl versuchen, sie, so gut ich kann, aufzuziehen, obwohl meine Erziehung keine sichtbaren Wirkungen zu haben scheint. Sie lassen Euch beide herzlich grüßen.«

Archäologie. Inkas und Mayas! Das Zusammenleben mit Thor hatte seine Spuren hinterlassen. Doch wenn sie ihren Interessen schon nicht nachgehen konnte, dann sollte es wenigstens Thor. »Ich hoffe nur, dass Thor seine Sache verfolgen kann«, schreibt sie versöhnlich und berichtet, dass ihr Mann an der Universität einen Professor kennengelernt habe, »der sich seit Langem sehr für seine Theorie interessiert und ihm einen Arbeitsplatz an der Universität angeboten hat, sofern Thor anderweitig sein Auskommen verdient«.

Bei dem Professor handelte es sich um den Geografen Isaiah Bowman, der darüber hinaus auch Präsident der Universität und seit zwanzig Jahren Vorsitzender der Amerikanischen Geografischen Gesellschaft war. Thor hatte schon von Bella Coola aus mit ihm in Korrespondenz gestanden und es freute ihn natürlich, dass ein so prominenter Wissenschaftler Interesse an seiner Arbeit zeigte. Er verzichtete also wehmütig nur aus ökonomischen Gründen auf den angebotenen Platz an der Universität, die er als Sprungbrett zum Doktortitel ausersehen hatte. Die Bekanntschaft mit Bowman sollte Heyerdahl jedoch in anderer Hinsicht nützlich werden. Denn der Geograf war auch ein geschätztes Mitglied des exklusiven *Explorers Club* in New York, in den der Fatuhiva-Reisende gern aufgenommen worden wäre.

Der *Explorers Club* war ein Klub für Entdeckungsreisende, doch um Mitglied zu werden, reichte es nicht, eine Expedition zu einem mehr oder weniger unbekannten Ziel unternommen zu haben. Die Expedition musste auch einen wissenschaftlichen Zuschnitt haben, der zur Erweiterung der geografischen Kenntnis der Erde beitrug. Das Nadelöhr für Kandidaten war dementsprechend eng, und um überhaupt als würdiger Bewerber akzeptiert zu werden, musste ein Kandidat von Mitgliedern des Klubs zur Aufnahme vorgeschlagen werden und sich einer Bewertung durch eine Aufnahmekommission unterziehen.

Im Frühjahr 1942 wurde Thor Heyerdahl dem Vorsitzenden des Vereins vorgestellt, Dr. Herbert Spinden. Er war Ethnologe und Spezialist für die Kultur der Mayas. Außer nach Mexiko hatte er in seiner wissenschaftlichen Laufbahn mehrere Reisen in südamerikanische Länder wie Kolumbien, Ecuador und Peru unternommen. Seit 1929 leitete er die Abteilung für die ethnologischen Sammlungen am New Yorker *Brooklyn Museum*. Sie umfassten besonders Objekte der indianischen Kulturen in Nord- und Südamerika, aber auch aus Afrika und dem pazifischen Raum.

Spinden hörte sich Heyerdahls Bericht von seinen Reisen zu den Marquesas und nach Britisch-Kolumbien sowie seine Gedanken über die Herkunft der Polynesier aufmerksam an. Er war alles andere als mit ihm einig, fand jedoch die Fragestellung wissenschaftlich so interessant, dass er den Norweger ermunterte, mit seinen Forschungen fortzufahren. Daran, dass seine Reisen ihn für eine Aufnahme in den Klub qualifizierten, bestand für Spinden überhaupt kein Zweifel. Er würde gern die Rolle des Vorschlagenden übernehmen.

Der Antrag musste schriftlich auf einem eigenen Formular des Klubs eingereicht werden. Es ließ nur wenig Platz und Heyerdahl, der es liebte, weit auszuholen, wenn er sich über sein Lieblingsthema ausließ, musste sich auf eine Art Telegrammstil beschränken. Sein Antrag liegt noch im Archiv des *Explorers Club* und weist in seiner Knappheit Überraschendes auf.

Als Erstes fragte die Aufnahmekommission nach der Art der Expeditionen, die der Kandidat unternommen hatte. Die Reise nach Fatuhiva beschrieb Heyerdahl als »Ein-Mann-Expedition zur Inselgruppe der Marquesas in Südost-Polynesien 1937–38, in Zusammenarbeit mit dem Zoologischen Museum der Universität Oslo«. Er unterschlug also mit anderen Worten die Teilnahme seiner Frau. Wollte er vor den akademischen Klubmitgliedern die Bühne für sich allein, wie er es auch nach der Rückkehr aus Fatuhiva hatte erkennen lassen und worüber Liv sich bei Alison beschwert hatte? Wollte er zusätzlich vielleicht das entdeckerische Element stärken, indem er den Eindruck erweckte, allein gereist zu sein? Wenn man bedenkt, dass Thor ursprünglich die Reise ganz von Livs Teilnahme abhängig gemacht hatte, trat er nun ziemlich forsch, um nicht zu sagen illoyal auf. Sie hatte ihm doch nicht bloß den moralischen Rückhalt gegeben, den er brauchte, sondern ihn auch in vielem anderen unterstützt, von der Essenszubereitung bis zum Sammeln von wissenschaftlichem Material. Wenn er sie in seinem Aufnahmeantrag beim *Explorers Club* nicht als Mitglied seiner Südsee-Expedition nannte, degradierte er sie praktisch zu einer Art Dienerin. In Anbetracht all der Opfer, die sie ständig seiner Karriere zuliebe brachte, war das alles andere als galant. Gemessen an den gesellschaftlichen Maßstäben der Zeit, war es allerdings nicht weiter dramatisch. In der westlichen Welt um 1940 hatte die Frau hinter ihrem Mann zurückzustehen und diese Regel galt bis dahin auch in der Ehe der Heyerdahls als stillschweigende Übereinkunft.

Thor unterschrieb seinen Antrag am 17. Mai 1942. Er wurde von Herbert Spinden und einer weiteren Kapazität unterstützt, dem kanadischen Polarforscher Vilhjálmur Stefánsson. Nach ein paar Monaten erhielt er Bescheid, dass er zum Mitglied gewählt worden war. Für Heyerdahl, der seine Mitgliedschaft im *Explorers Club* als neuen und wichtigen Schritt zu seiner Anerkennung betrachtete, bedeutete das eine Menge.

Für die Alliierten war 1942 ein düsteres Jahr. Hitler siegte an den meisten Fronten. Kaum noch jemand glaubte an einen kurzen Krieg. Frieden rückte in immer weitere Ferne und die Stimmung in Europa und den USA sank. Das galt auch für Thor Heyerdahl, der zwei Jahre nach der Invasion Norwegens erkannte, dass es noch lange dauern konnte, bis er seine Eltern wiedersehen würde. Er erfuhr, dass in Kanada und Großbritannien Ausbildungslager für norwegische Einheiten errichtet worden waren, und erneuerte seinen Beschluss von Bella Coola, sich zum Kriegseinsatz zu melden. Er wandte sich an die Botschaft in Washington und erhielt den Rat, ein in New York eingerichtetes norwegisches Rekrutierungsbüro aufzusuchen.

Es ist ein wahnwitziger Entschluss. Er muss die Familie aufgeben, er muss Liv und die beiden kleinen Kinder in einem fremden Erdteil zurücklassen, in dem sie keine Angehörigen und Freunde haben, und jeden Gedanken an eine Doktorarbeit kann er ebenfalls abhaken. Wovon soll seine Familie in seiner Abwesenheit leben?

Von seiner Sammlung. Jetzt oder nie. Es muss ein Käufer her!

Durch den *Explorers Club* kommt Heyerdahl in Kontakt mit Professor Ralph Linton, einem der wenigen Archäologen, die bereits archäologische Untersuchungen auf den Marquesas vorgenommen hatten. 1923 hat er eine Abhandlung darüber veröffentlicht. Er lobt die Sammlung und es melden sich einige Interessenten. Doch die Zeiten sind unsicher, das Geld sitzt nicht gerade locker. Herbert Spinden am *Brooklyn Museum* ist der Einzige, der ein Gebot abgibt. Er legt tausend Dollar auf den Tisch. Gern wäre er höher gegangen, denn er weiß, dass die Sammlung eigentlich mehr wert ist, aber sein Etat lässt es nicht zu.

Heyerdahl hat keine Wahl und akzeptiert. Tausend Dollar verschaffen Liv und den Kindern Luft, bis er als Soldat hoffentlich Sold und Versorgungszulage erhält. Ein weiterer Trost mag darin bestanden haben, dass die Sammlung aus dem verlorenen Paradies wenigstens ein fachgerechtes und wissenschaftliches Zuhause gefunden hat.

Thor Heyerdahl meldet sich beim norwegischen Rekrutierungsbüro in New York. Zur selben Zeit entscheiden Liv und er, dass Liv mit den Jungen zum einzigen Zufluchtsort zurückgehen wird, den sie hat, den bei der Familie Lepsøe in Trail.

Als der Sommer kommt, erhält Thor die Aufforderung, sich nach Lunenburg in Nova Scotia zu begeben. In der kleinen Stadt an der Ostküste Kanadas wird er am 9. Juli 1942 offiziell in die bewaffneten norwegischen Streitkräfte aufgenommen.

Der Pazifist ist Soldat geworden.

Teil 4 **DER KRIEG**

DER SOLDAT

Es war ein militärisch in jeder Hinsicht unbeschriebenes Blatt, das im Sommer 1942 das von Norwegen im kanadischen Lunenburg eingerichtete Rekrutencamp ansteuerte. Thor Heyerdahl kannte kaum den Unterschied zwischen »Links um!« und »Rechts um!« und außer in der Turnhalle des Gymnasiums war er im Leben noch nie marschiert. Jetzt sollte er Uniform tragen und nicht nur im Gleichschritt marschieren, strammstehen und das Gewehr präsentieren, sondern auch lernen, Befehle auszuführen. Er sollte lernen, in einem System zu leben, das kein Individuum kannte, sondern nur ein Kollektiv, genau der Typus System, den er verachtete. Sogar die Universität, in der akademische Freiheit ein fester Begriff war und die Studenten sich ihre Arbeitsweise in vielem selbst aussuchen konnten, hatte der junge Heyerdahl als so beklemmend kollektiv empfunden, dass er sie verlassen hatte.

Die erste Überraschung ließ dementsprechend nicht auf sich warten. Als ihn die Vorgesetzten fragten, welche Fertigkeiten er mitbringe, gab er zur Antwort, er habe sich mit zoologischen und ethnologischen Problemen befasst. Hingegen beschrieb er sich als »Idiot in allem, was mit Technik zu tun hat«, und er könne nicht einmal Auto fahren oder die Batterien in einem Radio wechseln. Aber er habe eine gute Hand mit Hunden, und wenn er sich seine Verwendung aussuchen dürfe, würde er am liebsten mit einem Hundegespann hinter den feindlichen Linien operieren. Er hob seine Erfahrung im Fjell und in norwegischen Wäldern hervor und seine Fähigkeit zu schnellen Entscheidungen, wenn die Situation es erfordere.

Doch er durfte es sich nicht aussuchen. Die Armee brauchte weder Ethnologen noch Hundeschlittenführer. Die Armee brauchte Funker.

Was er davon halten sollte, wusste Thor nicht so recht. Als er sich damals mit Liv darauf vorbereitet hatte, der Zivilisation den Rücken zu kehren, hatte er nicht zuletzt Autos und Radios als Symbole für die marode Lage der Menschheit angesehen, die zeigten, wie groß der Abstand zwischen Mensch und Natur geworden war. Und jetzt sollte er lernen, sich mit Röhren, Lämpchen und Leitungen auszukennen? Vom Telegrafieren und Morsen ganz zu schweigen.

Ein Mann im Camp, der seine Reaktion miterlebte, hat erzählt, Heyerdahl habe den Befehl »mit versteinertem Gesicht und unerforschlichem Blick« entgegengenommen.

Liv und die Kinder wohnten inzwischen bei den Lepsøes in Trail. Damit sie wieder zusammen sein konnten, besorgte Thor eine günstige Wohnung in Lunenburg, unten am Hafen. Noch einmal bestiegen die drei den Zug, um den gesamten nordamerikanischen Kontinent zu durchqueren. Mit Umsteigen in Toronto und Montreal brauchten sie vier Tage. Als der Zug in Lunenburg hielt, stand Thor auf dem Bahnsteig und wartete. Nach Wiedersehensfreude und Umarmungen rückte er mit einem überraschenden Bescheid heraus. Am selben Morgen hatte er Befehl erhalten, seine Ausrüstung zu packen. Er wurde versetzt und sollte Lunenburg verlassen. Liv und die Kinder konnten kaum ihre Sachen in der neuen Wohnung abstellen, da mussten sie ganz verdattert schon wieder zum Bahnhof, um Mann und Vater zum Abschied zu winken. Er sollte in ein Ausbildungslager nahe Toronto, das unter dem Namen *Little Norway* bekannt war.

Schon im ersten Kriegssommer brachte die Tageszeitung *Toronto Star* eine Meldung, der zufolge Norwegen in Kanada Kampfflieger ausbilden wolle. Experten hatten ihr Augenmerk auf einen Flugplatz außerhalb von Toronto gerichtet, und mit dem vorläufigen Kommandeur der Marineflieger, Oberstleutnant Hjalmar Riiser-Larsen, der mit Amundsen zum Nordpol geflogen war, als treibender Kraft schloss man im September mit der kanadischen Regierung ein Abkommen über die Errichtung eines Trainingslagers. Der Betrieb sollte durch Einnahmen der in der neu gegründeten Reederei *Nortraship* vereinten norwegischen Handelsflotte unterhalten werden. Am 10. November 1940 wurde das Lager offiziell eröffnet und erhielt den prätentiösen Namen *Little Norway*.

Norweger, die für ihr Heimatland kämpfen wollten, kamen aus allen Himmelsrichtungen dorthin. Die meisten hatten sich im Ausland aufgehalten, als der Krieg ausbrach. Darunter waren Matrosen der Handelsmarine oder Walfänger, die auf der Rückreise aus dem Südlichen Eismeer an der amerikanischen Ostküste gestrandet waren, Auslandsstudenten, Handwerker, Geschäftsleute und der eine oder andere Abenteurer, der aufgebrochen war, um die Welt zu sehen. Die Zeitungen in Toronto berichteten auch von norwegischen Staatsbürgern, die von weit entfernten Orten in Kenia, Ceylon, Indien, Australien und sogar der Walstation auf Süd-Georgien in der Antarktis anreisten. Viele flüchteten aber nach dem Ende der Kämpfe gegen die Deutschen im Juni 1940 aus Norwegen selbst. Manche trotzten der rauen Nordsee, fuhren in Booten nach England und reisten dann über den Atlantik. Andere gingen über die Grenze nach Schweden und zogen durch ganz Sibirien nach Wladiwostok, um dort eine Schiffspassage über den

Pazifik zu finden. Bis Ende 1940 hatten bereits fünfhundert Offiziere und einfache Soldaten ihren Weg nach *Little Norway* gefunden. Immer mehr kamen hinzu und es dauerte nicht lange, bis die ersten Geschwader einsatzbereit waren.

Thor Heyerdahl kam in einer Gruppe von zehn Mann im Lager an. Sie wurden der Luftwaffe zugeteilt und mit blauen Uniformen ausgestattet. Ihre Gruppe erhielt die Bezeichnung I-Gruppe, ohne dass ihnen erklärt wurde, wofür das I stand. Sie spekulierten auf ein geheimnisvolles »Intelligence«, brachten aber bei der ganzen Geheimhaltung um die Kriegsplanungen nicht mehr als eine Verlautbarung in Erfahrung, dass sie womöglich in der Schlussphase des Kriegs in Norwegen eingesetzt werden sollten.

Thor durfte Frau und Kinder nicht in der unmittelbaren Nähe des Lagers wohnen lassen und beschaffte ihnen darum eine Wohnung in Toronto. Nicht zuletzt durch die vergebliche Reise nach Lunenburg war das Geld aus dem Verkauf der Marquesas-Sammlung so gut wie aufgebraucht. Thors Sold als einfacher Rekrut reichte vorn und hinten nicht, und da die Luftwaffe vorläufig keine Versorgungsansprüche für seine Familie anerkannte, brachen für Liv wieder magere Zeiten an.

Thor konnte sich in der Kantine satt essen. Doch weil Angehörige dort keinen Zutritt hatten und sie kaum Geld besaßen, sah er sich am Ende genötigt, Essen mitgehen zu lassen, damit Liv und die Kinder auch etwas bekamen. Butter, Käse, Wurst und Brot unter der Feldbluse aus dem Lager zu schmuggeln war natürlich verboten, doch wenn Thor an den Wachen vorbeiging, fühlte er nicht Schuld, sondern Erbitterung.

Man hatte den Mitgliedern der I-Gruppe in Aussicht gestellt, nach erfolgreich absolvierter Funkerausbildung zu Unteroffizieren mit entsprechendem Sold befördert zu werden. Doch nach der

Abschlussprüfung, die die meisten mit gutem Ergebnis bestanden, stellte sich heraus, dass sie eigentlich doch dem Heer unterstanden. Angehörige des Heeres konnten im Rahmen der Zuständigkeiten aber nicht von der Luftwaffe befördert werden. Also bekamen die Männer die ersehnten Winkel nicht und mussten sich weiterhin mit dem geringen Sold einfacher Soldaten begnügen.

Die eigentliche Leitung der I-Gruppe befand sich in London und von dort traf der Befehl ein, die Funkerausbildung solle auf einem höheren und stärker spezialisierten Niveau fortgesetzt werden.

Der neue Kurs war als so geheim eingestuft, dass er an einem kaum bekannten Ort stattfinden sollte, und was war dafür besser geeignet als die weiten Wälder am Oxbow Lake, zweihundertsiebzig Kilometer nördlich von Toronto? Dort hatte die Luftwaffe ein paar Holzhütten errichtet, die nach allem, bloß nicht nach einer militärischen Anlage aussahen. Unter dem Namen Vesle-Skaugum wurde das Camp als Erholungsort für ausbildungsmüde Flieger aus *Little Norway* genutzt. Neujahr 1943 wurde die I-Gruppe dort einquartiert und der Geist, der in diesem kleinen Lager herrschte, war derart entspannt, dass Thor nach einer Weile Liv und die Kinder nachholen konnte. Sie bezogen eine kleine Hütte am Seeufer und Thor wohnte abwechselnd dort oder bei den Kameraden im Haupthaus.

Einmal mehr war Liv dort angekommen, wo sie sich am wohlsten fühlte, in der geliebten Wildnis. Acht Monate hatte sie mit den Kindern in Toronto gewohnt. »Aber diese große, hektische Stadt war nichts für uns. Jeden Sonntag gingen wir in den großen Zoo und besuchten die wilden Tiere hinter ihren Gittern, und wir fühlten uns fast genauso eingesperrt wie sie. Wir sehnten uns nach dem freien Leben in Wald und Natur zurück«, heißt es in dem Buch, das Liv Heyerdahl nach dem Krieg veröffentlichte.

Als sie mit den Kindern eintraf, lag Schnee. Die Jungen fanden Spuren von Eichhörnchen, Fuchs und Hase. Am ersten Abend hörten sie von dem waldbestandenen Höhenzug ein Heulen. »Das ist der Wolf«, sagte Thor junior und richtete sich im Bett auf. Bamse machte große Augen. Sie sollten ihn noch häufig hören.

Der Schnee schmolz, der Frühling ging in den Sommer über, die Mücken plagten Mensch und Tier, bis die kleinen Biester ebenso plötzlich verschwanden, wie sie aufgetaucht waren. Am Ufer vor der Hütte lag ein Kanu und Thor senior tat, was er auf Fatuhiva gesehen hatte: Er baute ihm einen Ausleger an, damit die Söhne ohne die Gefahr, zu kentern, auch allein herumpaddeln konnten. Während Vater und Mutter etwas Zeit für sich bekamen, bauten sich Thor junior und Bamse ihre eigenen Reiche in diesem Märchenland, bis sie eines Tages ihren Augen nicht trauten, denn plötzlich stand ein kleines Schwarzbärjunges leibhaftig vor ihnen. Ein Bauer hatte den kleinen Racker zu sich genommen, nachdem er die Mutter erlegt hatte, und er gab ihn liebend gern ab, als ihm Liv und Thor dafür eine Flasche Whiskey anboten. Die Jungen tauften den kleinen Bären Peik und sahen ihn als ihren Spielgefährten an.

Im Lauf des Sommers bekamen die Jungen auch hohen Besuch in ihrer Hütte, als ein anderer Junge in ihrem Alter auftauchte, um mit ihnen zu spielen. Sein Name war Harald und er war Prinz von Norwegen. Zusammen mit seinen Eltern, Kronprinzessin Märtha und Kronprinz Olav, und seinen Schwestern Astrid und Ragnhild stattete er Vesle-Skaugum einen Besuch ab. Den Prinzenrang dürften die Heyerdahl-Jungs rasch vergessen haben, als sie sich mit dem neuen Jungen und Peik in den See und in die Wälder stürzten. Lange hatte ihnen ein richtiger Spielkamerad gefehlt.

Das idyllische Leben am Oxbow Lake konnte nicht von Dauer

Königlicher Besuch. Prinzessin Astrid, Prinz Harald und Kronprinzessin Märtha passen bei ihrem Besuch in *Little Norway* auf Peik auf

Der Fang des Tages. Prinz Harald ging bei seinem Besuch in *Little Norway* mit Bamse zum Angeln

sein. Ende August kam ohne Vorwarnung der Marschbefehl. Die I-Gruppe sollte sich nach Großbritannien einschiffen, und zwar sofort. Jemand hatte ganz plötzlich festgestellt, dass es für ihre spezielle Eignung Verwendung gab. Thor Heyerdahl und andere in der Gruppe waren der Überzeugung, dass nach dem Lehrgang in Vesle-Skaugum »niemand in den norwegischen Verbänden« so viel von Elektrotechnik verstünde wie sie. Das Einzige, was sie nicht wussten, war, wozu dieses neu erlernte Wissen gebraucht wurde.

Am 27. August 1943 stieg Thor Heyerdahl in Halifax aus dem Zug. Mit dem Rest der I-Gruppe ging er an Bord der *Queen Mary*. Sie war mit 2140 Plätzen damals das größte Passagierschiff der Welt. Aber nicht Passagiere machten sich in ihren luxuriösen Salons breit, sondern Soldaten. Die Briten hatten das Schiff zum Truppentransporter umfunktioniert und Thor Heyerdahl war nur einer von 15 116 auf ihr untergebrachten Soldaten. Die *Queen Mary* war Inhaberin des Blauen Bandes und brauchte lediglich vier Tage für die Atlantiküberquerung. In der kleinen Hafenstadt Gourock nicht weit von Glasgow wurden die Einheiten an Land gesetzt. Nach einem Kurzbesuch bei den Vorgesetzten in London wurde die Gruppe in einem Schloss am Fuß der schottischen Highlands einquartiert. Genauer durfte Thor seinen Standort in einem Brief an Liv vom 26. September nicht bezeichnen.

Einen Monat später, am 26. Oktober, schrieb er: »Allerliebste Liv! Zu gern möchte ich von Dir hören [...] In Anbetracht der Umstände kann ich nicht ausführlich schreiben, aber Du wirst mündlich alles erfahren, wenn wir uns wiedersehen. Ich bin nicht sonderlich begeistert, vorläufig als Küchenhilfe in die Offiziersmesse abkommandiert zu sein. Ja, so ist das Leben, ich leere Aschenbecher und schäle Kartoffeln [...] Was man mit uns vorhat, ist noch ungewiss, da gar nicht bekannt ist, wer uns angefordert hat [...] Ich kann mir kaum noch vorstellen, wie es ist, mein eigener Herr zu sein und meine wissenschaftliche Arbeit wieder aufzunehmen.«

Mit größtem Widerwillen hatte sich Thor Heyerdahl in Kanada auf seine Ausbildung zum Funker eingelassen, aber er hatte die Zähne zusammengebissen und seine Sache so gut gemacht, dass man ihn auf den Speziallehrgang geschickt hatte, damit er noch umfassendere Kenntnisse erwarb. Mit umso größerer Verblüffung hatte er anschließend feststellen müssen, dass sich das Oberkommando für die norwegischen Streitkräfte in Großbritannien anscheinend nicht im Geringsten für seine spezielle Verwendungsfähigkeit interessierte. Weder er noch einer seiner Kameraden sollten weiterhin am Morsegerät üben. Die Hand kam aus der Übung und die Morsezeichen saßen schon nicht mehr so sicher wie vorher.

Abgesehen von dem Unwillen darüber, keine sinnvolle Aufgabe zu bekommen, machte auch das ewige Warten auf Post von Liv den Herbst 1943 für Thor zu einer düsteren Zeit. Getrennt durch einen Ozean und den Krieg, stellten Briefe nun einmal ihre einzige Möglichkeit dar, sich gegenseitig ihrer Liebe und Sehnsucht zu versichern und ihrer Sorge über die Lage des jeweils anderen Ausdruck zu geben. Zwar kamen die Briefe in der Regel irgendwann an, manchmal aber erst mit großer Verspätung, die nicht zuletzt die Militärzensur verursachte.

Im November erhielt die Gruppe wieder einen Marschbefehl. Sie sollten in ein anderes Schloss verlegt werden, diesmal in der kleinen Universitätsstadt St. Andrews am Meer. Es sollte also wohl endlich etwas passieren. Die Erwartungen waren hoch.

Es geschah nichts. Oder doch; sie machten weiter mit Kartoffelschälen und Bettenbauen, sollten jetzt aber auch noch putzen. Das Schloss besaß Treppen, Säle und Korridore und die sollten sie andauernd schrubben. Die I-Gruppe wechselte zwischen Kartoffeleimern und Putzeimern hin und her.

Im Schloss residierten mehr Offiziere als Mannschaftsdienstgrade, und wie es sich gehörte, aßen die Offiziere in ihrer eigenen Messe. Eines Tages hieß es, jemand aus der I-Gruppe werde abkommandiert, um in der Offiziersmesse zu bedienen. Der sonst servierende Kellner habe Urlaub und die Offiziere brauchten eine Vertretung für ihn.

Damit war die Grenze erreicht, die Geduld am Ende. Die Mitglieder der Gruppe hielten eine Versammlung ab und sprachen sich ab, wer auch immer von ihnen den Befehl erhalten sollte, die weiße Kellnerjacke überzuziehen, würde sich weigern. Die anderen würden ihm auf Gedeih und Verderb die Stange halten und die Konsequenzen mit ihm gemeinsam tragen. Einer für alle, alle für einen.

Der örtliche Vorgesetzte der I-Gruppe war ein Hauptmann Pettersen. Er wählte einen Mann namens Erik Beyer-Arnesen aus. Der nahm Haltung an und weigerte sich »mit der Begründung, dass ein Missverständnis vorliegen müsse. Er sei nicht als Kellner herbeordert worden, sondern als Funker.«

Hauptmann Pettersen schüttelte den Kopf und erklärte, Beyer-Arnesen solle es als eine Ehre ansehen, in der Offiziersmesse zu bedienen. Aber der Soldat blieb höflich, doch bestimmt bei seiner Weigerung. Da verlor der Hauptmann die Geduld und ließ den Soldaten arretieren.

Als Vertrauensmann der Gruppe meldete sich Thor Heyerdahl sofort im Büro des Hauptmanns. Dort bekam er zu hören, dass Befehlsverweigerung, ungeachtet aus welchem Grund, das größte Verbrechen sei, das ein Soldat begehen könne, und dass man Beyer-Arnesen deswegen vor ein Kriegsgericht stellen werde.

Der Hauptmann ließ die Bemerkung fallen, wenn Derartiges in Deutschland passiert wäre, hätte man Beyer-Arnesen umgehend an die Wand gestellt und erschossen.

Heyerdahl bewahrte die Ruhe und fragte, ob der Hauptmann mit dieser Bemerkung Deutschland als Ideal hinzustellen wünsche.

Krieg ist nun mal Krieg, schnaubte der Hauptmann zurück und meinte, Beyer-Arnesen könne sich auf mindestens sechs Monate Haft in einem englischen Zuchthaus gefasst machen.

Darauf erklärte Heyerdahl dem Hauptmann, dass die I-Gruppe geschlossen hinter Beyer-Arnesen stehe und die anderen den Befehl ebenso verweigert hätten, falls es sie getroffen hätte. Der Hauptmann solle darum alle Mitglieder der Gruppe melden, damit sie die gleiche Strafe bekämen wie Beyer-Arnesen.

Was die anderen getan hätten, interessiere ihn nicht, meinte der Hauptmann, er halte sich nur an den einen, der den Befehl bekommen und nicht ausgeführt habe.

»Erteilen Sie einem anderen von uns den Befehl«, sagte Heyerdahl herausfordernd, »dann werden wir ihn einer nach dem anderen verweigern.«

Das tat der Hauptmann nicht. Er ließ Heyerdahl gegenüber allerdings keinen Zweifel daran, dass er jeden Beförderungsvorschlag von Mitgliedern der Gruppe ablehnen werde.

Die Lage der Gruppe wurde so ernst, dass sich Thor Heyerdahl als ihr Vertrauensmann zu einem drastischen Schritt entschloss. Er hatte schon früher versucht, per Eingabe auf dem Dienstweg das Oberkommando des Heeres dazu zu bewegen, ihnen einen sinnvollen Auftrag zu erteilen. Der Dienstweg aber verlief über den Schreibtisch des Hauptmanns, der die Gesuche in den Papierkorb warf. Jetzt wollte Heyerdahl die Sache eigenhändig den oberen Dienststellen zu Gehör bringen und er hatte einen Plan, musste vorher jedoch mit Beyer-Arnesen sprechen.

Er ging zu den Arrestzellen, wurde aber von der Wache nicht eingelassen. Doch er wusste sich zu helfen. Ein paar Männer der I-Gruppe hatten den Auftrag bekommen, in dem Gebäude Telefonleitungen zu verlegen. Thor schnappte sich eine Rolle Telefondraht und gab vor, die Leitungen kontrollieren zu sollen. Das tat er, bis er in Beyer-Arnesens Zelle stand.

»Der arme Kerl!«, schrieb Thor ein paar Wochen später nicht ohne Schuldbewusstsein an Liv. Sie kannte Erik Beyer-Arnesen aus der Zeit in Vesle-Skaugum gut. »Er hatte ein eisernes Bettgestell, auf dem er sitzen konnte, und sonst nur ein so verschmutztes Fenster, dass es kaum Licht durchließ. Geld und Zigaretten hatten sie ihm weggenommen und er durfte nicht einmal wie die übrigen Gefangenen zum Essen seine Zelle verlassen.«

Sie sprachen miteinander, Thor erfuhr, was er wissen wollte, der Inhaftierte schrieb ein paar Worte auf einen Zettel, dann wünschten sie einander viel Glück.

Es war nicht mehr weit bis Weihnachten und Thor stellte einen Antrag auf Weihnachtsurlaub. Ihm wurden neun Tage genehmigt. Am 12. Dezember traf er in London ein, wo er einen jungen Leutnant aufsuchte und ihm Beyer-Arnesens Papier vorlegte. Der Leutnant nickte und meinte, das lasse sich arrangieren.

Am 14. sitzt Thor spätabends in seinem Hotelzimmer. Es geht auf Mitternacht zu. Er nimmt einen Bogen Briefpapier und schreibt an Liv. Wieder einmal beklagt er sich über »ein bestimmtes norwegisches Postkontor« in London, das die Briefverbindung zwischen ihnen behindere. »Hier passieren die allerdümmsten und schrecklichsten Dinge und diesmal habe ich keine Angst, Dir davon zu schreiben, denn in diesen Brief wird hoffentlich kein neu-

gieriger Schnüffler seine Nase stecken [...] Es ist nichts zum Aus-
posaunen, aber ich finde, Du sollst wissen, was Dein Mann tut,
denn Du stehst mir doch näher als meine sogenannten militärischen Vorgesetzten.«

An dieser Stelle geht ihm die Tinte aus; er findet einen Bleistift
und schreibt weiter. Sicher, dass er den Brief an der Zensur vorbei-
befördern lassen kann, schreibt er ihr von Latrinenleeren, Treppenputzen und dem Leben in der Kaserne, das größtenteils darin
bestehe, »auf dem Rücken zu liegen und den Staub aus der Woll-
decke zu schlucken«. Seit sie vor dreieinhalb Monaten nach Großbritannien gekommen seien, hätten sie »gerade einmal 3 Stunden
Ausbildung bekommen. D. h. 1 Stunde Morsen, 1 Stunde Verfah-
renstechnik und 1 Stunde Funklehre.«

Den größten Teil des Briefs nimmt jedoch die Sache mit dem
Hauptmann und seinem Befehl, in der Offiziersmesse zu kell-
nern, sowie ihrem gemeinsamen Entschluss zur Befehlsverweigerung ein. Er versichert Liv, dass er die kurze Zeit in London über
nicht untätig gewesen sei. »Ich habe mich den Teufel um Formali-
en, Sterne und Generäle geschert und bin direkt hinauf zur obersten Instanz gegangen, zum Verteidigungsminister persönlich!«

Nun würde man einen einfachen Soldaten, zumal er noch in einen Fall von Befehlsverweigerung im Krieg verwickelt war, nicht
so ohne Weiteres zum Verteidigungsminister vorlassen. Doch
durch die Vermittlung des jungen Leutnants saß der Gefreite Heyerdahl (Dienstnummer 5268) in der Tat ganz schnell im Büro des
Ministers. Der Leutnant war nämlich kein Geringerer als der Sohn
von Verteidigungsminister Oscar Torp. Zugleich war er ein guter
Freund von Erik Beyer-Arnesen. Und indem er diese beiden Karten ausspielte, erreichte Thor Heyerdahl tatsächlich das Ohr des
Ministers.

Er wollte ihm ein möglichst umfassendes Bild von der Situation der I-Gruppe geben. Seit sie in Schottland stationiert war, führte er ein Tagebuch, das er mit eigenen Worten als »gelinde gesagt wütend« bezeichnete. Mit Zustimmung des Ministers wolle er ihm gern ein wenig daraus vorlesen.

Der Minister nickte.

Thor las: »3. 11. Am Vormittag fuhr ich eine halbe Stunde Motorrad, Rest des Tages in der Baracke. Abgesehen davon, dass es Kino gab.

4. 11. Den ganzen Vormittag in der Baracke gelegen; den ganzen Nachmittag damit fortgefahren.

5. 11. 30 Minuten Motorradfahren, den Rest des Vormittags in der Baracke verbracht. Nachmittags ein bisschen Schießen.

6. 11. Den ganzen Vormittag und Nachmittag in der Baracke.

7. 11. Sonntag. Allein den Ben Nevis bestiegen.

8. 11. Vor- und Nachmittag in der Baracke gelegen. Dito am 9.

10. 11. Bekamen Befehl, einen Wagen zu beladen, den wir nicht fanden. Lagen daher den ganzen Vormittag in der Baracke, nachmittags ebenfalls.

11. 11. Bekamen den Befehl, rings um das Schloss Laub zu harken, doch da wir trotz Unterstützung durch einen Offizier keine Rechen finden konnten, blieben wir den ganzen Vormittag in der Baracke liegen ...«

Während er las, beobachtete Thor den Minister. An Liv schrieb er: »Die großen Ohren des Verteidigungsministers schwollen wie Pfannekuchen und es wurden mächtige Herrschaften einbestellt. Ein Oberstleutnant und ein Major wurden umgehend aus Schottland herbeizitiert und in den nächsten Tagen werden voraussichtlich große Dinge geschehen. Kriegsgericht, Gefängnis oder ein Triumph für uns, aber es muss jetzt aufgeräumt werden. Ich halte es nicht länger aus, mich wie eine Null behandeln zu lassen und den Dingen ihren schlechten Lauf zu lassen. Wir tun auch den Menschen in Norwegen nichts Gutes, wenn wir einen solchen Schlendrian hinnehmen.«

Die Schuld an der ganzen Misere gab er der Eitelkeit und Unfähigkeit unter den Offizieren.

»Es gibt hier viele, viele tüchtige Kerle, aber die hat man kaltgestellt, sie laufen als einfache Soldaten herum oder wurden nach Hause geschickt. Nur die konformen Nullen, die nicht konkurrenzfähig sind, werden befördert [...] Wir aus der I-Gruppe waren lediglich Bauern im Spiel eines Hauptmanns, um genügend Untergebene zu haben, damit man ihn zum Major befördern kann [...] Ich begreife jetzt, dass ich beim Militär keine Zukunft habe, und darauf bin ich stolz.«

Erst ein Jahr später sollte Thor Heyerdahl erfahren, dass schon während seiner Ausbildung in *Little Norway* das amerikanische Verteidigungsministerium angefragt hatte, ob die Norweger den Amerikanern Heyerdahl für Forschungsaufgaben im Pazifik abstellen würden, doch hatten seine Vorgesetzten mit der Begründung abgelehnt, wegen ihrer Spezialausbildung könne man auf Mitglieder der I-Gruppe nicht verzichten.

Im Gegenzug dafür, dass sich Verteidigungsminister Torp der Angelegenheit mit Beyer-Arnesen persönlich annahm, musste Heyerdahl ihm versprechen, dass die I-Gruppe keine weiteren solcher Streiche verüben werde. Wenige Tage später erhielt Thor einen Brief von Beyer-Arnesen, der ihm mitteilte, dass er auf Befehl von Stellen, die im Rang über Hauptmann Pettersen ständen, aus der Haft entlassen worden sei. Ein Kriegsgericht drohe ihm aber nach wie vor.

Thor Heyerdahl verbrachte ansonsten ein paar angenehme Tage in London. An einem Abend war er bei Thomas Olsen zum Essen eingeladen, der sich überraschend in der Stadt aufhielt. Er und die übrigen Gäste schüttelten die Köpfe über das, was Thor über sein Soldatenleben zu erzählen hatte. Für Thor war es wichtiger, zu hören, dass es Liv und den Kindern gut ging. Es war nun abgemacht, dass sie auf Olsens Familiensitz in Ossining außerhalb von New York wohnen sollten, wo sich Thomas Olsen und seine Frau Henriette ihrer annehmen würden.

Thors Urlaub lief ab und ein paar Tage vor Weihnachten fand er sich wieder in St. Andrews ein. Er hatte kaum sein Gepäck abgestellt, als ihn die Militärpolizei zum Verhör abholte. Da sich die I-Gruppe immer noch weigerte, in der Offiziersmesse Dienst zu tun, riskiere nicht nur Beyer-Arnesen, sondern die ganze Gruppe, vor dem Kriegsgericht zu landen, hielt man ihm vor. Die Anklage würde in diesem Fall auf Meuterei lauten.

Thor wusste nicht, ob er weinen oder lachen sollte. Er und seine Kameraden sahen inzwischen ein, dass ihr Entschluss, den Befehl zu verweigern, viel gravierender war, als sie bedacht hatten. Doch solange sie noch saubere Akten, ein reines Gewissen und ihre guten Prüfungsergebnisse aus Kanada hatten, nahm Thor die Sache »vorläufig mit absoluter Ruhe«. Es kam natürlich nicht infrage, Beyer-Arnesen jetzt im Stich zu lassen.

In seinem Gespräch mit Thor Heyerdahl hatte der Verteidigungsminister die wichtige Aufgabe der I-Gruppe unterstrichen und gesagt, es müsse ein Missverständnis vorliegen, dass die Funkausbildung aus Kanada nicht weiter betrieben würde. Doch Weihnachten kam und ging ohne ein Anzeichen, dass sie das Training wiederaufnehmen sollten. Auch im neuen Jahr mussten die Angehörigen der I-Gruppe weiter Böden schrubben und fettige Teller abwaschen. Sie schluckten ihre Enttäuschung hinunter und führten sich gehorsam auf. Thor wollte das Versprechen nicht brechen, das er dem Minister gegeben hatte.

Am 18. Januar 1944 brach es dann in einem weiteren an der Zensur vorbeigeschmuggelten Brief an seine Frau doch einmal aus ihm heraus: »Schon als ich in die Armee eingetreten bin, habe ich das Militärische mit skeptischer Nachsicht betrachtet und nicht mit sonderlicher Begeisterung, aber doch mit der Erwartung, dass es sich um ein gut organisiertes Unternehmen handele; nicht nach meinem Geschmack, aber ein notwendiges Übel, geeignet, die nazistischen Gewalttäter aus unserem eigenen Land zu vertreiben. Eine reibungslos funktionierende Maschinerie, die nun in Gang gesetzt war und es den Nazis mit gleicher Münze heimzahlte. Ich habe geglaubt, ich könne dazu beitragen, nicht mit kaltem Stahl, sondern mit frischem Kopf und gesundem Leib, dass die Unterdrückung der Unschuldigen daheim aufhört. Aber darin habe ich mich offenbar getäuscht [...] Nach meinem Eindruck ist es mittlerweile so schrecklich hier, dass es schon wieder anfängt, interessant zu werden. Ich fühle mich freier, weil ich mein militärisches Verantwortungsgefühl aufgegeben habe, und ich komme in die Stimmung zu kämpfen, weil ich einen klareren Blick dafür entwickele, wofür und wogegen man in dieser Welt kämpfen muss. Wir alle wollen die Prinzipien des Nazismus bekämpfen, jedenfalls alle, die einen gesunden Menschenverstand haben. Aber wir brauchen nicht bis nach Deutschland zu gehen, um heute die Naziwelle zu finden! Alles, wofür der Nazismus steht, jede Einzelheit, habe ich identisch so auch in unserem engeren, kleinen militärischen Kreis gefunden. Nur die Bezeichnung Nazismus dafür fehlt [...] Ich kämpfe also Seite an Seite mit dem, was ich bekämpfe.«

Am 1. Februar erhielt die I-Gruppe den Befehl, sich wieder zu dem Schloss im Örtchen Callander am Fuß des schottischen

Hochlands zu begeben, in dem sie anfangs untergebracht war. Dort wurde sie zu einer feierlichen Besprechung in einen großen, eleganten Saal mit flackerndem Kaminfeuer gerufen. Der Chef des Oberkommandos des Heeres, Generalmajor Johan Beichman, war persönlich aus London gekommen, um bei der Besprechung zugegen zu sein. Flankiert von weiteren hochrangigen Offizieren, stand er an einem Mahagonitisch und erklärte im Schein der Flammen in einem »überaus wohlwollenden Ton«, dass er detaillierte Erkundigungen bei den früheren Vorgesetzten der I-Gruppe eingezogen habe. Sie hätten sich »uneingeschränkt lobend« über die Einsatzbereitschaft der Männer geäußert, in fachlicher Hinsicht ebenso wie in dienstlicher. Vor diesem Hintergrund habe der General mit dem Chefankläger des Heeres ein Gespräch geführt und sei mit ihm folgendermaßen übereingekommen: Sofern die Soldaten zugäben, ein militärisches Vergehen begangen zu haben, und das Vorgefallene ohne Umschweife bedauerten, solle Erik Beyer-Arnesen mit sechzig Tagen Arrest auf Bewährung davonkommen. Die anderen müssten mit einer entsprechenden Bestrafung rechnen, da sie mit Beyer-Arnesen gemeinsame Sache gemacht hätten. Die Alternative wäre ein Kriegsgericht mit allen ernsten Konsequenzen.

Unter Zustimmung der Übrigen erklärten sich Thor Heyerdahl und Beyer-Arnesen sogleich bereit, das verlangte Bedauern auszusprechen. Nachdem sie ihr Ziel erreicht hatten, mit dem Oberkommando sprechen zu dürfen, sahen sie keinen Sinn mehr darin, ihren Ungehorsam fortzusetzen. Als das Treffen zu Ende war, nahm der Generalmajor Thor Heyerdahl beiseite und erklärte »mit Nachdruck, dass wir den Raum erhobenen Hauptes verlassen und der Zukunft freudig entgegensehen könnten und dass von seiner Seite nun alles vergessen sein sollte«.

Bei aller Freude über den glimpflichen Ausgang verstand Heyerdahl das einschmeichelnde Auftreten des Generals auch als weiteres Zeichen für die schlaffe Nachgiebigkeit, die er im Offizierskorps verbreitet sah.

Am Tag darauf freute er sich jedoch sehr, als er vorübergehend einer Kompanie im Hochland zugeteilt wurde. Dort standen Geländeübungen ganz oben auf dem Programm und endlich durfte er wieder seinen Drang nach körperlicher Betätigung ausleben.

Ein paar Wochen später erschien der Kompaniechef zum Morgenappell mit einem ernsteren Gesicht als gewöhnlich. Er kommandierte »stillgestanden« und verlas ein Dokument. Es war ein Strafbefehl vom Oberkommando des Heeres in London. Der Gefreite Heyerdahl und seine Mitverschworenen wurden darin wegen ihrer Weigerung, in der Offiziersmesse zu bedienen, zu sechzig Tagen Arrest verurteilt, die Strafe auf ein Jahr zur Bewährung ausgesetzt. Damit hatten sie die gleiche Strafe erhalten wie Beyer-Arnesen. Und im Gegensatz zu General Beichmans versöhnlichen Worten hielt das Armeeoberkommando die Angelegenheit für so ernst, dass der Strafbefehl an diesem Tag sämtlichen norwegischen Einheiten in Großbritannien verlesen wurde. Es sollte kein Zweifel daran bestehen, dass die Soldaten auch in solchen scheinbaren Bagatellfällen verpflichtet waren, sich strengster Disziplin unterzuordnen.

Gleichwohl gab es nichts daran zu deuteln, dass Thor Heyerdahl und seine Kameraden einen Sieg errungen hatten. Keiner von ihnen wurde je wieder zum Dienst in der Offiziersmesse beordert.

Heyerdahl und die I-Gruppe gehörten zur sogenannten Norwegischen Brigade in Schottland. Sie wurde offiziell im März 1941 mit Hauptquartier in Dumfries aufgestellt. In der Hauptsache rekrutierte sie sich aus Freiwilligen und sollte vor allem in der Befreiungsphase zum Einsatz kommen. 1944 zählte sie etwa 2500 Mann und war aus verschiedenen Einheiten zusammengesetzt. Eine von ihnen war der Verband, in dem Thor Heyerdahl Dienst tat. Außerdem gehörten der Brigade auch drei Gebirgsjägerkompanien an, die die Soldaten durch Waffendrill und hartes körperliches Training auf den Einsatz gegen den Feind vorbereiteten. Einer dieser Kompanien teilte man Heyerdahl zu, als er ins Hochland abkommandiert wurde.

Zu seiner Enttäuschung war sein Aufenthalt dort nicht von langer Dauer. Schon nach kaum vier Wochen wurde er gegen den eigenen und den Willen des Kompaniechefs ins Hauptquartier nach Dumfries befohlen. Bis dahin hatte sich Heyerdahl nicht zuletzt durch seine physische Stärke hervorgetan. In der kurzen Zeit war er sogar zu einem recht guten Schützen geworden und der Kompaniechef wollte ihn gern behalten. Doch das Gesuch wurde abgelehnt, denn endlich sollte es ernst werden mit der Funkerausbildung.

Thor wusste nicht mehr, was er glauben sollte. Vor Weihnachten erst »hat der Verteidigungsminister persönlich vor mir gestanden und von unserer enorm wichtigen Rolle bei der Befreiung Norwegens geredet und erklärt, wer von uns ihn begleiten würde, wäre dann seine rechte Hand«, schrieb er am 1. April 1944 an Liv. Und nun sollte er auf einmal wieder die Schulbank drücken, um eine Art »reisender Elektriker« zu werden.

Der Einzige, an dem er bei der Schulung Interesse entwickeln sollte, war ausgerechnet ihr Leiter, Hauptmann Bjørn Rørholt. Er war sechs Jahre jünger als Thor, doch trotz des Alters- und Rangunterschieds entstand eine Freundschaft zwischen ihnen.

Rørholt hatte bei der Armee schnell Karriere gemacht, was er nicht zuletzt seinem Einsatz hinter den deutschen Linien in Norwegen zu verdanken hatte. Anfang 1942 hatte der britische Premier Winston Churchill in einem Memorandum öffentlich erklärt, die Versenkung des deutschen Schlachtschiffs *Tirpitz* sei »zu diesem Zeitpunkt das größte Ereignis auf See«. Sie würde die gesamte Lage auf allen Weltmeeren ändern. Die *Tirpitz* lag im Trondheimfjord, getarnt wie eine Insel, und die britische Marineführung suchte einen geeigneten Freiwilligen, der eine Funkwarnstation aufbauen konnte, um die Bewegungen des Schiffs zu melden. Der damals zweiundzwanzigjährige Rørholt, bereits ein erfahrener Nachrichtenoffizier, meldete sich. Unter Lebensgefahr konnte er die Station in Betrieb setzen. Die Briten belohnten ihn dafür mit einem *Distinguished Service Order* (D. S. O.), der höchsten Auszeichnung, die im Krieg an Ausländer verliehen wurde. Noch im selben Jahr wurde er zum Leiter der Ausbildung norwegischer Funkagenten in Großbritannien ernannt.

Nun war aber auch Rørholt nicht ohne Marotten und Heyerdahls erster Eindruck von ihm war alles andere als gut. Schon bald verlangte der Hauptmann von den Mannschaftsdienstgraden in seinen Lehrgängen, dass sie sich als Burschen der Offiziere an der Schule betätigen sollten. Das bedeutete, »wir sollten jeweils für unseren Offizier das Bett machen, seinen Schlafanzug zusammenfalten, jeden Morgen seine Schuhe putzen, seine Unterwäsche und die Uniform aufhängen und ihn mit einer Tasse Tee wecken«, schrieb Thor seiner Frau.

Mit dem Damoklesschwert einer nur zur Bewährung ausgesetzten sechzigtägigen Haftstrafe wegen Befehlsverweigerung über sich wusste er genau, dass er in den »Bau« wandern würde, wenn er sich noch einmal den Anordnungen eines Offiziers widersetzte. Doch schon allein der Gedanke, Rørholt oder irgendeinem anderen Offizier morgens Tee am Bett servieren zu sollen, und erst recht, ihre Unterwäsche aufzuräumen, brachte ihn zum »Kochen«. Und nie wollte er sich so weit »erniedrigen, das Zimmermädchen für einen aufgeblasenen Mistkerl in einer irre gewordenen Welt« zu spielen.

Zusammen mit ein paar weiteren Mitgliedern der I-Gruppe sprach Heyerdahl bei Hauptmann Rørholt vor und machte ihm klar, dass sie lieber für sechzig Tage in den Knast gehen würden, als seine Forderung, Diener für die Offiziere zu spielen, zu erfüllen. Rørholt gab nach. Er legte diese Allüren ab.

Im Mai wurde Thor zum Unteroffizier in der norwegischen Armee befördert. Etwa um die gleiche Zeit wurde ihm mitgeteilt, dass der Lehrgang in Dumfries am 1. Juni abgebrochen würde. Ein Grund dafür bestand darin, dass die amerikanische Funkausrüstung der I-Gruppe inzwischen ausgesondert und damit unbrauchbar war. Die Ausbildung, für die sich Hauptmann Rørholt zwischenzeitlich sehr eingesetzt hatte, war damit mehr oder weniger nutzlos.

Heyerdahl regte sich maßlos über »all diese Schaumschlägerei« auf und hielt mit seiner Meinung auch nicht hinter dem Berg. Er ließ Wörter wie Sabotage und Wahnsinn fallen und erklärte, man solle dazu übergehen, »ein paar der schädlichsten Individuen auf unserer Seite der Front aufzuhängen, das wäre mindestens ebenso effektiv wie der Kampf mit einem Feind, den wir sowieso nie zu Gesicht bekommen«.

Wie Thor die Lage sah, wurde der Einsatz der I-Gruppe nicht nur vom veralteten amerikanischen Gerät sabotiert, sondern auch dadurch, dass die Heeresleitung nicht über Mittel verfügte, eine »schwere Funkabteilung« zu unterhalten, und als der Lehrgang zu Ende war, verschwand die I-Gruppe wieder einmal von der Prioritätenliste. Die Kenntnisse und Fähigkeiten der Männer wurden stattdessen den Engländern zur Verfügung gestellt und Anfang Juni wurde die Einheit nach Thame zwischen London und Oxford verlegt. Da sollte sie Telegrafistinnen beibringen, codierte Meldungen zu entschlüsseln.

Eines Sonntags im Juli geschah etwas Bemerkenswertes. Es herrschte schönes Wetter und Thor Heyerdahl unternahm einen Spaziergang durch die Felder. Die Bauern waren gerade bei der Ernte, das Korn stand, zu Garben gebündelt, auf den Feldern. Müde ließ Thor sich hinter so ein Garbenbündel fallen und legte sich zurecht, die Hände hinter dem Kopf. Während er die Gedanken schweifen ließ, tauchte ein ihm unbekannter norwegischer Offizier auf und fragte, was der Unteroffizier da tue und woran er denke.

Thor sprang auf und salutierte, ehe er zur Antwort gab:

»Wenn ich die alten Rauschebärte nicht dazu bringe, mir zuzuhören, baue ich ein Floß und segele damit über den Stillen Ozean!«

Der Offizier sah ihn verständnislos an. Mit einem Floß über den Stillen Ozean? Wozu sollte das gut sein?

Er setzte sich und hörte dem Unteroffizier zu.

Seit seiner Rückkehr von Fatuhiva war Thor Heyerdahl der Überzeugung, die ersten Menschen in Polynesien müssten auf Flößen aus Südamerika gekommen sein. So hatte er es 1938 Thomas Olsen erklärt, als er darum bat, auf einem der Schiffe des Reeders nach Vancouver fahren zu dürfen, und so hatte er es 1941 in seinem Artikel für *International Science* behauptet. Der Gedanke war schon früher aufgetaucht, doch nicht zuletzt aus technologischen Gründen hatten viele Wissenschaftler eine solche Annahme bezweifelt. 1932 hatte dann der amerikanische Ethnologe Samuel Kirkland Lothrop das Argument vorgebracht, das der Vorstellung von solchen Floßfahrten den Todesstoß versetzte.

In einer Untersuchung über Seereisen entlang der Westküste Südamerikas in Zeiten vor Kolumbus hatte er nach Heyerdahls Auffassung ein ausgezeichnetes Bild des dort verwendeten Floßes aus Balsaholz gezeichnet. Aber, stellte Lothrop kategorisch fest, ein Balsaholzfloß saugt so schnell Wasser auf, dass es innerhalb weniger Wochen seine Schwimmfähigkeit verliert. Es müsse darum in regelmäßigen Abständen auf Land gelegt werden, um wieder auszutrocknen. Damit war Lothrop zufolge bewiesen, dass solche Flöße für Reisen über offene See ungeeignet waren, erst recht über solche Entfernungen wie die zu den Inseln Polynesiens. Ein Balsaholzfloß war mit anderen Worten nicht seetüchtig, und diese Aussage verankerte sich in Wissenschaftskreisen sogleich als unumstößliche Wahrheit.

Für Thor Heyerdahl hatte sie den Charakter eines Dogmas und trug somit auch dazu bei, dass sein Artikel in *International Science* keine Resonanz fand. Als einzige Möglichkeit, die Frage wirklich zu klären, blieb demnach, eine Kopie eines traditionellen Balsaholzfloßes zu bauen, die so getreu war wie möglich, und damit als Überprüfung der eigenen Theorie die Reise selbst zu unternehmen.

Wann ihm diese Überlegung zum ersten Mal kam, lässt sich nicht mit Sicherheit sagen; allem Anschein nach ist sie allmählich gereift. Während seiner Zeit in St. Andrews, als er sich am schlimmsten schikaniert fühlte, stahl er sich in die dortige Universität und entlieh Bücher zu anthropologischen Themen. Aus purem Trotz gegen das Treppenputzen begann er laut Tagebuch »wieder Anthropologie zu studieren, da ich unsere Aufgabe hier als sabotiert betrachtete«. Wie es aussieht, erwog er schon 1944 eine Floßfahrt, sofern es ihm nicht gelingen sollte, Lothrop und andere Wissenschaftler, »die alten Rauschebärte«, dazu zu bringen, ihm zuzuhören. In dem Gespräch bei dem Garbenbündel teilte er seinen radikalen Gedanken an eine Floßfahrt über den Pazifik jedenfalls zum ersten Mal einem anderen mit.

Über die Begegnung auf dem Feld schrieb er Liv am nächsten Tag: »Traf gestern kurz einen norwegischen Major, der sich interessiert zeigte, mich für einen Spezialauftrag zu verwenden, sofern es sich machen lässt, dass ich zu seiner Abteilung abgestellt werde. Ich lebe nun in der Hoffnung, aus dieser I-Gruppe rauszukommen, mit der ich jetzt zwei Jahre vertrödelt habe, ohne dass es irgendwo hingeführt hätte.«

Heyerdahl kannte sich offenbar mit Rangabzeichen nicht richtig aus, denn der norwegische Offizier war kein Major, sondern Fähnrich. Er hieß Knut Haugland.

Unter dem Decknamen Primus war Haugland bei einigen illegalen Funksendern in Norwegen im Einsatz gewesen. Zusammen mit anderen norwegischen Saboteuren der Kompanie Linge hatte er im Winter 1942/43 an der Aktion gegen die Schwerwasserfabrik Vemork in seinem Heimatort Rjukan teilgenommen. Er war der Funker bei der dramatischen Aktion. Später arbeitete er als Ausbilder für Norwegens größte Widerstandsorganisation Milorg, bevor er den gefährlichen Posten eines Leiters ihres illegalen Senders in Oslo übernahm. Nach England kam er, um Gerät für neue Sender zu beschaffen und sich in ein neues Codesystem einzuarbeiten. Außerdem wollte er neue Funker zur Fortführung der Widerstandsarbeit in Norwegen anwerben. Er hatte gehört, dass Thor Heyerdahl ein tüchtiger Funker sei, und daher Kontakt zu ihm gesucht.

Haugland war drei Jahre jünger als Heyerdahl, und als der Ältere von Polynesiern und Floßreisen erzählte, faszinierte es ihn so, dass er sein eigenes Anliegen darüber erst einmal vergaß. Stunden vergingen, und als sie sich endlich auf den Weg zu Thors Unterkunft machten, um dort zu essen, kamen sie zur Mahlzeit zu spät.

»Uns fehlen Funker, die geheim in Norwegen operieren«, sagte Haugland und kam damit endlich zur Sache. »Soweit ich weiß, gefällt es Ihnen nicht, noch in keinen richtigen Einsatz gekommen zu sein. Könnten Sie sich vorstellen, bei uns mitzumachen?«

Thor verhehlte seine Freude keinen Moment und erklärte sich auf der Stelle bereit, dabei zu sein. Der Spezialauftrag sah vor, dass er zusammen mit Haugland über dem besetzten Norwegen abspringen sollte, wenn möglich über dem Waldgebiet Nordmarka nördlich von Oslo, um anschließend in Norwegen für die sogenannte Zentrale Leitung von Milorg zu arbeiten. Zuerst aber musste der Gefreite Heyerdahl für den Einsatz in Norwegen die Papiere bekommen. Darum wollte sich Haugland kümmern.

Lange konnte sich Heyerdahl seinen Hoffnungen nicht hingeben. Hauglands Anfrage hatte keinen Erfolg. Nach wenigen Wochen schon kam der Bescheid, dass Heyerdahls Vorgesetzter, ein Oberst, nicht auf ihn verzichten wolle. Er sei bereits für eine andere Verwendung vorgesehen und müsse in England bleiben. Haugland nahm zwei andere Männer mit nach Norwegen. Sie wurden später von den Deutschen gefasst.

Im September wurde die vor sich hin siechende I-Gruppe aufgelöst. Trotz Belobigungen von Generalinspekteur und Verteidigungsminister für die Nachrichtentruppe wurde sie nie eines Platzes im System für würdig befunden. Wofür der Kennbuchstabe I auch immer gestanden haben mochte, für »Intelligence« wohl kaum. Thor Heyerdahl durfte noch immer nicht erfahren, für welche Verwendung er denn vorgesehen war. Stattdessen stellte man ihn vor die Wahl, sich entweder zu einer regulären norwegischen

Einheit versetzen zu lassen oder eine britische Militärschule zu besuchen, wo weitere Fallschirmspringerausbildung und anderes hartes Training einen Kommandosoldaten aus ihm machen sollten. Auf endlich sinnvolle Einsätze erpicht, entschied er sich für das Zweite. Man schickte ihn in ein weiteres Schloss, wo das britische *Special Operations Executive* (SOE) die Ausbildung leitete. Diese Spezialeinheit war 1940 aufgebaut worden, um Sabotageaktionen in Feindesland durchzuführen. Seit Langem hatte sie auch norwegische Agenten rekrutiert. Unter ihnen befand sich Hauptmann Martin Linge, der 1941 eine entsprechende norwegische Einheit für irreguläre Kriegführung, die gemeinhin nach ihm als ihrem ersten Chef benannte »Kompanie Linge«, aufbaute. In dieser neuen Umgebung kam Thor Heyerdahl mit Soldaten aus anderen von den Deutschen besetzten Ländern zusammen, die alle irgendwann in ihre jeweilige Heimat zurückwollten, um dort Sabotageakte durchzuführen.

Ende Oktober lagen die Ergebnisse der Schulung vor. Thor Heyerdahl schloss sie als Bester ab und die Engländer bezeichneten ihn in einer Zusatzbemerkung als »mustergültiges Vorbild«.

Das Sprungtraining tat ihm gut; es war, als ob er die halsbrecherischen Sprünge und das Schweben am Fallschirm nur als Herausforderung begriff. Er lernte beim Codieren und Dechiffrieren und anderen Geheimhaltungstechniken weiter hinzu und vor allem erhielt er eine Nahkampfausbildung. Im Notfall konnte er nun töten.

Dann sollte er auch endlich belohnt werden. Bjørn Rørholt verfügte über eine Wohnung in London und in der zweiten Novemberhälfte verbrachten er und Heyerdahl ein paar Tage in der britischen Hauptstadt. Am 22. November schrieb Thor an Liv: »Es gibt übrigens zwei Neuigkeiten, die Dir vermutlich beide gefallen werden. Die erste ist, dass ich heute auf persönliche Anordnung des

Verteidigungsministers zum Fähnrich befördert wurde. Ich trage jetzt also einen Stern am Kragenspiegel und, worauf ich viel stolzer bin, den Flügel des Fallschirmspringerabzeichens auf dem Ärmel.«

Fast ein Jahr war seit Thors Treffen mit Verteidigungsminister Oscar Torp vergangen. Der hatte ihn mit so schönen Worten entlassen wie dem, dass, wer ihn begleite, einmal seine rechte Hand sein würde. Seitdem war nicht viel passiert, bis ihm der Stern am Kragen wohlwollende Beachtung signalisierte, und diesmal reagierte Thor nicht verächtlich auf die Beförderung, denn diesmal besaß sie eine höhere Bedeutung. Die zweite Neuigkeit war nämlich, dass er und Bjørn Rørholt »zusammen einen wichtigen Auftrag« erhalten hatten. Vorläufig durfte er darüber nicht mehr schreiben, als dass ihr Briefwechsel »in Zukunft etwas unregelmäßiger wird, aber das haben wir früher auch schon durchgemacht. Du wirst schon von mir hören.«

Am Monatsende befand er sich auf der großen Marinebasis von Scapa Flow auf den Orkney-Inseln. Dort ging er zusammen mit Rørholt an Bord des Flugzeugträgers HMS *Nairana*. Als Mitglied eines Konvois von rund 80 Schiffen setzte der Kapitän Kurs Nord, dorthin, wo die Tage kürzer und die Nächte länger wurden.

Am 7. Dezember schrieb Thor wieder an Liv: »Nur ein ganz kurzer Gruß, damit Du weißt, dass alles bestens ist und ich mit dem Leben sehr zufrieden bin, auch wenn ich heftiges Heimweh nach Dir und den Kindern habe. Ich war nun unterwegs und bin ziemlich weit herumgekommen, aber Orte und Details darf ich nicht nennen. Darum muss ich mich darauf beschränken zu sagen, dass wir eine schöne Reise hatten [...] Es ist wundervoll, aus einer Phase herauszukommen, in der man nur rumläuft und Treppen putzt und wartet, und nun stattdessen als Mensch betrachtet und behandelt zu werden.«

Er berichtete weiter, dass er sich in einem Teil der Welt befinde, »in dem eine mir völlig unbekannte Sprache gesprochen wird, doch da ich damit rechne, einiges mit diesen Menschen zu tun zu bekommen, habe ich mit viel Energie und Optimismus angefangen, noch eine Sprache zu lernen«.

Der Brief trug den Zensurstempel des Schiffs und brauchte einen guten Monat, bis er Liv am 10. Januar 1945 zugestellt wurde. Sie verstand, dass Thor sich inzwischen an der Front befand, wusste aber nicht, wo.

FINNMARK

Im Herbst 1944 hatten die Deutschen annähernd 200 000 Soldaten in den östlichen Teilen der Finnmark und in Nordfinnland stationiert. Ihre wichtigste Aufgabe war es ursprünglich, Murmansk und die strategisch wichtige Eisenbahnlinie in die Stadt zu erobern; doch kräftig unterstützt durch das arktische Klima und ein Gelände mit unendlichen Sümpfen, Wäldern und Seen, konnten sowjetische Truppen den Vormarsch aufhalten. Da es den Deutschen nicht gelang, die Stadt und die Bahnlinie einzunehmen und damit die kriegswichtige Verbindung zwischen der Sowjetunion und den Westmächten zu unterbrechen, verlegten sie sich stattdessen auf die Bekämpfung der alliierten Konvois nach Murmansk. Von Basen an der Küste der Finnmark griffen sie mit Flugzeugen und U-Booten die Geleitzüge an und fügten den Alliierten hohe Verluste zu.

Trotz der großen Truppenmassierung sollte sich diese Front als brüchig erweisen, sobald sie unter Druck gesetzt wurde. Nachdem die Finnen im März 1940 den Winterkrieg gegen die Sowjetunion verloren hatten, ließen sie sich auf eine Zusammenarbeit mit den Deutschen ein. Im September 1944 unterzeichneten sie dann ein Waffenstillstandsabkommen mit den Russen, um dieser Umarmung zu entrinnen. Das Abkommen enthielt die Bestimmung, dass Finnland keine deutschen Truppen auf seinem Staatsgebiet mehr duldete. Im Oktober 1944 begannen sowjetische und finnische Einheiten eine Offensive gegen deutsche Stellungen in Finnland und im Verlauf weniger Wochen drängten sie sie über die Grenze nach Norwegen zurück. Die Russen eroberten dort Kirkenes, das Gebiet bis Tana und die Varanger-Halbinsel. Das deutsche Oberkommando beschloss um diese Zeit, die eigenen Stellungen bis Lyngen in Troms zurückzunehmen. Um die Russen am Nachstoßen zu hindern, wendeten die Deutschen die Taktik der verbrannten Erde an. Überall, wo sie durchzogen, evakuierten sie die Bevölkerung und brannten ohne Rücksicht auf die Leiden, die sie damit der Zivilbevölkerung zufügten, alles nieder.

Die Russen hatten ihr militärisches Ziel erreicht und verfolgten die Deutschen nicht weiter. Zwischen Stalins siegenden und Hitlers fliehenden Soldaten breitete sich ein abgebranntes und verwüstetes, aber doch befreites Niemandsland aus. Für die norwegische Exilregierung in London war es wichtig, sich über das, was dort oben vorging, Informationen aus erster Hand zu beschaffen. Sie musste norwegische Truppen losschicken.

Eine Bedingung dafür, dass die Norwegische Brigade in Großbritannien ausgebildet werden durfte, bestand darin, dass sie nur in militärischen Operationen eingesetzt werden durfte, zu denen die Briten ihre Zustimmung gaben. Nachdem die Exilregierung eine entsprechende Zustimmung eingeholt hatte, entschied das norwegische Oberkommando, eine der in Schottland stationierten Gebirgsjägerkompanien in die Finnmark zu schicken. Ihre erste und vordringlichste Aufgabe bestand darin, eine stabile Funkverbindung zwischen den befreiten Gebieten und London einzurichten.

Am 1. November verließ die Gebirgsjägerkompanie Schottland. Wenige Wochen später erreichte sie als erste norwegische Einheit norwegischen Boden. Die knapp zweihundert Soldaten wurden fürs Erste in Baracken nicht weit vom niedergebrannten Kirkenes einquartiert, wo sie vorläufig unter sowjetischem Befehl standen.

Die Operation lief unter dem symbolischen Decknamen »Crofter«, dem englischen Wort für Pächter.

Wegen mangelnder Transportkapazitäten konnte die Kompanie weder Fahrzeuge noch Pferde mitführen. Schlimmer noch war, dass sie auch nicht ausreichend Funkausrüstung mitnehmen konnte. So schaffte sie es nicht, eine Funkverbindung mit London zu installieren. Es dauerte fast eine Woche, um Eilmeldungen zu übermitteln, und das konnte die Exilregierung auf Dauer nicht hinnehmen. Es gab nicht nur dringenden Bedarf an militärischer Aufklärung. Ebenso wichtig waren Informationen über die Lage der leidgeprüften Zivilbevölkerung, zumal die Gebirgsjägerkompanie 4000 Tonnen Versorgungsgüter auf dem Kai in Schottland hatte zurücklassen müssen.

Es musste etwas unternommen werden.

Der entsprechende Auftrag wurde Hauptmann Bjørn Rørholt erteilt, dem hochdekorierten Nachrichtenoffizier. Er sollte mit zwei Mann in die Finnmark gehen und die Sache in Ordnung bringen. Diesmal sollte es auch nicht an Ausrüstung fehlen. Im nächsten Geleitzug nach Murmansk sollte Rørholt 13 Kisten Material mitnehmen.

Der Hauptmann wollte auch Thor Heyerdahl dabeihaben, den er später in seinem Buch *Usynlige soldater* (»Unsichtbare Soldaten«, 1990) »als tüchtig in allem, was er anpackte«, beschrieb. Verstärkt durch einen dritten Offizier, Fähnrich Rolf Stabell, bildeten sie die »Ptarmigan Party« oder »Schneehuhn-Gruppe«. Sie mussten so schnell wie möglich aufbrechen, und ehe der November um war, schifften sie sich zur Fahrt nach Murmansk ein.

Ihr Konvoi wurde nicht ernsthaft angegriffen und am 7. Dezember erreichte die HMS *Nairana* den Hafen Poljarny an der Mündung der Murmansker Bucht.

Am nächsten Tag konnte Thor Heyerdahl endlich an Land gehen. Auf dem Kai stand eine Gruppe kleiner Jungen, die mit Geldscheinen wedelten und Zigaretten und Schokolade kaufen wollten. Etwas weiter kam Heyerdahl in eine kleine Stadt mit neuen, hässlichen Wohnblocks. Dort bemerkte er einen Geruch, der ihn fortan immer an Russen erinnern sollte, eine »Mischung aus Zwiebeln, Schweiß, Schafspelz und dem eigenartigen russischen Benzin. Du nimmst ihn überall wahr, an den Soldaten, an den Häusern, überall.«

Am Tag darauf gingen er, Rørholt und ein paar weitere norwegische Soldaten an Bord eines russischen Torpedoboots, das sie nach Liinahamari, dem Hafen der ehemals finnischen Ortschaft Petsamo, brachte. Dort wurden sie vom norwegischen Kommandeur, Oberst Arne Dahl, mit folgenden Worten willkommen geheißen: »Meine Herren, lassen Sie mich zunächst sagen, dass weder ich noch sonst jemand hier von Ihrem Kommen unterrichtet war und dass jeder Einzelne von Ihnen für uns ein großes Problem darstellt. Sie kommen in ein völlig abgebranntes Land und zu Menschen, die nach allem, was sie in letzter Zeit durchgemacht haben, noch immer verstört, verletzlich und erschüttert sind.«

Anschließend fuhren einige Lastwagen vor, die Norweger saßen auf und die Kolonne setzte sich Richtung Norwegen in Bewegung. Abends um zehn rollten sie über eine lange, neu errichtete Pontonbrücke. Der Fahrer zeigte auf ein Haus auf der anderen Seite: »Norwjetski dom.«

Thor sah ein Holzhaus, gestrichen in einer »roten Farbe, die es in keinem anderen Land der Welt gibt«.

In Kirkenes meldeten sich Rørholt und Heyerdahl bei den norwegischen Streitkräften, der Militärmission, wie sie genannt wurde. Voll Eifer, mit ihrer Arbeit zu beginnen, warteten sie darauf, dass die *Tunsberg Castle* im Hafen festmachte. Stattdessen kam die Meldung, das Schiff sei gesunken, nachdem es auf deutsche Minen gelaufen war. Fünf Matrosen gingen mit ihm unter und dreizehn Kisten voller Gerät und Funkausrüstung.

Die Russen in Murmansk hatten davor gewarnt, die Ausrüstung per Schiff zu transportieren, weil der Seeweg zu gefährlich sei, aber die Norweger hatten darauf bestanden, mit dem Ergebnis, dass Menschenleben und wertvolle Fracht verloren gingen.

Der Untergang der *Tunsberg Castle* bedeutete das Ende der Gruppe Schneehuhn. Rørholt, Heyerdahl und Stabell standen mit leeren Händen da. Ohne die Kisten mit ihrem Gerät konnten sie ihren Auftrag nicht ausführen und Rørholt rapportierte »chaotische Zustände bei Telekommunikation in der Finnmark« nach London.

Ein paar Tage vor Weihnachten traf ein Telegramm vom russischen Oberkommando ein, dass Thors Einreisepapiere nicht in Ordnung seien. Über den norwegischen Militärattaché in Moskau hatten die Russen eine Aufstellung norwegischer Offiziere bekommen und Thor Heyerdahls Name befand sich nicht darauf. Er müsse deshalb mit dem nächsten Konvoi nach London zurückkehren, um seine Papiere in Ordnung zu bringen.

Oberst Dahl fiel angesichts des Bescheids aus allen Wolken und meinte, er müsse auf einem Missverständnis beruhen. Inständig bat er darum, die Entscheidung zu revidieren, aber die Russen waren nicht zu bewegen.

Dahl hatte nicht vor, klein beizugeben. In der personellen Lage, in der er sich befand, brauchte er jeden Offizier. Um Zeit zu gewinnen, ernannte er Heyerdahl zum stellvertretenden Kommandanten eines norwegischen Kommandotrupps mit dem Auftrag, »einen Angriff auf eigene Initiative zu unternehmen«.

Am Silvestertag bewegte sich der sieben Mann starke Trupp über das Fjell zum Smalfjord, einem Seitenarm des Tanafjords. Auf der anderen Seite lagen drei deutsche Zerstörer bei einem Leuchtturm. Der Auftrag lautete, diesen Leuchtturm zu sprengen. Die sieben kauerten sich in ein paar Erdlöcher, die die Deutschen zurückgelassen hatten, und überlegten, wie sie am besten in einem Prahm hinüberrudern und den Turm sprengen könnten. So nah war Thor Heyerdahl noch nie am Feind gewesen und so kurz vor einem Gefecht. Doch genau in dem Moment, in dem sie losgehen wollten, um über den Fjord zu setzen, klingelte das Feldtelefon. Oberst Dahl am anderen Ende. Die Russen waren hart geblieben. Fähnrich Heyerdahl hatte sich unverzüglich beim Hauptquartier in Kirkenes zu melden.

Während Heyerdahl sich auf den Rückweg machte, legte der Rest des Trupps im Smalfjord mit dem Boot ab. Als sie sich dem Leuchtturm näherten, eröffneten die Deutschen das Feuer. Drei von Thors Kameraden wurden gefangen genommen. Die drei übrigen ertranken.

Am 11. Januar 1945 stand Fähnrich Thor Heyerdahl auf der Brücke der *Zambesi*, eines Zerstörers der Z-Klasse von bald 2000 Tonnen. Er konnte eine Fahrt von 36 Knoten machen und hatte eine Besatzung von mindestens 200 Mann. Am Vortag waren sie aus Poljarny ausgelaufen und der Kapitän hielt Kurs auf einen Punkt in der Barentssee. Es herrschte sehr schweres Wetter und es tobte ein Sturm. Die Brecher gingen über Deck und Geschütze und die Gischt spritzte bis zur Brücke, zum Schornstein und zu den Antennen hinauf. Das schlechte Wetter hatte aber nichts zu bedeuten, der Kapitän konnte sich auf sein Schiff verlassen. Nein, die Gefahr lauerte in der Tiefe, von den feindlichen U-Booten.

Endlich an der Front. Als Fähnrich nahm Thor Heyerdahl
an der Befreiung der Finnmark teil

Die Brüder. Thor junior und Bamse konnten ihren siebten und fünften Geburtstag nach der Heimkehr in Norwegen feiern

Sie waren auch noch nicht lange unterwegs, als die Alarmsirenen heulten und die Bordwände vom Druck detonierender Unterwasserbomben vibrierten. Der Kapitän wendete und gab Befehl, Zickzackkurs zu laufen. Dann drehte er Richtung Norden ab, weg von der Küste der Finnmark und Hitlers stählernen Haien.

Der Sturm hielt tagelang an, und am Ende gingen die Wogen so hoch, dass einige der Schiffe im Geleitzug beidrehen mussten. Unter Deck flogen Töpfe und Pfannen herum und viele litten an Seekrankheit. Als es am schlimmsten zuging, erschienen lediglich drei Mann zu den Mahlzeiten in der Messe, einer von ihnen Thor Heyerdahl, der keine Probleme hatte, das Essen bei sich zu behalten.

Mitten in diesem fürchterlichen Wetter setzt er sich in die Offiziersmesse und schreibt seinen längsten Brief. Er nummeriert jede Seite, wie er es gewöhnlich tut, mit römischen Zahlen, doch als er bei fünfzig ankommt, denkt er nicht an das L, sondern schreibt XXXXX. Das kommt ihm selbst merkwürdig vor und auf den folgenden Seiten fährt er mit arabischen Ziffern fort: 51, 52 ... 54. Dann erst setzt er mit steifem Handgelenk und tief in Gedanken versunken ab. Einen Monat lang war er mit norwegischen und russischen Soldaten zusammen. Er erwähnt auch die »komischste und absurdeste Episode meiner gesamten militärischen Laufbahn«, den Umstand, dass er sich auf dem Rückweg von der Front befindet, weil seine Einreiseerlaubnis nicht ordnungsgemäß ausgestellt wurde. Er schreibt von den Entbehrungen der Zivilbevölkerung, die in Höhlen und Löchern lebt und der es an Nahrung fehlt, weil die Deutschen jedes Boot und jeden Kahn zerstört haben, mit dem sie zum Fischen hätte ausfahren können. Was den unerfahrenen Kriegsteilnehmer jedoch am meisten erschüttert, ist die Kälte, mit der die Bevölkerung die norwegischen Soldaten empfing. In der kurzen Zeit seines Aufenthalts in der östlichen Finnmark ist Thor viel unterwegs gewesen und hat »mehr Menschen gesehen als vielleicht sonst jemand«. Und was hat er gesehen? Nun, dass »jeder einzelne norwegische Soldat und Offizier über den Empfang, den man ihnen bereitete, bitter enttäuscht ist, hier gab es keine Blumenkränze, goldenen Sänften oder Hurrarufe«. Doch haben die Soldaten Blumen verdient?

Wochen nachdem russische Einheiten den Feind in die Flucht geschlagen und die Deutschen Häuser und Höfe verbrannt und Tausende Menschen, junge und alte, vertrieben haben, »da taucht das erste winzige Häufchen Norweger auf dem Schauplatz auf«. Sie kommen ohne Lebensmittel und Hilfe für die Zivilbevölkerung, und da erwarten sie, »als Befreier bejubelt zu werden«? Er findet es traurig, »die auffällige Kluft zwischen den Bewohnern der Finnmark und uns zu sehen, die sie ›Londoner‹ nennen«.

Er dreht das Blatt um und fährt oben auf der nächsten Seite fort: »Ich sollte das, was ich jetzt schreibe, nicht alles schreiben, aber man darf doch beanspruchen, auch ein wenig Wahrheit in diesem Krieg zu erfahren, nicht nur Propaganda.«

Ihn wundert die Erbitterung der Leute nicht. Denn wenn die Norweger »aus der ›Londoner Propaganda‹ etwas auswendig kannten, dann war es die Ankündigung, dass Nahrung und Kleidung auf norwegischen Schiffen in England bereitstanden und an dem Tag eintreffen würden, an dem das erste Stückchen Norwegen befreit wäre!«.

Dann aber traf das genaue Gegenteil ein: »Anstatt den Leuten die versprochenen Hilfsgüter zu bringen, passierte das Unglaubliche, dass wir mit leeren Händen kamen und derart auf Unterstützung angewiesen waren, dass wir von der ausgeplünderten Zivilbevölkerung Dinge ›requirierten‹, die uns gesetzlich zustanden.«

Wovon lebte die Bevölkerung seitdem, was hatten die Menschen noch zu essen? Das letzte Mal, dass sie eine Kartoffel gesehen hatten, war nach einer kleinen Lieferung letzten Sommer. Von Luft und Wasser, sagten die, die noch etwas zu verbergen hatten. Doch wenn man die Leute genauer befragte, bekam man zu hören, dass es in der Zeit, als die Deutschen da waren, immerhin so viel gegeben habe, dass viele sich sogar einen kleinen Vorrat anlegen konnten. Außerdem gab es einen Schwarzmarkt, auf dem man »die unglaublichsten Sachen« kaufen konnte.

Als Heyerdahl gelandet war, sah er keine Anzeichen für eine Hungersnot; doch als er zurückfuhr, mussten viele den Gürtel deutlich enger schnallen und er bekam das schmerzliche Gefühl, dass sich die Bevölkerung fast nach der deutschen Besatzung zurücksehnte. Unter der hatten sie wenigstens noch ihre Häuser und genug zu essen gehabt.

»Die Deutschen waren netter als ihr, weil sie mir Birnen und Apfelsinen geschenkt haben«, sagte ein kleiner Junge, mit dem Heyerdahl sprach.

Wütende Arbeiter hielten mit ihrer Meinung nicht hinter dem Berg, dass »wir schlimmer sind als die Deutschen«, und viele klagten, armseligere Weihnachten hätten sie während des ganzen Kriegs nicht gehabt. Selbst die Straßen waren nicht mehr befahrbar, seitdem die Deutschen sie nicht mehr räumten.

»Wir fühlten uns alle wie eine fremde Besatzungsmacht, der die breite Bevölkerung mit zähem Widerwillen entgegentritt. Keiner grüßte uns auf der Straße, keiner lächelte uns zu.«

Es fehlte nicht bloß an Essen. Das Oberkommando hatte seine Truppen in einen Winterkrieg in der Finnmark mit wattierten Schlafsäcken geschickt, so dünn, dass man »den Mond durchscheinen sah. Wir bekommen kurze Unterhosen und dünne, steife

Socken, die nicht warm halten. Wir bekommen Löschpapierstiefel, die Wasser ziehen und beim ersten Frost zu Eisklumpen gefrieren.«

Die »Londoner« müssen wie ein ziemlich verlorener Haufen ausgesehen haben. Die lokale Bevölkerung schüttelte jedenfalls über sie die Köpfe, während die Russen unverhohlen über ihre mangelhafte Ausrüstung lachten. Zwar waren Heyerdahls erste Eindrücke von den Russen geprägt von Ärmlichkeit, Schmutz und Gestank, aber verstohlen betrachtete er die dicken Pelze und Fellschlafsäcke der Sowjetsoldaten und beobachtete, wie leicht sie sich den Bedingungen eines Winterkriegs in der Arktis anpassten. Er machte sich auch andere Gedanken. Anfangs registrierte er eine durch unterschiedliche Kultur, Herkunft und vor allem Sprache bestehende Kluft zwischen Russen und Westeuropäern und dass vieles anders wäre, wenn man miteinander kommunizieren könnte. Er fand die Russen stolz und patriotisch und misstrauisch gegenüber Fremden, als ob sie in allem und jedem nur Spitzel sähen. Sie traten höflich und diplomatisch auf, versprachen viel, hielten aber nur das, was ihnen passte. Er sah viele Parallelen zwischen dem Regime in der Sowjetunion und »gewissen anderen Diktaturen«. Alles in allem empfand er aber »absolut sympathische Gefühle gegenüber den Russen als Menschen«. Er fand, sie seien ein Volk, dem die Zukunft gehöre. Sie standen mit beiden Beinen auf der Erde und hatten sich noch nicht von dem mitreißen lassen, was er als »die absurde, verantwortungslose Jazz- und *Comicstrip*-Mentalität« bezeichnete.

Heyerdahl traf in der Finnmark nicht nur mit Russen zusammen. Er sollte dort auch norwegischen Nationalsozialisten von Angesicht zu Angesicht gegenüberstehen. Die schlimmsten Quislinge waren mit den Deutschen geflohen, doch während eines Aufenthalts in Vadsø bekam er die Gelegenheit, mit dem Gefängnisdirektor und einem Fotografen Nazis zu besichtigen, wie es hieß.

»Ich konnte der Versuchung nicht widerstehen, die Situation auszunutzen. Mit unbewegter Gestapomiene ging ich ganz langsam von Mann zu Mann, ohne ein Wort zu sagen. Manch einer stand mit einer Höllenangst innerlich wie äußerlich stramm [...] Andere erwiderten meinen Blick mit schlecht verhohlenem, mörderischem Hass. Nach vollendeter Runde befahl ich dem Verschlagensten von ihnen barsch, mir zu folgen. Im Nachbarraum stellte ich ihm nach Gestapomanier eine Reihe brüsker Fragen und ließ ihn an der Wand stehen, während der Fotograf eine Blitzlichtaufnahme schoss. Dieser Kerl, ein kleiner Mann mit flackernden braunen und gefährlichen Augen und einem schleimig lächelnden Mund, war der Wortführer der Nazis von Kirkenes!«

Etwas weiter weg stand eine Holzhütte mit Grassodendach. Darin hielt man ein paar weibliche NS-Gefangene eingesperrt. Sie saßen beim Abendessen und erhoben sich ängstlich, als die Tür aufging und ein Fähnrich in norwegischer Uniform eintrat. Eine von ihnen trug ein Kopftuch wie einen Turban. Thor nahm es als Indiz dafür, dass man ihr die Haare abgeschnitten hatte, weil sie sich mit deutschen Soldaten »etwas nebenher verdient« hatte. »Ich verhörte eine nach der anderen, ohne eine Miene zu verziehen. Sie waren junge, übersexualisierte Mädchen von der Straße, die sich ebenso einer russischen oder englischen Uniform an den Hals geschmissen hätten wie einer deutschen. Verstand oder Charakter besaßen sie nicht und politisch waren sie vollkommen harmlos.«

Diese Begegnung mit norwegischen Nazis erschütterte Heyerdahl. Er war entrüstet über den Verrat, dass man sich mit dem Feind einlassen konnte. Er drehte seine Runde durch den Raum und starrte ihnen in die Augen. Das Gesicht des Anführers brannte sich als Inbegriff des bösen Nazis in seine Netzhaut. Aber es gab auch eine andere Seite. In der Holzhütte stieß er auf Gestalten, die offenbar in eine Falle gegangen waren, und die Schande, der man sie nun aussetzte, stand in keinem Verhältnis zu dem, was sie getan hatten. Für die Frauen in der Blockhütte empfand er moralische Verachtung wie für alles Leichtfertige in der westlichen Zivilisation. Für ihn waren sie »übersexualisierte Mädchen von der Straße«. Aber das Bild, das man von ihnen zeichnete, war übertrieben. Es war ihnen nicht um Nationalsozialismus gegangen, als sie sich in Heyerdahls Augen prostituierten. Politisch waren sie völlig unbeleckt und darum wollte er auch, dass man sie freiließ.

Kurz nach Heyerdahls Abreise aus der Finnmark wurde auch Bjørn Rørholt auf eigenes Ersuchen nach London zurückbeordert, wo er sich um neue Fernmeldeausrüstung kümmern wollte. Er flog via Stockholm und kam etwa gleichzeitig mit Thor Heyerdahl in London an. Dort waren sie beide bald in aller Munde, weil sie militärischen und zivilen Behörden als erste Augenzeugen über die Situation in den befreiten Teilen der Finnmark berichten konnten. In der Nacht auf den 26. Januar 1945 verfasste Thor einen bitteren Rapport, der trotz seines niedrigen Dienstgrads noch am selben Tag auf dem Schreibtisch des Oberkommandierenden landete. Bjørn Rørholt wurde zum König gerufen, um seine Eindrücke zu schildern. Doch nicht nur die norwegischen Vorgesetzten wollten etwas von ihnen hören. Die BBC war ebenfalls interessiert.

Nachdem sie Norwegen besetzt hatten, war Alison Heyerdahls Verachtung für die Deutschen keinesfalls gesunken. Sie blieb auf Rustadhøgda oberhalb von Lillehammer wohnen, wo sie bald in Kontakt mit dem Widerstand kam. Ihr Haus Granly lag abseits und eignete sich gut als Unterschlupf für Saboteure und Widerstandskämpfer. Es bekam im Lauf der Zeit den Status eines sogenannten Meldepunkts für Leute, die von England herübergeschickt wurden und Hilfe brauchten, um mit der örtlichen Milorg in Kontakt zu kommen.

Eines Abends Ende Januar 1945 hörte sie wie so oft jemanden draußen auf dem Treppenabsatz. Sie trat an die Innenseite der Tür und fragte: »Haben Sie einen Mann mit dem linken Arm in einer Schlinge gesehen?«

Eine Stimme antwortete: »Ja, und in der rechten hielt er einen Korb.«

Sie öffnete und draußen stand »Per«. Er war schon öfter bei Alison gewesen und sie kannte ihn gut. Außer dass er aus der Gegend von Ålesund kam, hatte sie keine Ahnung, wie er wirklich hieß und wer er in Wirklichkeit war.

Als Mann im Widerstand war Per mehr oder weniger permanent unterwegs. Doch diesmal blieb er zwei Wochen in Granly. Er hatte ein kleines Rundfunkgerät bei sich und konnte damit Radio London empfangen, die norwegischen Nachrichten der BBC. Als er und Alison eines Abends jeder mit einer Hörmuschel am Ohr lauschten, kündigte die Stimme im Radio an, dass am nächsten Tag »Fähnrich Thor Heyerdahl über die Lage in Finnmark berichten« werde.

Alison hatte ihren Sohn seit viereinhalb Jahren nicht gesehen. Solange er sich in Nordamerika aufhielt, hatten sie sporadisch Briefkontakt gehalten. Dann war die Verbindung abgebrochen und seitdem wusste sie nicht mehr, wo er war und was er tat.

Sie war inzwischen 72, aber geistig und körperlich noch sehr rüstig. Trotzdem dürfte am nächsten Abend ihre Hand gezittert haben, als sie sich die Hörmuschel ans Ohr hielt. Das letzte Mal, dass sie Thors Stimme gehört hatte, war bei ihrem Abschied im September 1939 gewesen. Nun zeigte der Kalender den 6. Februar 1945. Es war 19:30 Uhr und dunkel draußen. Das Radio knisterte ein wenig, aber sie verstand jedes Wort. Nach den Nachrichten erhielt Thor Heyerdahl das Wort. Man präsentierte ihn als den ersten norwegischen Soldaten, der mit eigenen Augen die Zustände in der vom Krieg verwüsteten Finnmark gesehen hatte.

Er sprach nicht lange, nur ein paar Minuten. Aber Alison hörte ihn, er hatte sich in der Finnmark aufgehalten und war von dort nach London zurückgekehrt. Warum, wusste sie nicht. Das Wichtigste war doch, dass er lebte, dass es ihm anscheinend gut ging und dass er sich am Kampf beteiligte. Jetzt wünschte sie sich nur noch das Ende des Kriegs, damit sie alle vier wiedersehen könnte: Thor, Liv, den kleinen Thor und nicht zuletzt Bamse, den sie noch nicht kannte.

Im Verlauf einiger Tage trat Thor Heyerdahl neunmal im Radio auf, in Form von Vorträgen oder Interviews. Für die Vorträge hatte er vorbereitete Manuskripte, und auch wenn ein Interview gesendet wurde, waren Fragen und Antworten vorab schriftlich niedergelegt. Für Übertragungen in Frankreich, Deutschland, Großbritannien und den USA jonglierte er mit Englisch, Französisch und Deutsch. Auch wenn er dadurch selbst ein Teil der »Londoner Propaganda« wurde, die ihm so gründlich gegen den Strich ging, gefiel ihm doch der Trubel und die Aufmerksamkeit um seine Person. Überall, schrieb er Liv begeistert, werde er »wiederholt mit vollem Namen ausposaunt«. Man erwähne seine Verfasserschaft, seine Südseereise, seine Mitgliedschaft im *Explorers Club* und vieles andere, ja, die BBC schwang sich dazu auf, ihn vorzustellen als »already known to a great few of the listeners«.

Es war unter speziellen Umständen, aber es war das erste Mal, dass Thor Heyerdahl auf so etwas wie einer Weltbühne präsentiert wurde.

In London bekam Bjørn Rørholt den verantwortungsvollen Auftrag, ein Netz von Funk- und Telefonverbindungen in der Finnmark aufzubauen. Thor Heyerdahl sollte sein Adjutant und Stellvertreter sein. Diesmal sollten sie nicht mit einem Geleitzug fahren, sondern das Flugzeug über Stockholm nehmen, wo viele der vorbereitenden Aufgaben zu erledigen waren. Während Rørholt die Verantwortung für die technische Ausrüstung trug, sollte Thor Heyerdahl Personal anwerben und schulen.

In einer Kaserne in Axwall außerhalb der schwedischen Hauptstadt bekam er das Kommando über eine Truppe von fast vierzig Mann aus dem norwegischen Polizeikorps in Schweden. Sie erhielt die Nummer 550 und bestand aus Funkern, Dechiffrierern und Wachpersonal. Er sollte sie in Funktechnik und Fitness trainieren und dann diejenigen auswählen, die er für den weiteren Einsatz in der Finnmark gebrauchen konnte.

Das war eine neue Situation, bislang hatten andere Thor Heyerdahl herumkommandiert; jetzt sollte er zum ersten Mal andere führen.

An einem Morgen rief Fähnrich Heyerdahl beim Appell sechzehn Namen auf. Unter den Ausgewählten befand sich auch ein Jens Wessel Berg aus Drammen, der vor dem Krieg als Funker bei einem Ingenieur in der Stadt gearbeitet hatte. Er hatte sich in der Widerstandsbewegung engagiert und die Gestapo war ihm auf die Spur gekommen. In einer dramatischen Flucht hatte er sich nach Schweden gerettet.

Im März bekamen sie den Befehl, ihre persönlichen Habseligkeiten zu packen und nach Stockholm zu fahren. Nachdem sie dort normale norwegische Polizeiuniformen empfangen hatten, bestiegen sie einen Sonderwagen der Eisenbahn und rollten nach Norden, noch immer ohne genaue Vorstellung, wo es hinging. Am Ende der Reise wurden sie am hinteren Ende des Bottnischen Meerbusens in Luleå einquartiert. Dort trug Thor Heyerdahl die alleinige Verantwortung für die Truppe. Zu seinem Unteroffizier ernannte er Wessel Berg. Ein Brief Thors an seine Frau kündet von seinem Stolz und seinem Selbstbewusstsein: »Ich habe niemanden, bei dem ich mir Rat holen könnte, aber ich brauche auch niemanden [...] Es sind herzerfrischende, gute Männer und das Verhältnis zwischen ihnen und mir ist so gut, dass es allen auffällt [...] Aber nach meinen eigenen langen und leidvollen Erfahrungen als einfacher Soldat tue ich auch alles, um es ihnen leicht zu machen, und das verstehen die Jungs bestens.«

Er gab ihnen immer wieder frei und verschaffte ihnen Fahrgelegenheiten in die Stadt, »wo es abends bestimmt grenzenlos Spaß gab«. Thor war selbst vielleicht gar nicht so unerfahren in dem »Spaß«, wie er sich gab. »Er war ja ein gut aussehender Kerl«, meint Wessel Berg. »Ich erinnere mich, dass die Mädchen ihm gern schöne Augen machten.«

Irgendwann traf auch Hauptmann Rørholt mit der neuen Ausrüstung ein. Er übernahm sofort wieder das Kommando. Seine Truppe war einsatzbereit. Doch mit Rørholts Erscheinen machte sich laut Wessel Berg eine leichte Unruhe in der Gruppe breit. Rørholt war tüchtig, aber auch ein schneidiger Draufgänger, der gern im Vordergrund stand. Als Führer war er damit das genaue Gegenteil des zurückhaltenderen Heyerdahl. Beide wussten genau, was sie wollten. Aber nach Wessel Bergs Eindruck war Heyerdahls Führungsstil der erfolgreichere. Beide Offiziere arbeiteten jedoch nach wie vor gut zusammen und blieben einander in der Kameradschaft aus den Zeiten bei der Norwegischen Brigade verbunden.

Die Truppe wurde per Flugzeug nach Kirkenes verfrachtet. Dort erhielten die einzelnen Mitglieder ihre jeweiligen Aufträge und verteilten sich über die Gegend oder entlang der Küste. Thor Heyerdahl wurde in dem stationiert, was von Vadsø übrig geblieben war, wo er in Windeseile Freiwillige aus der Finnmark zu Soldaten ausbilden sollte.

Es wurde Mai. Seit drei Jahren hatte sich Thor Heyerdahl mittlerweile auf den Kriegseinsatz vorbereitet, aber er war nicht ein Mal an der Front gewesen. Er ersuchte Oberst Dahl um einen Einsatz und der erklärte sich einverstanden. Heyerdahl sollte versuchen, Skoganvarre zwischen Lakselv und Karasjokk zu erreichen. Dort hatten Norweger unter Fähnrich Beyer-Arnesen, dem bei der Befehlsverweigerung in England arretierten Mitglied der ehemaligen I-Gruppe, eine zentrale Station für den Funkverkehr aufgebaut. Auch Wessel Berg und drei andere Männer aus Heyerdahls Abteilung befanden sich dort.

Der Boden der Tundra weichte inzwischen überall auf und außerdem hatten die Deutschen das Gelände weiträumig vermint. Der beste Weg nach Westen führte daher übers Meer, doch ungefährlich war auch das nicht, denn noch operierte die deutsche Marine in den Gewässern, und entlang der Küste hielt der Feind trotz des allgemeinen Rückzugs noch einzelne Stellungen.

Heyerdahl requirierte für sich und die zwanzig Mann, die ihn begleiten sollten, ein Boot, und damit umrundeten sie die Varanger-Halbinsel. Im Båtsfjord schloss sich ihnen ein zweites Boot an. Es hatte Fähnrich Rolf Stabell an Bord, Heyerdahls alten Kameraden aus der Schneehuhn-Gruppe. Sie verabredeten, in ständigem Funkkontakt zu bleiben, und nahmen Kurs auf Hopseidet am Westufer des Tanafjords.

Als sie in den Fjord einliefen, hatte Heyerdahl das Gefühl, in eine Falle zu laufen. Er gab Befehl abzudrehen und informierte Stabell per Funk, dass sie stattdessen um Nordkyn in den Porsangerfjord fahren sollten.

In der gleichen Nacht, der Nacht auf den 6. Mai 1945, drangen deutsche U-Boote in den Tanafjord ein und legten in Hopseidet an. Marinesoldaten gingen an Land und verbrannten und verheerten den Ort. Sie nahmen sechs Zivilisten gefangen und liquidierten sie. Zur selben Zeit liefen Heyerdahls Boote unbehelligt in den Porsangerfjord ein.

Was Thor Heyerdahl die Gefahr ahnen ließ, wusste er selbst nicht zu sagen. Doch er fragte sich immer wieder, ob das Auftauchen der deutschen U-Boote seine Schuld war. Deutsche Beobachtungsposten mochten womöglich seine Boote gesehen und gemeldet haben.

Der deutsche Kapitänleutnant, der den Angriff führte, war aber nicht gekommen, um zwei Fischerboote zu jagen. Er hatte Befehl aus Deutschland, in Hopseidet jeglichen Widerstand zu brechen und alles von militärischer Bedeutung zu zerstören. Sechs Gefangene hinzurichten war allerdings gleichbedeutend mit Mord und damit ein Kriegsverbrechen. Die norwegischen Behörden klagten den Kapitänleutnant dafür nach dem Krieg an, doch weder er noch andere wurden je verurteilt.

Spät am Abend des 7. Mai gingen Heyerdahl und seine Männer in Hamnbukt an Land, einem kleinen Ort am hintersten Ende des Porsangerfjords. Obwohl es spätabends war, herrschte noch sommerliche Helligkeit.

Bei einigen Samen schlugen sie ihr Lager auf. Einer von ihnen schenkte Schnaps aus, sie hatten nämlich etwas zu feiern. Die Samen hatten gehört, dass die Deutschen in Dänemark kapituliert hätten. Thor Heyerdahl setzte sich ans Funkgerät und bekam

Verbindung zu Bjørn Rørholt, der sich wieder in Schweden aufhielt. Er konnte bestätigen, dass es stimmte, was die Samen aufgeschnappt hatten.

Thor mahnte seine Männer trotzdem zur Vorsicht. Kein lautes Feiern! Noch wussten sie nicht, was die Deutschen in Norwegen zu tun gedachten; ebenfalls die Waffen zu strecken oder den Kampf fortzusetzen. Am nächsten Tag wurde aber auch an norwegischen Fahnenmasten geflaggt. Der Trompeter blies »Feuer einstellen!« und Thor Heyerdahl hatte die Front genau an dem Tag erreicht, an dem der Krieg vorbei war.

Für ihn wäre es das größte Fest gewesen, wenn er nach Oslo hätte reisen und seine Frau und seine Kinder dort hätte abholen können. Doch einem Brief von Liv entnahm er, dass es wohl noch etwas dauern würde, bis sie und die Kinder nach Norwegen reisen könnten. Gleichwohl ersuchte er das Oberkommando des Heeres mit der Begründung, er sei Student, um seine Entlassung. Die Ablehnung kam, fast noch bevor er sein Gesuch eingereicht hatte. Die Armee konnte ihn in der Finnmark nicht entbehren.

Im Verlauf des Sommers ging das Soldatenleben Thor Heyerdahl ernstlich auf die Nerven. Es herrschte Frieden und er sah überhaupt keine Relevanz mehr in dem, was er tat. Nach Ablehnung seines Entlassungsgesuchs erhielt er immerhin vierzehn Tage Urlaub. Per Flugzeug kam er über Stockholm nach Oslo. Die Fähnrichsuniform wurde gegen die eines Leutnants eingetauscht und mit zwei Sternen auf dem Kragenspiegel suchte er das Oberkommando auf. Dort schrieb er ein zweites Entlassungsgesuch. Der Antrag landete auf dem Schreibtisch von Leutnant Knut Haugland, der seit Kriegsende als Adjutant beim Generalinspekteur der Nachrichtentruppen des Heeres, Rolf Palmstrøm, Dienst tat. Haugland empfahl, dem Gesuch stattzugeben. Palmstrøm folgte der Empfehlung und unterschrieb die Entlassungspapiere.

Thor Heyerdahl konnte zu einem letzten Gruß die Hacken zusammenschlagen, bevor er in den Friedenssommer hinausspazierte. Ein großer Schatten lag jedoch über seiner Freude: Liv und die Jungen befanden sich noch immer in den USA. Sie warteten auf eine Überfahrt auf einem von Thomas Olsens Schiffen. Hitler in Europa war geschlagen, aber die Soldaten des japanischen Gottkaisers Hirohito im Pazifik hielten immer noch aus. Erst am 14. August konnte die *New York Post* ganzseitig verkünden, dass der Krieg auch für die Amerikaner vorüber war. Wenig später fuhr Liv mit den Söhnen nach Philadelphia, wo sie an Bord der *Laurits Swenson* gingen. Und Anfang September, gerade rechtzeitig zu den Geburtstagen der Jungen, konnte sich die Familie endlich wieder in der Hütte über Lillehammer vollständig versammeln.

Eine neue Zeit brach an.

Teil 5 **SEÑOR KON-TIKI**

STREIT

Die Herbstbäume brannten in den Farben des Herbstes. Bald überzog Eis Pfützen und Tümpel und eines Tages begann es zu schneien. Die Kinder spielten draußen vor der Hütte und im Nebengebäude saß Thor und schrieb. Liv räumte auf, sortierte Bücher weg, wusch die Wäsche und bewirtete Alison, wenn sie auf einen Besuch vorbeikam. Scheinbar war wieder alles beim Alten wie damals vor sechs Jahren, bevor sie nach Kanada und Bella Coola gegangen waren.

Sogar Thors Manuskript war noch dasselbe, auch wenn es in der Zwischenzeit gewachsen war. Je mehr er schrieb, desto überzeugter wurde er, dass einmal Menschen auf einem Balsaholzfloß von Südamerika nach Polynesien gesegelt waren. Und umso sicherer war er sich auch, dass die Polynesier auf ihrer langen Wanderung, von Südostasien ausgehend, ihre Inselwelt nach einem langen Zwischenaufenthalt in Nordamerika erreicht hatten. Was er auf Fatuhiva gefunden hatte, war nicht weniger als ein Ei des Kolumbus, und was noch zu tun blieb, war nicht mehr, als gut begründet andere Forscher genau davon zu überzeugen.

Er war enttäuscht, dass es ihm nicht gelungen war, die Wissenschaftler, die er wie Herbert Spinden im *Explorers Club* kennengelernt hatte, auf seine Seite zu ziehen. Er schrieb es dem Pech zu, dass eine Margaret Mead seine Hypothese über die Nordwestküstenindianer so rundweg zurückgewiesen hatte. Und er tröstete sich damit, dass die anderen seine Argumente noch nicht kannten. Wenn er mit dem Manuskript nach Amerika zurückkäme, das seiner Meinung nach prall voller Beweise steckte, dann würden sie ihm nicht nur zuhören, sondern auch begreifen, dass sein Material die Sozialanthropologie revolutionieren werde. Und damit wäre auch seine eigene Karriere als Forscher in akademischer wie in ökonomischer Hinsicht gesichert.

Im Frühjahr 1946 schloss Thor Heyerdahl das Manuskript ab. Danach fragte er bei der Reederei Fred. Olsen an, ob sie ihm vielleicht noch einmal für eine Atlantiküberquerung eine Kabine überlassen würde. Für Liv kam der Entschluss nicht unerwartet. Die Reise nach New York, das Thor als Hauptstadt der Pazifikforschung ansah, stellte gewissermaßen einen integralen Bestandteil seiner Arbeit an dem Manuskript dar, denn wenn er das Resultat seiner jahrelangen Arbeit keinem präsentieren konnte, hatte es auch keinen Wert. Liv unterstützte ihn, aber doch halbherziger als früher. Nach der langen Trennung wollte sie nicht schon wieder mit den Kindern allein bleiben. Außerdem war neuerdings auch die Rede von einer Reise auf einem Floß, und obwohl sie nicht sonderlich ängstlich war, handelte es sich dabei doch durchaus um ein Projekt ohne klare Endstation. Im Übrigen hatten der Krieg und die lange Trennung etwas Unausgesprochenes zwischen sie treten lassen. Es war nicht mehr alles so wie früher, und als Thor seine Reise antrat, war der Knoten zwischen ihnen nicht gelöst.

Als der Krieg zu Ende ging und sie sich wiedersahen, war Liv gerade 29 Jahre alt, Thor fast 31. Sie waren noch jung, und eines, das in den sehnsüchtigen Briefen während der Kriegszeit zum Ausdruck gekommen war, teilten sie nach wie vor: das Verlangen nach der Zärtlichkeit des anderen. Doch waren sie noch nicht lange wieder zusammen, als ihnen bewusst wurde, dass etwas nicht stimmte.

Während des Kriegs lebten sie nicht nur voneinander getrennt, sondern auch in verschiedenen Welten und unter unterschiedlichen Bedingungen. Während Thor sich als Soldat einer strengen Disziplin unterwerfen musste, führte Liv ein ungezwungenes Leben als Gast im Haus reicher Leute. Wo Thor Erniedrigungen einstecken musste, erfuhr Liv Respekt, wo er Leerlauf und Antriebslosigkeit erlebte, konnte sie ihrem Leben Inhalt und Sinn verleihen. Thor hatte oft beobachtet, wie ähnlich er und Liv sich charakterlich waren, wie ähnlich sie dachten und fühlten, wie gleichartig ihre Einstellung zum Leben und zu seinem Sinn war. Dieses Auf-gleicher-Wellenlänge-Liegen war ja die Grundvoraussetzung dafür gewesen, dass sie zusammen nach Fatuhiva gehen konnten. Doch als Liv aus den Vereinigten Staaten zurückkam, erschrak Thor beinah, wie verändert sie war. Und wenn er sich seinerseits auch nicht sehr verändert haben mochte, entdeckte Liv nun ihrerseits Dinge an ihm, die sie früher akzeptiert hatte, die ihr aber nun nicht mehr gefielen.

Das erste äußere Anzeichen für diese Veränderungen war der Umstand, dass Liv inzwischen rauchte. Das konnte und wollte Thor unter keinen Umständen gutheißen. Rauchen war ungesund und ergo dumm. Aus diesem rigorosen Urteil sprach aber auch das Prüde in ihm. Er betrachtete Rauchen als Ausdruck der allzu lockeren Moral seiner Zeit und damit als Charakterschwäche.

Schlimmer noch fand Thor ihre unterschiedliche Sicht des Kriegs, denn dieser Unterschied offenbarte zunehmende Differenzen in ihrer Weltsicht überhaupt. Für Thor Heyerdahl war ein Soldat nach wie vor der Antiheld, der Repräsentant einer Welt, wie er sie nicht haben wollte. Für Liv hatte der Krieg den Soldaten weitgehend zum positiven Helden gemacht, zum Symbol für Eigenschaften, die die Welt brauchte.

Thor hatte den Krieg aus der Nähe gesehen. Die Alliierten hatten ihn gewonnen und er war stolz, sein Scherflein dazu beigetragen zu haben. Gleichwohl behauptete er, sie hätten nicht durch eigene Tüchtigkeit gesiegt, sondern weil die Deutschen noch untauglicher gewesen seien. Außerdem hatte auch der gewonnene Krieg nicht das Grundproblem gelöst. Die Zivilisation war nach wie vor krank. Dass Millionen Menschen umgebracht worden waren, machte sie auch nicht gesund.

Während der Krieg Thor Heyerdahl zu einem noch entschiedeneren Antimilitaristen machte, tendierte Liv in die entgegengesetzte Richtung. Der Krieg, der für sie beide ein so grundlegendes und einschneidendes Erlebnis gewesen war, entwickelte sich zu ihrer beider Überraschung zu einem heiklen Thema zwischen ihnen.

Der kleine Thor und Bamse, die in Norwegen ihren siebten beziehungsweise fünften Geburtstag feierten, waren ziemlich wilde Jungen und forderten nach wie vor viel Aufmerksamkeit. Da zwischen ihnen und Thor das Manuskript wie eine Mauer stand, blieb es an Liv hängen, die ganze Elternrolle auszufüllen. So beschäftigte sie sich gezwungenermaßen mehr mit den Kindern als mit ihrem Mann und tippte auch nicht länger seine handgeschriebenen Seiten mit der Maschine ab. Thor gefiel diese Schwerpunktverlagerung gar nicht. Er entwickelte das Gefühl, dass seine Frau nicht mehr hinter ihm stand. Den Winter über empfand er sie in allem, was ihn betraf, als kühl. Die zweiten Flitterwochen, auf die er sich gefreut hatte, blieben aus.

Doch anstatt nach einem möglichen Splitter im eigenen Auge zu suchen, schob er die Schuld seiner Mutter zu. »Sie hatte einen enormen Einfluss auf Liv und Liv hegte großen Respekt vor Mutter. Wenn sie und ich in Erziehungsfragen uneins waren, tat sie immer das, was meine Mutter sagte [...]. Die beiden behandelten mich, als wäre ich selbst ein Junge und nicht der Vater der Jungen«, verriet er dem Filmemacher Dale Bell.

Ein altes Trauma tauchte auf. Thor erinnerte sich an seine eigene Erziehung und wie sich sein Vater heimlich zu ihm geschlichen hatte, um abends mit ihm zu beten. Er dachte an die Wärme, die ihm das eingegeben hatte, und wenn der kleine Thor und Bamse in ihren Betten lagen, schlich er selbst zu ihnen hinein und betete mit ihnen, wohl in der Hoffnung, ihnen das gleiche Gefühl zu vermitteln. Liv gefiel das nicht. Sie vertrat den Standpunkt, dass die Kinder allein zum Glauben finden sollten oder eben nicht. Thor Heyerdahl war zwar kein bekennender Christ, doch es traf ihn wie ein Schock, als sich herausstellte, dass Liv in den Staaten Atheistin geworden war. Er glaubte nicht an die Kirche, ahnte aber eine geistige Kraft hinter allem, eine wohlwollende Kraft. Liv zog die Konsequenz aus ihrer Überzeugung und trat aus der Kirche aus. Das tat Thor Heyerdahl, dem Kirche und Priester schon im Konfirmandenalter gegen den Strich gingen, nie.

Nach einem halben Jahr in der Heimat kam im März 1946 Thors alter Jugendfreund Arnold Jacoby für eine Woche zu Besuch. In seiner Biografie über Thor Heyerdahl hielt er seine damaligen Eindrücke fest:

»Der Krieg hatte uns alle drei gezeichnet. Liv vielleicht am wenigsten, aber doch unverkennbar. Die Jahre der Prüfung hatten das Sprudelnde in ihr gedämpft und ihr dafür etwas Reifes und vor allem Selbstständigkeit verliehen. Thor war noch immer der kultivierte Wilde mit dem jungenhaften Charme, doch der letzte Rest an Unklarheit war abgehobelt. Etwas spürbar Dynamisches, das früher nur selten aufgeblitzt war, trat jetzt als Grundzug an ihm hervor.«

Livs Selbstständigkeit war genau das, womit ihr Mann nicht zurechtkam. Auf Fatuhiva und in Bella Coola hatte er sich als beispielhafter Ehemann und Familienvater gesehen. Diese Rolle ließ Liv ihn nicht länger spielen, sie akzeptierte es nicht mehr als selbstverständlich, dass sie in der Ehe die Pflicht hätte, zurückzustehen. Das beunruhigte ihn. In Thors Abwesenheit während des Kriegs hatte sie allein Entscheidungen treffen müssen, die ihr das Leben und die Kinder abverlangten. Sie hatte auch Entscheidungen getroffen, die nicht mit Thors Anschauungen übereinstimmten, und dazu stand sie auch später in Norwegen. Sie war loyal, behielt sich aber das Recht auf eigene Meinungen in politischen und religiösen Fragen vor.

»Vater empfand Mutter als überlegen. Er brauchte eine Frau, die er dominieren konnte. Es war hart für ihn, als er begreifen musste, dass Mutter im Krieg ohne ihn zurechtgekommen war«, erklärte mir Thor junior in einem Gespräch. »Er brauchte einen Blitzableiter und gab ihr die Schuld an Dingen, für die sie nichts konnte. Damit fand sich Mutter nicht ab. Sie wurde kühl, hatte nach den vielen Auseinandersetzungen Mühe, weiterhin warm und liebevoll zu sein.«

Die Birken auf Rustadhøgda standen kaum im ersten grünen Flor, da steckte Thor Heyerdahl sein fertiges Manuskript in den Koffer und verabschiedete sich von Mutter, Frau und Kindern. Im Mai 1946, zehn Monate nach ihrem Wiedersehen, trieb ihn die Ungeduld aus dem Haus. Es war nicht schwer, Thomas Olsen um freie Überfahrt zu bitten, denn der zeigte sich unverändert begeistert von Thor Heyerdahls Arbeit.

Heyerdahl fuhr mit der *Laurits Swenson,* mit der die Liv und die Kinder zu ihm nach Norwegen gekommen waren. Auf der Atlantiküberquerung wurde das Schiff nach Santiago de Cuba umdirigiert. Es fuhr an den Azoren vorbei, »also auf einem angenehm südlichen Breitengrad, und ich war braun wie ein verbrutzelter Indianer, als ich in Kuba an Land ging«, schrieb Thor an Knut Haugland.

Kuba war als Ziel auf der Reiseroute an sich nicht vorgesehen und Heyerdahl besaß kein Visum. Er war daher gespannt, ob man ihn von Bord lassen würde. Doch die Reederei hatte ihren lokalen Agenten instruiert, und als Thor Heyerdahl an Land ging, wurde er empfangen »wie ein Baron«.

Die sonst so stempelversessenen Behörden wollten nicht einmal seinen Pass sehen und versicherten ihm, er dürfe sich so lange in Kuba aufhalten, wie er wolle. Jemand musste kräftig an den Fäden gezogen haben, denn Thor bekam sogar einen Wagen mit Chauffeur zur Verfügung gestellt, und geleitet von »Gesetzeshütern«, wurde er in Restaurants und Nachtklubs gelotst.

Als er nach einer vierundzwanzigstündigen Zugreise über die ganze Insel in Havanna ankam, erwartete ihn dort ein ähnlicher Empfang. Er traf den Agenten, der sich als bedeutender Mann in Kuba herausstellte, und den norwegischen Konsul. Sie brachten ihn im Hotel Nacional unter, dem luxuriösesten Hotel der Insel, das in den 1930er-Jahren erbaut und schnell zu einem Tummelplatz der Stars und der Reichen aufgestiegen war.

Gleich hinter dem Hotel aber lauerte die Kehrseite, die bodenlose Armut. Auf seinen Reisen hatte Thor Heyerdahl viel Elend gesehen, aber nirgends von dem Ausmaß, das er in Havanna erlebte. Sie drang in Gestalt eines Heers von Pagen, die sich selbst feilboten oder die Gäste mit Bildern hübscher Mädchen köderten, bis in die Hotellobby vor. Und wenn diese Lockungen nicht verfingen, konnten sie auch kleine Mädchen von sieben oder acht Jahren beschaffen. Diese Szenen aus Havanna vergaß Thor Heyerdahl nie, und einer der Gründe, weshalb er viele Jahre später nach anfänglichem Zögern eine Einladung Fidel Castros annahm, war der, dass er »hoffte, ein verändertes Kuba zu sehen zu bekommen«. Seine Hoffnung ging in Erfüllung.

Vor der Weiterreise übergab ihm der Agent ein Empfehlungsschreiben für ein weiteres Luxushotel, diesmal in Miami, und von da nahm er den Zug nach New York, wo er am 15. Juni eintraf. In der Penn Station warteten Kapitän Wilhelm Eitrem und seine Frau Ambjørg am Bahnsteig auf ihn. Eitrem war auf Schiffen der Fred.-Olsen-Linie gefahren und arbeitete damals im New Yorker Büro der Reederei. Die erste Zeit wohnte Heyerdahl bei den Eheleuten in Brooklyn. Jeden Morgen fuhr er mit Eitrem nach Manhattan, stieg an der Ecke 42nd Street und 5th Avenue aus und verschwand im imposanten Gebäude der New Yorker Stadtbibliothek. Sie beherbergte eine bedeutende Sammlung von Literatur aus geisteswissenschaftlichen Disziplinen und Anthropologie und den ganzen stickigen Sommer über las sich Heyerdahl durch alles, was er über das Inkareich und Balsaholzflöße finden konnte.

Er hielt sich noch nicht lange in New York auf, als er sein Manuskript an andere Forscher verschickte. Es trug nun den Titel *Polynesia and America. A Study of Prehistoric Relations.*

Zu den Empfängern gehörte natürlich sein alter Bekannter aus dem *Explorers Club* und dem *Brooklyn Museum,* Dr. Herbert Spinden. Spinden aber reagierte nicht, und des Wartens müde, klopfte Heyerdahl persönlich an seine Bürotür. Der weißhaarige Mann empfing ihn freundlich, aber Thor war doch ein wenig baff, als er sein Manuskript ungeöffnet auf einem Pult liegen sah.

Noch ehe Spinden etwas sagte, begriff Heyerdahl, dass der alternde Ethnologe unerschütterlich an seiner Meinung festhielt. Zur Zeit der Inkas konnte niemand von Südamerika nach Polynesien gefahren sein. Es fehlte an den Fahrzeugen dazu. Balsaholz zieht Wasser und ein Floß würde nach zwei Wochen sinken. Das hatte sein Fachkollege Samuel Kirkland Lothrop festgestellt und 1945 hatte sich ihm in dieser Meinung der vielleicht bedeutendste Pazifikforscher der Zeit angeschlossen, Sir Peter Buck. Buck war Neuseeländer und zur Hälfte Maori und er hatte sich viele Jahre mit den Polynesiern und ihrer Kultur beschäftigt. Für ihn bestand kein Zweifel, dass dieses Volk, dem er selbst angehörte, ursprünglich aus Asien gekommen war, und in seinem Buch *An Introduction to Polynesian Anthropology* wies er jede Behauptung, dass südamerikanische Indianer die Inseln des Stillen Ozeans bevölkert haben könnten, zurück. Ihnen fehlten sowohl die Fahrzeuge als auch die Navigationskenntnisse, um solche Seereisen zu unternehmen.

Thor Heyerdahl betrachtete sein ungelesenes Manuskript. Spinden hat in seinem ganzen Leben noch kein Balsaholz gesehen, dachte er. Der Amerikaner begann das Gespräch in fast väterlichem Tonfall. Er mochte Thor und schätzte seinen Eifer. Er lobte die Sammlung, die der Norweger von den Marquesas mitgebracht und dem Museum während des Kriegs verkauft hatte. Fabelhafte Qualität, wie es in einem Brief des Museums an den *Royal Norwegian Information Service* in New York hieß.

Doch dann schlug Spinden ohne Erbarmen zu.

»Sie hatten keine Schiffe«, sagte er.

Das war Thor Heyerdahl bekannt. Lothrops Gesetz.

»Aber sie hatten Flöße. Sie wissen doch, Flöße aus Balsaholz«, wandte er ein.

Spinden lächelte mild herablassend, während er den Nagel einschlug, der die Diskussion beendete: »Sie können ja selbst versuchen, von Peru aus Pazifikinseln auf einem Balsafloß zu erreichen.«

Heyerdahl war derart vor den Kopf gestoßen, dass er nicht

wusste, was er darauf antworten sollte. Fast acht Jahre lang hatte er an seinem Manuskript gearbeitet, Stein auf Stein geschichtet, um seine Theorie zu untermauern, und dann hatte Spinden es nicht eines Blickes gewürdigt. Noch nie hatte sich Thor derart degradiert gefühlt.

Vielleicht um die Enttäuschung zu mildern, bot Spinden ihm vorübergehend seine Wohnung an. Sie lag in der 46. Straße. Nur einen Steinwurf von der Bibliothek entfernt. Nein, sie sollte nichts kosten, um Himmels willen, und die Haushaltshilfe würde auch weiterhin kommen. Er selbst würde einen Trip nach Mexiko unternehmen.

Heyerdahl dankte, das sei sehr liebenswürdig. Dann erhob er sich. Spinden führte ihn zur Tür. Bevor sie sich verabschiedeten, gab er Heyerdahl den guten Rat, sich entweder auf Amerika oder auf Polynesien zu konzentrieren. Beide Erdteile miteinander zu verbinden werde nirgends hinführen.

»Und vergessen Sie das hier nicht«, sagte er und reichte Thor sein Manuskript.

Heyerdahl bezog für ein paar Wochen Spindens Wohnung. In der Bibliothek stieß er auf immer neue Fakten, die seine Theorie stützten. Er fügte seinem Manuskript noch achtzig, zum Teil mehrseitige Ergänzungen an.

Zwischen den Wolkenkratzern Manhattans eingesperrt, freute er sich auf die Wochenenden. Wilhelm Eitrem und seine Frau waren aus der Stadt auf den Landsitz der Olsens in Ossining gezogen und er war dort ein willkommener Gast. An einem Sonntag, es war der 15. September, saßen sie wie gewöhnlich am Pool. Thor Heyerdahl erzählte, dass er mit dem Gedanken spiele, auf einem Floß von Peru zu Inseln des Stillen Ozeans zu segeln. Er hatte eine Karte bei sich und fragte Eitrem, ob er mit seinen Erfahrungen als Kapitän berechnen könne, wie lange eine solche Reise dauern würde.

Der Kapitän fiel aus allen Wolken und versuchte ihm den Gedanken auszureden. Er zweifelte nicht an der Seetüchtigkeit eines Balsafloßes, bedachte aber auch gleich, was passieren würde, falls etwas schiefging und die Besatzung Hilfe brauchte. Zum Ersten wäre es fast unmöglich, sie überhaupt zu finden. Und sollten sie mitten auf dem Meer in einem Sturm kentern, würden die Männer ertrinken, bevor Hilfe bei ihnen einträfe.

Doch Eitrems Argumente verfingen bei Thor Heyerdahl nicht. »Hatte Thor sich einmal etwas in den Kopf gesetzt, änderte er seine Meinung nicht mehr«, notierte Eitrem in seinen Lebenserinnerungen.

Am folgenden Wochenende hatte der Kapitän eine Karte des Pazifiks besorgt, die Stärke und Richtung der Winde und Strömungen verzeichnete. Heyerdahl hatte eine Route von der peruanischen Hafenstadt Callao zum nächstgelegenen Atoll in Französisch-Polynesien vorgeschlagen. Es war eine Distanz von gut viertausend Seemeilen oder fast achttausend Kilometern. Unter Berücksichtigung der Wind- und Strömungsverhältnisse in den ersten Monaten des Jahres hatte Eitrem berechnet, ein Floß könne eine Fahrt von anderthalb Knoten oder rund vierzig Seemeilen pro Tag machen. Eine Überfahrt würde also an die hundert Tage dauern; Eitrem setzte siebenundneunzig Tage dafür an. Vorausgesetzt, dass alles gut ging. Um auf der sicheren Seite zu sein, sollte das Floß Ausrüstung und Proviant für mindestens hundertzwanzig Tage mitführen. Damit war eine Zahl von größter Wichtigkeit genannt, denn der Zeitfaktor spielt bei jeder Expedition eine maßgebliche Rolle.

Da sich die Forscher in den Staaten nicht meldeten, wollte Heyerdahl es als Nächstes bei den kanadischen versuchen. In Kanada hatte ihn früher Professor Charles Hill-Tout unterstützt. Nun wollte er es bei Dr. Marius Barbeau versuchen, der sich mit den Ähnlichkeiten zwischen Polynesiern und Nordwestküstenindianern beschäftigte und von dem Thor einmal befürchtet hatte, er könne ihm zuvorkommen. Ende September suchte er Barbeau in Ottawa auf und überreichte ihm das Manuskript. Barbeau versprach eine Antwort bis zum 1. November.

Bis dahin hoffte Heyerdahl auch auf eine Reaktion der Ethnologin Ruth Benedict von der Columbia-Universität in New York. Sie hatte zusammen mit Margaret Mead studiert und sich in ihren Arbeiten besonders mit den Indianern beschäftigt. Thor war ihr an der Hopkins-Universität in Baltimore begegnet und sie hatte ihm eine aufschlussreiche Beobachtung mitgeteilt: Die Polynesier mussten aus einer Region mit einer hierarchischen Gesellschaftsordnung gekommen sein, wo die Menschen von einer Art göttlichem Priesterkönig regiert wurden; ein charakteristischer Zug, so meinte sie, den die Polynesier mit den Gesellschaften in Mexiko und Peru teilten. Daher versprach sich Heyerdahl, dass sie seine Thesen stützen würde.

Doch wenn er ehrlich war, kamen ihm selbst Zweifel, ob er sich würde durchsetzen können. Das Einzige, was er bislang erreicht hatte, waren ein paar wohlmeinende Schulterklopfer von Spinden.

Am 17. Oktober schrieb er einem Freund namens Erling Skjerven nach Norwegen. Skjerven arbeitete als Fotograf für Kodak, und Heyerdahl vertraute ihm an, dass er, sofern er die Anerkennung seiner Thesen nicht auf anderem Wege erreichen könne, die Kopie eines der vor Ankunft der Spanier in Südamerika gebräuchlichen Flöße bauen wolle. Auf der anschließenden Reise würden sicher viele sehenswerte Fotos anfallen und er bitte den Freund

Explorers Club in New York. Thor Heyerdahl (2.v.r.) bespricht die Pläne zur *Kon-Tiki*-Expedition mit einem der Teilnehmer, Herman Watzinger (links neben ihm), und dem bekannten dänischen Grönlandreisenden Peter Freuchen (rechts)

Balsaholzstämme. Thor musste sich in den Dschungel von Ecuador begeben, um geeignete Stämme für sein Floß zu finden. Er transportierte sie auf einem Fluss hinab zur Küste

um ein Empfehlungsschreiben an die Kodak-Zentrale in den USA. »Es wird ja eine kostspielige Unternehmung und ich muss versuchen, Unterstützung zu bekommen, wo ich sie finden kann.«

Am 1. November hat Heyerdahl weder von Barbeau noch von Benedict gehört. Die Frist ist verstrichen. Der Weg über die wissenschaftliche Schiene ist verbaut. Das Floßprojekt behält die Oberhand.

Ein verzweifelter Thor Heyerdahl schreitet schließlich zur Tat. Gezwungen vom Zeitfaktor und von seiner zunehmend problematischeren finanziellen Situation, bleibt ihm keine Wahl mehr. Um die Stürme im Pazifik zu vermeiden, darf er nicht später als im Februar/März 1947 von Peru aufbrechen; es bleiben ihm also nur noch vier, fünf Monate.

Er hat einige Zeit in den USA verbracht und eins hat er dort gelernt: »Wenn ich die Fahrt unternehme, wird man mich anhören müssen und die Augen nicht mehr verschließen können. Hier in Amerika lautet die Parole Geld oder renommierter Name, sonst erreicht man wenig [...]. Eine solche Fahrt wird mir die notwendigen Mittel an die Hand geben, um den Kampf zu Ende zu führen. Eine Arbeit aufzugeben, in die ich so viel investiert habe und von deren Richtigkeit ich im Innersten überzeugt bin, ist mir unmöglich.«

Man meint fast den Südpoleroberer Amundsen reden zu hören. Wie Amundsen die *Fram* will Heyerdahl nun also ein Balsaholzfloß einsetzen, um dadurch, dass er etwas spektakulär Neues unternimmt, die Aufmerksamkeit zu erregen und die Mittel zusammenzubringen, die er braucht, um sein übergeordnetes Ziel zu erreichen, Lothrop und seinen Anhängern ein für alle Mal den Mund zu stopfen – und selbst berühmt zu werden.

Als er Anfang November seine endgültige Entscheidung zugunsten der Floßreise fällte, hatte Thor Heyerdahl für die Besatzung nur einen einzigen Namen auf seiner Wunschliste, den seines Jugendfreundes Erik Hesselberg. Sie hatten zusammen die Mittelschule besucht, doch als Thor aufs Gymnasium wechselte, war Hesselberg zur See gegangen. Nach etlichen Jahren auf großer Fahrt hatte er in Hamburg ein Kunststudium begonnen, das er bei Kriegsausbruch mit Diplom abschloss. Er blieb in Deutschland und ließ sich in einer Kleinstadt als Dekorateur nieder, traf dort eine Frau namens Lise Lotte Güldner und heiratete sie. Als Thor Heyerdahls Anfrage eintraf, wohnten die beiden im norwegischen Åsgårdsstrand und hatten gerade eine Tochter bekommen. Erik Hesselberg stand also vor einer schwierigen Entscheidung. Konnte er so kurz nach dem Krieg eine deutsche Frau in einem norwegischen Kleinstadtmilieu sich selbst überlassen?

Sie meinte, es werde schon gehen, ihr Norwegisch sei mittlerweile gut genug. Aber vielleicht blieb ihr auch keine andere Wahl, wenn sie ihre Ehe nicht aufs Spiel setzen wollte. Es war ihr klar, dass er das Angebot nicht ausschlagen würde. Er bereitete sich auf eine Abreise um Neujahr vor. Dem früheren Seemann kam nicht einen Augenblick in den Sinn, dass das, was Thor vorhatte, gefährlich sein könnte.

Heyerdahl zog nach seinem Aufenthalt in Herbert Spindens Wohnung in das norwegische Seemannsheim am Hanson Place in Brooklyn um. Es war billig, er bekam norwegisches Essen und er traf Seeleute. Von Flößen hatten sie keine Ahnung, aber sie wussten eine Menge über Wellen. Oft gingen die in Landnähe höher und unberechenbarer als auf hoher See. Ein Schiff, das sich in Küstennähe behaupte, meistere auch das offene Meer, meinten sie. Auf die Größe komme es dabei nicht sonderlich an, kleinere Schiffe ritten die Wellen besser ab als große und es gebe zahllose Geschichten von Seeleuten, die in Rettungsbooten überlebten, nachdem das Meer ihr Schiff kurz und klein geschlagen hatte.

Eines Morgens erschien zum Frühstück ein athletisch gebauter Herr im Anzug und nahm an Thor Heyerdahls Tisch Platz. Thor fand, er sehe nicht gerade wie ein Seemann aus, und war nicht überrascht, als er sich als Ingenieur von der Hochschule in Trondheim vorstellte. Er wohnte auch nicht im Seemannsheim, sondern in der Nähe. Manchmal kam er, um etwas Gesellschaft und eine Scheibe Ziegenkäse zu bekommen. Er hielt sich in New York auf, um Kühltechnik zu studieren.

Auf Heyerdahl muss der Mann einen guten Eindruck gemacht haben, denn bald erzählte er ihm von seiner Theorie, von den verknöcherten Wissenschaftlern und von der Floßreise, die er zu unternehmen gedachte, weil sie seine Ansichten nicht ernst nehmen wollten. Es hielt ihn nicht ab, mit einem Unbekannten zu reden; es fühlte sich gut an, einmal alles loszuwerden.

Wenige Tage später erschien der Unbekannte erneut am Frühstückstisch. Er war gespannt, wie es mit Heyerdahls Plänen weiterging. Diesmal stellte er sich vor, sein Name war Herman Watzinger, und falls noch Besatzungsmitglieder gesucht würden, wäre er gern dabei. Als Ingenieur verstand er etwas von Technik und er erbot sich, die Verantwortung für hydrografische und meteorologische Untersuchungen zu übernehmen.

Thor hieß ihn an Bord willkommen. Watzinger bedankte sich für das Vertrauen, indem er seinen lukrativen Job kündigte.

Er war zwei Jahre jünger als Thor und hatte ein Kind, war aber frisch geschieden. Er hatte in der Garde gedient und 1940 in Røros an den Kämpfen gegen die Deutschen teilgenommen.

Damit die Reise auch wissenschaftlichen Wert erhielt, wollte

Heyerdahl eine originalgetreue Kopie der von den Inkas benutzten Flöße bauen. Die Stämme sollten zusammengebunden und nicht genagelt werden, die Kajüte musste aus Bambus sein, nicht aus Holzplanken, Nägel und Stahltrossen waren verboten. Auch die Ausrüstung an Bord sollte zu einem prähistorischen Fahrzeug passen. Darum wollte Heyerdahl ohne einen Apparat auskommen, der Funksignale senden oder empfangen konnte.

Das war ein Entschluss, der Watzinger erschreckte. Ein Funkgerät würde die Drift des Floßes nicht beeinflussen, meinte er. Aber es wäre notwendig, um Wetterbeobachtungen und tägliche Positionsmeldungen abzusetzen. Und auch wenn sie auf einem Meer ohne Schiffsverkehr nicht damit rechnen könnten, dass ein SOS-Signal sie rettete, würde es ihnen ein beruhigendes Gefühl von Sicherheit geben.

Thor ließ sich überzeugen. Nach dem Krieg hatte er kein Funkgerät mehr angefasst, aber er sah ein, dass er sich nicht länger von seiner alten Aversion gegen Knöpfe und Steckkontakte leiten lassen durfte. Doch trotz seiner jahrelangen Ausbildung in Kanada und Großbritannien wollte er nicht den Funker der Expedition abgeben. Diese Aufgabe sollte jemand anderer übernehmen, und was das anging, kannte er genügend geeignete Kandidaten.

Da gab es Knut Haugland, der schon Interesse angemeldet hatte, bevor er Norwegen verlassen hatte, da gab es Torstein Pettersen, mit dem er in der Finnmark gewesen war und der eigentlich Torstein Raaby hieß, wenn er keinen Decknamen benutzte, und da gab es Bjørn Rørholt. Nicht nur von ihren Qualitäten als Funker war Heyerdahl angetan. Er hatte sie in schwierigen Zeiten erlebt und sie waren schwer in Ordnung. Das war ihm wichtiger, als dass sie gut morsen konnten.

Ende November schrieb er Haugland, dass die Reise mit dem

Floß stattfinden werde und an Bord ein Platz für ihn reserviert sei, wenn er schnell antwortete. Knut Haugland wollte gern mit von der Partie sein, konnte aber keine definitive Zusage geben, bevor er wusste, ob er von seinem Dienst in der Armee freigestellt würde.

Einige Tage später schickte Heyerdahl Torstein Raaby einen leicht kryptischen Brief: »Alter Bandit! Mit dem Folgenden will ich Dich zu nichts überreden, lediglich die Sache ansprechen und Deine Meinung dazu einholen.« Der Rest des Briefes ist ein Musterbeispiel an Überredungskunst und Heyerdahl schloss: »Das Einzige, was ich Dir versprechen kann, ist also, dass alles gratis ist, eine Amerikareise und ein Besuch in Peru, reichlich Bewegung und plenty Erlebnisse unterwegs, Spaß auf Tahiti und ein paar weiterer Südseeinseln und hinterher ein lebhaftes Hallo in Amerika.«

Raabys Antwort erfolgte per Telegramm und entsprechend knapp und militärisch: »Bin dabei. Torstein.«

Als Kadett an der Kriegsakademie hatte er jedoch das gleiche Problem wie Haugland; er musste vom Dienst beurlaubt werden. In ihrer gemeinsamen Zeit in der Finnmark hatte Raaby aus Gründen der Geheimhaltung nicht erzählen dürfen, worin sein eigentlicher Auftrag bestand. Man hatte ihn mit einem Funkgerät nach Alta geschickt und dank seiner Meldungen hatten die Engländer mit Mini-U-Booten das deutsche Schlachtschiff *Tirpitz* in die Luft sprengen können. Rørholt, der selbst an der Überwachung des Schiffs beteiligt gewesen war, bezeichnete Raabys Arbeit in seinem Buch *Usynlige soldater* (»Unsichtbare Soldaten«) als »den mit Sicherheit bemerkenswertesten Agenteneinsatz im ganzen Krieg«.

Ebenso wie Rørholt und Haugland war auch Raaby mit dem D.S.O., dem *Distinguished Service Order*, belohnt worden, einer Auszeichnung, die nicht zuletzt in den USA Beachtung fand, und sollte Heyerdahl alle drei an Bord bekommen, würde das seiner Expedition eine Seriosität und einen Reklamewert sichern, die er zu ihrer Finanzierung gut brauchen konnte.

Bjørn Rørholt hielt sich damals gerade zu einem Studium in Washington auf und lehnte Heyerdahls Angebot aus mehreren Gründen ab. Das eigentliche Ziel des Vorhabens interessierte ihn nicht und es ließ sich auch nicht mit seinem Studium vereinbaren. Des Weiteren teilte er die Zweifel vieler anderer, was die Sicherheit der Expedition betraf. Wenn Rørholt auch Thors theoretische Überlegungen nicht spannend fand, interessierten ihn aber die kommunikationstechnischen Gesichtspunkte der Expedition. Darum war er sehr gern bereit, das erforderliche Gerät zu besorgen und auch sonst so gut wie möglich bei den Vorbereitungen zu helfen. Das im Krieg entstandene Vertrauensverhältnis zwischen den beiden Männern war noch intakt und daher betraute Thor ihn mit der Verantwortung für alles, was den Funkverkehr der Expedition anging. So wurde Bjørn Rørholt Expeditionsmitglied, ohne an der Floßfahrt selbst teilzunehmen.

Er warf sich vom ersten Moment mit einer Energie auf seine neue Aufgabe, wie nur er sie aufbringen konnte, und da er sich mit Fug und Recht als Assistent des norwegischen Militärattachés bezeichnen durfte, fungierte er für Heyerdahl bald als eine Art Verbindungsoffizier in New York und zu den norwegischen Dienststellen in Washington.

Der Militärattaché selbst, Oberst O. H. Munthe-Kaas, war schon frühzeitig überzeugt, dass die Expedition nicht zuletzt auch in wissenschaftlichen Kreisen ein Interesse wecken würde, das »Bedeutung für Norwegens Ansehen in Amerika« haben werde. Durch ihn erhielt Thor Heyerdahl wertvolle Kontakte zur amerikanischen Regierung und bald sagten ihm Verteidigungsministerium und Marine Unterstützung in Form von Ausrüstung für das Floß zu. Die Generäle glaubten an das Unternehmen und gaben verbindliche Zusagen, alles von wasserdichten Schlafsäcken, Gummibooten und Rettungswesten bis zu Kameras, Filmen, Notverpflegung und Medikamenten zu liefern. Sogar etwas, das sie Haipulver nannten und das Schutz vor Haien bieten sollte, wenn man es aufs Wasser streute, wurde eingepackt.

Da Tahiti nicht über einen Flugplatz verfügte, erwog man sogar, ein Wasserflugzeug zu schicken, um die Mannschaft nach vollbrachter Reise abzuholen. Darin sah Thor Heyerdahl sofort eine Möglichkeit, wie Liv bei seiner Ankunft auf Tahiti an Ort und Stelle sein könnte. Jedenfalls wollte er ihr schreiben und sie fragen, ob sie Lust dazu hatte.

Als Gegenleistung sollten die Expeditionsmitglieder für das Militär Erfahrungsberichte über das Material anfertigen. Wegen des geringen Schiffsverkehrs und weniger meteorologischer Beobachtungen in den Gewässern, durch die das Floß treiben würde, wünschten die Amerikaner auch Berichte über Wind-, Wetter- und Strömungsverhältnisse.

Doch Heyerdahl brauchte nicht nur Ausrüstung und eine Mannschaft. Er brauchte auch Geld. Auf diesem Gebiet sah zunächst ebenfalls alles nach einem goldenen Start aus.

Als aktives Mitglied des *Explorers Club* besuchte Heyerdahl von Zeit zu Zeit dessen ehrwürdige Räumlichkeiten in der 72. Straße. Drinnen war es, als würde man »von einer Atmosphäre von Löwenjagd, Gipfelbesteigung und Polarleben aufgesaugt, gemischt mit dem Gefühl, im Salon einer komfortablen Jacht auf Weltumsegelung zu sitzen«.

Mitglieder durften auch Gäste mitbringen und Heyerdahl kannte den Ingenieur für Kältetechnik noch nicht lange, als er Herman

Watzinger einlud, ihn in den Klub zu begleiten. Dort trafen sie den Mann mit dem Holzbein, den legendären Grönlandreisenden Peter Freuchen. Auf einer Schlittentour mit seinem ebenso berühmten Landsmann Knud Rasmussen hatte er 1926 an einem Bein so starke Erfrierungen erlitten, dass es amputiert werden musste. Später war Freuchen in die Vereinigten Staaten umgesiedelt und hatte dort großen Erfolg als Autor und Filmproduzent.

Thor nahm seinen Mut zusammen und legte dem Dänen dar, dass er vorhabe, auf einem Floß aus Balsaholz den Pazifik zu überqueren. Der kräftige Mann stampfte vor Begeisterung mit dem Holzbein auf und bestellte eine Runde Bier. Was für ein Plan! Wie gern wäre er dabei!

Peter Freuchen hatte auf Grönland unter Inuit gelebt, Sibirien und Alaska bereist und überall gesehen, wie die Polarvölker in Kajaks die Küsten entlangpaddelten oder mit Kanus und Flößen Flüsse befuhren. Er war kein Wissenschaftler und verstand nichts von Balsaholzflößen, aber eins wusste er: Wo Menschen Wasser überwinden mussten, da konnten sie auch Boote bauen. Er entschloss sich, Thor zu helfen, und gleich am nächsten Tag setzte er mit seinen Kontakten zur Presse »die Räder in Gang«.

Als Ersten suchte er im Gebäude der Vereinten Nationen Egil Tresselt, den Korrespondenten der norwegischen Nachrichtenagentur *Norsk Telegrambyrå,* auf. Tresselt zeigte sich an der Sache »unglaublich interessiert«. Binnen kurzer Zeit brachte er zwei amerikanische Journalisten mit den richtigen Kontakten dazu, für die Überlassung von Exklusivrechten notwendiges Kapital in Aussicht zu stellen. Sie gründeten ein Komitee mit der Aufgabe, Absprachen mit Presse und Agenturen, Verlegern und Filmproduzenten zu arrangieren. Allem Anschein nach war ein Schneeball ins Rollen gekommen.

Thor Heyerdahl unternahm auch selbst alle erdenklichen Anstrengungen, um Geld zu beschaffen. Er hatte den bereitwillig gezahlten Vorschuss von Gyldendal nicht vergessen, als er das vorige Mal ein Buch schreiben wollte, und darum unternahm er einen neuerlichen Versuch:

»Lieber Herr Grieg, wenn ich Ihnen nach all den Jahren nun wieder einmal schreibe, geschieht dies aus Anlass einer Südseereise etwas anderer Natur ...« Falls der Verlag an den Rechten einer norwegischen Ausgabe des neuen Buchs interessiert sei, werde er sie ihm gegen einen »angemessenen Abschlag auf ein Mindesthonorar« überlassen.

Verlagschef Harald Grieg antwortete sehr schnell. »Ihr abenteuerlicher Plan interessiert mich in hohem Maße und ich möchte selbstverständlich gern das Buch verlegen, das Sie nach der Reise zu schreiben gedenken.« Er bot viertausend Kronen Vorschuss an, konnte sich aber den lakonischen Nachsatz nicht verkneifen: »Dieser Betrag steht, auch wenn Sie wohl einräumen müssen, dass die Reise so riskant ist, dass es gegebenenfalls kein Buch geben wird.«

Große Hoffnungen setzte Thor Heyerdahl auf die *National Geographic Society*. In einem Brief an ihren Vorstand hob er seinen Artikel von 1941 über Fatuhiva hervor und mit tatkräftiger Unterstützung der Botschaft bekam er sogar einen Termin beim Vorsitzenden persönlich, Dr. Gilbert Grosvenor. Der zeigte sich von dem Projekt so begeistert, dass er sofort seine Hilfe zusicherte. Heyerdahl solle nur loslegen, ohne sich um die Formalitäten zu kümmern.

Das war etwa Mitte Dezember und die Aussichten waren glänzend. Doch als die Glocken Weihnachten einläuteten, gab es wenig Anlass zu Freude. Das Dreimannkomitee stellte sich als Luftnummer heraus. Die beiden amerikanischen Journalisten machten viele Worte, ließen aber wenig Taten folgen. Sie hatten angekündigt, fünfundzwanzigtausend Dollar zu beschaffen, doch als Verträge unterschrieben werden sollten, hatten sie nicht einmal einen Text vorbereitet, nur Ausflüchte. Thor zog den Smoking an und ging zum Empfang in der Botschaft, ohne einen Cent gesehen zu haben.

Auch bei der *National Geographic Society* musste etwas geschehen sein, denn die Formalitäten regelten sich nicht von allein und ohne Dokumente von ihrer Seite konnte er keine Rechnungen bezahlen.

Heyerdahl hatte versucht, die Expedition so lange wie möglich vor der Presse verborgen zu halten. Er wollte erst das meiste geregelt haben, ehe er mit der Nachricht an die Öffentlichkeit ging. Aber undichte Stellen ließen sich nicht vermeiden und der Druck vonseiten der Presse stieg merklich an, als das Gerücht in Umlauf kann, auch militärische Einrichtungen der Vereinigten Staaten seien an der Unternehmung beteiligt. Darum entschied das Verteidigungsministerium, am 26. Dezember eine Pressekonferenz abzuhalten. Am besagten Tag um 15 Uhr schritt Thor Heyerdahl die Stufen zum Pentagon hinauf, um Auskunft zu geben.

In Washington wohnte er im Wardmark Park Hotel. Als er in sein Zimmer dort zurückkam, nahm er einen Bogen Briefpapier (der im Kon-Tiki-Archiv aufbewahrt wird) und begann zu schreiben.

»Betrachte das als einzelnen Bogen aus einem Tagebuch. Nimm als Datum den 26. Dezember 1946, denn niemals in Deinem Leben trafen derart große Kontraste an ein und demselben Tag aufeinander. Erfolge und Demütigungen folgten viele Jahre Schlag auf Schlag abwechselnd aufeinander. Heute kamen sie zugleich, Seite an Seite, und erhoben sich parallel in gefährliche Höhen, in so gefährliche, dass eins von beiden in den nächsten Tagen brechen muss [...]. Die meisten sind bereit, [für mein Unternehmen] ihren Namen zu geben. Einzelne sind bereit, vom Überfluss des Staates zu geben. Keiner ist bereit, von seinem Eigen zu geben. Wir stehen an einem Punkt, an dem wir Überfluss an Interesse, das Wesentliche der Ausrüstung und keinen Penny für den Start der Expedition haben. Der Schneeball ist zu schnell gerollt, wir konnten ihn nicht anhalten, denn dann wäre die Expedition geplatzt wie eine Seifenblase. Was bisher unternommen wurde, war absolut notwendig, um an Gelder zu kommen und die Maschinerie zum Laufen zu bringen.

Heute kulminierte die eine Seite der Sache mit einer offiziellen Ankündigung vom War Department und einer Pressekonferenz, auf der die gesamte Presselandschaft Amerikas zugegen war.

Danach ging ich nach Hause und machte folgenden Kassensturz: Mein Gesamtvermögen beläuft sich auf 35,35 $. Das ist der Rest von den 200 $, die ich mir von Rørholt geliehen habe, als ich bei meinem letzten Besuch in Washington völlig pleite war. Morgen Abend fahre ich nach New York zurück. Meine 35,35 $ reichen nicht einmal, um die Hotelrechnung zu bezahlen [...], und im Augenblick sehe ich nicht eine Richtung, aus der mir in nächster Zukunft Geld zufließen könnte.

Es ist der zweite Weihnachtstag des Jahres 1946. Zu Mittag habe ich ein Käsesandwich in einem Drugstore gegessen und gehe jetzt ohne Abendessen zu Bett [...]. Es ist ein seltsamer Tag. Am gleichen Tag vor zehn Jahren ging ich mit Liv felsenfest an meiner Seite. In den Jahren der Kämpfe hat sie ihren Glauben an mich verloren. Jetzt gehe ich allein. Es gibt nur einen Weg nach vorn, keinen zurück. Ich *glaube,* dass es klappen wird, ich *will,* dass es klappt. Aber ich möchte mich gern an diesen Tag erinnern, an diesen Kampf und an diese Erfahrung, bis an den Tag, an dem ich fallen *darf*.«

Der Stift setzt ab. Heyerdahl faltet den Bogen und steckt ihn in einen Umschlag. Darauf schreibt er: »Darf bis auf Weiteres nicht geöffnet werden. T. H.« Dann legt er den Brief weg.

Er blieb achtzehn Jahre liegen, dann ließ Thor Heyerdahl ihn von seinem Freund und Biografen Arnold Jacoby öffnen. In seinem Buch gibt Jacoby das meiste aus dem Brief wieder; aber nicht die Zeilen über Liv.

Vielleicht erklärte sich die plötzliche finanzielle Dürre für Thor Heyerdahl, als er endlich von der *National Geographic Society* hörte. Ihr Vorstand hatte kalte Füße bekommen, als ihr wissenschaftlicher Beirat die Daumen gesenkt hatte. Mündlich wurde Heyerdahl mitgeteilt, das Komitee sei der Ansicht, eine solche Floßreise wäre gleichbedeutend mit Selbstmord, und da die Gesellschaft Selbstmord nicht fördere, könne sie auch Heyerdahl nicht unterstützen. Es wäre nicht allein unmoralisch, es bedeutete auch, gutes Geld aus dem Fenster zu werfen. Nicht verwunderlich, dass andere, die das Projekt erwogen hatten, ebenfalls kalte Füße bekamen.

Die schriftliche Ablehnung formulierte die Gesellschaft natürlich höflicher und ausweichender. Sie halte es für unklug, eine Expedition mit derart kontroversem Inhalt zu unterstützen. Erhalte Heyerdahl Gelder von ihr, könnten Forscher daraus folgern, die Gesellschaft sei tatsächlich der Ansicht, die Bevölkerung Polynesiens sei ursprünglich aus Amerika und nicht aus Südostasien gekommen. Diese Begründung kannte Thor Heyerdahl nur zu gut. Es war die gleiche, mit der die Redaktion der Zeitschrift 1941 Abschnitte seines Beitrags weggelassen hatte. Er fühlte sich ausgebootet und wollte mit der *National Geographic Society* nichts mehr zu tun haben.

Schließlich zog er doch noch einen Vertrag mit der Zeitungsgruppe *North American Newspaper Alliance* an Land, zu der unter anderem die wichtige *New York Times* gehörte. Die zweitausend Dollar, die das einbrachte, halfen in der akuten Situation wenig, denn sie sollten erst ausbezahlt werden, wenn sich das Floß tatsächlich auf dem Wasser befand. Heyerdahl ging auch eine Absprache mit der norwegischen Nachrichtenagentur NTB ein, der zufolge die Hälfte von deren Erlösen aus Artikeln über die Floßfahrt der Expedition zufallen sollten. Aber auch das waren erst Einkünfte in der Zukunft.

Inzwischen stand ein neues Jahr vor der Tür, in Ecuador mussten die Baumstämme besorgt werden und Heyerdahl hatte nicht einmal Geld für ein Ticket dorthin.

Das Einzige, worüber er sich freuen konnte, war ein Brief von Marius Barbeau aus Ottawa. Er hatte das Manuskript gelesen und den einen oder anderen Einwand, doch er zögerte nicht, Thor Heyerdahl zu einer führenden internationalen Autorität auf dem Gebiet vorgeschichtlicher Verbindungen zwischen Amerika und Polynesien zu erklären, und er wollte gern mit ihm in Verbindung bleiben.

»Führende internationale Autorität«. Das schmeckte Thor. Er konnte sich nicht zurückhalten und schickte die Apostrophierung an Thomas Olsen. Außerdem wurde sie in den Prospekt aufgenommen, den die Expedition nun zu Präsentationszwecken auflegte.

Auch von Ruth Benedict traf eine Antwort ein. Sie war noch nicht fertig, las aber mit Interesse weiter.

Ob es an der Weihnachtsstimmung oder an etwas anderem lag,

jedenfalls kamen auf einmal, teils unabhängig voneinander, mehrere wohlmeinende Helfer zusammen. Es waren keine Amerikaner mehr, sondern Norweger. Denn wo die amerikanischen Interessenten bis auf das Verteidigungsministerium von dem Rumor des Selbstmordunternehmens abgeschreckt wurden, ließen sich die Norweger nicht verunsichern. Wo die Amerikaner die verbreitete Lehrmeinung akzeptierten, das Floß werde sinken, glaubten die Norweger Heyerdahl, es werde schwimmen.

Der Erste, der handelte, war Militärattaché Munthe-Kaas. Er hatte so viel Persönliches und auch Prestige der Botschaft investiert, dass er sich mit einem vorzeitigen Scheitern der Expedition nicht abfinden konnte. »Zur Deckung anfänglicher Ausgaben«, wie es im Schuldbrief heißt, lieh er Thor Heyerdahl privat zweitausend Dollar. Sie sollten nach einem Jahr mit fünf Prozent Zinsen zurückgezahlt werden.

Am 28. Dezember war Bjørn Rørholt bei Direktor Georg Unger Vetlesen zu Gast. Vetlesen war in Norwegen geboren, hatte aber die meiste Zeit seines Lebens in den USA verbracht, wo er als Schiffbauer reich wurde. Im Krieg engagierte er sich für Norwegen unter anderem durch Spenden für den Aufbau der Luftwaffe in *Little Norway*. Als Rørholt aufbrechen wollte, hielt Vetlesen ihn zurück: »Wenn es irgendwo drücken sollte, kommen Sie noch einmal auf mich zurück. Ich werde Ihnen mit ein paar Tausendern aushelfen, möchte das Geld aber gern wiederhaben, falls Sie zurückkommen.«

Am selben Tag erhielt Kapitän Eitrem ein Telegramm von Thomas Olsen. Es lautete in etwa: »Thor Heyerdahl bittet um (wünscht?) Geld. 3 Grand if important to him might be interested.«

Dreitausend Dollar von Thomas! Dafür musste Thor auch die Zurechtweisung schlucken, die damit verbunden war. Eitrem tadelte ihn nämlich, dass er in seinen Schreiben an Olsen um den heißen Brei herumgeredet hätte, statt geradeheraus zu sagen, was und wie viel er brauchte. Darum habe der Reeder auch erst so spät reagiert.

Wer letzten Endes aber entscheidend zur finanziellen Rettung der Expedition beitrug, war wieder einmal Papa Heyerdahl. Neujahr kam die Mitteilung, er habe ebenso wie für die Reise nach Fatuhiva noch einmal tief in die Tasche gegriffen. Einundzwanzigtausend norwegische Kronen stellte er dem Sohn zur Verfügung. Zusätzlich erklärte er sich bereit, in den sechs Monaten ihrer voraussichtlichen Abwesenheit jeder Ehefrau der verheirateten Expeditionsmitglieder fünfhundert Kronen zu bezahlen.

Seit Thor 1939 nach Oslo umgezogen war, hatte Heyerdahl senior seinen Sohn nicht oft gesehen und die Archive deuten auch nicht auf eine ausgedehnte Korrespondenz zwischen den beiden hin. Der Vater hielt sich durch die Briefe, die der Sohn an die Mutter schickte und die sie dem Vater auf Thors Aufforderung hin zu lesen gab, auf dem Laufenden. Der sporadische Kontakt minderte aber nicht im Geringsten die Bewunderung, die der Vater für den Werdegang seines Sohnes hegte. Als sich Thor und Liv im Herbst 1941 in Baltimore aufhielten, bekam der alte Herr einen Brief von seiner Schwiegertochter, den er an Livs Mutter in Brevik weiterschickte. In seinem Begleitbrief schrieb er: »Ich kann unmöglich die Freude in Worte fassen, die Thor mir bereitet. Wie ich heute an Alison schrieb, haben wir Eltern allen Grund, das zu vergessen, was er nicht von uns geerbt hat, da er ganz sicher das Beste von uns beiden geerbt hat.«

Mit all den neuen Zuschüssen sollte Thor Heyerdahl endlich freie Bahn haben, doch es gab noch zwei heikle Probleme. Zum einen sah es so aus, als würden Torstein Raaby und Knut Haugland nicht ihre Freistellung erhalten. Und zum anderen waren die Gelder von Thomas Olsen und Thors Vater so lange wertlos, wie Devisenbeschränkungen ihren Transfer in die USA verhinderten.

Hohe Herren in Washington witterten Gefahr. Da stand das militärische Washington in Erwartung von Kriegshelden bereit, deren Taten mit Namen wie Vemork und Tirpitz verbunden waren, und sie sollten keine Reiseerlaubnis erhalten? Zudem hatte die militärische Nomenklatura durch das Engagement der Botschaft den Eindruck bekommen, die Expedition habe den Segen der norwegischen Regierung, und jetzt sollte Heyerdahl nicht auf die eigenen Gelder für die Expedition zugreifen können?

Das konnte man jetzt nicht mehr dem Dienstweg überlassen, das musste gleich an höherer Stelle geregelt werden. Nach einem informellen Kontakt mit Norwegens Verteidigungsminister Jens Christian Hauge wurden die Permissionen ausgestellt. Und mit Liv als Koordinatorin für Thomas Olsen und Thor Heyerdahl senior erwirkte der Direktor von Andresens Bank, Arvid Monsen, bei der Norwegischen Bank eine Ausnahmegenehmigung für die Überweisung der Gelder. Dass Liv Monsen aufsuchte, war kaum ein Zufall. Er war mit Thors Halbschwester Ingerid verheiratet und somit ein Freund der Familie.

Am 10. Januar 1947 nahmen Thor Heyerdahl und Herman Watzinger wegen schlechten Wetters den Zug von Washington nach Miami und nicht das Flugzeug. In Miami schien die Sonne und am 12. flogen sie nach Ecuador, in die Hafenstadt Guayaquil. Sie wollten Baumstämme für das Floß besorgen. Während sie sich durch den Urwald kämpften, knallte es in Washington. Vorher war die Expedition durch äußere Umstände bedroht; jetzt drohte Gefahr im Inneren.

Knut Haugland und Torstein Raaby landeten am 18. Januar in

New York. Bjørn Rørholt holte sie am Flughafen ab. Jeder von ihnen hätte tausend Dollar aus den norwegischen Hilfsgeldern mitbringen sollen, aber bis zu ihrem Abflug waren die Devisenbeschränkungen noch nicht aufgehoben worden. Sie landeten in einer Weltmetropole und hatten praktisch keinen Cent in der Tasche. Rørholt musste ihnen erklären, dass die ökonomische Situation der Expedition keinen Deut besser aussah. Im Moment waren ihre Kassen leer.

Er nahm sie mit zu Georg Unger Vetlesen, der unter der feinen Adresse 1 Beckman Place mitten in Manhattan residierte. Vetlesen hatte ja vorher Rørholt gegenüber angedeutet, er sei bereit, die Expedition finanziell zu unterstützen. Aber, so schrieb er in einem Brief, den er am folgenden Tag an die spätere Sekretärin der Expedition, Gerd Vold, schickte, nachdem er gehört habe, was Rørholt am Abend über »Herrn Heyerdahl und seine Dispositionen erzählte, habe ich nicht wenig gestaunt und wenig Lust, dass mein Name mit der *Kon-Tiki*-Expedition in Verbindung gebracht wird«.

Anstatt der Expedition Geld zukommen zu lassen, streckte er Haugland und Raaby persönlich je tausend Dollar vor, um sie aus der erniedrigenden Lage zu befreien, anderen auf der Tasche liegen zu müssen, und auch als Anerkennung für ihre Leistungen im Krieg. Nach dem Besuch bei Vetlesen bestand Rørholt darauf, dass Raaby und Haugland das Geld in die Expeditionskasse einzahlen sollten. Das lehnten sie mit dem Hinweis auf den erklärten Willen des Amerikaners ab und auch weil sie festgestellt hatten, dass für die Expedition keine Buchführung existierte. Gleichwohl erklärten sie sich einverstanden, so viel in die Kasse einzuzahlen, dass die Expedition nicht schon in diesem Stadium strandete, doch sollten alle größeren Ausgaben ihrer Zustimmung vorbehalten sein. Ihre erste Handlung als selbst ernannte Kassenwarte bestand darin,

Thor Heyerdahl die fünfhundert Dollar nach Ecuador zu überweisen, um die er Rørholt gebeten hatte.

Thor und Watzinger waren davon ausgegangen, in Guayaquil das Holz für das Floß einfach kaufen zu können, doch in der ganzen Stadt war nicht ein Stamm aufzutreiben, nachdem die Westmächte im Krieg alles lieferbare Balsaholz aufgekauft hatten, um ihre Kampfflugzeuge mit leichteren Tragflächen auszurüsten. Trotz Regenzeit und Warnungen hinsichtlich morastiger und überfluteter Straßen bekamen sie vom amerikanischen Militärattaché in Quito einen Jeep mit Fahrer zur Verfügung gestellt. Durch den Schlamm quälten sie sich zu einem kleinen Ort im Dschungel namens Quevedo durch, wo ihnen der Plantagenbesitzer Don Federico die Bäume fällen ließ, die sie brauchten. Dann banden sie die Stämme zusammen und flößten sie den Fluss hinab zur Küste.

Die Fahrt kostete Kraft. Nach fünf Tagen auf dem provisorischen Floß war Thor »wirklich kaputt«. Zurück in Guayaquil, öffnete er einen Brief von Bjørn Rørholt und traute, bei dem, was er da las, seinen Augen nicht. Dass Vetlesen ihn angeblich der Unehrlichkeit beschuldigt hatte, konnte er nicht anders als ehrkränkend verstehen. Und Rørholts Ton gegen Ende des Briefs war nicht minder erschreckend.

»Da Du nach wie vor möchtest, dass ich für Dich arbeite, bin ich dazu bereit, aber ich kann es nicht ohne Vollmacht tun. Damit das einmal klar gesagt ist. Denk daran, dass meine Konditionen in dieser Sache bislang auch noch nicht geklärt wurden, und allein meine Freundschaft zu Dir und Deiner Familie hält mich bei der Stange. Aber bedenke, dass man auch darauf *zu große* Wechsel ziehen kann. Herzliche Grüße und beste Wünsche, Bjørn.«

Während Herman Watzinger in Guayaquil bleibt, um die Balsastämme zu beaufsichtigen und ihren Weitertransport zur Hafenstadt Callao in Peru zu organisieren, wo das Floß gebaut werden soll, nimmt Thor Heyerdahl das nächste Flugzeug nach Lima, um die Formalitäten zu regeln. Aus dem Hotel Bolivar schreibt er Bjørn Rørholt eine Antwort.

Darin hält er fest, dass Rørholt ihm in letzter Zeit unschätzbare Dienste geleistet, aber gleichzeitig auch Briefe geschickt habe, »so voll schrecklicher Anschuldigungen, dass sich alles in mir zusammenzieht, wenn ich sie lese [...]. Ich bin der Erste, der anerkennt, dass Du eine verdammt schwere Zeit gehabt hast. Doch dass Dinge nicht reibungsfrei laufen, ist unvermeidlich bei einem so großen Unternehmen, so wenigen Leuten und knapper Zeit. Ich bin für das, was Du geleistet hast, dankbar, *believe me,* aber auch ich habe ein wenig Ehrgefühl. Dass von einzelnen Seiten behauptet wird, ich sei bei der Darlegung der Finanzen unehrlich gewesen, ist eine so schmerzlich grobe Anschuldigung, dass ich der Sache unbedingt nachgehen will, sobald ich wieder nach Hause komme.«

Rørholt hat ihn informiert, dass er eine Kopie seines Briefs an Munthe-Kaas geschickt hat. Was soll das? Heyerdahl begreift auch nicht, was Rørholt meint, wenn er sagt, man könne zu große Wechsel auf eine Freundschaft ziehen. Ein gewisses Schuldgefühl spricht aber aus ihm, wenn er schreibt: »Hat es Unregelmäßigkeiten gegeben, dann trage ich die Verantwortung dafür und ich werde sie auch übernehmen.«

Bjørn Rørholt hat nicht nur den norwegischen Militärattaché informiert. Er hat auch Liv Heyerdahl seine Version der Ereignisse geschickt. Sehr aufgebracht hat sie Thor geschrieben und ihr Missfallen geäußert. Bitter kommentiert er Rørholt gegenüber: »Falls es Dich interessiert, kann ich Dir sagen, dass Liv über das Chaos, das ich bei meinem Abflug nach Peru hinterlassen habe, sehr aufgeregt ist und nicht nach Tahiti kommen möchte.«

Thor ärgerte sich auch sehr darüber, dass Liv offenbar die Meinung hegte, er befinde sich in Ecuador auf einer Art Vergnügungsreise. In einem längeren Brief an seine Mutter berichtete er ihr von seiner Verzweiflung, als er mit den »verdammten Holzstämmen« aus dem Urwald kam. »Falls Liv glauben sollte, ich würde mir hier als Tourist eine schöne Zeit machen, kann ich nur versichern, wäre ich nicht hier, um Jeep und Dschungeltour und Kontakte zu organisieren, dann hätten wir jetzt nichts anderes als ein paar Bohlen und Planken«, um das Floß zu bauen.

Bei seiner Rückkehr aus dem Dschungel wartete auch ein Brief von Knut Haugland auf Thor. Er war derart entrüstet über die akute Situation, dass er Thor bat, umgehend nach Washington zu kommen und »Bjørns Autorität zu beschneiden oder selbst zu übernehmen, da er die wahnwitzigsten Dinge anstellt«.

Rørholt war im Krieg Thor Heyerdahls Vorgesetzter gewesen. Jetzt hatte sich ihr Verhältnis umgedreht und Thor war Rørholts Chef; nur trugen sie keine Rangabzeichen mehr, die Rollen waren weniger eindeutig definiert und die Zusammenarbeit beruhte auf Freiwilligkeit. Thor hatte sich aufrichtig gefreut, als Rørholt seine Mitarbeit anbot, und er lobte ihn, als er dafür sorgte, dass die Expedition ein größeres Format erhielt, als er selbst gedacht hatte. Doch mit seinem Charme, seinem Elan und seinem Talent, Dinge rasch zu erledigen, hatte Rørholt auch die Tendenz, für sich mehr als den kleinen Finger zu beanspruchen. Als sich in der Weihnachtszeit die Probleme häuften und Thor zu wackeln schien, war eine Art Autoritätsvakuum entstanden, das Rørholt schnell ausfüllte. Er organisierte die Arbeit gemäß den Routinen, die er am besten kannte und als Offizier in der Armee gelernt hatte. Innerhalb unglaublich kurzer Zeit fand die Expedition so Beachtung in den höheren Kreisen Washingtons, und auch wenn Thor Heyerdahl die dazu notwendigen Grundlagen in Form eines ungeheuer wagemutigen Plans und hochdekorierter Kriegshelden bereitstellte, erwies sich Bjørn Rørholt als äußerst fähiger Lobbyist und Wegbereiter. Vom Rampenlicht verlockt, drückte er sich jedoch so aus, dass die Leute glauben mussten, er sei der eigentliche Leiter des Unternehmens. In einem Schreiben an Liv ging er so weit, sie als seine rechte Hand nach Washington einzuladen, während Thor mit dem Floß unterwegs wäre. Thor erfuhr davon nur, weil Liv es ihm erzählte. Zu seiner Erleichterung hatte sie das Ansinnen umgehend abgelehnt. Er selbst fasste die Situation in dem Brief an seine Mutter folgendermaßen zusammen: »Bjørn hat eine Reihe von Schreiben verfasst, die so aussehen, als würde er darin sich selbst zum zentralen Organisator der Expedition stilisieren und mich zu einem zerstreuten Wissenschaftler, der lediglich die Idee zu dem Unternehmen geliefert hat.«

Er bereute, Rørholt die Zügel zu locker gelassen zu haben, und beschloss, nach Washington zu gehen und Watzinger die praktischen Probleme beim Bau des Floßes allein lösen zu lassen.

In Washington erfuhr er von einem Schreiben des norwegischen Verteidigungsministeriums an die Botschaft, in dem ausdrücklich festgehalten wurde, dass »Bjørn Rørholt kein Assistierender Militärattaché ist und es auch nie war«. Munthe-Kaas hatte Rørholt erlaubt, diesen Titel zu führen. Er war nicht nur dessen Vorgesetzter, sondern auch sein Onkel. Doch als er aus Oslo die formale Zustimmung einholen wollte, hatte das Ministerium abgelehnt.

Ein größeres Problem war für Heyerdahl, dass Rørholt sich inzwischen mit Haugland und Raaby so weit überworfen hatte, dass sie sich weigerten, mit ihm zu reden. Den Auftrag, die Funkausrüstung zu beschaffen, hatte er anscheinend nicht ausgeführt und seine Pläne besprach er kaum mit den beiden, die sie umsetzen sollten. Als Thor ihn zur Rede stellte, zeigte sich, dass er »nicht eine einzige Schraube oder Antenne besorgt hatte. Unsere beiden Funker waren natürlich erschüttert bis ins Mark.«

Bei genauerem Nachforschen stellte sich dann heraus, dass Rørholt sehr wohl über die speziellen Funkgeräte verfügte, die die Expedition verwenden wollte, doch »hat er uns bewusst hinters Licht geführt, um uns zu erpressen«. Als Heyerdahl ihm nämlich mitteilen konnte, dass er die Geräte selbst besorgt habe, räumte Rørholt ein, sein Verhalten sei »Business gewesen. Er sagte freiheraus, dass er für das, was er getan hatte, Geld sehen wollte.«

Es war ein trauriger Moment für Thor Heyerdahl. Rørholt war sein Lehrmeister im Krieg gewesen, sein einziger wirklicher Kamerad. Er hatte es weitgehend ihm zu verdanken, dass er in der Finnmark zum aktiven Einsatz gekommen war, und unter Rørholts Anleitung hatte er selbst gelernt, Menschen zu führen. Jetzt aber war der Respekt dahin. Er musste Rørholt entlassen, wenn er die Expedition retten wollte. Immerhin schuldete er es seinem alten Freund, das »ohne Skandal« zu tun.

Thor Heyerdahl brauchte nun eine neue Person, die die Fäden in der Hand hielt, wenn er auf hoher See war, eine, die Presseanfragen beantworten und mit dem bisschen Geld umgehen konnte, das noch in der Kasse war, und die nicht zuletzt die Verbindung zwischen Land und Floß zu koordinieren verstand. Und er hatte darüber hinaus jemanden nötig, der die sensiblen und möglicherweise problematischen gefühlsmäßigen Beziehungen zwischen der Besatzung des Floßes und ihren Angehörigen zu pflegen verstand.

So jemanden gab es. Die Botschaftsangestellte Gerd Vold. Mit dem stillschweigenden Einverständnis des Botschafters hatte sie bereits Sekretariatsaufgaben für die Expedition übernommen. Im Krieg war sie in der Chiffrierabteilung beim Oberkommando des

Heeres in London tätig gewesen und hatte zentrale Bedeutung für die Kompanie Linge erlangt. Nach dem Krieg wollte sie gern in die USA gehen und hatte sich nicht zweimal bitten lassen, als ihr eine Stellung an der Botschaft in Washington angeboten wurde. Durch Rørholt, den Mann, den sie nun ersetzen sollte, war sie mit der Heyerdahl-Expedition in Berührung gekommen. Sie hatte Thor in dieser Zeit schon einmal erklärt, dass es schwierig sei, mit Rørholt zusammenzuarbeiten, und dass sie fürchte, er werde sie nicht respektieren, weil sie eine Frau sei. Als sie nun begeistert die Aufgabe übernahm, auf den Laden aufzupassen, während Thor unterwegs war, tat sie es unter der Bedingung, dass sie und nicht Rørholt sämtliche Vollmachten bekomme.

»Gerd Vold hat ein Wesen, das alle mögen müssen, und sie ist eines der verlässlichsten und tüchtigsten Mädchen, das ich je getroffen habe. Sie ist genau wie ein Kamerad und gewinnt jedermanns Vertrauen«, schrieb Thor erleichtert seiner Mutter nach Rustadhøgda.

Haugland und Raaby unterstützten Gerd Volds Ernennung voll und ganz. Sie hatten sie arbeiten gesehen und konnten sie nicht genug loben.

Die Abreise nach Peru rückte näher. Während Thor Heyerdahl, Knut Haugland und Torstein Raaby nach Lima fliegen sollten, befand sich Erik Hesselberg auf dem Weg über den Atlantik. Noch einmal hatte Thomas Olsen die unermüdliche MS *Laurits Swenson* zur Verfügung gestellt.

Noch aber fehlte ihnen der sechste Mann.

DIE REISE

Vor langer, langer Zeit lebte einmal ein Gott am Titicacasee. Er war der Sohn der Sonne und hieß Kon-Tiki Viracocha. Man erzählte sich von ihm, er habe weiße Haut und einen Bart und er gehe in fußlange Gewänder gekleidet. Niemand wusste genau, woher er kam. Einige behaupteten, er sei von Norden über das Meer gekommen und von einem Ort an der Küste zum See oben in den Bergen weitergezogen; andere meinten, er stamme von einer Insel im See.

Am Ufer des Sees ließ Kon-Tiki aus großen Steinblöcken eine Stadt erbauen und von dieser Stadt aus, die er Tiahuanaco nannte, sandte er seine *Viracochas* in alle Teile des Landes Peru. Diese Schüler, die auch weiß waren und Bärte trugen, nahmen das Wort mit sich und verkündeten den eingeborenen Indianern, so wie die Sonne Kon-Tiki erschaffen habe, habe Kon-Tiki die Menschen geschaffen. Auf ihren Wanderungen brachten die Schüler ihnen auch bei, wie man die Sonne verehrte und Pyramiden baute, die Erde bestellte und einen Staat aufbaute.

Der Legende zufolge kam es aber zu Spannungen zwischen Kon-Tiki und den Menschen, die seine Kinder sein sollten. Sie empfanden für ihn schließlich mehr Hass als Liebe. Er fühlte sich bedroht, und nachdem ein lokaler Häuptling mehrere seiner Anhänger umgebracht hatte, entschloss er sich, Tiahuanaco zu verlassen.

Kon-Tiki reiste hinab zur Küste. Dort begab er sich mit der Schar seiner Jünger an Bord eines Balsaholzfloßes und segelte darauf nach Westen; genauso aus dem Land vertrieben, wie es später den Kwakiutl-Indianern in ihren Stammessitzen in der Umgebung von Bella Coola widerfahren sollte.

Auf dem Fundament des Viracocha-Staates sollten später die Inkas ihr Reich errichten. Sie hielten die Legende von Kon-Tiki und den weißen Göttern am Leben und sie waren es, die ihm den Namen Viracocha gaben, was in ihrer Sprache Schaum des Meeres bedeutete. Eines Tages, sagten sie, werde er zurückkehren.

Durch die Inkas erhielten auch die Europäer Kenntnis vom Balsaholzfloß und von der Kon-Tiki-Legende. Flöße dieser Art waren noch in Gebrauch, als Francisco Pizarros spanische Konquistadoren in der ersten Hälfte des 16. Jahrhunderts mit der Bibel in der Hand und Goldgier in den Augen das Inkareich zerstörten. Pizarro traf auf wenig Widerstand; er war weiß und trug einen Bart und die Inkas glaubten, Viracocha sei zurückgekehrt, wie es prophezeit worden war. Zwischen dem Blutvergießen blieb noch Zeit für friedlichere Beschäftigungen. Die spanischen Eroberer hatten Chronisten bei sich und dank ihren Aufzeichnungen konnte Thor Heyerdahl eine originalgetreue Kopie von Kon-Tikis Floß bauen. Und wenn damals vor etwa tausendfünfhundert Jahren nicht der Sohn der Sonne selbst auf dem Floß Platz genommen hatte, so waren es jedenfalls Menschen, die an ihn glaubten, ihn als ihren Gott betrachteten und ihn deshalb in ihren Gedanken mit sich nahmen. So kam es, dass auch die Vorfahren von Tei Tetua, dem Kannibalen auf Fatuhiva, von Kon-Tiki gehört hatten, dem Schöpfer aller Dinge.

»Woher kam er?«, hatte Thor Heyerdahl den alten Mann gefragt.

»Von Osten«, hatte er geantwortet.

Heyerdahl zweifelte nicht, dass Kon-Tiki, der weiße Gott-Häuptling vom Titicacasee, »identisch war mit dem weißen Gott-Häuptling Tiki, dem Sohn der Sonne«, von dem Tei Tetua geredet hatte und den »die Bewohner aller östlichen Pazifikinseln als ihren ursprünglichen Stammvater betrachteten«. So steht es in seinem Buch über die *Kon-Tiki*-Expedition. Und wenn ein Floß die Reise des Sonnengottes wiederholen sollte, wie konnte es dann anders heißen als: *Kon-Tiki?*

Thor besorgte eine Kokosnuss und bat Gerd Vold, das Floß zu taufen. Am 27. April um halb zwölf stand eine ansehnliche Menschenmenge auf der Pier des *Callao Yacht Club* versammelt und sah zu, wie Gerd Vold auf hohen Absätzen über die runden und glatten Balsaholzstämme balancierte. Sie hob die Kokosnuss und schmetterte sie gegen den Bugsteven, dass der Saft spritzte. Die Zeitungen nannten sie hinterher *la madrina de la balsa.*

Das große Aufgebot nicht zuletzt an Honoratioren und Reportern unterstreicht die Berühmtheit, die das Floß schon erlangte, bevor es überhaupt ablegte. Unter anderem waren die Botschafter aller drei Westmächte, der USA, Großbritanniens und Frankreichs, angetreten. Ein Oberst der US-Armee verehrte der Besatzung einen grünen Papagei mit Namen Lorita als Maskottchen. Selbst der chinesische Botschafter hatte sich aus seiner Residenz in Lima herabbequemt. Peruanische Würdenträger waren natürlich ebenso anwesend wie Abgesandte der Vertretungen von Norwegen, Schweden und Belgien.

Nach einigem Hin und Her stand inzwischen der schwedische Ethnologe Bengt Danielsson als sechster Mann an Bord fest. Heyerdahl hatte ihn schon im Februar nach der Rückkehr vom Bäumefällen kennengelernt. Es hatte an seiner Hotelzimmertür geklopft und draußen stand »ein kräftiger, braun gebrannter Kerl in Tropenanzug und mit Vollbart«. Einen Menschen, der mehr nach einem Entdeckungsreisenden aussah, hatte Heyerdahl kaum je gesehen.

Der Mann stellte sich als Bengt Danielsson vor, fünfundzwanzig Jahre alt, Ethnologe aus Uppsala, der an der Universität in Seattle an seiner Doktorarbeit saß. Er war soeben aus dem Amazonasbecken, wo er als Mitglied einer schwedisch-finnischen Expedition Schädel vermessen und Indios untersucht hatte, über die Anden gekommen.

Laut Plan sollte er nun mit einem Geologen zusammen in der Gegend von Tiahuanaco am Titicacasee weitermachen. Thor Heyerdahl empfand die Ankündigung, als hätte ihm jemand auf die Zehen getreten, denn sofern die Zeit es erlaubte, wollte er selbst zusammen mit Erik Hesselberg eine kurze Exkursion zu Kon-Tikis Tiahuanaco unternehmen. In Lima hatte Danielsson von der *Kon-Tiki*-Expedition gehört und nun erlaubte er sich, bei Herrn Heyerdahl anzuklopfen, um einmal zu hören, worauf seine Hypothesen eigentlich hinausliefen.

Trotz seiner schmerzenden Zehen scheint sich Heyerdahl für eine Erklärung gründlich Zeit genommen zu haben, was so überraschend vielleicht nicht ist, denn er war ja nicht gerade verwöhnt mit Forschern, die für das, was er tat, Interesse bekundeten. Es zeigte sich überdies, dass der junge Schwede ein Mann war, der zuhören konnte. »Am Anfang war er etwas skeptisch, doch zum Schluss war er ganz begeistert. Er fand die Theorie schlüssig und die Expedition fantastisch.« Die Unterhaltung endete damit, dass Danielsson fragte, ob er dabei sein dürfe.

Heyerdahl konnte ihm nicht sofort eine Zusage geben. Er musste erst die Meinung der anderen einholen, nicht zuletzt die von Oberst Munthe-Kaas, der so auf Norwegens Ansehen in Amerika bedacht war, weshalb die Expeditionsmannschaft ursprünglich auch nur aus Norwegern bestehen sollte. Doch noch bevor er den Brief aufgab, hatte Heyerdahl für sich schon ein Urteil gefällt. Danielsson schien ein netter Kerl zu sein und er brauchte kein Schiffs-billett für eine Atlantiküberquerung oder ein Flugticket aus den USA, die Expedition bekäme ihn im Gegenteil gleich am Start-punkt der Floßfahrt serviert. Außerdem war er Wissenschaftler und Heyerdahl witterte eine Chance. Abgesehen davon, dass er das Niveau der Expedition hob, würde Danielsson auch ein »wil-liger und brauchbarer Schüler meiner neuen ›Lehre‹ werden«. Im Übrigen war Heyerdahl der Ansicht, es wäre eine Ehre für eine norwegische Expedition, einen Schweden in ihren Reihen zu ha-ben.

Keiner erhob ernsthafte Einwände. Nur wenige Wochen vor dem Start hatte Thor Heyerdahl also genau die Zahl von sechs Besatzungsmitgliedern zusammen, die er für eine günstige Eintei-lung von Wachen an Bord für wesentlich hielt und die seiner Mei-nung nach eine wichtige Voraussetzung für das Wohlbefinden der Mannschaft darstellte.

Der Tag des Aufbruchs war auf den 28. April festgesetzt, den Tag nach der Taufe. Das war, an dem ursprünglichen Plan gemes-sen, reichlich spät, aber es hatte zwei Monate gedauert, bis das Floß fertig war. Von dem Zeitpunkt Anfang November des Vorjahres gerechnet, an dem Thor Heyerdahl den endgültigen Beschluss zu seiner Reise gefasst hatte, benötigte er aber nicht mehr als ein hal-bes Jahr, um die gesamte Expedition auf die Beine zu stellen. Es muss zu der Zeit ein Rekord im Organisieren einer Expedition dieses Umfangs gewesen sein.

Die ganze Zeit über war es erklärte Absicht, die Reise mit dem Floß ganz nach Art und Weise der Inkas durchzuführen, das heißt ohne moderne Hilfsmittel, die den Verlauf der Fahrt selbst beein-flussen konnten. Ursprünglich rechnete Thor Heyerdahl damit, dass sie ein paar Wochen lang hart paddeln müssten, um über-

Kon-Tiki. Das Floß war 15 Meter lang, 6 Meter breit und eine getreue
Kopie der Balsaholzflöße, die bei den Indianern in Gebrauch waren,
als in den 1530er Jahren die ersten Spanier nach Peru kamen

Am Steuerruder. Thor und die Mannschaft hatten große Schwierigkeiten, das Floß zu steuern

haupt vom Land frei zu kommen. Doch nicht nur aus Zeitgründen sah er ein, dass er Hilfe brauchte, um von der Küste weg- und aufs offene Meer hinauszukommen. Er musste also Konzessionen machen und einen Schlepper anfordern.

Am Nachmittag wurde eine Trosse an Bord genommen und im Schlepp hinter der *Guardian Rio* hatten sie bei Einbruch der Dunkelheit die Lichter der Stadt schon in gehörigem Abstand hinter sich gelassen. Doch aus Angst vor einer nächtlichen auflandigen Brise oder örtlichen Strömungen warfen sie erst am Vormittag des nächsten Tages das Schlepptau los, als sie sich fünfzig Seemeilen vom Land entfernt hatten.

Mit dem Schlepper schickte Thor einen letzten Brief an Land, adressiert »an alle zusammen« daheim in Norwegen: »Ja, jetzt sind wir mit unserem stolzen Fahrzeug weit draußen auf hoher See und die zweite Phase im Abenteuer Kon-Tiki hat begonnen.«

Der Schlepper verschwand hinter dem Horizont und sie blieben allein zurück. Aus Südosten kam eine Brise auf, sie johlten und setzten Segel. Auch wenn das schwerfällige Floß nicht gerade Tempo machte, nahm es doch immerhin Fahrt auf.

Der Wind legte zu und die Wellen begannen das Floß hierhin und dahin zu stoßen. Die Männer versuchten den Bewegungen mit dem Steuerruder entgegenzuwirken, mussten aber zu ihrem Erschrecken feststellen, dass sich das Floß fast gar nicht steuern ließ. Plötzlich sprang der Wind um, das Segel killte, schlug gegen Mast und Kajüte und den Männern ins Gesicht. Das Floß drehte sich um die eigene Achse und verdattert sahen Thor und seine Männer, wie es begann rückwärtszutreiben. Während sich einige auf das Ruder warfen, um das Floß in die alte Richtung zu wriggen, kämpften die anderen mit dem Segel, und nach vielem Durcheinander bekamen sie die *Kon-Tiki* endlich wieder auf Kurs.

Sie befanden sich noch nicht so weit draußen auf dem offenen Ozean, dass das Wetter nicht noch von den Anden beeinflusst wurde; gleichzeitig gehorchte das Wasser den Launen des Humboldt-Stroms. Diese Meeresströmung fließt die Küste Südamerikas hinauf nach Norden und biegt auf der Höhe von Peru nach Westen in den offenen Pazifik ab. Genau auf dieser Wasserstraße, einem gewaltigen Strom im Meer, sollte die *Kon-Tiki* nach Heyerdahls Vorstellungen vom Kontinent weg und in einem großen Bogen nach Polynesien getrieben werden. In der Nacht nahm der Wind zu und im Aufeinandertreffen mit dem Humboldt-Strom türmten sich die Wellen in wildem Durcheinander, das Wände von Wasser gegen das Floß anrollen ließ. Wie sehr die Männer sich auch anstrengten, mit Ruder und Segel zu manövrieren, schafften sie es nicht, das vorgeschichtliche Fahrzeug stabil zu halten. Ein ums andere Mal drehten Wellen es aus seiner Position, das Segel schlug back und trieb das Floß mit dem Heck voran zurück.

Die Männer hielten die Nacht und den folgenden Tag und noch eine Nacht dagegen, dann waren ihre Kräfte erschöpft. Als noch eine Welle gegen vier Uhr am dritten Morgen das Schiff drehte, schafften sie es nicht mehr, noch einmal zu wenden. Sie gaben auf und holten das Segel ein. Thor rief die Männer von ihren Posten, und mit kahlem Mast und unbemanntem Steuerruder überließen sie das Floß sich selbst und krochen in die Schlafsäcke. Sie schliefen tief und fest und ließen das unruhige Meer tun und lassen, was es wollte. Es stellte sich heraus, dass es die beste Methode war, um das Unwetter zu überstehen, denn sobald die Menschen sich raushielten, kam das Floß bestens zurecht. Es ritt die Wellen ab wie ein Korken, trug Thor Heyerdahl ins Logbuch ein, ganz gerührt von der Grazie, mit der es jedes Mal auswich, wenn sich die Wogen zu einem Überfall aufwölbten. Und schlug doch einmal ein Brecher über ihm zusammen, verlief sich das Wasser einfach zwischen den Holzstämmen. Schöpfeimer hatten sie auf der *Kon-Tiki* nicht nötig.

Als Erik nach dem Aufwachen mit dem Sextanten die Sonnenhöhe maß, hatten Wind und Wellen sie etwa hundert Seemeilen von der Küste weg nach Nordwesten getrieben. Beide wüteten nach wie vor, die Männer hissten das Segel und navigierten damit bis zum Abend, dann holten sie es wieder ein. An den folgenden Tagen beruhigte sich das Meer langsam, sie kamen aus den heftigsten Strömungswellen heraus und die Abstände zwischen den Wogenkämmen wuchsen. Der Wind wehte nun stetiger aus Südost, und je weiter sie sich vom Land entfernten, desto mehr beruhigte er sich. Wenn sie es schafften, das Floß so zu legen, dass der Wind achterlich von Backbord einfiel, dann konnten sie es in eine Balance bringen, in der es sich leichter auf Kurs halten ließ. Die *Kon-Tiki* trieb sogar mit recht ansehnlicher Fahrt nach Nordwesten. In den ersten zehn Tagen legten sie fünfhundert Seemeilen zurück. Das ergab einen Schnitt, der deutlich über Kapitän Eitrems Berechnungen lag.

Sie segelten mit dem Passat, dem Traum alter Teerjacken.

Einen Weg zurück aber gab es nicht. Die *Kon-Tiki* konnte nicht gegen den Wind kreuzen. Thor Heyerdahl und seine Männer waren zu einem Leben auf dem Floß verurteilt, bis irgendwo im Westen Land auftauchte.

Ihre Welt bestand aus neun Stämmen aus Balsaholz und maß sechs mal fünfzehn Meter. Die Stämme waren vorn angespitzt und mit Hanftau zusammengebunden. Quer darüber lagen neun kleinere Balken, teils um die Konstruktion zu versteifen, teils als Unterlage für das Deck, auf dem die Kajüte stand. Sie bestand aus Bambus und geflochtenem Bambusrohr und das Deck war mit

Bambusmatten ausgelegt. Die Männer schliefen auf Strohmatten, und wenn sich alle zur selben Zeit in der Kajüte aufhielten, lagen sie wie Ölsardinen in der Dose. In einer Ecke stand das Funkgerät, ansonsten hatte jeder Mann eine kleine Seekiste für private Ausrüstung und Gegenstände, die sonst noch Platz finden mussten. Proviant und Trinkwasser waren rundum auf Deck oder in dem Hohlraum zwischen Deck und den neun Balken verstaut.

Zwischen diesen Balken steckten sie fünf anderthalb Meter lange Planken hindurch, sogenannte *guaras* oder *centerboards,* von denen Heyerdahl sich erhoffte, dass sie die Abdrift verringerten, und von denen er wusste, dass die Inkas sie irgendwie zum Steuern ihrer Flöße verwendet hatten.

Das Rigg bestand aus zwei gegeneinandergelehnten Masten aus einer besonders harten Holzart, die sich oben kreuzten, und einer Rah für das große, schwere Segel, das Erik Hesselberg mit dem bartgeschmückten Gesicht Kon-Tikis bemalt hatte.

Am Heck saß die Achillesferse des Seelenverkäufers, das Steuerruder. Es war sechs Meter lang, aus dem gleichen Holz wie der Mast und schwer wie Blei. Schon bei geringem Seegang brauchte es zwei Mann, um es in seinem Tanz zwischen den Dollen zu bändigen.

Was war eigentlich in diese Männer gefahren, die sich bereit erklärt hatten, sich ohne Möglichkeit zur Umkehr mit einem Floß auf den Weg zu fremden Ufern aufzumachen?

Die meisten Expeditionen ziehen es vor, ein Basislager zu haben, einen Ort, an den sie zurückkehren können, falls etwas schiefgeht. So hielten es beispielsweise die britischen Polarforscher. Generation um Generation war ihnen eingebläut worden, das Erste, was sie zu tun hätten, wenn sie ins Eis vordrangen, sei die Errichtung einer Basis in Gestalt eines Lagers auf festem Grund oder auf einem vor Anker liegenden Schiff. Von dort sollten sie sich nie weiter entfernen, als dass sie zur Basis zurückkehren konnten. Vielleicht erreichte die britische Polarforschung deshalb nur so wenige von den Zielen, die sie sich steckte. Ihre Resultate standen selten in einem Verhältnis zu den Opfern, die ihre Männer im Eis zu bringen bereit waren.

Es brauchte einen Polarreisenden aus einer anderen Kultur, um mit diesem Basislager-Denken zu brechen. Als Fridtjof Nansen gegen den wohlmeinenden Rat der Engländer aufbrach, um sich mit dem Polarschiff *Fram* durchs Eismeer treiben zu lassen, brach er sämtliche Brücken hinter sich ab. Sehenden Auges schnitt er sich von allen Möglichkeiten zu einem vermeintlich überlebenswichtigen Rückzug ab. Stattdessen nahm er sein Basislager mit ins Eis und verschaffte sich damit das, was den Engländern immer gefehlt hatte, einen grenzenlosen Aktionsradius.

Thor Heyerdahl verhielt sich in vielem wie Nansen. Als er die Trosse zum Schlepper loswarf, kappte auch er die letzte Verbindung. Er musste vorwärts oder untergehen. Für eine solche Entscheidung braucht man eine stabile mentale Verfassung, die systematisch jeden Zweifel ausschließt, dass das Experiment auch misslingen könnte. Als Colin Archer die *Fram* baute, zweifelte Nansen nie daran, dass er damit genau das Schiff bekam, das er haben wollte. Und genauso zweifelte Thor Heyerdahl, nachdem die *Kon-Tiki* fertiggestellt war, nie daran, dass er das Fahrzeug hatte, das er brauchte.

Doch ganz ungeachtet dessen, wie viele Reisen die Inkas und ihre Vorfahren auf Balsaflößen unternommen hatten und wie überzeugt Heyerdahl davon war, dass sie Polynesien erreicht hatten, blieb es nach wie vor ein Experiment, dem er sich und seine Mannschaft aussetzte. Und da jedes Experiment die Möglichkeit des Scheiterns in sich birgt, bleibt auch ein Risiko. In Thor Heyer-dahls Fall war das Risiko nicht notwendigerweise davon abhän-gig, ob seine Theorie stimmte oder nicht oder ob das Floß hielt. Nein, wo die Indianer Südamerikas in Jahrhunderten die Technik ausgearbeitet hatten, wie man ein Balsafloß steuert, hatte Heyer-dahl davon keine Ahnung, als er losfuhr, und vielleicht war das der allergrößte Risikofaktor.

Mit Ausnahme von Erik Hesselberg waren alle Besatzungs-mitglieder ausgemachte Landratten und auch Hesselberg war aus-schließlich auf größeren Schiffen zur See gefahren. Ein paar Kennt-nisse, wie man ein Floß steuert, dürften sie sich vor der Abreise wohl angeeignet haben, aber mit *guaras* kannte sich in Peru nie-mand mehr aus und außerdem kribbelte die Ungeduld in Thor Heyerdahl; sie hatten schon genug Zeit verloren, er wollte los.

Es kommt einem wahrlich rätselhaft vor, dass sich erwachsene und erfahrene Männer auf einen Kampf mit Elementen einließen, die sie nicht kannten, und das auch noch mit einem Leiter, der mit Angst vor dem Wasser aufgewachsen und vielleicht der größ-te Grünschnabel von allen war.

Doch das Zutrauen zu ihm war grenzenlos. Nie zweifelten sie an seinen Versicherungen, was die südamerikanischen Indianer zuwege gebracht hätten, als sie noch ein Steinzeitvolk waren, das könnten sie auch schaffen, wenn sie nur in ihrem Kielwasser se-gelten. Über ihre Bereitschaft hinaus, Thor Heyerdahl in seinem Streit mit der Wissenschaft zu helfen, hatte jeder von ihnen auch starke persönliche Motive für seine Teilnahme an der Reise.

Knut Haugland hatte im Krieg eine harte Zeit durchgemacht und wollte weg. Er war im Nahkampf gewesen, hatte auf Men-schen geschossen, und die Schreie des Deutschen, den er auf der Flucht aus der Frauenklinik umgebracht hatte, wollten nicht verstummen. Er hörte von Südamerika und Polynesien und setzte seine Hoffnung darauf, dass die Reise ihn heilen würde.

Herman Watzinger versuchte nach Schwierigkeiten in seiner Ehe durch Scheidung und die Studienreise in die Vereinigten Staaten Abstand zu gewinnen. Als Thor Heyerdahl ihm dazu noch bessere Möglichkeiten in Aussicht stellte, ließ er sich nicht lange bitten.

Bengt Danielsson freute sich darauf, sich von den Strapazen des Amazonasurwalds zu erholen. Er hoffte weiter darauf, das ruhige Leben auf dem Floß würde ihm Zeit lassen, über seine Dissertation nachzudenken, und für weitere Anregungen dazu nahm er nicht weniger als siebzig Fachbücher mit. Doch seine Neugier auf das, was Heyerdahl trieb, und ein Drang, ständig etwas Neues zu lernen, spielten ebenfalls eine wesentliche Rolle.

Im Fall von Erik Hesselberg und Torstein Raaby gab es mehr, das sie zog, als dass etwas sie geschoben hätte. Beide waren lebenslustige Männer, die besonders das Abenteuerliche an der Reise faszinierte.

Insgesamt bildeten sie eine inhomogene Mannschaft aus verschiedenen Persönlichkeiten. Eins aber hatten sie gemeinsam, in Thor Heyerdahls Worten waren sie alle anständige Kerle.

Als sie Peru verließen, war er der Einzige, der alle kannte. Seine Fähigkeit, Menschen einzuschätzen, konnte für die Stimmung an Bord rasch entscheidend werden. Eine falsche Wahl und er riskierte, dass die Gruppe auseinanderfiel, mit allen Konsequenzen für die allgemeine psychische Stabilität und damit auch für die Sicherheit des Floßes.

Von Herman Watzinger sagte Heyerdahl, er sei ein Gentleman mit viel Humor, eine Art Vertreter der Aristokratie. Stark an Körper und Geist, ein Mann, der für einen Freund in Not seine rechte Hand geben würde.

Torstein Raaby hatte wie Knut Haugland im Krieg in enger Nachbarschaft mit dem Tod gelebt, aber mit seinem sprudelnden Temperament sah er stets die hellen Seiten im Leben, und wenn es auf dem Floß einen gab, der kaum jemals vor etwas Angst hatte, dann war er es. Gläubig war er auch nicht.

Knut Haugland, der Genaue und Gewissenhafte, war der besonnenste Mann an Bord, ein Symbol für Moral und Vaterland. Er hätte sich eher die Zunge abgebissen, als etwas Unwahres zu behaupten, und war jederzeit bereit, sich für andere aufzuopfern.

Erik Hesselberg, der Längste an Bord, war so etwas wie ein alles umarmender Teddybär, ein fröhlicher Lebenskünstler, der Gitarre spielte und Troubadourlieder von Evert Taube sang. Ihn interessierten Thors Theorien und die Aufgabe der Expedition nicht die Bohne, er freute sich nur, dass Thor ihn dabeihaben wollte und dass er die Chance erhielt, das Leben auf einem Floß zu genießen.

Und Bengt Danielsson, der Bücherwurm, der sich durch Schwarte um Schwarte fraß und sich damit ein wenig von den anderen absonderte, trug zum einen durch seine Rolle als Unterhaltungsschauspieler gleichwohl zum Zusammenhalt in der Gruppe bei – er war ein geborener Komödiant – und zum anderen tat er es durch seine Fähigkeiten als Koch auf dem Floß, vielleicht dem wichtigsten Job auf langen und einsamen Expeditionen.

Innerhalb dieser Gruppe war Thor Heyerdahl der unbestrittene Anführer. Er führte gemäß dem Prinzip, dass der beste Beschluss der ist, der von allen mitgetragen wird. Gern zog er sich auf eine Rolle als Zuschauer zurück, der diplomatisch einschritt, wenn sich ein Konflikt anbahnte. Konnte er ihn trotzdem nicht verhindern, ließ er gewöhnlich die Zeit und nicht eine abrupte Anordnung die Dinge regeln. Das tägliche Leben erforderte im Übrigen kaum große Beschlüsse. Schnell stellten sich feste Routinen ein und jeder Mann kannte seine Aufgaben.

War das Leben an Bord der *Kon-Tiki* eine Idylle? Nun ja, nicht nur, auch wenn die Männer es die meiste Zeit schafften, kleinliches Gezänk zu vermeiden, jenes nervtötende Phänomen, das jede Schiffsmannschaft zerfressen kann, wenn es einmal ausbricht, und das sie größeren Gefahren aussetzen kann als der schlimmste Sturm. Was die Idylle am häufigsten unterbrach, waren Befürchtungen, wenn etwas Unvorhergesehenes auftauchte, wie etwa als sie feststellen mussten, dass die *Kon-Tiki* nur in sehr begrenztem Ausmaß zu Abweichungen von dem Kurs zu bewegen war, den der Wind ihr diktierte. Mit anderen Worten, das Floß ließ sich nicht navigieren. Sie konnten keiner Gefahr ausweichen oder, in ihrem Fall vielleicht noch schlimmer, sie konnten nicht auf ein Ziel, etwa auf eine Insel, zusteuern, wenn sie eines Tages Palmen am Horizont sichten sollten.

Das war eine Sorge, die sie zunächst noch aufschieben konnten. Bedeutend ernster wurde die Lage, als das Floß nach einer guten Woche Wasser zu ziehen begann.

Der achterste Querbalken war am schlimmsten betroffen. Thor konnte »die gesamte Fingerspitze in das aufgeschwemmte Holz drücken, dass das Wasser herausquoll«. In einem unbeobachteten Moment brach er ein Stück Holz heraus und warf es ins Wasser. Es sank. Später sah er, dass andere heimlich das Gleiche taten. Thor hatte ihnen von Samuel Lothrops Behauptung berichtet, dass ein Floß aus Balsaholz binnen zwei Wochen sinken würde. Sollte der Amerikaner recht behalten?

Sie stießen ein Messer ins Holz. Es drang eine Daumenbreite tief ein, ehe es trockenes Holz traf. Würde das Wasser mit gleichbleibender Geschwindigkeit eindringen, dann würde das Floß kaum noch schwimmen, wenn sie sich nach Eitrems Berechnungen Land nähern mussten.

Als Heyerdahl und Watzinger in Ecuador Holz besorgten, kam es darauf an, Stämme noch voller Saft zu finden. Das Holz sollte »mittelhart, frisch gefällt und roh« sein. Dem Saft wurde nachgesagt, wie ein Imprägniermittel zu wirken, und als Thor jetzt vor einem halb in aufgequollenem Holz versunkenen Messer stand, konnte er nur noch hoffen, dass die Vermutung stimmte. In den folgenden Wochen und Monaten beobachteten sie das Holz mit Argusaugen.

Auch das Tauwerk, das die Stämme zusammenhielt, bereitete ihnen Kummer. Die Stämme bewegten sich permanent gegeneinander, und wenn sich die Freiwache zum Schlafen in die Kajüte legte, konnte sie es »knirschen und knacken, schaben und kreischen hören«. Wie lange würden die Taue das Floß zusammenhalten?

Als sie in Callao noch damit beschäftigt waren, es seeklar zu machen, war ein norwegisches Handelsschiff in den Hafen eingelaufen. Der Kapitän und ein paar salzwassererprobte Matrosen waren herübergekommen, um das Floß in Augenschein zu nehmen. Sie hatten nicht lange gebraucht, um ein Urteil zu fällen. Dieser Holzhaufen würde niemals segeln können, und wenn sie nur mit der Strömung trieben, wären sie Jahre unterwegs. Aber Heyerdahl könne beruhigt sein, das Floß würde schon viel früher auseinanderfallen. Innerhalb von zwei Wochen würden die Stämme das Tauwerk in Stücke schneiden. Wenn die Stämme nicht durch Eisennägel oder -schrauben fest miteinander verbunden würden, gäben sie der *Kon-Tiki* keine Chance.

Das war eine klare Ansage von Leuten, die wussten, wovon sie redeten. Thor gab ehrlich zu, dass er kein Seemann war und deshalb auch keine rechten Gegenargumente besaß. Er wusste nur als

Forscher, was er tat. Zu guter Letzt musste er sich auf die Balsaholzflößer des Sonnengottes verlassen und nicht auf Seeleute, die nur Stahldecks unter ihren Füßen gewohnt waren.

Trotzdem löste ihre Warnung Befürchtungen aus, die sich nicht wieder legten. Und durch die schabenden, schneidenden Geräusche noch zusätzlich alarmiert, überprüften sie täglich die Taue. Doch die hielten, und allmählich begriffen sie auch, warum. Das Balsaholz war so weich, dass die Taue Rillen hineinfrästen, und so wurden sie vor dem Zerriebenwerden durch die Baumstämme geschützt.

Allmählich ließ auch das Eindringen des Wassers nach. Der Pflanzensaft hielt, was man ihm nachgesagt hatte.

Thor Heyerdahl durfte sich selbst beglückwünschen. So weit waren die Untergangsprophezeiungen erst einmal abgewehrt. Noch hielt er die Trümpfe in der Hand.

Das Leben an Bord ging in eine beschaulichere Phase über. Das Floß trieb vor dem stetigen Passatwind dahin. Um es herum schwammen alle möglichen Fischarten. Sie lebten unter Sardinen, Thunfischen und Delfinen, sie bekamen Besuch von Haien und Walen. Jeden Morgen sammelten sie die Fliegenden Fische auf, die im Dunkel der Nacht auf Deck gelandet waren. In der Pfanne gebraten, schmeckten sie wie frische Makrelen.

Erik klimperte auf der Gitarre, Knut, ein geschickter Holzschnitzer, bastelte an einem Modell der *Kon-Tiki*. Torstein erzählte Geschichten, Bengt spielte Theater. Herman holte die Instrumente hervor und maß Wetter und Wind.

Thor hielt die Ereignisse der Fahrt im Logbuch fest. Wie immer beobachtete er aufmerksam die Natur um sich herum. Die rotflammende Sonne, die jeden Abend für ein paar Augenblicke auf dem Horizont aufsetzte und ihnen verlässlicher als jeder Kompass den Weg nach Westen wies. Den Mond, der voll und schwer im Osten aufging und ihnen zeigte, wo sie herkamen. Die Vögel, die Fische und die Muscheln, die auf dem Floß zu wachsen begannen. Aber auch das Leben an Bord beschäftigte ihn, Kurs und Positionen und wie lange es noch dauern würde, bis sie Land erreichten.

Er führte das Logbuch auf Englisch. Wozu? Die Sprache an Bord war doch Norwegisch. Er aber schrieb auf Englisch, mit wasserfester Tinte, denn wenn dem Floß etwas zustieß und die Mannschaft oder das Logbuch verloren gingen, war die Chance größer, dass ein eventueller Finder eher Englisch verstand als Norwegisch. Doch er dachte auch schon an den Bericht, den er über die Expedition veröffentlichen wollte. Er hoffte auf ein internationales Publikum. Und systematisch, wie er war, warum dann nicht gleich auf Englisch schreiben?

Ein Tag auf der *Kon-Tiki* konnte verschiedene kleine Höhepunkte bereithalten. Etwa wenn Erik mittags die Höhe des Sonnenstands maß und einen neuen Punkt in die Karte eintrug. Sieh an, sechzig Seemeilen seit gestern, ein neuer Rekord! Oder wenn Bengt ein frisches, nur drei Monate altes Exemplar einer schwedischen Tageszeitung hervorzauberte, das er schlauerweise aus der schwedischen Botschaft in Lima mitgenommen hatte. Oder erst recht, wenn sie Funkkontakt bekamen und kurz gehaltene Telegramme empfingen, dass es den Lieben auf der anderen Seite des Globus gut ging.

Auch größere Ereignisse kündigen sich an. Der norwegische Nationalfeiertag am 17. Mai bricht mit auffrischendem Wind und rauer See an. Die *Kon-Tiki* schießt geradezu dahin und Heyerdahl rühmt das Floß wie nie: »ein fantastisch seetüchtiges Fahrzeug, viel besser, als wir es uns in unseren kühnsten Träumen ausgemalt haben«, notiert er ins Logbuch. Sie bekommen Kontakt mit einer Funkstation in Callao und geben einen Artikel an das amerikanische Pressesyndikat und die *New York Times* durch. Er erscheint wenige Tage später und handelt unter anderem von der Gefahr, die Haie für die Floßbesatzung darstellen.

Ein 17. Mai muss gefeiert werden und davon bildet auch das kleine Stückchen Norwegen, das im Pazifik treibt, keine Ausnahme. Die Expedition ist gut mit Whisky und Aquavit versehen. Die Gläser klingen, es wird gesungen, die Gläser klingen noch öfter. Bis auf Knut Haugland sind am Ende alle betrunken.

Während die Feier noch anhält, spült eine Welle über das Heck und reißt einen kleinen Holzkasten mit sich. Auf dem Kasten ist der Kompass montiert. Zum Glück hat Thor den Kasten einige Tage vorher mit einer Leine gesichert und sie können das kostbare Instrument bergen.

Thor sitzt der Schrecken trotzdem in den Knochen. Für den Rest der Reise erlässt er ein Alkoholverbot.

Samstag, 24. Mai, mitten am Tag. Das Wetter ist schön, die See ruhig. Knut hat das Steuer übernommen. Ihm wird heiß unter der hoch stehenden Sonne und er beugt sich über Bord, um Gesicht und Arme zu erfrischen. Als er so vorgebeugt liegt, hört er ein Rauschen, das nicht von den Wellen oder vom Floß stammt. Als er aufblickt, verschlägt es ihm für einen Augenblick die Sprache. Später trägt er in sein Bordtagebuch ein: »Nur knapp drei Meter von mir entfernt tauchte ein Hai von kolossalen Ausmaßen auf. Der Kopf war so breit, das ich ihn kaum hätte umfassen können. Der Körper [...] stieg über die Oberfläche wie ein kleiner Berg, von einem ganzen Schwarm Pilotfischen umgeben [...]. An verschiedenen Stellen hingen aallange Fische an ihm, die sich mit Saugnäpfen an ihm festgesaugt hatten. Es war ein schauerlicher Anblick.«

Thor hat gerade ein Bad genommen, als er Knuts sich überschlagende Stimme hört: »Haiii!«

Er und die anderen stürzen hinzu und starren in die hässlichste Visage, die sie jemals gesehen haben.

»Ein Tigerhai«, murmelt Thor, auf einmal wieder ganz Zoologe. Aber er hat nie von jemandem gehört oder gelesen, der einen Hai von diesem Kaliber gesehen hat.

Das Tier unternimmt nicht viel. Es schwimmt nur ruhig umher, schnuppert neugierig am Floß und taucht dann ab. Die Männer sehen den Kopf auf der einen und den Schwanz auf der anderen Seite des Floßes aus dem Wasser ragen. Sie schätzen die Länge des Hais auf acht Meter. Allein das Froschmaul dürfte einen guten Meter breit sein.

Das Tier verhält sich ruhig, aber an Bord gibt es Tumult. Thor holt die Kamera und Filme, Torstein klettert auf das Steuerruder, das für einen Moment auf dem Rücken des Riesentiers aufliegt. Die anderen beködern einen großen Haken und werfen ihn dem Hai vor die Nase, aber er lässt sich nicht verlocken.

Erik Hesselberg bezieht mit einer Harpune Posten, die im Verhältnis zur Größe des Fischs wie ein Zahnstocher aussieht. Knut Haugland hält in seinem Tagebuch fest: »Er sagte, es wäre Wahnsinn, sich an einem solchen Monster zu versuchen, aber wir stachelten ihn auf, bis er sich nicht mehr zurückhalten konnte und die Harpune schleuderte. Sie drang in den Rücken ein, dass es nur so pfiff. Der Hai hielt kurz inne, dann machte er einen Satz, schlug einmal mit seiner gewaltigen Schwanzflosse und schoss in die Tiefe. Die Harpunenleine lief aus. Als sie irgendwo festhing, versuchte ich sie zu lösen, mit dem Ergebnis, dass sie mir über den

Fuß lief und mir eine schlimme Wunde brannte. Am Schenkel bekam ich auch einen bösen Kratzer. Die Leine war ein anderthalb Zoll dickes Seil mit Stahlverstärkung.«

Als die Leine ganz ausgelaufen war und sich spannte, riss sie wie Papier. In einiger Entfernung trieb der hölzerne Griff der Harpune an die Oberfläche. Der Hai verschwand in der Tiefe, ob mit oder ohne Harpune im Rücken. Sie sahen ihn nie wieder.

In der halben Stunde, die die Begegnung mit dem Riesenhai dauerte, zitterten die Männer vor Anspannung. Er hätte das Floß mit einem Schlag seines Schwanzes zertrümmern können, zeigte aber keine Anzeichen von Aggressivität. Trotzdem waren sie auf ihn losgegangen. Aus welchem Grund? Sie wurden nicht bedroht und den Fisch konnten sie zu nichts gebrauchen. Geschah es bloß zum Vergnügen? Oder aus beginnender Langeweile?

Es ist überhaupt seltsam, den Blutdurst zu bemerken, der sich allmählich der Männer bemächtigte und zu dessen Entstehung die Begegnung mit dem Riesenhai vielleicht beitrug. Auf weitere Seeungeheuer, wie Thor Heyerdahl ihn nannte, trafen sie nicht, aber auf Haie stießen sie immer wieder. Und auch wenn sie mit Haien nichts Verwertbares anfangen konnten, vermochten sie der Versuchung nicht zu widerstehen, diese Kreaturen massenweise zu töten.

Eines Morgens Anfang Juni erwachten sie von einem besonders heftigen Getümmel rund um ihr Floß. Das Meer brodelte von Thunfischen, Delfinen und Haien in einem einzigen verzweifelten Kampf miteinander. Die Männer bastelten eine Fangleine aus einem Haken, Stahldraht und Flaggenschnur und Thunfisch als Köder. Heyerdahl spart in seinem Logbuch nicht mit Details:

»Fingen erst einen Hai von 6 Fuß und zogen ihn an Bord. Sobald der Haken wieder draußen war, fingen wir einen 8-Fuß-Hai, den wir an Bord holten. Sobald der Haken ausgeworfen war, fingen wir einen Hai von 6 Fuß, den wir schon über der Floßkante hatten, als er sich losriss und tauchte. Der Haken flog augenblicklich wieder raus, ein 8 Fuß langer Hai biss an und nach einigem Kampf bekamen wir den Kopf über die Kante, da rissen alle vier Drahtseile und der Hai verschwand in der Tiefe. Den Köder gleich wieder raus und ein 7 Fuß langer Hai wurde gefangen und an Bord gehievt. Es war jetzt gefährlich, mit der Filmkamera auf dem glatten Heckbalken zu stehen, weil die ersten Haie immer noch wild um sich schlugen und nach Bambus und allem in ihrer Reichweite schnappten.« Noch vier weitere Haie fingen sie und hörten erst auf, als sie nach insgesamt fünf Stunden am Ende ihrer Kräfte waren und sich erschöpft auf ihre Matten fallen ließen.

Am nächsten Tag war Bengt Danielssons fünfundzwanzigster Geburtstag. Sie hissten die schwedische Fahne und machten sich daran, noch weitere Haie an Deck zu ziehen, das inzwischen von Blut so besudelt war, dass sie einige der Bambusmatten wegwerfen mussten.

Als sie sich an diesem zweiten Abend schlafen legten, standen sie deutlich unter dem Eindruck der Orgie, der sie sich hingegeben hatten. Sie sahen »gierige, böse Haimäuler und Blut« vor sich. Der Geruch von Haifleisch hing ihnen in der Nase.

Sie waren nicht auf die Haie losgegangen, weil sie von ihnen angegriffen worden wären. Vielleicht verhielt es sich mit den Haien so wie auch mit Wölfen. Beide sind wichtige Symbole für Rohheit und allein der Gedanke an sie kann ausreichen, um an das Mörderische im Menschen zu rühren. Thor Heyerdahl und seine Gefährten hätten wohl kaum andere große Fische nur aus Lust und Laune getötet, aber es war der Hai und nicht der Thunfisch, der an das Primitive in ihnen appellierte. Nicht einmal Heyerdahl selbst, sonst ein Bewunderer der Natur für ihre unfassliche Komplexität, trug moralische Bedenken, sich an dem Massaker zu beteiligen. Vielleicht hatte er aber auch ökonomische Motive im Hinterkopf, als er das Haimassaker so eifrig im Film festhielt.

Als sie neun Wochen unterwegs waren, schnappte Heyerdahl die erste Bemerkung auf, die darauf hindeuten konnte, dass sich womöglich ein Stimmungsumschwung ankündigte. Knut Haugland vertraute ihm an, wie sehr er darauf wartete, seinen Fuß auf einer Insel wieder auf festen Boden zu setzen. Er bekam den begrenzten Platz auf dem Floß langsam satt und verhehlte nicht, dass ihm von dem Geruch von Haiblut schlecht wurde. Es war deutlich, dass Haugland sich darauf »freut, etwas anderes als kalten Fisch und Seegang zu sehen«.

Auch der fröhliche Torstein Raaby sehnte sich danach, Land zu sichten, aber er sagte gleichzeitig, dass er in seinem Leben noch nicht so viel Spaß gehabt habe wie auf dem Floß. Herman Watzinger wünschte sich, die Reise möge noch länger dauern, und fand es schade, dass sie aller Wahrscheinlichkeit nach schon in wenigen Wochen die ersten Inseln erreichen würden. Erik Hesselberg dachte an die schwierige Landung, die ihnen am letzten Tag der Reise bevorstand, und hatte es nicht eilig. Bengt Danielsson hatte noch einige Bücher zu lesen und blieb gern noch einen oder zwei Monate auf dem Meer. Thor Heyerdahl irritierte es, dass Bengt sich zwischen seinen Büchern isolierte, sagte aber nichts. Er selbst freute sich über jede Minute und für ihn war alles an der Reise noch immer so neu wie am Tag, an dem sie Callao verließen. Wie Bengt beschäftigten auch ihn Bücher, zurzeit aber nicht solche, die andere geschrieben hatten, sondern das Buch, das er selbst verfassen sollte. »Ich muss noch allzu viel schreiben und habe bloß Angst, dass wir Land erreichen, bevor das Buch auf einem guten Weg ist.«

Viel Zeit verwandte er auch auf lange Artikel für die amerikanische und skandinavische Presse.

Die Drift selbst verlief besser als alle Erwartung. Die *Kon-Tiki* bewegte sich in einem flachen Bogen von Peru auf die polynesischen Inseln im Tuamotu-Archipel zu. Am 10. Juni erreichte das Floß auf 6 Grad 18 Minuten südlicher Breite seinen nördlichsten Punkt. Am 14. überquerte es den 110. Längengrad West. Damit hatte es die halbe Strecke zu den Tuamotu-Inseln zurückgelegt und befand sich auf demselben Meridian, auf dem weiter im Süden die Osterinsel liegt. Für Thor Heyerdahl bedeutete es, dass sie polynesisches Fahrwasser erreicht hatten.

An der Geschwindigkeit war ebenfalls nichts auszusetzen. Die *Kon-Tiki* machte im Schnitt eine Fahrt von anderthalb bis zwei Knoten und lag damit gut im Rahmen der vor ihrem Aufbruch angestellten Schätzungen.

Auch das Wetter hatte lange mitgespielt, erst in den Tagen vor dem Haimassaker geriet die *Kon-Tiki* in ein tropisches Schlechtwettergebiet. Schwarze Wolken türmten sich über dem Horizont auf und schickten einen Regenguss nach dem anderen über das Floß. Die Wellen wuchsen und durchbrachen das eintönige Muster des Passatwinds. Es wurde wieder schwierig, das Floß auf Kurs zu halten. Das Segel schlug und die Männer an Deck hatten alle Hände voll zu tun, es wieder unter Kontrolle zu bringen.

Eines Abends, als er die Ruderwache übernehmen sollte, musste auch Thor einräumen, dass ihm schlecht war. Der Wind war so unbeständig wie nie zuvor und die Wellen überspülten ihn bis zur Hüfte, wo er sich am Ruder festklammerte. Aber er war rasch wieder der Alte. Die Spannung und seine Härte trieben ihn weiter.

Dann trat das ein, was auf See so oft geschieht: Auf Sturm folgt Flaute. Die *Kon-Tiki* schwojete mit leisem Glucksen in der Dünung, nahm keine Fahrt mehr auf und der Stille Ozean machte seinem Namen alle Ehre.

Wenn Schiffe unter Segeln auf diese Weise vor sich hin treiben, dann wird die Geduld der Mannschaft auf die Probe gestellt. Auch wenn ein Segler normalerweise reichlich Zeit hat, erlebt er es doch als verlorene Stunden, wenn das Besteck an einem Tag dieselbe Position anzeigt wie am Vortag. Dann dauert es in der Regel nicht lange, bis die Ungeduld, der größte Feind des Seemanns, anklopft.

Die *Kon-Tiki* bildete davon keine Ausnahme. Am 10. Juli notierte Knut Haugland: »Gestern und heute sind wir kaum vorangekommen. Fast kein Wind und ständige Regenschauer haben anscheinend eine leicht triste Atmosphäre geschaffen. Die Stimmung bei einigen schlecht.«

Besonders schlecht war sie bei Thor Heyerdahl. Ihn irritierte nicht bloß das Wetter, er machte sich Sorgen um den grundlegenden Kurs der *Kon-Tiki*. Er war schließlich nicht aus Spaß am Abenteuer unterwegs, sondern weil er eine Theorie beweisen wollte, und er war der Meinung, seine Theorie sei umso unumstößlicher, je eindeutiger das Floß einem gleichmäßigen und natürlichen Bogen, wie er es nannte, folgte. Das bedeutete, dass sie vorerst noch so weit wie möglich nach Westen halten sollten. Mit dem letzten Unwetter hatte der Passat aber die Richtung geändert und von Ostsüdost auf Nordost gedreht. Das machte einen westlichen Kurs schwierig und Navigator Hesselberg hatte einen Kurs leicht Ost zu Süd gesetzt.

Thor Heyerdahl war mit dieser Entscheidung nicht einverstanden, sie mussten wenigstens nach Südwesten segeln. Eine Weile hatten sie die ihnen am nächsten gelegene Insel mit Namen Pukapuka anvisiert, die sie als erste zu sichten hofften. Doch jetzt befürchtete Thor, auf dem neuen Kurs kämen sie so weit nach Süden ab, dass sie an ihr vorbeitreiben würden. Außerdem könnte seine fein austarierte Kurve einen Knick bekommen, wenn sie später wieder nach Westen und Norden steuern müssten. Hesselberg meinte, Thor brauche sich deswegen keine Sorgen zu machen, und hielt daran fest, dass der augenblickliche Kurs unter den derzeitigen Umständen der beste sei.

Über diese Uneinigkeit spaltete sich die Mannschaft. Watzinger unterstützte Thor, Torstein Raaby meinte, dass Hesselberg recht habe. Knut Haugland fand, Thor übertreibe ein wenig, hielt aber den Mund. Bengt Danielsson las Bücher und mischte sich in die Diskussion nicht ein.

Thor Heyerdahl befand sich in einem Dilemma. Als Chef auf dem Floß hätte er Hesselberg natürlich einen Befehl erteilen können. Doch da er nur von Herman Watzinger explizit unterstützt wurde, gab er nach. Schließlich verstand Erik von ihnen allen am meisten von Navigation. Die *Kon-Tiki* machte nur wenig Fahrt, sie befanden sich noch ein gutes Stück nördlich von Pukapuka und bei den Entfernungen im Pazifik brauchte es noch geraume Zeit, bis sich ein abweichender Kurs auf Heyerdahls ballistische Bahn auswirkte. Er sah ein, dass das Problem zu unbedeutend war, und vermied offenen Streit, indem er nicht auf seinem Standpunkt beharrte.

Ohnehin schlief der Wind wieder ein; ob nach Süden oder nach Westen, spielte keine Rolle, solange das Floß still lag. Heyerdahls Taktik scheint richtig gewesen zu sein, denn am nächsten Tag erklärte Erik Hesselberg von sich aus, dass er ihrem Expeditionsleiter vertraute. Heyerdahl konstatierte, dass die Wolken über der *Kon-Tiki* abzogen und die gute Stimmung zurückkehrte.

Auf dem Vorderdeck des Floßes lag stets ein aufgeblasenes Gummiboot bereit. Wenn das Wetter es zuließ, unternahmen die Männer damit gern eine kleine Spazierfahrt. Als sie zum ersten Mal ihr Floß aus der Distanz sahen, hatten sie sich kaputtgelacht. Ein derartiges Fahrzeug hatte die Welt noch nicht gesehen. Thor verglich es mit einem schwimmenden Heuschober.

Es dauert, bis Landratten lernen, wie Seeleute zu denken. Als Thor einmal mit einem der anderen einen Ausflug mit dem Gummiboot unternahm, hätte das Vergnügen fatal enden können. Die See führte die *Kon-Tiki* schneller davon, als sie gedacht hatten, und sie blieben achteraus, ohne eine Verbindungsleine zum Floß. Hätten die an Bord nicht schnell reagiert und das Segel fallen gelassen, hätte Thor, der sich in die Riemen legte, das Floß vielleicht nie wieder eingeholt. Seit jenem Tag gab es kein Pardon; jeder, der das Boot benutzen wollte, musste es mit einer Leine ans Floß binden.

Wie schnell eine Notsituation eintreten konnte, wurde ihnen klar, als eines Tages Papagei Lorita von einer Welle über Bord gespült wurde. Da sich das Floß nicht manövrieren ließ, konnten sie den Vogel nicht retten. Für eine Weile drückte der Verlust des Maskottchens auf die Stimmung. Gleichzeitig ging ihnen dadurch ernsthaft auf, dass auch jeder von ihnen, sollte er über Bord gehen, verloren wäre. Knut und Herman testeten, ob man das Floß schwimmend wieder einholen konnte. Knut bekam einen Riemen mit einer Leine daran um den Leib gebunden, und während Herman das andere Ende hielt, filmte Thor das Experiment. Es herrschte ansehnlicher Wellengang an diesem Tag, aber das Wasser war so salzhaltig, dass man leicht an der Oberfläche blieb. »Ich konnte nicht viele Minuten das Tempo des Floßes halten, es war zu schnell. Wir haben für den Fall, dass einer über Bord fällt, eine

Schwimmweste mit einer langen Leine bereitgelegt«, heißt es danach in Hauglands Tagebuch.

Sie warfen die Schwimmweste aus und schleppten sie in fünfundzwanzig Metern Entfernung nach. Knut sprang ins Wasser und probierte, wie weit er sich vom Floß entfernen konnte, um die Leine noch zu erreichen. Fünfzehn, zwanzig Meter waren das höchste der Gefühle. Trieb man weiter ab, würden Floß und Schwimmweste an einem vorbeiziehen.

»Ich finde, wir sollten etwas häufiger schwimmen und mit dem Rettungsboot üben«, schrieb er in sein Tagebuch. »Eines Tages geht doch mal einer außenbords, und dann muss man ganz schnell helfen. *Es sind ja nicht alle an Bord gute Schwimmer.*« Das war auf Thor Heyerdahl gemünzt. Als die *Kon-Tiki* in See stach, konnte er noch immer nicht schwimmen, hat Knut Haugland mir in einem Gespräch anvertraut.

Heyerdahl selbst hat behauptet, er habe während seines Aufenthalts bei Häuptling Teriieroo auf Tahiti in einem Fluss schwimmen gelernt. Auf der Jagd nach Krebsen sei er auf etwas Spitzes getreten, habe das Gleichgewicht verloren und sei in den Fluss gefallen. Aus Angst, zu ertrinken, habe er Panik bekommen, aber die Kontrolle wiedergefunden, »und mit langen, gleichmäßigen Zügen begann ich zu schwimmen. Ich wusste, wie es ging, hatte es nur nie versucht. Mit verblüffender Leichtigkeit kam ich aus der Strömung und an Land«, schrieb er in seinem Fatuhiva-Buch.

In seinem Gespräch mit mir schüttelte Knut Haugland lächelnd den Kopf: »Oh nein. Manchmal konnte Thor ein bisschen übertreiben.«

21. Juli, Montagmorgen. Bedeckt, frische Brise aus Ost, starker Seegang. Knut, Erik und Bengt sitzen in der Kajüte, jeder ist mit etwas beschäftigt. Plötzlich hören sie von draußen Lärm und

Herman rufen. Sie reagieren nicht gleich; bestimmt hat er wieder einen oder mehrere Haie gesehen und dann wird ja meist rumgebrüllt. Knut schnitzt weiter mit seinem frisch geschärften Messer am *Kon-Tiki*-Modell.

Da ertönt ein neuer Schrei, gellend und heiser. Knut wittert Gefahr und läuft hinaus. Er sieht Hermans Kopf fünfzehn bis zwanzig Meter hinter dem Floß auf den Wellen tanzen.

Herman ist ein guter Schwimmer. Er krault wie besessen, um das Floß einzuholen. Aber die *Kon-Tiki* läuft unter vollem Segel, der Abstand wird nicht kleiner.

Thor Heyerdahl steht auf dem Vorderdeck, als der Schrei ertönt, und füllt gerade einige Lampen mit Petroleum. Er stürzt nach hinten, sieht Herman im Wasser treiben und ruft um Hilfe. Torstein, der am Ruder sitzt, und Erik wollen Herman die Schwimmweste zuwerfen, aber die Leine hängt irgendwo fest, und als sie die Weste endlich hinausschleudern, wird sie vom Wind zurückgeworfen. Thor läuft derweil wieder nach vorn, um das Schlauchboot zu Wasser zu lassen. Es ist so fest verzurrt, dass er lange an der Leine herumfummeln muss.

Auch Knut und Bengt versuchen, Herman mit vereinten Kräften die Weste zuzuwerfen, mit demselben Resultat: Der Wind weht sie zurück. Dann sieht Knut Hermans Kopf auf dem Kamm einer Welle auftauchen, er ist schon weiter weg, es gilt, keine Sekunde mehr zu verlieren. Knut entscheidet, ohne nachzudenken, schnelle Entschlusskraft ist wie schon im Krieg nach wie vor seine Stärke. Er schnappt sich die Rettungsweste mit der Leine und springt ins Wasser.

Er hat keine Zeit, sich die Leine umzubinden. Die Weste in der einen Hand, schwimmt er mit der anderen. Es geht schwer, aber Knut ist leicht und liegt hoch im Wasser.

Hermans Kräfte lassen nach, er taucht mehr unter, als er schwimmt. Knut erreicht ihn, zwei Fäuste packen zu. Herman kann nicht mehr, Knut gibt ihm die Weste und hält sich selbst an der Leine fest.

Die vier an Bord der *Kon-Tiki* laufen hin und her. Das Segel wölbt sich und treibt das Floß voran. Warum, um alles in der Welt, holen sie es nicht ein? Das war doch das allererste Gebot für den undenkbaren Fall, dass einer von ihnen über Bord gehen sollte. Knut fragt sich, ob sie in Panik sind.

Dann packen Thor, Erik und Torstein die Leine, während sich Bengt an die improvisierte Winde stellt. Hektisch und mit schnellen Griffen holen sie die Leine ein. Sie spannt sich wie eine Bogensehne, dabei ist sie dünn und spröde. Knut fürchtet, sie könnte reißen. Beide oder keiner, er lässt seinen ermatteten Freund nicht los, könnte niemals ohne ihn allein aufs Floß zurückkehren.

Meter für Meter werden sie durch das wirbelnde Kielwasser gezogen. Knut betet, dass die an Bord nicht unvorsichtig werden, sondern die Ruhe behalten.

Die Leine hält. Kräftige Arme ziehen Herman Watzinger und Knut Haugland an Bord.

»Was war denn mit dem Segel, Thor?«, fragt Haugland.

Heyerdahl murmelt, er habe es versucht, aber den Knoten des Falls nicht aufbekommen.

Mehr wird nicht gesagt. Haugland kriecht in die Kajüte und schnauft tief durch.

Das Fall, das Tau, mit dem das Segel aufgezogen wird. Ein Hieb mit der Machete oder ein Schnitt mit seinem eigenen, scharfen Messer, das immer zur Hand ist, wenn er am Modell der *Kon-Tiki* schnitzt, und das Segel wäre unten gewesen.

Sie waren vor Angst wie gelähmt, das war die Wahrheit. Es war das erste Mal, dass Haugland Thor Heyerdahl nicht auf der Höhe einer Situation erlebte.

Am Morgen hatte Torstein Raaby seinen Schlafsack zum Lüften aufs Kajütendach gelegt, ihn aber wohl nur nachlässig befestigt, denn plötzlich war er über Bord geweht. Herman hatte ihn noch festhalten wollen, doch durch Unvorsichtigkeit hatte er unglücklich das Gleichgewicht verloren und war ins Wasser gefallen. So lautete jedenfalls die offizielle Version. »Herman ist nicht ins Wasser gefallen. Wir haben es nur später so dargestellt, um ihn zu schützen. Er ist, ohne nachzudenken, hinterhergesprungen, als der Schlafsack ins Wasser flog«, erzählte mir Knut Haugland.

Am Nachmittag jenes Tages frischte der Wind zu Sturmstärke auf, und fünf Tage lang hielt ein Tropenunwetter die *Kon-Tiki* in seinem unbarmherzigen Griff. Blitze zuckten über den schwarzen Himmel, der Wind riss und zerrte am Floß, das nun Ermüdungserscheinungen zeigte, und der Regen strömte nieder. Das Steuerruder brach, das Segel riss, die Balsastämme lagen noch tiefer im Wasser und die Taue, die sie zusammenhielten, lockerten sich. Es war nicht mehr zu leugnen, das Floß begann sich aufzulösen.

Andererseits konnte es aber auch nicht mehr weit sein. Am 28. Juli errechnete Erik Hesselberg, dass sie nur noch etwa sechzig Seemeilen von Pukapuka entfernt waren. Anderthalb Tagesreisen! Am nächsten Tag enterten sie alle Viertelstunde regelmäßig abwechselnd zur Mastspitze auf. Der Erste, der Land entdeckte, sollte eine Tafel Schokolade bekommen.

Am Himmel sahen sie immer größere Schwärme von Seevögeln; ein sicheres Zeichen, dass sie sich Land näherten. Die Inseln in diesem Teil des Pazifiks sind jedoch flach. Ihr höchster Punkt ist der Wipfel der größten Palmen. Wenn sie Pukapuka in mehr als zehn bis zwölf Seemeilen Entfernung passierten, würden sie es nicht einmal zu Gesicht bekommen.

Am folgenden Tag misst Erik die Sonnenhöhe, die eine ganz andere Position ergab als die, die sie errechnet haben. Von einem Funkamateur auf den Cook-Inseln haben sie inzwischen erfahren, dass die Koordinaten für Pukapuka nicht eindeutig sind, die Insel sei nicht auf allen Karten an der gleichen Stelle eingezeichnet. Würden sie sie finden?

Die Nacht bricht herein, ohne dass sie Land gesichtet haben. Es herrscht Vollmond.

Im Morgengrauen gewinnt Herman Watzinger die Schokolade. Am 30. Juli um 6:10 Uhr sichtet er Pukapuka als flachen Streifen über dem Horizont im Südosten.

Die anderen kommen auf die Beine und mustern einer nach dem anderen durchs Fernglas die Insel. Eine Rauchfahne steigt über dem Blätterdach der Palmen auf und der Wind weht den Geruch herüber. Es ist der schönste Duft, den sie seit Langem gerochen haben. Thor erinnert er an Fatuhiva.

Das erste Land! Kapitän Eitrem hat berechnet, dass sie unter günstigen Umständen 97 Tage bis zur ersten Insel brauchen würden. Jetzt war es nach 93 Tagen so weit.

Aber die Männer zeigten keine übertriebene Freude. Natürlich waren sie glücklich, dass sie polynesische Gewässer erreicht hatten. Auf der anderen Seite waren sie enttäuscht, nicht an Land zu kommen. Sie befanden sich etwa zehn Seemeilen von den Palmen entfernt und Wind und Strömung trieben sie zu dem Zeitpunkt von der Insel weg.

Doch Pukapuka war nur die erste von vielen Inseln. Es würden sich noch weitere Möglichkeiten ergeben.

Sie hatten es unterwegs mehrfach besprochen, aber nach Sichtung von Land stellte sich die Frage erneut mit größerer Dringlichkeit: Wie würde ihre Reise enden?

Die Inseln im Tuamotu-Archipel sind Atolle. Ein Atoll besteht aus einem Korallenriff, das eine Lagune umschließt. Auf dem Riff befinden sich eine oder mehrere kleine Inseln. Häufig gibt es nur eine Einfahrt in die Lagune und die liegt gern auf der windabgewandten Seite des Riffs. In dem Durchlass herrscht starke Strömung und es kann für ein ordentlich ausgerüstetes Segelschiff schwierig sein, durch eine solche Einfahrt zu manövrieren. Mit der *Kon-Tiki* war es unmöglich. Sie konnte nicht gegen Wind und Strömung manövriert werden und sie waren zu wenige an Bord, um sie in die Lagune zu paddeln.

Eine Möglichkeit bestand darin, das Floß um das Riff herumzuführen auf die Seite, die im Lee des ewigen Ostwinds lag, und darauf zu hoffen, dass es dort irgendwo liegen blieb, wenn sie Anker warfen. Eine andere, gefährlichere Alternative bestand darin, das Floß einfach mitten aufs Riff zu setzen. Damit riskierten sie, das Floß zu verlieren, wenn nicht ihr Leben. Diese Gefahr wollte Thor Heyerdahl auf alle Fälle vermeiden. Sie sammelten leere Batterien und anderen Schrott und bastelten daraus einen Anker.

Der 3. August war ein Feiertag, König Haakons VII. fünfundsiebzigster Geburtstag. Sie hatten ein Glückwunschtelegramm abgesetzt und Antwort erhalten. Der König wünschte ihnen weiterhin Glück und alles Gute.

Zur selben Zeit sichteten sie ein Atoll namens Angatau. Diesmal lagen die Inseln westlich von ihnen und die Chancen, an Land zu kommen, sollten günstig stehen. Sie näherten sich und sahen, dass sich die Brandung brutal am Riff brach. Sie liefen an einer nach Südwesten ausgerichteten Insel entlang, nur wenige Hundert Meter von den Palmen entfernt.

Plötzlich entdeckten sie Menschen in der Lagune und ein Kanu mit zwei Polynesiern, das auf dem Weg zu ihnen war. Thor kramte ein paar Ausdrücke aus seiner Zeit auf Fatuhiva hervor und machte ihnen begreiflich, dass sie gern landen wollten. Die Polynesier zeigten zu einer Landspitze, auf der ein Mann mit einer französischen Fahne Aufstellung genommen hatte, um die Einfahrt zu markieren. Erik legte das Ruder um und in dem schwachen Ostwind schaffte er es, die *Kon-Tiki* die wenigen erforderlichen Striche nach Steuerbord zu drehen. Die Männer freuten sich schon auf ihre Landung.

In dem Augenblick schob sich eine Wolke über die Insel. Sie schickte Wind aus Nordost, genau aus der falschen Richtung, und Erik konnte den Kurs nicht halten. Die Männer auf der *Kon-Tiki* und auch die beiden Polynesier ergriffen die Paddel und paddelten, was die Kräfte hergaben, aber der Wind wurde stärker und sie kamen nicht näher an die Insel heran. Die Sonne ging schon unter und bald würde es dunkel werden. Da sprangen die Polynesier in ihr Kanu und gaben zu verstehen, dass sie Hilfe holen wollten. Das Segel war nicht mehr von Nutzen und wurde eingeholt, während sie weg waren. Kurze Zeit später tauchten vier Kanus mit neun Männern bei ihnen auf.

Sie warfen ihnen ein Tau zu und mit vereinten Kräften paddelnd, versuchten sie das Floß zum Land zu bugsieren. Aber der Wind blies so heftig, dass sie nicht von der Stelle kamen. Knut schlug vor, mit dem Gummiboot noch Verstärkung zu holen. Thor sagte Nein, aber Knut missverstand ihn und ruderte los. Die Dunkelheit kam und Torstein versuchte Knut mit Lichtzeichen zu signalisieren, er solle umkehren.

Am Strand standen viele Menschen, die ihm halfen, das Boot an Land zu ziehen. Knut sah die Lichtsignale und begriff, dass sie es

Die Mannschaft. Von links: Knut Haugland, Bengt Danielsson, Thor Heyerdahl, Erik Hesselberg, Torstein Raaby und Herman Watzinger

Blutbad. Die Besatzung der *Kon-Tiki* vertrieb sich die Zeit damit,
Haie zu angeln. Für die Tiere hatten sie keinerlei Verwendung,
aber sie brauchten die Abwechslung

aufgegeben hatten, das Floß in die Lagune zu bringen. Die Polynesier fielen geradezu über ihn her und wollten ihn unbedingt in ihr Dorf führen, bis er ihnen durch viele Gebärden begreiflich machte, dass er zum Floß zurückmüsse. Er bekam ein Kanu zum Geleit und ruderte zum Floß zurück.

Viel Zeit war inzwischen verstrichen und draußen auf der *Kon-Tiki* machten sich die anderen Männer Sorgen um Knut. Das Floß hatte sich mittlerweile ein gutes Stück von der Insel entfernt und die Rückkehr konnte für ihn gefährlich werden. Torstein morste ihm zu: »Bleib, wo du bist, komm nicht zurück«, aber Knut ignorierte die Botschaft und ruderte aus Leibeskräften. Er wollte um nichts in der Welt allein auf Angatau zurückbleiben. »Am Ende erreichte ich das Heck des Floßes und kletterte an Bord, ohne dass die anderen es mitbekamen. Sie saßen beisammen und ich konnte hören, dass sie über mich sprachen und darüber, was sie tun sollten. Ich sprang plötzlich vor und alle riefen Hurra.«

Die Erleichterung über Knuts Rückkehr war natürlich groß. Aber es konnte auch keiner ein Hehl aus seiner Enttäuschung machen, dass sie es nicht an Land geschafft hatten, nachdem sie schon so nah dran gewesen waren.

Ein paar Tage vergehen. Am Sextanten lässt sich ablesen, dass sie sich einem neuen Atoll nähern: Raroia.

Es ist die Nacht auf den 7. August 1947. Seit sie Peru verlassen haben, ist Heyerdahl nicht derart unruhig gewesen. Er möchte schlafen, kann es aber nicht. Ozeanwellen verändern sich in der Nähe von Land und das Floß schaukelt in einem anderen Rhythmus.

Ein ums andere Mal steht er auf und blickt draußen auf den Kompass. Die *Kon-Tiki* läuft immer den gleichen Kurs. Das bedeutet, der Wind weht unverändert aus derselben Richtung.

Als der Tag dämmert, sehen sie das Unvermeidliche. Die Reihe kleiner Inseln erstreckt sich an Steuerbord und legt sich in einem Bogen vor ihren Bug. Sie müssen nach Süden abdrehen, um der äußersten Insel und den Zähnen ihres Riffs auszuweichen. Doch wenn der Wind so bleibt, treibt es sie geradewegs in die Brandung.

Der Wind ändert sich nicht.

Die Männer machen sich bereit.

Herman legt mit Bengt die Rettungsausrüstung zurecht. Knut und Torstein checken den Notsender. Erik steht am Ruder. Thor überwacht, dass alle Einzelheiten stimmen. Er hat jetzt das Kommando übernommen. In dieser Situation gilt, was er sagt. Aber eigentlich gibt es nur ein Gebot. Wenn sie auf das Riff treffen, heißt es für alle: Festhalten.

Es ist zehn Uhr. Hundert Meter vor ihnen endet das Meer. Hätten sie die Wahl, würden sie abdrehen. Aber sie haben keine Wahl mehr.

Sie werfen den Anker aus. Das Floß schwingt herum und kommt mit dem Heck zum Riff zum Stillstand.

Da sehen sie die Welle kommen. Sie kappen das Ankertau. Sie befinden sich auf dem 101. Tag ihrer Reise. Als Winzlinge trägt es sie dem Chaos entgegen.

Plötzlich ruft einer: »Wer glaubt, sollte jetzt beten. Es ist die letzte Gelegenheit.«

Thor betet und sieht seine Männer an. Wenn auch nur einer von ihnen sein Leben verlieren sollte, würde er seines eigenen Lebens nie wieder froh werden.

Die Welle rollt an, hebt sich noch gut einen Meter höher, ehe sie bricht und tonnenweise Wasser über das Floß schwemmt. Planken bersten, Segel und Kisten schwimmen, der Mast bricht. Alle halten sich so gut fest, wie sie können, doch zu seinem Schrecken sieht

Knut, wie Thor und Torstein über Bord gespült werden. Torstein kann sich wieder aufs Floß schwingen, aber wo ist Thor? Für einen kurzen Moment sieht Knut das Riff wie eine Mauer im Meer stehen, denn das Wasser zieht sich mit gewaltiger Kraft zurück und schleudert Thor wieder auf das Floß.

Benommen taumelt er, hat kaum begriffen, was passiert ist. Bengt hat einen Schlag auf den Kopf erhalten, als der Mast wegknickte. Herman hängt halb tot über der Kajüte.

Die nächste Woge kommt. Sie ist grün wie Glas und höher als alle anderen. Das Wasser dröhnt und brüllt, trifft auf das Floß. Einer der Männer schreit: »Das geht nicht gut.«

»Haltet euch fest!«

Sie halten sich fest. Es geht um ihr Leben.

Ein fürchterliches Krachen ertönt. Sie fühlen, wie ein Zittern durchs Floß läuft. Die Welle hat ihr Werk verrichtet und ist gebrochen. Sie hat die *Kon-Tiki* aufs Riff geschmettert.

Knut macht einen Satz und springt mit dem bereitliegenden Tau an Land. Torstein folgt. Weitere Brecher schieben das Floß höher aufs Riff.

Thor greift sich eine Kokosnuss, die sie von Peru mitgebracht haben. Gemeinsam mit seinen Männern watet er über das Riff zu einer kleinen Palmeninsel, die nur ein paar Meter entfernt ist. Sie erreichen den Strand und fühlen den warmen weißen Sand unter ihren Füßen.

Es ist der größte Moment in Thor Heyerdahls Leben. Alle sind am Leben und sie haben ihr Ziel erreicht. Er hat bewiesen, dass der Sonnengott übers Meer segeln konnte.

Sie graben ein kleines Loch und pflanzen die Kokosnuss ein.

Die winzige Palmeninsel war unbewohnt.

Die Einwohner von Raroia lebten in einem Dorf auf der anderen Seite des Atolls. Zwei Wochen lang waren Thor Heyerdahl und seine Besatzung bei ihnen zu Gast. Am 22. August 1947 gingen sie an Bord des Schoners *Tamara,* den der französische Gouverneur von Tahiti schickte, um sie abzuholen. Ihr Floß im Schlepptau, erreichten sie am 28. August Papeete. Am Vortag, noch auf hoher See, bekam Heyerdahl Funkkontakt mit dem Amateurfunker Harold Kempel in Los Angeles, der an seinem Funkgerät den größten Teil der Reise verfolgt hatte. Heyerdahl bat ihn, folgendes Telegramm an Dr. Herbert Spinden, *Explorers Club,* New York, zu übermitteln:

»Habe die Durchführbarkeit einer prähistorischen Überfahrt von Peru nach Ozeanien erprobt. Festgestellt, dass südamerikanische Flöße aus Balsaholz vielleicht die seetüchtigsten aller primitiven Fahrzeuge waren. Starke Strömungen und Winde beschleunigen eine Drift in der vermuteten Richtung. Entlang der Route täglich Fische. Wasser kein Problem. Der riesige Ozean zwischen Südamerika und Polynesien war kein Hindernis für den primitiven Menschen. Hatten eine ausgezeichnete Reise. Viele Erlebnisse. Werde morgen die Fahne des *Explorers Club* in Tahiti an Land bringen. Kehre dann in die Staaten zurück. Allerbeste Grüße an *Explorers Club* und das Museum. Thor Heyerdahl«.

VERMEINTLICH AM ZIEL

Als Thor Heyerdahl in Raroia an Land ging, glaubte er sich am Ziel. Er hatte genau das erreicht, was die wenigsten überhaupt für möglich gehalten hatten; am allerwenigsten die führenden Experten der Wissenschaft. »Selbstmordunternehmen«, hatten einige sogar geunkt. Einen triumphierenden Unterton konnte Thor Heyerdahl daher aus seinem genregemäß lakonischen Benachrichtigungstelegramm kaum heraushalten. Kürzer als sein Landsmann Amundsen konnte man sich nicht fassen. Dessen Telegramm an den Bruder nach der Rückkehr vom Südpol enthielt nicht mehr als drei (verschlüsselte) Wörter: »Pol erreicht. Roald.« Aber die Tradition, vergleichbare Bravourtaten in möglichst kargen, männlich beherrschten Worten der Weltöffentlichkeit zu melden, mutet doch so unverkennbar britisch an, dass man sie zumindest auf Henry Morton Stanley zurückführen kann: »Dr. Livingstone, I presume.«

»Wasser kein Problem«, funkte Thor Heyerdahl und suggerierte, dass alles andere auch kein Problem gewesen sei: »Der riesige Ozean zwischen Südamerika und Polynesien war kein Hindernis für den primitiven Menschen.« Natürlich hatte er den Funkspruch an Herbert Spinden abgesetzt, den Präsidenten des *Explorers Club,* der ihn von seinem bequemen Museumssessel aus so gönnerhaft abserviert hatte, ohne überhaupt die Ausformulierung seiner Theorie zur Kenntnis zu nehmen. Doch jetzt hatte Thor es ihm und den anderen »alten Rauschebärten« gezeigt.

Vierzehn Tage musste sich Thor nach der Landung auf Raroia noch gedulden, bis er seine Erfolgsmeldung in die Welt hinausfunken konnte, doch im sicheren Gefühl des Triumphs verspürte er keine übertriebene Hast.

Kaum hundertdreißig Menschen lebten in dem einzigen Dorf auf dem Korallenatoll im Tuamotu-Archipel und natürlich war die Ankunft der *Kon-Tiki* das Ereignis des Jahres, vielleicht ihres Lebens. Ihre Gastfreundschaft für die weißen Besucher, die ihnen Kon-Tiki, der Spitzenahn, den zumindest einige von ihnen noch mit Namen kannten, mit dem Wind zugetrieben hatte, kannte auf polynesische Weise kaum Grenzen. Die seltenen Besucher wurden in fast jedes Haus eingeladen, abends wurden Feste für sie veranstaltet und Tänze aufgeführt. Thor und seine Männer fanden sich in dem Südseetraum wieder, den Thor von Anfang an und schon auf Fatuhiva hatte finden wollen, und in einer Hinsicht wurde er von der Wirklichkeit womöglich sogar noch übertroffen. »Es gibt keinen Zweifel, dass die Eingeborenen Sexualität nach Eskimoart praktizieren«, trug Heyerdahl auf Raroia ins Logbuch der *Kon-Tiki* nach. »Sie boten uns ihre Frauen und Töchter an, die ihrerseits alles aufboten, um uns in die Büsche zu locken [...]. Sie kennen unter Freunden keine Eifersucht und wünschen sich, wenn möglich, dass ihre Frauen Kinder mit hellerer Haut zur Welt bringen.«

Zwei Wochen währte der Traum. Dann traf die *Tamara* aus Tahiti ein und nahm sie mit nach Papeete. Als das Schiff dort festmachte, stand die Bevölkerung vom Gouverneur bis zu den Schulklassen der Kleinsten am Kai und empfing sie begeistert. Noch einmal vierzehn Tage Empfänge, Feste, Feiern, in vollen Zügen genossen, schlossen sich an. Zwischendurch meldete sich allmählich die Zivilisation mit ihren Ansprüchen und Zwängen zurück. In Washington war Gerd Vold emsig damit beschäftigt, den Rücktransport der Expedition zu organisieren. Sie legte Heyerdahl mehrfach dringend ans Herz, unbedingt auch das Floß mit zurückzunehmen, weil sie meinte, dass es in Norwegen in ein Museum gehöre. Am Ende gab Thor ihr telegrafisch die Anweisung, es mit einem Anruf bei der Reederei Christensen in Sandefjord zu versuchen, die einen Liniendienst im Pazifik unterhielt. Die Reederei erklärte sich umgehend bereit. Ihr Stückgutfrachter *Thor I* holte die *Kon-Tiki* und ihre Besatzung Mitte September in Papeete ab.

Am 29. September lief der Frachter in San Francisco ein. Thor und seine Männer wurden an Land von vielen Reportern und Fotografen erwartet, denn es hatte sich herumgesprochen, dass die *Kon-Tiki*-Fahrer möglicherweise sogar im Weißen Haus empfangen würden.

Auch in diesem Fall hatte die unermüdliche Gerd Vold vorgearbeitet und ihren Chef, Botschafter Morgenstierne, dazu bewogen, auch im Interesse Norwegens zu sondieren, ob Präsident Truman eventuell Thor Heyerdahl und seinen zweiten Mann auf dem Floß, Herman Watzinger, im Weißen Haus empfangen würde. Der Präsident ließ umgehend wissen, dass er die gesamte Mannschaft sehen wolle.

Am 3. Oktober 1947 war es so weit. Im Anzug mit Krawatte und weißem Hemd, frisch rasiert und gekämmt, fuhren die Floßfahrer vor dem Weißen Haus vor. Als sie sich auf der Treppe mit dem Präsidenten dem Blitzlichtgewitter der Presse stellten, packte Heyerdahl eine amerikanische Fahne aus, die zusammen mit den »Ehrenfahnen« anderer Geberländer an Bord der *Kon-Tiki* die Reise über den Pazifik mitgemacht hatte, und überreichte sie dem Präsidenten. Die Aufnahme dieser Szene ging um die Welt und das damit dokumentierte persönliche Interesse des amerikanischen Präsidenten trug nicht unerheblich zum Bekanntheitsgrad des bis dahin unbekannten Norwegers Heyerdahl bei.

Der Washingtoner Korrespondent von *Aftenposten* berichtete auch, dass Heyerdahl an einem Buch über die *Kon-Tiki*-Expedition schreibe, das auf Norwegisch und Englisch erscheinen werde, aber »kaum noch in diesem Jahr«, und dass viel von dem Filmmaterial der Expedition feucht geworden sei, Heyerdahl aber hoffe, aus den geretteten Resten ein »höchst interessantes Filmjournal« zusammenstellen zu können. Zu Thors größter Enttäuschung waren ausgerechnet die Haiaufnahmen verdorben.

Er hatte davon geträumt, berühmt zu werden, und nun war er es auf einen Schlag. Er war vom US-Präsidenten empfangen worden und trank mit Prominenten der amerikanischen Film-, Verlags- und Pressewelt Cocktails, sein Bild erschien auf der ersten Seite der Zeitungen. Doch es verlangte ihn noch immer auch nach der Anerkennung seines Einsatzes als Wissenschaftler. Allem Trubel zum Trotz fand er sich innerlich nicht damit ab, dass ihm seine Reise und nicht seine wissenschaftliche Theorie den Zugang zu prominenten Kreisen verschaffte. Er war nicht aufgebrochen, um persönlichen Mut und Abenteuerlust zu demonstrieren. Er wollte beweisen, dass es entgegen der Lehrmeinung etablierter Wissenschaftler doch möglich war, mit einem prähistorischen Fahrzeug von Peru aus die Inseln Polynesiens zu erreichen. Und auch wenn seine Eitelkeit das Blitzlichtgewitter der Presse genoss, so war es ihm doch ein vordringliches Anliegen, der *Kon-Tiki*-Reise »eine Stellung als wissenschaftliche Expedition« zu verschaffen. Er wollte Forscher sein und kein Entertainer für die Massen.

Liv Heyerdahl verpasste den Besuch im Weißen Haus und auch den anschließenden Empfang in der Botschaft. Sie landete erst am 5. Oktober, in Washington. Ursprünglich hatte sie überhaupt keine große Lust verspürt, zu einem Wiedersehen mit Thor zu fliegen, denn sie hatte die gesamte Floßreise mit Skepsis betrachtet, weil das Projekt nach der Trennung im Krieg die Familie schon wieder auseinanderriss. Aber sie wusste auch aus Briefen von Gerd Vold, wie enttäuscht Thor wäre, wenn sie nicht kommen würde.

Als das Flugzeug in Washington landete, hatte Liv allerdings keine Ahnung, was sie am Fuß der Treppe erwartete. Daheim in Norwegen hatte die Presse auffallend wenig Interesse an der *Kon-Tiki* gezeigt, nachdem die eigentliche Reise vollendet war. Es wurde kaum noch erwähnt, dass das Floß auf einem Korallenriff gelandet war. Welcher Gegensatz also für Liv, als sie in Washington ans obere Ende der Gangway trat und unten ein Heer von Pressevertretern versammelt sah. Thor kam auf sie zu und wollte sie umarmen. Das wollte sie vermutlich auch, schließlich war es ein gutes Jahr her, seit sie sich zuletzt gesehen hatten, aber etwas hielt sie davon ab. In dem Moment, in dem er sie in den Arm nehmen wollte, wandte sie sich ab. Vor aller Augen ließ sie ihn stehen.

Dazu sagte sie im selben Augenblick, so, dass nur er es hörte: »Deswegen hast du mich also hier haben wollen, um Publizität zu bekommen.«

Sie glaubte, Thor habe den Presseauftritt selbst inszeniert, um öffentliche Aufmerksamkeit zu erregen, und fühlte sich benutzt.

Durch die *Kon-Tiki*-Expedition lud sich Thor Heyerdahl Schulden in Höhe von insgesamt zweiundzwanzigtausendfünfhundert Dollar auf, damals eine beträchtliche Summe. Größter Gläubiger war Reeder Lars Christensen. Als Gerd Vold angefragt hatte, ob die Reederei willens sei, die *Kon-Tiki*-Expedition in Tahiti aufzusammeln, hatte sie die Antwort so verstanden, dass die Reederei ihnen den Gefallen unentgeltlich tun werde. Doch nach Erledigung des Frachtauftrags erhielt Thor Heyerdahl zu seinem Entsetzen eine Rechnung über achttausend Dollar.

Unter großem finanziellen Druck hatte er im Februar 1947 einen Vertrag mit dem amerikanischen *National Lecture Bureau* über eine Vortragsreise im Anschluss an die Expedition unterschrieben. Zu der Zeit zogen gerade mehrere potenzielle Sponsoren ihre Zusagen zurück, die Zeit lief ihm davon, er war ein Nobody für die amerikanische Öffentlichkeit, und aus diesen Gründen hatte er sehr unvorteilhafte Konditionen akzeptiert, die ihm nicht einmal die Hälfte der Erlöse beließen, wobei er noch selbst für seine Reise- und Hotelkosten aufkommen musste. Die Agentur rückte auch nach seiner sprunghaft gestiegenen Bekanntheit nach der Rückkehr kein Jota von diesen Bedingungen ab, und das Einzige, was Thor versuchen konnte, um seine Einkünfte zu verbessern, war, möglichst viele zahlende Zuhörer anzulocken. Dazu verfügte er über eine Geheimwaffe: lebende Bilder.

Im Jahr 1947 steckte das Fernsehen in den USA noch in den Kinderschuhen. Nur die wenigsten besaßen ein Fernsehgerät, aber die bewegten Bilder übten eine magische Anziehungskraft aus. Obwohl mehrere Filmrollen unbrauchbar geworden waren, besaß Heyerdahl noch immer rund fünftausend Fuß gut belichtetes Material mit einzigartigen Aufnahmen einer Reise, die den meisten völlig unwirklich vorkam, und von Gegenden, in denen kaum jemand aus der westlichen Welt je gewesen war. Ursprünglich hatte er einen abendfüllenden Kinofilm im Sinn gehabt. Nun ging es darum, möglichst schnell eine kürzere Version zusammenzuschneiden, die sich bei seinen Vorträgen vorführen ließ.

Thor hatte keine Vorstellung, wie viel Arbeit ein solches Projekt erforderte, bis er es am eigenen Leib erlebte. Mit Liv und Herman Watzinger zusammen arbeitete er »Tag und Nacht« daran, die richtigen Ausschnitte zusammenzustellen. Am Ende musste er doch noch zwei professionelle Cutter engagieren, die ihnen bei der Fertigstellung halfen. Auch wenn ihn das noch einmal »mehrere Hundert Dollar« kostete, bekamen sie für die Generalprobe nicht mehr als eine »schlecht zusammengestückelte Arbeitskopie« für einen Vortrag Thors im *Explorers Club* fertig.

Ein nervöser Thor Heyerdahl betrat am 25. November in New York das Podium. Er hatte Angst, sich nicht gründlich genug vorbereitet zu haben, und fürchtete, die erlesene Versammlung könnte am Ende die Daumen senken. Doch als er geendet hatte, brach Jubel aus. An Bengt Danielsson, der schon wieder in Seattle an seiner Doktorarbeit saß, schrieb er: »Es war ein unglaublich gelungener Abend mit einem Rekordbesuch in der Geschichte des Klubs.«

Bei seiner Rückkehr nach Washington erfuhr er, dass sich seine Vortragstournee inzwischen auf über ein halbes Jahr ausgeweitet hatte, von Dezember 1947 bis Ende Mai des folgenden Jahres. Als er darauf hinwies, dass er auch sein Buch schreiben müsse, erhielt er vom Chef der Veranstaltungsagentur Weihnachtsurlaub bis Mitte Januar und flog mit Liv nach Norwegen, wo er unbedingt die Kinder wiedersehen wollte.

Lange blieb er aber nicht auf Svippopp. Dass seine Tournee in den USA verschoben war, schmälerte nicht seine Lust, in Norwegen Vorträge zu halten, und nach kaum einer Woche setzte er sich nach Oslo ab. Auf der Weihnachtsfeier der dortigen Handelsvereinigung hielt er am 11. Dezember in der Aula der Universität einen Vortrag in Anwesenheit von König Haakon VII. und Kronprinz Olav. Gleich am nächsten Abend trat er noch einmal am selben Ort auf, dann vor zahlreichem Publikum in seinem Heimatort Larvik, wo man dem Sohn der Stadt zu Ehren ein Fest gab. Doch als er zu weiteren Auftritten nach Oslo zurückkehrte, füllte er die Säle schon nicht mehr und seine Agentur sagte »eine lange Reihe« weiterer geplanter Vorträge ab.

Heyerdahl war enttäuscht. Das Echo in Norwegen entsprach bei Weitem nicht dem in Amerika. Dabei hatte er sich nicht zuletzt von einer Tournee durch das heimatliche Norwegen endlich klingende Münze versprochen. Aber lau wie die Presse hielt sich auch das Publikum zurück. Aus den ihm zujubelnden USA kam er wahrlich zurück ins Land des »Jante-Gesetzes«: Er solle sich bloß nicht einbilden, etwas Besonderes zu sein, besagte es, nur weil er auf einem Floß übers Meer getrieben war. Er hatte eine Reise unternommen, schön, und was hatte so ein Pfadfinderunternehmen mit Wissenschaft zu tun?

Immerhin ließ Schiffsreeder Lars Christensen mit sich reden. Wegen der »bedrohlichen ökonomischen Lage« der Expedition hatte sich Thor vor der Heimreise nach Norwegen überwunden und sich mit der Bitte um ein Entgegenkommen an das Kontor der Reederei in Sandefjord gewandt. Die Antwort kam in Form einer Einladung zum Essen mit Reeder Christensen. Er wollte gern Thor Heyerdahls persönlichen Erfahrungsbericht von der Reise hören. Nach Beendigung des Essens tupfte sich Christensen den Mund mit der Serviette ab und meinte: »Ich habe gehört, es hat da einen Briefwechsel zwischen Ihnen und meiner Firma wegen einer Rechnung gegeben. Vergessen Sie es einfach.«

Am 4. Januar 1948 nahm Thor Heyerdahl wieder einmal Abschied von Liv und den Kindern. Die nächsten vier Monate tourte er kreuz und quer über den amerikanischen Kontinent. Das *Natio-*

nal Lecture Bureau nahm keinerlei Rücksicht und ließ die Vortragsorte einfach in der Reihenfolge der eingegangenen Bestellungen aufeinanderfolgen oder schickte ihn zunächst dorthin, wo die meisten Zuhörer zu erwarten waren. Heyerdahl erhielt pauschal zweihundert Dollar pro Auftritt, und da er Anreise und Unterbringung davon selbst bezahlen musste, interessierten den Agenten seine Nebenkosten nicht im Geringsten. So kam es, dass Heyerdahl manchen Vortrag nach Abzug der Spesen praktisch umsonst hielt. Nach einem scheinbar endlosen Leben aus dem Koffer hatte er gegen Ende März die Nase voll. »Ich habe diese Vorträge so verdammt satt«, schrieb er seinen Gefährten von der *Kon-Tiki* aus Chicago. »Ich verliere immer mehr die Geduld, die ganze Zeit durch die verfluchte finanzielle Dankbarkeitsschuld gebunden zu sein.«

Der Ruhm bereitete ihm Freude, aber er forderte auch seinen Preis.

DIE TRENNUNG

Als Thor Heyerdahl im Frühling 1948, von der ganzen Welt bewundert, nach Norwegen heimkehrte, entzog er sich Liv und den Kindern fast von Beginn an. Für ihn war es jetzt das Wichtigste, seine Erlebnisse auf dem Floß zu Papier zu bringen. Und als das Buch fertig und auf dem Weg in die Buchhandlungen war, da fühlte er sich zu einer anderen Frau hingezogen.

Am Samstag, den 16. Oktober 1948, sollte im *Nevra Høyfjellshotell* eine Abendgesellschaft stattfinden, und Hoteldirektor Per Haslev wollte gern das Ehepaar Heyerdahl unter seinen Gästen sehen. Nachdem er ihnen seine Hütte auf Svippopp verkauft hatte, war er so etwas wie ein guter Bekannter der Familie geworden. Er schickte seinen Chauffeur in Livree, um die beiden abzuholen. Im Lauf des Tages war es aber zu einem Streit zwischen den Eheleuten gekommen und Liv war müde und fühlte sich nicht in der Stimmung, zu einem Fest zu gehen. Thor fuhr allein.

Das Hotel stand oberhalb von Lillehammer an der Baumgrenze und war ein beliebtes Anlaufziel für die Osloer Prominenz geworden, ein Ort zum Sehen und Gesehenwerden. Am Abend war Smoking angesagt, das Essen bestand aus vier Gängen. Anschließend wurden Kaffee und Cognac in einem angrenzenden Salon serviert. Einzelne Herren zündeten ihre Zigarren an, ein Orchester spielte im Ballsaal bis spät in die Nacht zum Tanz auf.

Bevor der nächste Morgen graute, erlebte der soeben vierunddreißig Jahre alt gewordene Thor Heyerdahl einen weiteren tief greifenden Wendepunkt in seinem Leben. Als ihm der Zufall Yvonne Dedekam-Simonsen in die Arme führte, fiel diese Begegnung so intensiv aus, dass sie sich noch vor Ablauf der Oktobernacht einig waren, heiraten zu wollen.

Thor hatte sich neu verliebt, und zwar heftig. Er verheimlichte Liv keineswegs, was in der Nacht im Hotel vorgefallen war. Im Gegenteil, er erzählte es ihr sogleich in aller Offenheit.

Liv reagierte so entsetzt, als hätte jemand ihr Leben in Stücke geschlagen. Erst einmal steckte sie die Kränkung jedoch weg und verbarg sie der Kinder wegen. Sie glaubte, ihre Ehe mit Thor müsse um ihretwillen gerettet werden.

In den zwei Jahren, die Thor auf die *Kon-Tiki*-Expedition verwendete, hatte Liv zurückgezogen in der primitiven Hütte auf Rustadhøgda gelebt, wo sie, abgesehen von ihrer Schwiegermutter, keine Freunde um sich hatte. Doch nun brauchte sie jemanden, dem sie sich anvertrauen konnte. Alison kam dafür nicht infrage und so blieb eigentlich nur Henriette Olsen, die Frau des Reeders, mit der sich Liv angefreundet hatte, als sie während des Kriegs bei den Olsens in den USA lebte. Inzwischen wohnte Henriette in Oslo und Liv schrieb ihr.

»Ich habe gesagt, ich sei bereit, um der Kinder willen auf welcher Grundlage auch immer weiterzumachen.« Sie sei dafür sogar willens, zu akzeptieren, dass Thor eine Geliebte habe.

Aber Thor wollte nicht mehr.

In der Hoffnung, dass wenigstens die Jungen ihren Vater, den sie kaum richtig kennengelernt hatten, häufiger sehen würden, überredete Liv ihren Mann, den Winter über zu bleiben, »um zu probieren, ob es noch irgendwie geht«. Doch trotz dieses Hoffnungsfünkchens erkannte sie, dass sie sich darauf einstellen musste, »mit den Jungen allein weiterzuleben«. Und als sie sich dann durchrang, selbst die Initiative zu ergreifen, ging sie sehr rigoros zu Werke. Zehn Tage bevor sie mit den beiden Kindern Weihnachten feiern wollten, zeigte sie ihren Mann wegen Ehebruchs an und forderte die Auflösung der Ehe.

Nach dem damals in Norwegen geltenden Eherecht konnte ein Partner gerichtlich die Scheidung verlangen, »sofern der jeweils andere Ehepartner sich des Ehebruchs oder eines mit diesem gleichzustellenden unsittlichen Umgangs schuldig gemacht hat«.

Im Norwegen der Nachkriegszeit war eine Scheidung noch mit Scham und Schande verbunden. Die schmutzige Wäsche vor einem Richter zu waschen machte es nicht leichter. Doch in der Presse wurden Scheidungen damals nicht breitgetreten und darum würde es nur in begrenztem Umfang einen Skandal geben. In dem Fall, dass Liv den Prozess gewann, durfte sie die Ehe augenblicklich beenden. Damit entginge sie als betrogene Ehefrau einem langen und erniedrigenden Trennungsverfahren. Ihr Fall wurde schon am 21. Dezember vor dem zuständigen Bezirksgericht verhandelt. Es kam zu folgendem Urteil: »Die Ehe zwischen den Eheleuten Liv und Thor Heyerdahl wird aufgelöst. Die gemeinsamen Kinder Bjørn und Thor verbleiben bei der Mutter, der das Sorgerecht für die Kinder zugesprochen wird.«

Im Grunde gefiel Thor diese Regelung nicht schlecht. Er hatte kaum noch für anderes Gedanken als für seine neue Liebe, und nachdem seine Ehe offiziell geschieden war, konnte er sich noch intensiver der neuen Frau in seinem Leben zuwenden.

Yvonne Dedekam-Simonsen, zu dem Zeitpunkt vierundzwanzig Jahre alt, wurde von Angehörigen und Freunden als schön, elegant und fröhlich beschrieben. Sie war aufgeschlossen und andere Menschen fühlten sich in ihrer Gesellschaft wohl. Sie war zweimal verlobt gewesen, doch ohne festen Freund, als sie Thor Heyerdahl begegnete. Der Vater, Wessel Dedekam-Simonsen, stammte aus Mandal und gehörte als Makler für Schiffsversicherungen zum gehobenen Bürgertum. Yvonnes Mutter Bergljot war die Tochter eines Fabrikdirektors aus Jæren, der später zu *Norsk Hydro* nach Kristiania gewechselt war, worüber die extrovertierte Tochter sich besonders freute. Sie wollte am liebsten Tänzerin werden und sich amüsieren. Dann traf sie Wessel, der nicht nur Klavier spielte, sondern auch noch ein begnadeter Tänzer war. 1921 heirateten sie, 1924 kam Yvonne als zweites von vier Kindern zur Welt. Sie besuchte oft ihre Großeltern und interessierte sich besonders für die dreitausend Bände umfassende Bibliothek ihres Großvaters Svenn. Nach Abschluss der Schule trat sie 1941 eine Stelle im medizinischen Labor des staatlichen Krankenhauses in Oslo an und wechselte 1943 zur pharmazeutischen Firma Nygaard & Co. Nach einer Weiterbildung in mikrobiologischer Labortechnik in England wünschte sie sich ein wenig Erholung und ihre Eltern schickten sie ins *Nevra Høyfjellshotell*.

In den Wochen nach der ersten Nacht, die Thor dort mit Yvonne verbrachte, versuchte Liv Heyerdahl zu ergründen, was in ihrer Ehe mit Thor schiefgelaufen war. Es war ihr klar, dass sie nicht mehr die gleichen gemeinsamen Standpunkte wie mit zwanzig vertraten. »Aber das ist ja auch viele Jahre her und ich habe durch das, was ich erlebt habe, viel Neues gelernt«, schrieb sie Henriette Olsen. Thor dagegen »hat noch all seine Ideale von damals bewahrt und ich finde es ja wunderbar, wenn man sich seine Ideale erhalten kann«. Für Thor hingegen stellte es ein ernstes Problem dar, dass sie, wie er es nannte, ihren »Kinderglauben« verloren hatte. Außerdem hatte er das Gefühl, dass sie nicht mehr hinter ihm stand wie einst. Mitten in den Vorbereitungen zur Abfahrt mit der *Kon-Tiki* hatte er von ihr einen Brief erhalten, den er als »das kälteste Misstrauensvotum« empfand, »das ich jemals von dir bekommen habe«. Und immer kühler war es im Lauf der Zeit auch in ihrem Sexualleben geworden. Als die beiden Söhne alt genug waren, um mit ihnen darüber zu reden, vertraute Liv ihnen an, dass sie im Ehebett zunehmend weniger Vergnügen empfunden habe, und Thor bestätigte den Jungen: »Liv wollte nicht mehr mit mir schlafen.« Das schuf Frustrationen und aufgestautes Begehren in Thor Heyerdahl, für die er in vielem jedoch auch selbst verantwortlich war. Indem er die Arbeit stets über seine Frau und die Kinder stellte, trug er seinerseits gehörig zur Entfremdung zwischen den Eheleuten bei. Was er seiner Frau jedoch nie vergessen konnte, war der Vorfall in Washington, als sie ihn beim Verlassen des Flugzeugs vor den Augen der gesamten Öffentlichkeit abgewiesen hatte. Liv sagte später oft, dass es ihr leidtue und sie es nicht verletzend gemeint habe, aber es half nichts mehr.

Um noch einen Versuch zu unternehmen, bat Liv Thor, Yvonne nach Svippopp einzuladen, damit sie sich kennenlernen könnten. An einem Novemberabend versammelte er eine kleine Runde in der Hütte: Per Haslev, den Direktor des *Nevra Høyfjellshotell*, den Maler Bjørn Stenersen, den er bei seinem Aufenthalt in *Little Norway* kennengelernt hatte, und Yvonne. Er war sichtlich stolz auf seine neue Freundin und Liv konnte nicht über die Aufmerksamkeit hinwegsehen, mit der er Yvonne behandelte.

»Da hast du ja einen richtigen Engel gefunden«, sagte sie und sah ein, dass sie den Kampf um Thor verloren hatte.

Nach dem Jahreswechsel begann das frisch verliebte Paar mit den Vorbereitungen für das, was sie sich gleich in der ersten Nacht versprochen hatten, ihre Heirat. Sie sollte an einem geheim gehaltenen Ort stattfinden.

Am 4. Februar 1949 legte Thor in Göteborg an Bord des Dampfers *Gripsholm* von der schwedischen Amerika-Linie ab. Nach einer stürmischen Überfahrt über den Nordatlantik traf das Schiff am 16. mit Verspätung in New York ein. Yvonne landete am 1. März mit einem Flugzeug. Zusammen fuhren sie nach Chicago, wo Thor an der Universität einen Vortrag mit »exciting pictures of the Great Pacific Ocean Raft Expedition« hielt. Nach einem Besuch im *Chicago National Natural Museum* bestiegen sie den Traditionszug *El Capitan,* der die Strecke Chicago–Los Angeles bediente. Sie hatten Fahrkarten nach Santa Fé, der Hauptstadt von New Mexico, wo sie am 6. März ankamen.

Dass ihre Wahl auf diesen Ort gefallen war, verdankte sich natürlich nicht dem Zufall. Thor Heyerdahl fuhr in erster Linie nach Santa Fé, weil er dort arbeiten wollte. Am *Museum of New Mexico* wollte er seine Studien zur Kultur und Geschichte der Indianer fortsetzen. Zum ersten Mal arbeitete er dort mit professionellen Archäologen zusammen.

Doch bevor er seine neuen Studien und die Arbeit an der Abhandlung aufnahm, stand die Hochzeit an, und was passte besser zu einem Romantiker wie Thor Heyerdahl, als sich in einer uralten und ganz besonderen Stadt wie Santa Fé trauen zu lassen? In der wüstenartigen Landschaft gab es noch Häuser aus sonnengetrocknetem Lehm, immergrüne Zedern spendeten kühlenden Schatten und am Horizont hoben sich schneebedeckte Berge zum Himmel. Mit seiner Mischung aus indianischer und spanischer Kultur erinnerte Santa Fé Thor Heyerdahl mehr an Mexiko und Peru als an die USA.

Die Trauung fand am 7. März im nüchternen Büro des Sheriffs statt. Während der Sheriff die vorgeschriebenen Worte von einem Formular ablas, betrachtete Thor den Revolver auf einem Regal.

Ein Mann namens Bill wurde aus einem Nebenraum gerufen, um als Trauzeuge zu fungieren. Thor und Yvonne gaben einander das Jawort und der Sheriff erklärte sie zu rechtmäßigen Eheleuten.

Zu Hause in Norwegen sollte vorläufig niemand etwas von ihrer Heirat erfahren. Von allem möglichen Verdruss abgeschirmt, konnten sie so ihre Ehe beginnen. Das erste gemeinsame Ziel bestand darin, mit vereinten Kräften nun endlich Thors Monografie fertig zu bekommen. Sie wollten bis August in Santa Fé bleiben und Thor hoffte, den Schlusspunkt setzen zu können, bevor sie nach Hause fuhren.

Yvonne stürzte sich mit Eifer in die Arbeit. Nach zwei gescheiterten Verlobungen hatte sie einen Mann gefunden, der ihr die Sicherheit gab, die sie suchte. Sie zeigte ihm ihre Liebe und sie opferte sich für seine wissenschaftliche Arbeit auf. Eine geeignetere Partnerin hätte Thor Heyerdahl kaum finden können. Er bekam nicht nur eine neue Ehefrau, sondern auch die Sekretärin, die er mit Liv verloren hatte.

DAS BUCH

Den Herbst 1948 hindurch herrschte im norwegischen Gylden-dal-Verlag ziemliche Anspannung. Verlagschef Harald Grieg hatte entschieden, das *Kon-Tiki*-Buch in einer Startauflage von zehntausend Exemplaren zu drucken. Für norwegische Verhält-nisse war das viel. Hatte er sich verschätzt?

Das Buch musste sich in diesem Herbst gegen starke Konkur-renz durchsetzen. Die norwegische Übersetzung von Melvilles *Moby Dick* kam in einundzwanzigtausend, der erste Band von Churchills *Gesammelten Werken* in einunddreißigtausend Exem-plaren auf den Markt. Dazu erschien noch Helge Ingstads Buch über seine Zeit auf Spitzbergen, alles Titel, die auf die gleiche Le-sergruppe zielten, die Grieg auch mit dem *Kon-Tiki*-Buch errei-chen wollte.

Kon-Tiki ekspedisjonen erschien am 2. November 1948. Den Zeitungskritikern gefiel es. In *Aftenposten* meinte Leif Bøhn, es habe das Zeug, genau wie Nansens *Auf Schneeschuhen durch Grönland* zu einem Klassiker für die Jugend zu werden. Doch trotz solch wohlwollender Besprechungen räumten die tonange-benden Zeitungen dem Buch nur wenig Platz ein. Sie erkannten nicht, dass Norwegen mit der *Kon-Tiki-Expedition* einer seiner größten Bucherfolge aller Zeiten bevorstand. Schon eine Woche nach Erscheinen war die Erstauflage vergriffen. Bis Weihnachten liefen die Druckpressen heiß und der Verlag meldete fünfzigtau-send verkaufte Exemplare. Die Zahl stieg noch auf siebzigtausend.

In Schweden erreichte das Buch eine Auflage von hunderttausend Exemplaren.

Vier Wochen nach der Erstveröffentlichung unterschrieb Thor Heyerdahl beim englischen Großverlag George Allen & Unwin Ltd. einen Vertrag über eine englische Ausgabe, die mit Ausnahme der USA weltweit verkauft werden sollte. Es folgte Land auf Land. Im Lauf weniger Jahre wurde das Buch in dreiundzwanzig Sprachen übersetzt und in mehr als zwei Millionen Exemplaren verkauft.

Seltsamerweise erwies es sich anfangs als schwierig, auf den amerikanischen Markt zu kommen. Ein Verlag nach dem anderen lehnte dankend ab. Was sich dann doch noch zu einer Buchlawine entwickeln sollte, kam mehr oder weniger durch Zufall zustande. Nach seinem Vortrag an der Universität in Chicago wurde Thor Heyerdahl von zwei Mitarbeitern von Rand McNally angesprochen, einem kleineren Verlag, der sich in erster Linie auf Landkarten und Atlanten spezialisiert hatte. Sie waren von dem Vortrag und den gezeigten Bildern begeistert und wollten gern eine Option auf eine amerikanische Ausgabe erwerben.

Am 21. März 1949 unterschrieb Thor Heyerdahl einen Vertrag, der ihm über die geforderte Erstauflage von zehntausend Exemplaren hinaus auch einen Vorschuss von tausend Dollar zusicherte. Seine Beteiligung sollte zehn Prozent betragen und ab einer eventuellen zweiten Auflage auf fünfzehn Prozent steigen. Einen dickeren Goldfisch hatte sich der Chicagoer Kartenverlag noch nie geangelt und einen größeren Fehler hatten die Verlage, die vorher die Chance zum Zugreifen gehabt hatten, sicher nie begangen. *The Kon-Tiki Expedition* wurde in den USA zum »Buch des Monats« gewählt und erschien in einer Erstauflage von fünfhunderttausend Exemplaren. Und das Interesse an der *Kon-Tiki*-Expedition stieg immer weiter. Zehn Jahre nach Erscheinen der norwegischen Erstausgabe hatte sich das Buch allein in den USA in zwanzig Millionen Exemplaren verkauft. Weltweit war es in zweiundfünfzig Sprachen übersetzt worden und in siebenundachtzig Ausgaben erschienen.

Aus höchst prekären ökonomischen Verhältnissen stieg Thor Heyerdahl in einer Zeit zum Multimillionär auf, in der es für den Durchschnittsbürger in Norwegen nahezu unmöglich war, jemals ein Vermögen von hunderttausend Kronen zusammenzubringen. Wie viel er wirklich verdiente, ließ sich nicht mit Sicherheit feststellen; er wusste es kaum selbst.

Ein Bericht in *Morgenbladet* machte einmal die Dimensionen seiner Einkünfte deutlich. Das Blatt recherchierte, dass Thor Heyerdahl, »diese etwas außergewöhnliche Devisenquelle«, sogar einen nennenswerten Faktor in der norwegischen Handelsbilanz darstellte. Allein der Verkaufserlös seines Buchs brachte dem Staat Deviseneinnahmen zwischen drei und fünf Millionen Kronen. Das entsprach im Jahr 1951 dem Gesamtwert von dem, was Norwegen durch den Export von Dorschrogen einnahm. Thor Heyerdahl mochte noch so sehr mit der Steuer- und Devisenpolitik seines Landes hadern, die Butter auf dem Brot konnte er sich auf jeden Fall leisten.

Doch so gut sein Buch auch beim breiten Publikum ankam, vor den Augen der Wissenschaft fand es keine Gnade.

HUMBUG

Der große Knall kam am 25. November 1949. Die in Helsinki erscheinende Tageszeitung *Nya Pressen* brachte auf der ersten Seite die Schlagzeile: »Kon-Tiki entlarvt« und im Feuilleton einen Artikel mit der Überschrift: »Der Humbug um die Kon-Tiki«.

Geschrieben hatte den Artikel nicht irgendein Redakteur, sondern Professor Rafael Karsten, Religionshistoriker, Ethnologe und Soziologe an der Universität in Helsinki und ein durch mehrere ausgedehnte Feldforschungen und Publikationen ausgewiesener Kenner der südamerikanischen Indianer, besonders der Quechua sprechenden Nachfahren der Inkas. In seinen Augen kündete Heyerdahls Buch von einer derart »verblüffenden« Unkenntnis der peruanischen Vorgeschichte, dass er ihm jeglichen wissenschaftlichen Wahrheitsgehalt rundweg absprach. Schon allein den Sonnengott Kon-Tiki habe es nie irgendwo anders gegeben als in Heyerdahls Fantasie. Dessen ganze Theorie beruhe auf einem »Mythos, den er angeblich von einem alten Häuptling auf Fatuhiva gehört hat«. Dort, in Polynesien, sei der Ursprung zu suchen, wenn es jemals zu einem Kontakt zwischen Polynesiern und Indianern gekommen sei. Außerdem sprach der Professor Thor Heyerdahl das Recht ab, die *Kon-Tiki* mit ihren modernen Hilfsmitteln wie Karten, Kompass und Funkgerät als getreuen Nachbau der Inkaflöße zu bezeichnen. Und er ging schließlich sogar so weit, Zweifel anzudeuten, ob die Fahrt der *Kon-Tiki* überhaupt wirklich so stattgefunden habe, wie Heyerdahl sie in seinem Buch beschrieb.

Dieser vernichtende Angriff traf Thor Heyerdahl wie ein Keulen-schlag. Er brauchte einige Tage, bevor er in der Lage war, darauf zu antworten. Er entschloss sich, den Artikel des Professors we-gen seiner polemischen Formulierungen als ausschließlich per-sönlichen Angriff aufzufassen und in gleicher Münze heimzuzah-len. Karsten fehle schlicht die notwendige Sachkenntnis, um sich kompetent zu Fragen der *Kon-Tiki*-Expedition äußern zu kön-nen, antwortete er der finnischen Nachrichtenagentur FNB. Vor allem Karstens giftige Äußerungen über das Floß entbehrten je-der Sachkenntnis. »Unter Lebensgefahr haben meine Gefährten und ich demonstriert, was ein Floß aus Balsaholz zu leisten ver-mag und wohin Wind und Strömungen es von Peru aus führen. Professor Karsten darf ruhig in aller Sicherheit an seinem Schreib-tisch sitzen und weiterhin behaupten, dass die Wanderungen im Stillen Ozean in der entgegengesetzten Richtung stattgefunden hätten. Ich weiß, dass er seine Gegenthese nicht in der Praxis be-weisen kann. Und ich darf verlangen, dass Professor Karsten die eindeutigen Fakten im Zusammenhang mit meiner Fahrt akzep-tiert und nicht ohne Grund cholerisch behauptet, die Reise kön-ne nicht wahr sein.« Im Übrigen hege er die Hoffnung, dass man seine Theorie auf der Grundlage der wissenschaftlichen Mono-grafie beurteilen werde, die er in Arbeit habe, und nicht anhand eines »Unterhaltungsbuchs über die *Kon-Tiki*-Expedition«, wie er es zunächst vorgelegt habe.

Rafael Karsten blieb hart. Wenn Heyerdahl mit einem Riesen-rummel seine Theorie in einem solchen Buch in die Welt hinauspo-saune, dann müsse er sich auch dareinfügen, dass dieses Buch fach-lich und nicht nur literarisch bewertet werde. »Ich bin überzeugt, dass meine Kritik seiner haltlosen Theorie und der gesamten soge-nannten *Kon-Tiki*-Expedition nicht die letzte bleiben wird«, antwortete Karsten am 28. November in einem neuerlichen Artikel in *Nya Pressen*. Und mit dieser letzten Annahme sollte Professor Karsten auf jeden Fall recht behalten.

Die größte damalige Autorität für polynesische Kultur, der Neuseeländer Peter Buck, hatte bereits vorher in einem Interview im *Auckland Star* für Heyerdahls Theorie und ihren vermeintlichen Beweis durch die *Kon-Tiki*-Expedition nur Spott übriggehabt. In der Sache meinte Thor seine Einwände leicht widerlegen zu können, aber da Buck als die maßgebliche Koryphäe auf seinem Gebiet galt, erreichte er ohne Weiteres sein Ziel, den abenteuerlichen Floßfahrer jedweder wissenschaftlicher Glaubwürdigkeit zu berauben. Andere Forscher in Skandinavien und den Vereinigten Staaten stießen ins gleiche Horn. Der amerikanische Ethnologe Ralph Linton, der wie Thor Heyerdahl die Kulturdenkmäler auf den Marquesas untersucht und ihn während des Kriegs in New York auch persönlich kennengelernt hatte, trieb die Sache auf die Spitze. Laut *Aftenposten* erklärte er 1952 in einer seiner Vorlesungen: »Heyerdahl hat nichts anderes bewiesen als das, was wir schon vorher wussten: Die Norweger sind tüchtige Seeleute.«

Das Corpus Delicti gewissermaßen, die *Kon-Tiki*, hatte in der Zwischenzeit in Oslo sogar ein eigenes Museum erhalten. Dem Mann aber, der die Idee zu ihrem Bau hatte und unter dessen Leitung sie erfolgreich fast achttausend Kilometer zurücklegte, um seine Hypothesen zu untermauern, diesem Mann verweigerten Akademiker rund um den Globus nach wie vor eine Anerkennung seiner Theorie und darüber hinaus auch seiner Person als ernst zu nehmender Forscher. Gerade darum aber war es Thor Heyerdahl zu tun. Immer wieder hat er beteuert, dass er sich nicht etwa aus Abenteuerlust auf einem Floß auf den offenen Ozean getraut habe, sondern um den Nachweis einer wissenschaftlichen These zu erbringen. Umso härter traf es ihn, wenn gerade auf ihre Wissenschaftlichkeit pochende Professoren seinen experimentellen Nachweis polemisch als »absurd« abtaten wie der dänische Anthropologe Kaj Birket-Smith oder ihm gar ein »Humbug!« entgegenschmetterten wie Rafael Karsten.

Auch der aus der Schweiz stammende Ethnologe Alfred Métraux qualifizierte die Fahrt der *Kon-Tiki* im Sommer 1951 in einem flammenden Artikel in der *Revue de Paris* als »Pfadfinderausflug« ab. Der Spezialist für Südamerika und Polynesien am Smithsonian Institute und bei der UNESCO in Paris bemühte sich jedoch wenigstens, dieses vernichtende Urteil mit Argumenten zu belegen. Métraux war ein uneingeschränkter Bewunderer der Polynesier als Seefahrer und Entdecker. Heyerdahls Annahme, die Besiedlung der pazifischen Inseln müsse schon allein aufgrund der vorherrschenden Winde von Osten erfolgt sein, kam für ihn einer Herabsetzung ihrer seemännischen Fähigkeiten gleich. Sie hätten ihre Entdeckungsfahrten keineswegs auf Flößen unternommen, sondern auf Auslegerkanus, mit denen sie sehr wohl auch gegen den Wind ankreuzen konnten. Ihr unstillbarer Entdeckerdurst habe sie so gut wie alle Inseln des Pazifiks bis hinab zur Osterinsel erreichen lassen, warum dann nicht auch die Küste Südamerikas? Auf diese Weise sei auch das vermeintliche Rätsel der in Polynesien früh verbreiteten, ursprünglich aber aus Südamerika stammenden Süßkartoffel zu lösen. Außerdem behaupte Heyerdahl zum einen, die Menschen, die Polynesiens Inselwelt besiedelten, seien noch aus einer Steinzeitkultur gekommen, weil sie keine Metallbearbeitung gekannt hätten, und mit diesem Argument schließe er Asien als ihr Herkunftsgebiet aus. Zum anderen müsse er dann wohl davon ausgehen, dass die Indianer im Gebiet um den Titicacasee bei ihrer Auswanderung etwa Mitte des 1. Jahrtausends noch auf der Stufe einer Steinzeitkultur verharrt hätten. Wie aber konnte es Heyerdahl entgangen sein, dass die Indianer in Peru Metalle schon im 1. Jahrtausend *vor* unserer Zeitrechnung benutzten und überhaupt die avanciertesten Metallkünstler in der Neuen Welt gewesen seien?

Damit, dass die etablierte Wissenschaft es ihm und seiner umstürzenden Theorie nicht leicht machen würde, hatte Thor Heyerdahl schon vor seiner Abfahrt mit der *Kon-Tiki* gerechnet. Doch erwartete er nun wenigstens die Anerkennung der Tatsache, dass er mit seiner erfolgreichen Überfahrt nach Polynesien ihre Behauptung widerlegt hatte, die Indianer Südamerikas hätten vor Ankunft der spanischen Konquistadoren keine seetüchtigen Fahrzeuge besessen. So leicht ließen sich die akademischen Fachleute allerdings ihre Lehrsätze nicht von einem Außenseiter aus der Hand schlagen. Aufgeschreckt durch seinen publizistischen Erfolg beim breiten Publikum, folgten sie einer simplen, doch altbewährten Strategie und sprachen seinem Experiment einfach jegliche wissenschaftliche Relevanz ab, und sie erklärten Heyerdahl als Person zu einem Scharlatan oder Hasardeur, der bestenfalls »Pfadfinderausflüge« unternehme. Als Karstens polemischer Ausfall kam, hatte Heyerdahl kurz gewankt, doch dann nahm er das auf, was er damals in einem Brief an Erik Hesselberg als den »Kampf des Lebens« bezeichnete. Es konnte ihm damals noch nicht klar sein, dass er diesen Kampf im Grunde für den Rest seines Lebens führen würde.

In seinen Antworten beschuldigte er seinerseits die etablierten Wissenschaftler, dogmatisch und praxisfern zu sein. Von ihren Schreibtischstühlen und Vorlesungspulten aus hätten sie leicht reden, meinte er, während er selbst seine Argumente vom ausgesetzten Deck eines Floßes vorbrachte. In dieser mit harten Bandagen

Bruchlandung. Nach 101 Tagen auf See endete die *Kon-Tiki* auf dem Riff von Raroia, einem Atoll in Französisch-Polynesien

Kon-Tiki-Insel. Auf dem Riff, an dem sie landeten, lag eine unbewohnte, kleine Palmeninsel. Dort pflanzte Thor Heyerdahl eine Kokosnuss, die er aus Peru mitgebracht hatte

geführten Auseinandersetzung um die Bewertung der *Kon-Tiki*-Expedition und ihrer daraus resultierenden Relevanz für die Forschung bildete sich ein Grundmuster, das für Thor Heyerdahls weiteres Leben prägend wurde und auf anderen Feldern mehrfach wiederkehren sollte. Ob es nun um das Rätsel der Steinskulpturen auf der Osterinsel oder um die nicht weniger geheimnisvollen Pyramiden der Mayas und die Seetüchtigkeit ägyptischer Binsenboote ging: Wieder und wieder suchte sich Thor Heyerdahl innerhalb der Forschung ungelöste und heftig umstrittene kulturgeschichtliche Phänomene, stellte eigene Hypothesen dazu auf (die meist die bis dahin vorherrschende Lehrmeinung gründlich auf den Kopf stellten) und versuchte anschließend durch die von ihm durch seine Expeditionen mitbegründete »experimentelle Archäologie« den akademischen Wissenschaftlern die Richtigkeit seiner Thesen zu beweisen.

Wenn es ihm allein darum gegangen wäre, erfolgreich und bekannt zu werden, dann hätte er nach dem Welterfolg seines *Kon-Tiki*-Buchs mehr als zufrieden sein können. Dass er sich nicht entspannt in seinem Erfolg sonnte, sondern sich nach der Landung der *Kon-Tiki* noch einmal fünf Jahre lang mit dem abquälte, was er »seine Abhandlung« nannte, zeigt, dass es ihm immer um mehr ging: Er wollte auch als Wissenschaftler anerkannt und ernst genommen werden.

DIE ABHANDLUNG

Als 1949 das Buch zur *Kon-Tiki*-Expedition erschien, hatte der dänische Anthropologe Kaj Birket-Smith auf dem damals in New York tagenden *International Congress of Americanists* ausdrücklich empfohlen, man solle über Heyerdahls Buch am besten den Mantel des Schweigens breiten. Der nächste Kongress sollte im üblichen Turnus drei Jahre später stattfinden. In der Zwischenzeit aber trat das *Kon-Tiki*-Buch seinen Siegeszug um die Welt an. Und der Film mit den Aufnahmen von der Floßreise, den Thor Heyerdahl Anfang 1950 bei seiner Uraufführung in Stockholm vorstellte, wurde im März 1952 in Hollywood mit einem Oscar für den besten Dokumentarfilm ausgezeichnet. Heyerdahl selbst erhielt von der Schwedischen Gesellschaft für Anthropologie und Geografie für die wissenschaftliche Zielsetzung der *Kon-Tiki*-Expedition die Ehrenmedaille der Gesellschaft und in Norwegen wurde er zum Kommandeur des St.-Olavs-Ordens ernannt. Die Taktik der Fachwissenschaftler, Heyerdahl und seine Publikationen am liebsten totzuschweigen, hatte auf ganzer Linie versagt.

Die international führenden Amerikanisten entschlossen sich daher zu einem offensiven Gegenschlag. Sie luden Thor Heyerdahl ein, seine Thesen auf dem 30. Internationalen Amerikanistenkongress in Cambridge in einem Vortrag vorzustellen.

Für Thor, der sich selten kurzfassen konnte, wenn es um die Darlegung seiner Theorien ging, kam es gar nicht infrage, sich bei diesem für ihn alles entscheidenden Aufeinandertreffen mit den führenden Vertretern der Wissenschaft allein auf die Zeit eines Vortrags beschränken zu lassen. Er meldete nicht nur gleich mehrere an, sondern für ihn stand auch fest, dass er rechtzeitig vor Beginn des Kongresses endlich seine seit so langer Zeit in Arbeit befindliche Abhandlung veröffentlichen musste.

Mit ersten Notizen in Bjarne Kroepeliens Bibliothek hatte alles begonnen. Das lag nun bald zwanzig Jahre zurück. Nach Abschluss seines ersten Buchs (über den Aufenthalt auf Fatuhiva) hatte er dann 1938 zum ersten Mal systematisch Aufzeichnungen mit dem Ziel angelegt, eine Monografie über Polynesien zu schreiben. Den ursprünglichen Titel *Polynesia and America* hatte er im Lauf der vielen Jahre mehrfach geändert. In Bella Coola hatte er die Aufzeichnungen als Grundlage für eine Dissertation mit dem fast schon herausfordernden Titel *American Indians of Pacific Islands* herangezogen und in seinem knappen Jahr in Baltimore an der Johns-Hopkins-Universität weiter daran gearbeitet, bis der Krieg dazwischenkam. Mit der *Kon-Tiki*-Expedition hatte er nach dem Krieg den empirischen Beweis seiner Theorie antreten wollen, und nach Veröffentlichung zunächst des Erlebnisberichts für das breite Publikum hatte er in Santa Fé seine Studien weitergetrieben und die Befunde und Ergebnisse in das wissenschaftliche Manuskript eingearbeitet. Im Winter und Frühjahr 1952 stand der Endspurt an. In einer Koproduktion von Gyldendal in Norwegen, dem schwedischen Verlag Forum und seinem englischen Verlag Allen & Unwin sollte die Abhandlung spätestens Anfang Juni erscheinen. Noch einmal kam es zu einer Verzögerung, doch dann stellte Thor in einer Pressekonferenz zum 12. August 1952 offiziell sein Werk vor: *American Indians in the Pacific. The theory behind the Kon-Tiki Expedition.* 821 Seiten mit einem beeindruckenden Apparat an Fußnoten und Literatur- und Quellenverzeichnissen.

Ein solches Opus konnte natürlich niemand innerhalb einer Woche eingehend zur Kenntnis nehmen, aber die Botschaft wurde verstanden: »Heyerdahl wirft der Wissenschaft den Fehdehandschuh hin«, schrieb die Zeitung *Verdens Gang* nach der Pressekonferenz. Ein entsprechend nervöser Thor Heyerdahl traf dann in Cambridge ein. Seine unguten Gefühle dürften noch zugenommen haben, als er erfuhr, dass man ausgerechnet seinen Widersacher Birket-Smith zum Leiter der Diskussion nach dem ersten Vortrag ausersehen hatte.

Yvonne begleitete ihren Mann. In einer Pause unterhielt sie sich auf dem Gang mit einem Professor aus Schweden. Ein anderer Teilnehmer trat auf den Professor zu und entschuldigte sich dafür, dass er ihn nicht gleich begrüßt habe, mit den Worten: »Ich dachte, Sie seien Thor Heyerdahl.«

Am nächsten Vormittag stand Thor mit seinem ersten Vortrag als Dritter auf der Tagesordnung. Beim ersten Redner saßen nur wenige Zuhörer im Sitzungssaal. Der zweite erschien aus irgendwelchen Gründen nicht. Eigentlich wäre damit eine Pause bis zum dritten Vortrag eingetreten, doch Birket-Smith bat Heyerdahl, doch einfach gleich mit seinem Vortrag zu beginnen. Der Saal war noch immer so gut wie leer.

Als Thor am Rednerpult seine Manuskriptblätter zurechtlegte, sah er, wie Yvonne sich ganz leise erhob und den Saal verließ. Wenig später flog die Tür wieder auf und eine Flut von Teilnehmern und Pressevertretern strömte herein, bis auch der letzte Platz gefüllt war. Yvonne lächelte Thor mit einem Zwinkern zu.

»Noch einmal von vorne anfangen«, rief jemand.

Thor blickte Birket-Smith an. Der nickte zustimmend.

In der folgenden Stunde hielt Thor das Publikum mit seinen Ausführungen über die »Seefahrt in Peru vor Kolumbus und die praktischen Möglichkeiten einer Kulturverbreitung nach Polynesien« gefesselt. Als er die letzte Manuskriptseite weglegte, gab Birket-Smith die Diskussion frei. Der ganze Saal blieb mucksmäuschenstill. Endlich stellte jemand eine harmlose Frage, aber es kam kein kritischer Einwand, kein Angriff, nichts. Schließlich erhob sich Birket-Smith und dankte dem Vortragenden dafür, dass er deutlich dargelegt habe, wie außergewöhnlich wichtig sein Forschungsbeitrag sei. Damit konnte der Applaus losbrechen.

In seinen beiden weiteren Vorträgen präzisierte Thor Heyerdahl die Ziele seiner *Kon-Tiki*-Expedition und seine Schlussfolgerung aus dem Ergebnis: Wenn die Wissenschaft die frühe Geschichte Polynesiens erforschen wolle, dürfe sie nach neuestem Kenntnisstand Amerika nicht mehr außer Acht lassen. Das weckte Widerspruch, aber es kam zu keinem Eklat. Die Feuerprobe war erfolgreich bestanden. Trotzdem blieb bei Heyerdahl ein schales Gefühl zurück, gegen Wände geredet zu haben, denn der Kongress hatte sich seine Standpunkte zwar angehört, sie sich aber nicht zu eigen gemacht. Die »Revolution der ethnologischen Forschung« hatte nicht stattgefunden.

Beim Abschiedsempfang am letzten Abend nippte Thor gerade an seinem Lieblingscocktail, einem Martini dry, als ein älterer Herr auf ihn zukam und ihm die Hand schüttelte. Es war Samuel K. Lothrop, der Amerikaner, der in den Dreißigerjahren die Behauptung aufgestellt hatte, ein Floß aus Balsaholz würde auf dem Meer innerhalb von vierzehn Tagen sinken. Er bekannte nun freimütig, dass er sich geirrt habe, und gratulierte Heyerdahl zu seiner Fahrt und zu den Vorträgen. Weder Karsten noch Buck oder Métraux ließen sich blicken. Die heftigste Kritik seiner Abhandlung hatte Heyerdahl noch zu erwarten.

Als der polemische Streit um die *Kon-Tiki*-Expedition die höchs-

ten Wellen schlug, hatte Karsten angedroht, er werde sich die »kopf-
lose Theorie« noch einmal vornehmen, wenn die Abhandlung vor-
liege. Doch das tat er nicht. Die finnische Wissenschaftsakademie
versuchte darum, eine öffentliche Podiumsdiskussion zwischen
den beiden Kontrahenten zu arrangieren. Thor war dazu bereit
und reiste nach Helsinki. Professor Karsten war aber unter keinen
Umständen zu einer Teilnahme zu bewegen. Auf Thors Vorschlag
wurde schließlich ein privates Treffen im Haus des Professors ver-
einbart. Dabei beklagte sich Karsten vor allem über die Schwierigkeiten auf seiner letzten Amazonasexpedition; die *Kon-Tiki* wurde mit keinem Wort erwähnt. Beim Abschied sagte Karsten nach
Auskunft seiner Tochter Maggie: »Ich kann Ihre Auffassung leider
nicht teilen, aber ich werde Sie auch nicht mehr angreifen.«

Sir Peter Buck äußerte sich ebenfalls nie wieder zum Thema.
Einem Gerücht zufolge war er jedoch bei der Premiere des *Kon-
Tiki*-Films in Honolulu gesehen worden.

Vor der Premiere in Frankreich brachte die Wochenzeitung
Carrefour im April 1952 ein Interview mit Alfred Métraux. Darin bezeichnete er Thor Heyerdahl als einen »schlechten Wissenschaftler«. Als der Autor des Films zur Premiere in Paris erschien,
verweigerte er der Zeitung eine Antwort in einem Interview und
wünschte sich stattdessen eine persönliche Begegnung mit Métraux. In seinem Büro legte er dem Spezialisten für Südamerika
und Polynesien zunächst einen Vorabdruck seiner Abhandlung
auf den Schreibtisch und dann einige Fotografien von Steinskulpturen aus Südamerika und von der Osterinsel. Für einen Kenner
wie Métraux, der behaupte, die Unterschiede seien größer als die
Ähnlichkeiten, müsse es ein Leichtes sein, die jeweilige Herkunft
der Skulpturen zu bestimmen.

Métraux lag genauso oft daneben, wie er richtig tippte.

Ein halbes Jahr später veröffentlichte er in der schwedischen *Göteborgs Handels- og Sjöfartstidning* seine Besprechung von *American Indians in the Pacific*. Er bedauerte die Behandlung, die Thor Heyerdahl nicht zuletzt durch ihn selbst nach seinem *Kon-Tiki*-Buch erfahren habe. Wer jetzt die über achthundertzwanzig Seiten starke wissenschaftliche Darlegung seiner Theorie aufschlage, könne von dem darin versammelten Wissen nur »geblendet« sein. Er kenne kaum jemanden sonst, der eine solche Leistung zustande bringen könne. Gleichwohl habe ihn auch Heyerdahls neues Buch nicht überzeugt. Als schwächsten Punkt in Heyerdahls Argumentation nahm er die darin behaupteten vermeintlichen Ähnlichkeiten zwischen den Sprachen der Polynesier und der Indianer an der nordamerikanischen Pazifikküste aufs Korn. Heyerdahl stütze sich da auf eine Publikation des Kanadiers Charles Hill-Tout aus dem Jahr 1898. In dem seitdem vergangenen halben Jahrhundert sei die Linguistik jedoch längst zu anderen Erkenntnissen gekommen.

Damit gab der international anerkannte Métraux den Ton für weitere Besprechungen von Thor Heyerdahls Abhandlung vor. Man zeigte sich einleitend meist beeindruckt von seiner Leistung und seinem Wissen, um ihm dann seine Argumentation von ihren Schwachpunkten her zu zerpflücken. Besonders warf man ihm vor, bei der Auswahl seines Materials und seiner Methoden höchst eklektisch vorgegangen zu sein und nur das aufgenommen zu haben, was ihm in seine Argumentation passte, während er Befunde, die in die von ihm nicht erwünschte Gegenrichtung wiesen, schlicht unterschlage. Man fragte etwa, warum die frühen Polynesier nicht weben und töpfern konnten, wenn sie doch aus dem für seine Töpferei und Webarbeiten berühmten Peru gekommen seien, oder wies anhand von Wetteraufzeichnungen seit Captain

Cooks Zeiten nach, dass im Stillen Ozean sehr wohl auch westliche Winde auftreten.

Als Thor Heyerdahl allmählich einsehen musste, dass ihm die große Umpolung der Polynesien-Forschung auch mit seiner wissenschaftlichen Abhandlung nicht gelingen würde, brachte ihn wohl Enttäuschung dazu, zunehmend mit Sturheit und Trotz zu reagieren. Er war davon überzeugt, dass er recht hatte, und seine Behauptungen nahmen für ihn allmählich genau den Charakter an, den er den Thesen seiner Widersacher immer vorgeworfen hatte: Sie erstarrten zu Glaubenssätzen. Sein Wunsch nach Anerkennung als Wissenschaftler steigerte sich, je länger man ihm diese Anerkennung verweigerte, allmählich zu einer fixen Idee, die ihn dazu trieb, immer neue Expeditionen zu unternehmen. Die nächste startete er noch im selben Jahr, in dem er in Cambridge seine Schlussfolgerungen aus der Reise mit der *Kon-Tiki* vertreten hatte. Den Anstoß dazu verdankte er Alfred Métraux.

GALAPAGOS

Im Jahr 1949 hatte ein amerikanischer Student auf der Galapagos-insel Floreana eine Steinskulptur fotografiert, die ein mensch-liches Gesicht darstellte. Einen Abzug hatte er dem naturwissen-schaftlichen Museum in New York geschenkt. Sofern die Skulptur echt sei, müsse sie aus präkolumbischer Zeit stammen, meinten die New Yorker Spezialisten. Métraux hatte sich die Aufnahme bei ei-nem Besuch in New York angeschaut. Für ihn wies die Skulptur Ähnlichkeiten mit den Statuen auf der Osterinsel auf. Bei einem auf Cambridge folgenden Ethnologenkongress in Wien erzählte er Thor Heyerdahl davon und räumte ein, dass es möglicherweise auch Ähnlichkeiten mit den Skulpturen im kolumbianischen San Agustín gebe. Thor Heyerdahl war wie elektrisiert. Gerade die Steinskulpturen von San Agustín hatten ihn doch erst auf die Ver-bindung zwischen Polynesien und Südamerika aufmerksam ge-macht!

Am 11. November 1952 flog er nach New York, um das Foto der Skulptur auf Galapagos selbst in Augenschein zu nehmen und mit dem Studenten zu sprechen, der die Aufnahme gemacht hatte. Nur einen Monat später fuhr er in Begleitung von zwei Archäologen, dem Norweger Arne Skjølsvold und dem amerikanischen Spezia-listen für indianische Kulturen im Südwesten der USA, Erik K. Reed, mit dem Schiff nach Galapagos.

Auf Floreana suchten sie den deutschen Einwanderer auf, auf dessen Land sich die Skulptur befinden sollte. Heinz Wittmer, fünfundsechzig Jahre alt und schwerhörig, freute sich über den außergewöhnlichen Besuch, zumal Thor ihn auf Deutsch ansprach, und führte die Besucher gern auf seiner mustergültig geführten Plantage herum. Plötzlich standen sie vor dem großen Steinkopf. Thor erklärte, seinetwegen seien sie gekommen. Ohne zu ahnen, welche Enttäuschung er damit auslöste, nickte Wittmer und meinte, den habe er einmal für seine Kinder ausgemeißelt, als sie noch klein gewesen seien.

Heyerdahl und die beiden Archäologen blieben trotzdem fast drei Wochen auf Galapagos. Auf mehreren Inseln nahmen sie Probegrabungen vor und stießen dabei auf Reste von Wohnplätzen, die ihrer Einschätzung nach aus Zeiten vor der Ankunft der ersten Europäer stammen mussten. Neben einem Spinnrad und einer Flöte aus Terrakotta fanden sie vor allem Scherben von Tonkrügen, die für sie eindeutig südamerikanischer Herkunft waren. Als sie Ende März 1953 nach New York zurückkehrten, hatten sie an die zweitausend Scherben im Gepäck.

Métraux, der sich gerade in der Stadt aufhielt, fiel aus allen Wolken, als Heyerdahl ihm die Wahrheit über die Steinskulptur mitteilte. Doch er und andere heyerdahlkritische Experten waren begeistert von den Tonscherben. Auch sie erkannten ihre Echtheit und die südamerikanische Herkunft an. Eine genaue Untersuchung am Smithsonian Institute in Washington ergab, dass die Scherben hauptsächlich von der Küste Ecuadors und Perus kamen und vierhundert bis fünfhundert Jahre vor Ankunft der Europäer etwa um das Jahr 1000 gebrannt worden waren.

Thor Heyerdahl war kein Archäologe. Darum bedeuteten die Folgerungen, die sich aus den Funden auf Galapagos ergaben, für ihn fast mehr als die Funde selbst. Seine Gegner konnten fortan nicht mehr bestreiten, dass südamerikanische Indianer lange vor den Europäern mehrfach oder sogar regelmäßig zu Inseln im Pazifik gefahren waren. Mit der *Kon-Tiki*-Expedition hatte Thor Heyerdahl bewiesen, dass es möglich war, mit einem Floß aus Balsaholz den Stillen Ozean zu überqueren. Mit der Galapagos-Expedition bewies er, dass Indianer von der Küste Südamerikas dies in früher Zeit auch tatsächlich getan hatten. Und die Konsequenzen? Keine.

Das Buch, das Heyerdahl und Skjølsvold über die Expedition veröffentlichten, bekam nicht eine Rezension. Ihre Befunde fanden in der Fachliteratur keine Berücksichtigung. Galapagos wurde Thor Heyerdahls vergessene Expedition.

OSTERINSEL

Thor Heyerdahl wäre nicht Thor Heyerdahl gewesen, wenn er sich mit dieser Missachtung abgefunden hätte. Wenn möglich, war er sich seiner Sache nun noch sicherer und er wollte und konnte nicht nachgeben. Da Galapagos offenbar immer noch nicht reichte, um die etablierte Forschung zum Umdenken zu bewegen (und ihn als bahnbrechenden Neuerer anzuerkennen), stand ihm eigentlich nur ein Weg offen: Er musste die Entdeckung auf Galapagos möglichst noch übertreffen. Dafür kam im Grunde nur ein einziger Punkt auf der Erde infrage. Er lag auf 28° südlicher Breite und 109° westlicher Länge im Südpazifik. Die Osterinsel.

Nach der Pionierin, der englischen Archäologin Katherine Routledge, im Jahr 1914 hatte auch Thors wichtigster Gegner, Alfred Métraux, die so eindrucksvollen wie verblüffenden Steinskulpturen auf Rapa Nui untersucht, das *Rätsel der Osterinsel* (so der Titel von Routledges Buch) jedoch ebenso wenig lösen können. Das machte die Herausforderung für Heyerdahl womöglich noch pikanter.

Die Osterinsel liegt mehr als dreieinhalbtausend Kilometer vom südamerikanischen Festland und mehr als viertausend Kilometer von Tahiti entfernt. Wenn sich zeigen ließe, dass diese abgelegenste aller Inseln von Südamerika aus besiedelt worden war, was hätte man dann noch gegen Heyerdahls Theorie von der Entdeckung Polynesiens durch südamerikanische Indianer einwenden können? In einem Schreiben an den Adjutanten des norwegischen Kronprinzen kündigte er im Frühjahr 1955 an, demnächst »die ersten systematischen archäologischen Ausgrabungen auf der Osterinsel« vornehmen zu wollen.

Da es um diese Zeit noch keinen Flugplatz auf der Insel gab, blieb ihm nichts anderes übrig, als eine Expedition per Schiff dorthin auszurüsten. Die notwendigen finanziellen Mittel brachte Heyerdahl diesmal ganz aus eigener Tasche auf. Inklusive der Charter für den Grönlandtrawler *Christian Bjelland* im Besitz der gleichnamigen Fischkonservenfabrik in Stavanger belief sich das Budget für das Unternehmen auf drei Millionen norwegische Kronen, nach heutigem Wert umgerechnet mehr als viereinhalb Millionen Euro. Thor Heyerdahl saß nie auf seinem Geld und sah es nicht als Selbstzweck an, welches zu verdienen. Hatte er einmal geerntet, säte er auch gern wieder aus. Aber dass er nicht die Geduld aufbrachte, etwa bei öffentlichen Forschungsförderungseinrichtungen finanzielle Unterstützung zu beantragen, sondern die erforderlichen Millionenbeträge lieber ganz aus seinem Privatvermögen bezahlte, wirft auch ein Licht darauf, dass ihn mächtige persönliche Motive vorantrieben.

Eine tiefe Überzeugung von der Richtigkeit der eigenen Überlegungen gehörte sicher dazu. Als die *Christian Bjelland* Mitte September 1955 aus dem Oslofjord auslief, wusste Thor Heyerdahl innerlich schon im Voraus, was er finden wollte.

Nach mehr als sechswöchiger Fahrt ging das Schiff am 27. Oktober vor der Isla de Pascua, der Osterinsel, vor Anker.

Seine Besatzung bestand aus fünfzehn Seeleuten, die eigentliche Expeditionsmannschaft aus einem Arzt, einem Fotografen, fünf Archäologen, darunter wieder Arne Skjølsvold, der Heyerdahl schon zu den Galapagos begleitet hatte, Thor und Familie: seinem älteren Sohn, Thor junior, inzwischen sechzehn Jahre alt (dem jüngeren, Bamse, war als Ersatz ein Urlaub in Kenia spendiert worden), Yvonne und ihrer inzwischen dreijährigen gemeinsamen Tochter Anette.

Zuerst wanderte Thor mit den Archäologen ziemlich ratlos zwischen den steinernen Kolossen auf der Insel umher, denn in natura betrachtet wiesen sie kaum vergleichbare Züge mit Statuen anderswo auf der Welt auf. Sechshundertachtunddreißig von ihnen hatte der deutsche Pater Sebastian Englert, der Pfarrer auf der Insel, bereits katalogisiert. Doch Hunderte lagen noch umgestürzt und mit den Gesichtern voran im Boden eingesunken. Ihre nur grob behauenen Rückseiten waren kaum von Natursteinen zu unterscheiden.

Arne Skjølsvold fand eines Tages in dieser Position einen weiteren *Moai,* und als sie ihn ausgruben, unterschied er sich deutlich von den bisher sichtbaren Skulpturen. Er hatte nämlich einen ausgearbeiteten »Unterleib und Beine, und er war in einer lebensechten, knieenden Stellung mit einem üppigen, auf den Fersen ruhenden Hinterteil dargestellt«. So beschrieb Heyerdahl die Statue in seinem Buch über die Osterinsel, *Aku-Aku,* von 1957. Dieser außergewöhnliche *Moai* war fast vier Meter hoch und wog an die zehn Tonnen. Für Thor Heyerdahl gab es vom ersten Augenblick an keinen Zweifel: Diese Statue hatte unverkennbare Verwandte auf dem Kontinent im Osten. In Tiahuanaco am Titicacasee hatte er kniende Steinskulpturen gesehen, »die gut und gern vom gleichen Bildhauermeister hätten stammen können, so ähnlich sahen sie sich in ihrem Stil in Haltung und Gesichtszügen«.

Die ihn begleitenden Archäologen waren sich der Gemeinsamkeiten keineswegs so sicher wie Thor Heyerdahl. Als sie auch die ohne Mörtel äußerst sorgsam und sauber verfugten Grundmauern der Zeremonialplattformen vor einigen *Moais* untersuchten, stimmten sie ihm zwar zu, dass die meisterhafte Verarbeitung auf einem ähnlich hohen handwerklichen Niveau stand wie bei den Inkas in Peru, aber sie waren mit ihm nicht unbedingt darin einig, dass die Handwerksmeister auch von dort gekommen sein mussten. Da die am sorgfältigsten verfugten Mauern anscheinend auch die ältesten waren, bestand für Heyerdahl jedoch gar kein Zweifel. Dass eine so hohe Baukultur praktisch aus dem Nichts autochthon auf der Insel entstanden sein könnte, hielt er für ausgeschlossen.

Noch deutlicher traten die Differenzen zwischen ihm und seinen Archäologen zutage, als sie den von Pater Sebastian mit der Nummer 263 bezeichneten *Moai* vollständig ausgruben, um auch seine Basis zu untersuchen. Auf der bis dahin im Boden versunkenen Brust der Statue fand Skjølsvold eine Schiffsabbildung eingraviert. Sie zeigte Mast und Rahsegel wie an einem europäischen Schiff, der Rumpf aber war vorn und hinten halbmondförmig aufgewölbt wie bei einem Binsenboot. Thor fällte sofort sein Urteil: »Dass wir ein ungewöhnliches Boot und kein europäisches Schiff vor uns hatten, konnten wir alle sehen [...]. Auf exakt die gleiche Weise sind viele der Schilfboote auf alten Tonkrügen aus Peru abgebildet.«

Für Skjølsvold schloss die Ähnlichkeit des Rumpfs mit Bootsformen in Peru noch lange nicht die Möglichkeit aus, dass die Form des Boots auf dem *Moai* auch auf eine lokale Bauweise zurückgehen könnte. Mast und Segel sahen für ihn hingegen deutlich nach einer europäischen Rahtakelung aus.

Persönlich kamen die Expeditionsmitglieder bestens miteinander aus, doch dass die Archäologen seine Einschätzungen nicht teilten, wurmte den Expeditionsleiter Heyerdahl. Und ärgerte er sich erst einmal über Widerspruch gegen seine dezidierte Meinung, dann konnte er, wie er es schon öfter bewiesen hatte, sehr stur werden und auch da trotzig auf seiner Überzeugung beharren, wo er besser auf die Experten gehört hätte. Auf der Osterinsel zeigte sich das ganz besonders deutlich bei den sogenannten Höhlensteinen. Von deren Existenz ahnte vor Heyerdahl kein Außenstehender etwas.

Bei diesen Steinen handelte es sich um kleine Skulpturen, die die Einheimischen in Höhlen an unzugänglichen Stellen und in verborgenen Gängen in der Lava versteckten. Jede Höhle gehörte einer Familie, die den Zugang vor anderen streng geheim hielt. Es hieß, dass Geister oder Wiedergänger, »Aku-Aku« genannt, über die Eingänge wachten und ebenso über das Tabu, Fremden von der Existenz der Höhlen zu erzählen. Aus dem Grund hatten weder Katherine Routledge noch Métraux je von den Höhlen und den Votivskulpturen erfahren. Thor Heyerdahl aber erhielt eines Nachts in seinem Zelt Besuch von einem der Eingeborenen, die er als Arbeiter für das Graben angeworben hatte. Aus Dankbarkeit für die Zigaretten, die Teil des Lohns waren, überbrachte er von seiner Frau eine interessante kleine Figur.

Thor wollte sofort wissen, woher das Figürchen stammte, und stellte Nachforschungen an. Mit der ihm eigenen Beharrlichkeit, seiner charmanten Überredungsgabe und etlichen Geschenken aus den Vorräten der Expedition erreichte er es schließlich, dass einer der Brüder des Bürgermeisters ihn mit Zustimmung seiner Tante einen Blick in die Höhle der Familie werfen ließ. Nachdem das Tabu einmal gebrochen war, kamen auch andere, um »Höhlensteine« gegen Zigaretten zu tauschen. Die Skulpturen stellten alles Mögliche dar: Vögel, Fische, Kriech- und Weichtiere, auch Menschen, Mischwesen, halb Tier, halb Vogel, und vieles mehr. Thor war absolut begeistert und schickte umgehend ein Telegramm an Knut Haugland, der inzwischen das Kon-Tiki-Museum in Oslo leitete. Darin hieß es: »Streng vertraulich. Befreundete Eingeborene enthüllen jahrhundertealtes Geheimnis. Private Familienhöhlen voll unendlicher Mengen Steinskulpturen. Sensationeller wissenschaftlicher und kunstgeschichtlicher Wert. Über tausend Skulpturen ca. ein Fuß groß [...]. Sämtliche Typen Wissenschaft unbekannt [...]. Weltsensation.«

An eine Weltsensation glaubten die begleitenden Archäologen ganz und gar nicht. Sie meinten, archäologisch seien die kleinen Skulpturen vollkommen uninteressant, ja, sie waren sogar überzeugt, dass etliche von ihnen erst während ihrer Anwesenheit hergestellt worden seien. Sogar Yvonne schloss sich ihrer Meinung an und bezweifelte auch den kunsthistorischen Wert der Figuren. Thor räumte ein, dass wohl tatsächlich in begrenztem Umfang eine gewisse Produktion unechter Höhlensteine im Gang sei; doch Andeutungen, dass sämtliche Steine Produkte der gegenwärtigen und der letzten Generation seien, wies er entschieden zurück.

Als die Expedition am 6. April 1956 die Osterinsel verließ, hatte die *Christian Bjelland* unter anderem mehr als tausend Höhlensteine in ausgedienten Ölfässern an Bord. Heyerdahl glaubte noch immer an die Weltsensation. Wie er es nach der Fahrt der *Kon-Tiki* getan hatte, wollte er auch die Expedition zur Osterinsel publizistisch in zwei Schritten auswerten: zuerst einen Bericht über die Expedition für das breite Publikum, anschließend eine wissenschaftliche Studie mit dem Titel *Archaeology of Easter Island*. Darin sollten auch die Höhlensteine ihren gebührenden Platz finden. Seine Archäologen rieten ihm mit dem Argument davon ab, der zweifelhafte archäologische Wert der Steine könne ein Angriffspunkt für Thors Kritiker sein und die wissenschaftliche Solidität der Studie schwächen. Das bewog Heyerdahl immerhin dazu, in seiner Korrespondenz mit Kenneth P. Emory am *Bishop Museum* auf

Hawaii, einem anerkannten Experten für die Kultur Polynesiens, das strittige Phänomen zur Sprache zu bringen. Emory antwortete ihm, dass bereits in den Zwanzigerjahren einige von diesen »bizarren kleinen Steinskulpturen« von Besuchern der Osterinsel mitgebracht worden seien. »Besonders nachdem wir feststellen konnten, dass sie mit Stahlwerkzeugen bearbeitet worden waren, schrieben wir sie als Souvenirs ab.«

Wenn Thor Heyerdahl einmal eine Meinung zu einem Problem gefasst hatte, ließ er Kritik nur noch in Ausnahmefällen wirklich an sich heran. Würde er auf sie hören, dann bedeutete das doch, dass er eingestand, mit seiner für unfehlbar gehaltenen Urteilskraft danebengelegen zu haben. Im Fall der Höhlensteine agierte er immerhin vorsichtig. Die Fässer mit den Steinen verschwanden nach einem kurzen Auftauchen in den Zeitungsmeldungen im Keller des Kon-Tiki-Museums und wurden in die *Archaeology of Easter Island* nicht aufgenommen. Doch wenn Thor in späteren Jahren Oslo besuchte, verbrachte er manchmal Stunden im Keller des Museums damit, seine Höhlensteine zu katalogisieren. Sie sollten irgendwann einmal in einem großen Buch über die Kunst der Osterinsel die ihnen seiner Meinung nach gebührende Würdigung finden.

Abgesehen von diesen wissenschaftlich bedeutungslosen »Souvenirs«, die über die Kunstgeschichte der Osterinsel weniger aussagen als über den Starrsinn ihres »Entdeckers«, durfte Thor Heyerdahl die Expedition als Erfolg verbuchen. Noch nie hatte sich ein Forscherteam buchstäblich so tief in die Kulturgeschichte der Insel hineingegraben. Und was sie zutage förderte, trug beträchtlich zur Erweiterung des Wissens über die einzigartigen *Moais* auf dem isolierten Eiland bei. Nach seiner Expedition und dem darüber berichtenden Buch sollte die Osterinsel nie wieder wie vorher sein. Thor Heyerdahl riss sie aus ihrem jahrhundertelangen Dornröschenschlaf und machte sie durch das *Geheimnis der Osterinsel* zu einem gefragten Reiseziel.

Eine Expedition aber ist, wie es Tor Bomann-Larsen, der kluge Biograf von Roald Amundsen, formuliert hat, »nicht am Ziel, bevor das Buch auf dem Markt ist«. Und wie schon nach der Fahrt mit der *Kon-Tiki* hatte Thor Heyerdahl es auch in diesem Fall wieder entsprechend eilig. Er nahm sich nicht einmal die Zeit, mit der *Christian Bjelland* triumphal in Oslo einzulaufen, sondern verließ das Schiff bereits in Panama, um mit dem Flugzeug den Atlantik zu überqueren, am 32. Internationalen Amerikanistenkongress in Kopenhagen teilzunehmen und dort die versammelte Presse davon zu unterrichten, dass seine gerade erfolgreich abgeschlossene Expedition seine Theorien voll und ganz bestätigt habe. Ob er nicht wenigstens ein Indiz gefunden habe, das dagegen spreche, wollte der Korrespondent von *Aftenposten* wissen. »Nein, nicht ein einziges«, antwortete Heyerdahl.

Wegen zahlreicher anderweitiger Verpflichtungen kann er kaum vor dem Jahreswechsel ernsthaft mit der Arbeit am neuen Buch beginnen und dann muss es wieder ganz fix gehen, denn zum Herbst soll es auf dem Markt sein. In jedem Monat schafft er gut hundert Seiten. Am 1. Mai stehen vierhundert Seiten. Am 10. Mai gönnt er sich einen Verschnauftag und besucht seinen inzwischen siebenundachtzig Jahre alten Vater, der immer so stolz auf ihn war und dem er so viel zu verdanken hat. Vier Tage später erhält er die Nachricht, dass der alte Herr gestorben sei. Am 24. Mai hat Thor fünfhundert Seiten geschafft und feiert den 84. Geburtstag seiner Mutter. Am 10. Juni überschreitet er die sechshundertste Seite, zehn Tage später schließt er das Manuskript ab. Am 12. September 1957 präsentiert Verlagsleiter Harald Grieg *Aku-Aku. Påskeøyas hemmelighet (Aku-Aku: Das Geheimnis der Osterinsel)* der versammelten Presse. Die Zeitungen in Norwegen sind von dem neuen Buch begeistert. Johan Borgen, der sich 1938 über das Fatuhiva-Buch in einer spitzzüngigen Glosse nur lustig gemacht hat, schreibt in *Dagbladet:* »Es muss anerkannt werden, dass wir vor einem Allroundforscher und Popularisierer der Extraklasse stehen.«

Auch *Aku-Aku* wurde wieder ein Publikumserfolg. Bis Weihnachten verkaufte es sich allein in Norwegen sechzigtausend Mal. Die amerikanische Ausgabe erschien in einer Erstauflage von hunderttausend Exemplaren. Und doch konnte schon *Aku-Aku* nicht mehr den Welterfolg von *Kon-Tiki* wiederholen. Heyerdahls spätere Expeditionen und Bücher schafften dies erst recht nicht.

Kritiker aus den Reihen der Wissenschaft hielten sich nach dem Erscheinen von *Aku-Aku* zurück. Diesmal wollten sie wirklich erst den fundierten Forschungsbericht abwarten.

Heyerdahl hoffte auf ein Erscheinen 1959, doch die beteiligten Archäologen hatten nach der Rückkehr in ihre Institute viele andere Dinge zu erledigen und wurden nicht rechtzeitig fertig. Thor Heyerdahl selbst erkrankte 1958 schwer an der Asiatischen Grippe, einer Pandemie, der in diesen Jahren weltweit mehr als eine Million Menschen zum Opfer fielen. Als er sich langsam davon erholte, hatte er vom nasskalten Klima, den nach wie vor teils gehässigen Angriffen auf ihn in der Presse (und den Steuergesetzen) in Norwegen genug. An der sonnigen ligurischen Küste kaufte er sich in Colla Micheri unweit San Remo ein stattliches altes Anwesen mit Aussicht aufs Mittelmeer und verlegte seinen Wohnsitz dauerhaft nach Italien. In seinen Lebenserinnerungen schrieb er dazu: »Nach dem ganzen öffentlichen Rummel um die Osterinsel-Expedition erhielten die Angriffe meiner *Kon-Tiki*-Widersacher neue

Nahrung und wurden so heftig, dass zwei frischgebackenen norwegischen Archäologiestudenten in den Osloer Zeitungen ganze Seiten eingeräumt wurden, damit sie andeuten konnten, ich hätte die *Kon-Tiki* absichtlich auf das Riff gesetzt, um Sensationsmeldungen auszulösen. Als es so weit gekommen war, entschloss ich mich, mir einen angenehmeren Arbeitsplatz im Ausland zu suchen.«

Das Anwesen in Colla Micheri musste erst von den Grundmauern auf renoviert werden und Thor legte den Sommer über kräftig selbst Hand an. Er wollte alles so ursprünglich wie möglich restauriert haben und zog mit den Handwerkern durch die Umgebung, um alte Türen und Fenster aufzutreiben und vieles mehr. In einem Lager im Hafen von Genua zum Beispiel entdeckte er eine sieben Meter lange Bohle aus afrikanischem Tropenholz. Daraus ließ er Platten für den Esstisch und seinen Schreibtisch sägen.

Seit Fatuhiva war er nirgends mehr zur Ruhe gekommen, aber nach Colla Micheri kam er, um zu bleiben. Die Natur dort hätte nicht norwegischer sein können, erklärte er einer Zeitung in Norwegen. »Es gibt hier Kiefern und Holunderbüsche und die gleichen Blumen wie zu Hause, der Kuckuck ruft und es gibt Drosseln und Stare.« Auch die Menschen, die in dieser schönen Landschaft lebten, gefielen ihm, »denn es sind einfache Menschen«, diktierte er seinem Freund Arnold Jacoby für dessen 1965 erschienene Biografie *Señor Kon-Tiki.* »Es sind starke und kluge Bauern und sie besitzen den Schatz einer tausendjährigen Tradition, auf die sie bauen können. Sie brauchten nicht zur Natur zurückzukehren, denn sie haben sich nie aus ihr heraus verirrt.« Die Menschen um Colla Micheri hatten also etwas geschafft, was er selbst gesucht, aber nicht gefunden hatte.

Im November stand das Haus einzugsbereit fertig, Yvonne kam mit den inzwischen zwei Töchtern und Weihnachten feierten sie zusammen auch mit den beiden mittlerweile erwachsenen Söhnen Thor und Bjørn aus der ersten Ehe. Nach einem harten Jahr 1958 verlief das folgende fast idyllisch für die Familie Heyerdahl in ihrem neuen Heim. Thor kaufte noch einen alten Turm hinzu, der wenige Hundert Meter vom Haus entfernt stand, und richtete sich dort ein Arbeitszimmer ein. Aus dem einen Fenster schaute er hinab auf Haus und Garten, aus dem anderen reichte der Blick an klaren Tagen bis hinüber nach Korsika. Dort saß er und schrieb am Forschungsbericht über die Osterinsel-Expedition, für den er zusammen mit dem Archäologen Edwin N. Ferdon jr. verantwortlich zeichnete. Im Lauf des Jahres brachte Yvonne noch eine dritte Tochter zur Welt. Aber der Friede, der nun in Thor Heyerdahls Leben eingezogen zu sein schien, sollte nicht von Dauer sein.

TRIUMPH

Im Herbst 1960 veröffentlichte der bis dahin unbekannte amerikanische Anthropologe Robert C. Suggs in den Vereinigten Staaten *The Island Civilizations of Polynesia.* Entgegen seinem recht akademisch nüchtern klingenden Titel erschien das Buch zu einem Preis von fünfzig Cent als Taschenbuch und mit der Thor-Heyerdahl-Frage: Woher kamen die Polynesier?

Suggs hatte erst kurz zuvor über die Kultur auf den Marquesas-Inseln promoviert. Davon ausgehend, beleuchtet er in seinem leicht verständlich geschriebenen Buch verschiedene Aspekte der Kultur Polynesiens, kommt aber gegen Ende zu einem eigenen Kapitel mit der Überschrift *Der Kon-Tiki-Mythos,* und darin ist er auf nicht weniger aus als auf den Skalp von Thor Heyerdahl als Forscher. Zunächst versucht er wieder einmal die Fahrt mit der *Kon-Tiki* jeglicher Beweiskraft zu entkleiden, indem er behauptet, erst die Spanier hätten den Indios den Gebrauch des Segels beigebracht. Vorher seien die Flöße ausschließlich gepaddelt worden. Als Totschlagargument gegen die Osterinsel-Expedition dienen ihm selbstverständlich die ominösen Höhlensteine, »ein gröbster Schwindel, tagtäglich von den Inselbewohnern angefertigt, um sie an Seeleute und Touristen zu verhökern«.

Suggs hatte Thor Heyerdahl flüchtig auf den Marquesas kennengelernt, als die *Christian Bjelland* dort auf der Heimreise von der Osterinsel kurz Station machte, und er zeichnet Heyerdahl bei dieser Begegnung in seinem Buch in einem Licht, das ihn höchst fragwürdig bis lächerlich aussehen lässt. So unterstellt er zum Beispiel„ Heyerdahl habe einen Häuptling auf Nikuhiva bestochen, ihm Geschichten über Namen und Funktionen der kleinen Steinskulpturen zu erzählen.

In Norwegen wäre Suggs' Buch vermutlich trotzdem unbeachtet geblieben, wenn es nicht der Essayist und Kritiker Niels Christian Brøgger in der Tageszeitung *Verdens Gang* unter der Überschrift vorgestellt hätte: »Thor Heyerdahls Pulverisierung als Forscher«. Schon immer habe er selbst Zweifel gehabt, ob Heyerdahl wirklich ein bedeutender Forscher sei, aber noch nie habe er »einen verantwortungsbewussten Wissenschaftler ein so vernichtendes Urteil über einen Kollegen fällen gesehen«. Man müsse überlegen, ob die *Kon-Tiki* in unmittelbarer Nachbarschaft von Nansens und Amundsens *Fram* wirklich an dem ihr gebührenden Platz stehe.

Wiederkehrende Verhaltens- und Argumentationsmuster gab es offensichtlich auch aufseiten von Heyerdahls Gegnern. Einen Mann wie ihn mussten sie dazu provozieren, immer wieder neue Beweisversuche anzutreten. Im Kern sollte sich das gleiche Schema auch bei seinen späteren Fahrten mit den nach altägyptischen Vorbildern gebauten Binsenbooten *Ra* I und II wiederholen. Die *Kon-Tiki* hatte zeigen sollen, dass es sehr wohl möglich war, mit einem Floß von Südamerika aus die Inseln Polynesiens zu erreichen, und damit glaubte Heyerdahl der Fachwelt seine Besiedlungsthese zwingend zu beweisen. Mit *Ra* I und *Ra* II überquerte er 1969/70 von Afrika aus den Atlantik, um experimentell nachzuweisen, dass die Papyrusboote der alten Ägypter ebenfalls seetüchtig waren. Das wiederum sollte die Theorie eines möglichen direkten Kontakts zwischen den Kulturen Mittelamerikas und Ägyptens bekräftigen. Der zugrunde liegende Gedankengang ist der gleiche. Die *Ra* war im Prinzip so etwas wie ein Nachbau der *Kon-Tiki* mit anderem Material.

Auf die Anwürfe von Suggs und Brøgger antwortete Thor Heyerdahl nicht selbst. Er hielt sich um diese Zeit in Santa Fé auf, um mit Edwin Ferdon den ersten Band der *Archaeology of Easter Island* fertigzustellen. Darum übernahm Ferdon es zusammen mit Arne Skjølsvold, die Angriffe von Suggs und Brønner zu parieren. Mit dem Hinweis auf frühe spanische Chronisten widerlegten sie zunächst einmal die Behauptung, die Indianer hätten vor Ankunft der Spanier das Segel noch nicht gekannt. Außerdem wiesen sie die Unterstellung, Thor Heyerdahl habe die Aussagen von Eingeborenen durch Bestechung erkauft, als falsch und sogar justiziabel zurück. Durch derartige falsche Behauptungen mache sich Suggs vielmehr »in höchstem Grad selbst verdächtig«. Wie könnten er und Brøgger überhaupt den wissenschaftlichen Wert einer Expedition anzweifeln, wenn ihre wissenschaftliche Auswertung und der entsprechende Forschungsbericht noch gar nicht vorlägen?

Thor Heyerdahl selbst wartete noch eine Weile ab und wählte den Schauplatz sorgfältig aus, auf dem er endgültig über seine Neider und Kritiker triumphieren wollte. Seine große Stunde schlug im August 1961. In der Höhle des Löwen.

Seit 1920 hielt die *Pacific Science Association* alle vier Jahre einen bedeutenden Kongress ab. Zum zehnten Mal trat er im August 1961 in Honolulu zusammen. Dort befand sich die Universität von Hawaii mit dem berühmten *Bishop Museum.* Es beherbergte die weltgrößte Sammlung polynesischer Kunstschätze und es war die Forschungsstätte von Sir Peter Buck und seiner Schule. Am *Bishop Museum* war die vorherrschende Lehrmeinung ausgearbeitet worden, dass die Polynesier aus Asien eingewandert seien.

Zweitausendachthundert Wissenschaftler aus Ländern rund um den Pazifik und von noch weiter her strömten zu dem Kongress nach Hawaii. In hundertzwanzig Symposien sollten tausendfünfhundert Vorträge gehalten werden. Eine Sektion beschäftigte sich mit der Ausbreitung des Menschen im Stillen Ozean und dazu meldete sich auch Thor Heyerdahl mit einem Vortrag an.

Der erste Band der *Archaeology of Easter Island* lag rechtzeitig zu Kongressbeginn vor. Die Resultate erläuterten Ed Ferdon und seine Kollegen in eigenen Vorträgen. Unter den vielen Teilnehmern hatte Thor Heyerdahl selbst in Honolulu nicht nur Gegner. Zu seinen Fürsprechern gehörte unter anderen der Präsident der Schwedischen Gesellschaft für Anthropologie und Geografie, Hans Ahlmann. Er verfolgte genau die Foren, in denen Heyerdahl und seine Mitarbeiter auftraten, und schickte einen räsonierenden Bericht vom Kongress an *Svenska Dagbladet,* wo er am 25. Oktober 1961 erschien. Laut Ahlmann variierte der Besuch der einzelnen Vorträge stark, je nach Qualität und Bekanntheit der Vortragenden. Als Heyerdahl sprach, sei es eng gewesen im Saal. »Ruhig und bescheiden« redend, habe er den lange angekündigten Angriffen der Opposition den Boden unter den Füßen weggezogen. Der anschließende Applaus sei nicht aus Höflichkeit erfolgt, sondern aus Respekt vor Heyerdahls Arbeit. Einwände wurden nicht erhoben und neue Argumente für die traditionelle Lehrmeinung seien nicht vorgelegt worden.

Der durchschlagende Erfolg von Thor Heyerdahl auf diesem Kongress lässt sich nicht nur aus Ahlmanns Bericht lesen. Er wird eindeutig durch eine Resolution belegt, die die Kongressteilnehmer auf Vorschlag des neuseeländischen Prähistorikers Roger C. Green von der Universität Auckland einstimmig verabschiedeten. Darin hieß es, Südostasien solle weiterhin als ein wichtiger Ausgangspunkt für die Menschen und die Kulturen des pazifischen Raumes betrachtet werden. Dank Fortschritten in der neueren Forschung solle jedoch von nun an Südamerika in dieser Frage die gleiche Beachtung finden. Das bedeutete für Thor Heyerdahl eine Anerkennung ohnegleichen.

Um zu unterstreichen, wie ernst er diese Erklärung nahm, setzte der Kongress noch eine sechsköpfige Kommission ein, die ein Programm für die zukünftige archäologische Forschung im pazifischen Raum erarbeiten sollte. Thor Heyerdahl wurde in diese Kommission gewählt.

Die Unterzeichnung der Resolution war einer der großen Augenblicke in seinem Leben. In seinem Buch über die Fahrt mit der *Ra* schrieb er 1970 über diesen Moment: »Die Tür zwischen Peru und Polynesien war geöffnet, der Stille Ozean hatte zwei Seiten bekommen.«

Dieser große Sieg war nur ein Erfolg, der sein bisheriges Lebenswerk in diesen Tagen krönte. Der Kongress war noch nicht beendet, da hastete Thor Heyerdahl schon zum Flughafen. Am 4. September 1961 musste er in Norwegen sein. An diesem Tag feierte die Osloer Universität ihr hundertfünfzigjähriges Bestehen und aus diesem Anlass wurde einer Reihe verdienter Wissenschaftler die Ehrendoktorwürde verliehen. Thor Heyerdahl war der erste Norweger überhaupt, der zum Ehrendoktor der Universität Oslo ernannt wurde.

Er war nun weltweit geachtet und hatte zuletzt sogar in seiner Heimat, dem Land des »Jante-Gesetzes«, endlich Anerkennung gefunden. Sein Spießrutenlauf war erst einmal zu Ende. Die Zeit seiner aufsehenerregendsten Erfolge auch. Der Atlantiküberquerung mit den Papyrusbooten wurde von der Weltöffentlichkeit längst nicht mehr der Sensationswert von Heyerdahls Pazifiküberquerung beigemessen. Im Gedächtnis der Öffentlichkeit sollte er, um es mit dem Titel der ersten Biografie über ihn zu sagen, bis heute vor allem *Señor Kon-Tiki* bleiben.

Auf dem Weg zu Berühmtheit. Präsident Harry Truman verfolgte die *Kon-Tiki*-Expedition von Beginn an. Im Anschluss an die Reise lud er die Teilnehmer ins Weiße Haus ein

Thor Heyerdahls zweite Frau. Freunde beschrieben
Yvonne als schön, elegant und fröhlich. Sie wuchs
im vornehmen Bygdøy am Westrand von Oslo auf

QUELLEN

ZEITUNGEN
Aftenposten
Arbeiderbladet
Auckland Star
Bergens Arbeiderblad
Dagbladet
Dagens Nyheter
Göteborgs Handels- og Sjöfartstidning
Hufvudstadsbladet
Morgenbladet
Morgenposten
New York Times
Norges Handels- og Sjøfartstidende
Norsk Telegrambyrå
Nya Pressen
Svenska Dagbladet
Verdens Gang
Østlandsposten

UNVERÖFFENTLICHTES MATERIAL
Thor Heyerdahls Logbuch von der *Kon-Tiki*
Herman Watzingers Tagebuch von der *Kon-Tiki*
Knut Hauglands Tagebuch von der *Kon-Tiki*
Thor Heyerdahls Tagebuch von der Galapagos-Expedition
Carlyle Smiths Tagebuch von der Expedition zur Osterinsel
Thor Heyerdahl jrs. Tagebuch von der Osterinsel
Thor Heyerdahls 7. sans 1946–1970

ZEITSCHRIFTEN

Acta Americana
American Anthropologist
American Antiquity
American Journal of Archaeology
Apollon
Falken-Nytt
Geographical Journal
Geographical Review
International Science
Kulturgeografi
La Revue de Paris
London Illustrated News
National Geographic Magazine
Occasional Papers. The Kon-Tiki Museum
Rapa Nui
Southwestern Journal of Anthropology
The Nation. New York
Ymer

ARCHIVE

Archiv der Ra-Expedition
Archiv der Osterinsel-Expedition
Archiv der Galapagos-Expedition
Nachgelassene Papiere von Yvonne Heyerdahl
Archiv der Kon-Tiki-Expedition
Archiv des Kon-Tiki-Museums
Arnold Jacobys Privatarchiv
Brooklyn Museum, New York
Canadian Museum of Civilization, Vancouver
Dale Bells Privatarchiv
Explorers Club, New York
Privatarchive der Familie Heyerdahl
Archiv des norwegischen Verteidigungsmuseums
Archiv der Reederei Fred. Olsen
Gerd Vold-Hurums Privatarchiv
Archiv des Gyldendal-Verlags
Johan J. Stenersens Archiv
Knut Hauglands Privatarchiv
Nationalibibliotek, Oslo

National Geographic Society, Washington
Tonarchiv des norwegischen Rundfunks NRK
Ola S. Rockefellers Privatarchiv
Pebble Rockefellers Privatarchiv
Staatsarchiv, Oslo
Universität Oslo
Wilhelm Eitrems Privatarchiv
Zebra Film, Torsby

MÜNDLICHE QUELLEN

Norman Baker
Dale Bell
Jens Wessel Berg
Wilfred Christensen
Erik Damman
Snorre Evensberget
Knut Haugland
Bettina Heyerdahl
Bjørn Heyerdahl
Jacqueline Heyerdahl
Marian Heyerdahl
Thor Heyerdahl jr.
Grace Hesselberg
Ellen Jacoby
Louis Jacoby
Arne Martin Klausen

Johan Fredrik Kroepelien
Brita Lanteri
Lise Lian
Arvid Monsen
Fred. Olsen
Kristine Olsen
Jens Postmyr
Anglo Preve
James S. Rockefeller
Livlet Rockefeller
Ola S. Rockefeller
Donald Ryan
Don Sandweiss
Petter Skavlan
Gerd Vold
Bergljot Wedberg

BILDNACHWEIS

Alle Abbildungen stammen aus den privaten Archiven der Heyerdahl-Söhne
oder aus dem Verlagsarchiv von Gyldendal.

LITERATURVERZEICHNIS

Ashe, Geoffry (Hg.): *The Quest for America*. London, 1971

Bahn, Paul/Flenley, John: *The Enigmas of Easter Island*. Oxford, 2002

Barrow, Sir John: *The Mutiny of the H. M. S. Bounty*. London, 1998

Bellwood, Peter: *Man's Conquest of the Pacific*. Canberra, 1975

Bringsværd, Tor Åge/Braarvig, Jens (Hg.): *I begynnelsen. Skapelsesmyter fra hele verden*. Oslo, 2000

Campbell, I. C.: *A history of the Pacific islands*. Berkeley, 1989

Dahl, Hans Fredrik: *Vidkun Quisling. En fører blir til*. Oslo, 1991

Danielsson, Bengt: *Den lykkelige øya*. Oslo, 1951 (dt. *Rückkehr zur glücklichen Insel. Ein Jahr in der Südsee*, Wien, 1953)

Darwin, Charles: *The Origin of Species*. London, 1985 (dt. *Über die Entstehung der Arten*, Stuttgart, 1860 u. ö.)

Das grosse Lexikon des Dritten Reiches. München, 1985

Evensberget, Snorre: *Thor Heyerdahl. Oppdageren*. Oslo, 1994

Faa, Eric: *Norwegians in the Northwest. Settlement in British Columbia, 1858–1918*. British Columbia, 1995

Fitzhugh, William/Crowell, Aron: *Crossroads of Continents. Cultures of Siberia and Alaska*. The Smithsonian Institutions, 1988

Gebhardt, James F. / Gyllenhall, Lars: *Slaget om Nordkalotten*. Lund, 1999

Grieg, Harald: *En forleggers erindringer*. Oslo, 1958

Hansen, Per Conradi: *History of the Royal Norwegian Airforce in Canada 1940–1945*. Kompendium, Forsvarsinstituttets bibliotek, Oslo 1985

Hemming, John: *The Conquest of the Incas*. London, 1970

Hesselberg, Erik: *Kon-Tiki og jeg*. Oslo, 1949

Hessen, Dag O./Lie, Thore: *Mennesket i et nytt lys. Darwinisme og utviklingslære i Norge*. Oslo, 2003

Heyerdahl, Liv: *Reisen fra Norge*. Oslo, 1948

Heyerdahl, Thor: *Kon-Tiki ekspedisjonen*. Oslo, 1948 (dt. *Kon-Tiki: ein Floß treibt über den Pazifik*, Wien, 1949)

Heyerdahl, Thor: *På jakt efter paradiset*. Oslo, 1938

Heyerdahl, Thor: *I Adams fotspor, en erindringsreise*. Oslo, 1998 (dt. *Auf Adams Spuren: Das Abenteuer meines Lebens*, München, 2001)

Heyerdahl, Thor: *Skjebnemøte vest for havet. De beseiredes historie.* Oslo, 1992 (dt. *Laßt sie endlich sprechen: die amerikanischen Ureinwohner erzählen ihre Geschichte,* München, 1997)

Heyerdahl, Thor: *Early Man and the Ocean. The beginning of navigation and seaborn civilizations.* London, 1978 (dt. *Wege übers Meer: Völkerwanderungen in der Frühzeit,* München, 1980)

Heyerdahl, Thor: *För-kolumbisk sjöfart i Peru.* Sonderdruck aus: *Ymer,* 1950

Heyerdahl, Thor: *Sea Routes to Polynesia.* London, 1968

Heyerdahl, Thor: *American Indians in the Pacific. The theory behind the Kon-Tiki Expedition.* Stockholm, 1952 (dt. *Indianer und Alt-Asiaten im Pazifik: Das Abenteuer einer Theorie,* Wien 1966)

Heyerdahl, Thor: *The Arts of Easter Island.* London, 1976

Heyerdahl, Thor: »The balsa raft in aboriginal navigation off Peru and Ecuador«, in: *Southwestern Journal of Anthropology* 11: 251–64

Heyerdahl, Thor: *Grønn var jorden på den syvende dag.* Oslo, 1991

Heyerdahl, Thor: *Fatuhiva. Tilbake til naturen.* Oslo, 1974 (dt. *Fatu Hiva: Zurück zur Natur,* München, 1974)

Heyerdahl, Thor: *Aku-Aku. Påskeøyas hemmelighet.* Oslo, 1957 (dt. *Aku-Aku: Das Geheimnis der Osterinsel,* Berlin, 1957)

Heyerdahl, Thor: »Did Polynesian Culture Originate in America?« in: *International Science,* Mai 1941

Heyerdahl, Thor: »Turning back Time in the South Seas«, in: *National Geographic Magazine,* Januar 1941

Heyerdahl, Thor / Skjølsvold, Arne: *Archaeological Evidence of Pre-Spanish Visits to the Galapagos Islands.* Oslo, 1990

Hjertholm, Sverre: *Arbeiderbevegelsen i Vestfold. Trekk fra den politiske og faglige arbeiderbevegelse 1906–1956,* Tønsberg, 2003

Hough, Richard: *Captain James Cook. A biography.* London, 1995

Jacobsen, Alf R.: *Til siste slutt.* Oslo, 2004

Jacobsen, Nils Kåre: *En forlegger og hans hus. Harald Grieg og Gyldendal.* Oslo

Jacoby, Arnold (Hg.): *Thor Heyerdahl. Festskrift til 75-årsdagen 6. oktober 1989.* Larviksjøfartsmuseum, 1989

Jacoby, Arnold: *Señor Kon-Tiki.* Oslo, 1965

Jacoby, Arnold: *Min afrikanske gullalder.* Oslo, 1984

Jacoby, Arnold: *Møte med Thor Heyerdahl.* Oslo, 1984

Johnsen, O. A. / Langeland, A. St. / Langeland, G. C.: *Larviks historie, bind 1–4,* 1923, 1953, 1963, 1971

Kirch, Patrick Vinton: *On the Road of the Winds. An archaeological History of the Pacific Islands before European Contact.* London, 2000

Klausen, Arne Martin: *Antropologiens historie.* Oslo, 1981

Kock Johansen, Øystein: *Thor Heyerdahl. Vitenskapsmannen, eventyreren og mennesket.* Oslo, 2003

Kopas, Cliff: *Bella Coola, a romantic history.* British Columbia, 1970

Kopas, Leslie: *Bella Coola Country.* Vancouver, 2003

Kroepelien, Bjarne: *Tuimata. Illustrert av Guy Krohg.* Oslo, 1944

Langslet, Lars Roar: *John Lyng. Samarbeidets arkitekt.* Oslo, 1989

Lunde, John Vegard: *»Det var ei rar tid.« Hjemmefronten i Gudbrandsdalen 1940–45*

Mack, Clayton: *Bella Coola Man.* 1994

McMillan, Allan D.: *Native Peoples and Cultures of Canada.* 1988

Norwegian Archaeological Expedition to Easter Island and the East Pacific. 1956

Nyhus, Per: *Larvik A-Å.* Larvik, 1999

Omholt-Jensen, Edvard: *Ole Reistad, »The Spirit of Little Norway«.* Oslo, 1986

Palmer, P. R.: *A History of the Modern World.* New York, 1965

Philips, Edward (Hg.): *The Journals of Captain Cook.* London, 1999

Ralling, Christopher: *Thor Heyerdahl. Eventyret og livsverket.* Oslo, 1989

Rørholt, Bjørn A.: *Usynlige soldater. Nordmenn i Secret Service forteller.* Oslo, 1990

Sandvik, Harald: *Frigjøringen av Finnmark 1944–45.* Oslo, 1975

Skolmen, Roar: *I skyggen av Kon-Tiki.* Oslo, 2000

Smith, Carlyle S.: *Extract from the journal october 13, 1955 to July 30, 1956. On the Norwegian Archaeological Expedition to Easter Island and the East Pacific. October 1955, July 30, 1956.* Kon-Tiki-museet, 2002

Sollied, Henning: *Slekten Heyerdahl.* Oslo, 1940

Østerberg, Dag: *Det moderne. Et essay om Vestens kultur 1740–2000.* Oslo, 1999

Abschied. Der Schoner *Tamara* ist gekommen, um die *Kon-Tiki* und ihre Besatzung nach Tahiti zu bringen. Zwei Wochen lang genossen die Männer auf Raroia die grenzenlose polynesische Gastfreundschaft

REGISTER

*Bei den beiden Hauptpersonen Thor und Liv Heyerdahl
verweist das Register lediglich auf die Abbildungen.*